BRASIL

História do Dinheiro

Volume III

O valor das moedas, das coisas e do trabalho na Idade Contemporânea

Antonio Luiz M. C. Costa

1ª edição

Editora Draco

São Paulo
2020

Antonio Luiz M. C. Costa
Formou-se em engenharia de produção e filosofia, fez pós-graduação em economia e foi analista de investimentos e assessor econômico-financeiro antes de reencontrar sua vocação na escrita, no jornalismo e na ficção especulativa. Além de já ter escrito sobre a realidade na revista CartaCapital, é autor do romance *Crônicas de Atlântida: o tabuleiro dos deuses*, *Crônicas de Atlântida: O olho de Agarta* e de dezenas de contos e novelas.

Publisher: Erick Santos Cardoso
Revisão: Ana Lúcia Merege
Capa: Ericksama

Dados Internacionais de Catalogação na Publicação (CIP)
Ana Lúcia Merege 4667/CRB7

C 837

Costa, Antonio Luiz M. C.

História do dinheiro - volume III: O valor das moedas, das coisas e do trabalho na Idade Contemporânea / Antonio M. C. Costa. – São Paulo : Draco, 2020.

ISBN 978-85-8243-277-8

1. Moeda - História 2. Dinheiro - História I. Título

CDD-332.49

Índices para catálogo sistemático:
1. Moeda - História 332.49

1ª edição, 2020

Editora Draco
R. César Beccaria, 27 - casa 1
Jd. da Glória – São Paulo – SP
CEP 01547-060
editoradraco@gmail.com
www.editoradraco.com
www.facebook.com/editoradraco
Twitter e Instagram: @editoradraco

Sumário

Introdução ... 8

Idade Contemporânea ... 10

A Primeira Revolução Industrial e a Era das Revoluções ... 11

A Segunda Revolução Industrial e a Era do Capital ... 13

A Revolução Técnico-Científica e a Era dos Extremos ... 21

A Revolução Digital e a Era da Incerteza ... 29

Dinheiro e riqueza no mundo em 2015 ... 33

Tabelas ... 35

Estados Unidos da América ... 44

A era jeffersoniana e os dois Bancos dos Estados Unidos ... 45

- O primeiro Banco dos Estados Unidos ... 46
- A guerra ao Reino Unido e o segundo Banco dos Estados Unidos ... 49
- A era jacksoniana e a liberdade bancária (1834-1860) ... 51
- A era da liberdade bancária ... 52
- A conquista do Oeste (1846-1861) ... 54

A Guerra da Secessão (1861-1865) ... 63

- A economia da escravidão nos EUA ... 63
- Moeda dos Confederados ... 69
- Moeda da União ... 71

Da Reconstrução à Grande Depressão (1865-1933) ... 79

- A Reconstrução (1865-1878) ... 79
- A era do bimetalismo manco (1878-1900) ... 81
- A oficialização do padrão-ouro (1900) ... 84
- A criação do Sistema de Reserva Federal (1913) ... 86

Da Depressão à Era de Ouro (1933-1971) ... 99

O New Deal ... 99

- A II Guerra Mundial ... 103
- O acordo de Bretton Woods ... 104
- A Era de Ouro ... 107

A Era da Incerteza (1971-presente) ... 112

Reino Unido ... 132

As guerras napoleônicas (1800-1816) ... 133

A reforma monetária e o soberano (1816-1914) ... 138

Dinheiro em "O Capital" ... 144

- Capítulo 10: A jornada de trabalho ... 145
- Capítulo 15: Maquinaria e Grande Indústria ... 146
- Capítulo 24: Transformação da mais-valia em capital ... 148
- Capítulo 25: A lei geral da acumulação capitalista ... 149
- Capítulo 27: A expropriação da terra da população agrícola ... 153

Capítulo 31: A Gênese do Capitalista Industrial 154

A I Guerra Mundial e a crise do padrão ouro (1914-1938) 166

A II Guerra Mundial e Bretton Woods (1939-1969) 170

A libra decimal (1971-presente) 177

FRANÇA 184

Napoleão (1800-1815), a Restauração (1815-1830) e Luís Filipe I (1830-1848) 185

A Segunda República (1848-1852) e o Segundo Império (1852-1870) 191

A União Monetária Latina (1865) 192

A III República e a *Belle Époque* (1870-1914) 198

A I Guerra Mundial e primeiros anos do pós-guerra (1914-1920) 203

O franco Poincaré e a crise do padrão-ouro (1920-1939) 205

A França de Vichy (1940-1944) 209

A Quarta República (1946-1958) 212

A Quinta República e o Franco Novo (1959-2003) 216

ALEMANHA E ÁUSTRIA 224

Inflação na Áustria 225

A reforma monetária prussiana (1821) 226

O Zollverein e a Convenção de Dresden (1838) 227

O Tratado Monetário de Viena (1857) 233

Império Alemão (1871-1918) 238

Império Austro-Húngaro (1892-1918) 244

Da guerra à hiperinflação (1914-1923) 246

Áustria (1918-1938) 259

Ascensão e queda do nazismo (1923-1945) 261

Alemanha Ocidental (1948-1989) 266

Alemanha Oriental (1948-1990) 270

A reunificação alemã (1990-2001) 273

Áustria (1945-2001) 276

COMUNIDADE ECONÔMICA EUROPEIA E UNIÃO EUROPEIA 278

As origens da Unidade Monetária Europeia (ECU) 279

O Tratado de Maastricht 282

O euro em funcionamento 284

BRASIL 292

Visão geral 293

Os réis do primeiro reinado (1822-1831) 297

O mil-réis no período regencial (1831-1840) 300

O mil-réis no Segundo Reinado (1840-1889) 303

A escravidão no Segundo Reinado 307

O dinheiro na literatura do Brasil imperial 311

Qualificação eleitoral no Império 313

Custos dos títulos nobiliárquicos 315

Preços e salários no Brasil Império 317

O mil-réis na República Velha (1889-1930) 324

O dinheiro na literatura da República Velha 330

O mil-réis após a revolução de 1930 (1930-1942) 334

O dinheiro na literatura da era Vargas 337

O cruzeiro de Getúlio Vargas e da República Nova (1942-1967) 339

O cruzeiro novo de Humberto Castello Branco e Octávio Gouveia de Bulhões (1967) 354

O cruzado de José Sarney e Dílson Funaro (1986) 364

O cruzado novo de José Sarney e Maílson da Nóbrega (1989) 367

O segundo cruzeiro, de Fernando Collor e Zélia Cardoso de Mello (1990) 369

O cruzeiro real de Itamar Franco e Fernando Henrique Cardoso (1993) 372

O real de Itamar Franco e Fernando Henrique Cardoso (1994) 374

Classes Econômicas no Brasil (anos 2000) 379

Salário mínimo em São Paulo, SP 391

Bibliografia 395

MOEDAS NÃO CONVENCIONAIS 400

Moedas alternativas 401

Moedas religiosas 402

Islã sunita 403

Estado Islâmico 404

Islã xiita 405

Religião Baha'i 406

Moedas esperantistas 406

Spesmilo 406

Stelo 407

Moedas virtuais 408

Criptomoedas 409

Criptomoedas: evolução dos valores 413

Bitcoin 415

Ethereum (Ether) e Ethereum Classic (Classic Ether) 420

XRP (Ripple) 421

Litecoin 422

Dash 423

Dogecoin 423

Mazacoin 423

Paycoin 424

Bibliografia: Moedas não convencionais 425

MOEDAS DA FICÇÃO CIENTÍFICA 426

Star Wars 428

Star Trek 429

A Saga dos Príncipes-Demônios (Jack Vance) 432

The Shape of Things to Come (H. G. Wells) 432

What Mad Universe (Frederic Brown) 433

Dread Empire's Fall (Walter Jon Williams) 433

Barsoom (Edgar Rice Burroughs) 33

Viagens Interplanetárias (L. Sprague de Camp) 433

Guerra sem Fim (Joe Haldeman) 434

O Universo da Solidariedade Galáctica (Antonio Luiz M. C. Costa) 435

Bibliografia: Moedas da Ficção Científica 438

FINANCIADORES QUE VALEM OURO 439

Introdução

Este terceiro volume da série sobre a história do dinheiro enfoca os séculos XIX ao XXI, frequentemente chamados de Idade Contemporânea. Nesta era, as mudanças se tornam muito mais rápidas e complexas, pelo ritmo das inovações tecnológicas, pelo crescimento acelerado das economias desde a Revolução Industrial, a expansão do sistema bancário, a generalização da inflação persistente a partir da I Guerra Mundial e a multiplicação dos Estados soberanos. Em vez de uma descrição superficial de um maior número de países, optamos por nos concentrar nos quatro mais importantes para a formação do capitalismo ocidental nesses séculos – Estados Unidos, Reino Unido, França e Alemanha – e no Brasil. Mais uma vez, procuramos descrever as razões e consequências das mudanças monetárias nesses séculos e como se pretendeu, por meio delas, resolver problemas políticos e econômicos – e como, com muita frequência, elas vieram a causar novas e imprevistas dificuldades. Também neste volume trazemos dois capítulos extras: um trata das moedas não convencionais, criadas por empresas, particulares e organizações não governamentais. E outro sobre moedas fictícias, mas diferente do volume I, onde exploramos as de mundos fantásticos da literatura e dos RPGs, neste falaremos das de obras de ficção científica. A evolução na Idade Contemporânea das principais moedas do Extremo Oriente e Sul da Ásia, hoje tão importantes quanto as da América do Norte e Europa, ficará para um quarto volume, assim como a evolução das moedas da África subsaariana.

Para facilitar as comparações, introduzimos uma unidade de medida do poder aquisitivo, ou moeda imaginária, que chamaremos de **numo**[1] e representaremos por ñ.

O valor do numo foi escolhido de maneira arbitrária, mas cômoda. Os múltiplos simples correspondem em números redondos a referências comuns[2]:

Exemplo	**ñ**
Uma libra esterlina da era vitoriana (1837-1901) na Inglaterra	1.000
Um dólar dos anos 1920 nos EUA	100
Um real em 2015 no Brasil	4
Um dia de salário mínimo nacional brasileiro em 2015	100
Um dia de consumo digno de um trabalhador pré-industrial	25
Limiar de pobreza extrema do Banco Mundial, renda per capita diária	10
Fruta popular média ou ovo de galinha	1 a 2

(*)Como se recebia por dia efetivamente trabalhado e normalmente não se trabalhava mais de 250 dias por ano, um salário diário de 100 garantia um consumo de 75.

1 Do latim *nummus*, "moeda", é um sinônimo pouco usado de "dinheiro" em português e também o nome de várias moedas romanas e de uma unidade de conta na era bizantina.

2 Mais Informações sobre o numo e a ciência da comparação de valores monetários podem ser encontradas em *História do Dinheiro v. I*.

Idade Contemporânea

A Primeira Revolução Industrial e a Era das Revoluções

Para nossos propósitos, a Idade Contemporânea iniciou-se com a Revolução Francesa e prossegue até os dias de hoje. Encerrado, com a derrota de Napoleão em 1815, o ciclo revolucionário francês iniciado em 1789, o Congresso de Viena tentou restaurar a ordem conservadora sob a guarda de uma Santa Aliança entre Rússia, Áustria e Prússia. Mostrou-se impossível, porém, conter por muito tempo as mudanças culturais e sociais trazidas por vários movimentos: a Revolução Industrial iniciada na Grã-Bretanha do século XVIII, em que houve a fusão do poder do vapor com as máquinas industriais têxteis e a difusão das novas fábricas pela Europa continental e América do Norte; a ascensão da produção capitalista; e a difusão do nacionalismo e do liberalismo burguês pelas conquistas napoleônicas. As revoluções de 1830 e 1848 derrubaram a restauração monarquista na França e se consolidouconsolidou a independência das ex-colônias americanas. Entretanto, a maioria destas passoupassou a depender economicamente da hegemonia do Império Britânico no comércio marítimo.

Bancos centrais, que até o século XVIII só haviam sido criados na Suécia (1668), Inglaterra (1694) e Espanha (1782), basicamente para ajudar o governo a financiar despesas de guerra, foram implantados também na França (1800), Finlândia (1811), Países-Baixos (1814), Áustria (1816), Noruega (1816) e Dinamarca (1818), desta vez para administrar a dívida pública e restaurar a estabilidade financeira abalada pelas guerras napoleônicas. Em 1846, Portugal e em 1847 a Prússia também criaram seus bancos centrais, para restaurar a credibilidade de sistemas financeiros privados abalados por crises financeiras.

A partir de 1821, o padrão-ouro se tornou oficial no Reino Unido. Moedas de prata voltaram a ser cunhadas, mas com conteúdo em metal precioso inferior ao seu poder aquisitivo, de modo a se tornarem semifiduciárias. A maior parte dos demais países centrais tentou um sistema bimetálico, baseado numa relação fixa entre o ouro e a prata e no qual moedas de ambos os metais tinham valor intrínseco integral. Em 1800, dois terços da moeda nesses países ainda circulava na forma metálica, e apenas um terço na forma de papel-moeda ou moeda escritural.

Pequenas moedas de cobre ou outros metais baratos, mal aceitas nos séculos anteriores, começaram a se tornar mais comuns, graças a novas técnicas de cunhagem à máquina que as tornou mais fáceis de produzir nas casas da moeda e mais difíceis de falsificar. Entretanto, o papel-moeda ainda era visto com desconfiança. Era visto menos como dinheiro do que como uma promissória fácil de falsificar, cujo resgate podia se tornar impossível. Na guerra, governos o emitiam como dinheiro de emergência por meio de seu tesouro ou Banco Central para cobrir suas despesas, situação na qual não era possível conter os efeitos inflacionários. Nem mesmo governos vitoriosos, como o dos EUA na Guerra de Independência e o da França nas guerras revolucionárias, puderam evitar que seu papel-moeda se desvalorizasse drasticamente, e poucos conseguiram resgatá-los mais tarde ao seu valor integral. O Reino Unido, após as guerras napoleônicas, foi uma importante exceção.

O papel-moeda emitido por bancos privados, nessa época numerosos e relativamente pequenos, era sujeito a um risco de falência difícil de avaliar, pois as comunicações eram lentas e precárias. Em geral, era possível fazer as notas circularem pelo valor integral ou com pequenos descontos na cidade onde o banco tivesse sua sede, enquanto fosse boa a sua reputação, mas eram recusadas ou aceitas só com grandes descontos nas zonas rurais ou em cidades distantes. Em alguns países, como os EUA, surgiram periódicos e corretores privados especializados em avaliar os riscos de diferentes emissores de notas bancárias. Em outros, como a França, a maioria das pessoas as rejeitava e elas só circulavam entre empresários e banqueiros, que delas necessitavam para movimentar transações médias e grandes e se sentiam suficientemente bem informados sobre a situação do mercado para avaliar os riscos.

Mesmo assim, quase todos os bancos emitiam papel-moeda quando a lei os autorizava, e, às vezes, mesmo quando não era o caso. A movimentação de contas bancárias por cheques, cartas de crédito e outros instrumentos escriturais era possível, mas lenta e pouco prática para pequenas quantias. Tanto as pessoas que depositavam nos bancos quanto as que tomavam empréstimos preferiam lidar com o dinheiro na forma de papel-moeda, e seu volume, nesse período, atingiu valor comparável ao da moeda metálica nos países de comércio mais desenvolvido.

Apesar da inquietação política e do surgimento dos movimentos socialistas e anarquistas, iniciou-se um longo período de estabilidade de preços, condições financeiras e estruturas sociais. Em *O Capital no Século XXI*, Thomas Piketty observa como o rendimento do capital nas formas menos arriscadas (terras e dívida pública) fixou-se entre 4% e 5% ao ano e o valor presente como capital de uma renda fixa segura em 20 a 25 anos de rendimento, a ponto de isso ser tomado como óbvio pelos leitores de romances do século XIX. Era possível fazer fortunas com novas indústrias, empreendimentos coloniais e casamentos bem escolhidos, mas o objetivo da maioria dos personagens literários da época era obter patrimônio suficiente para escapar da mediocridade e obter uma renda capaz de proporcionar uma vida elegante e de conforto material sem mais riscos e trabalhos. Na Inglaterra, assim como na França e em qualquer dos países industrializados, isso significava uma renda vinte ou trinta vezes superior à média, capaz de colocá-los na camada do 1% mais rico da população.

A Segunda Revolução Industrial e a Era do Capital

No período seguinte, de 1848 a 1914, uma Segunda Revolução Industrial, baseada na indústria de máquinas-ferramentas, na siderurgia, na química, no petróleo e na eletricidade, combinada com a difusão das ferrovias, da navegação a vapor e do telégrafo, provocou transformações ainda mais profundas nas sociedades e economias e as integrou numa escala sem precedentes, enquanto a revolução nos transportes e a demanda por mão de obra das Américas e dos impérios coloniais permitiam migrações em escala inédita e serviam de válvula de escape às pressões sociais originadas do êxodo rural europeu.

No Império Britânico, esse período se sobrepôs na maior parte à Era Vitoriana, de 1837 a 1901. No Brasil, com o Segundo Reinado (de Pedro II), de 1840 a 1889. Nos Estados Unidos, sucedem-se a Guerra da Secessão (1861-1865), a Era da Reconstrução (1865-1877), a *Gilded Age* ("Era Dourada", 1877-1898) e a chamada Era Progressista (1898-1914).

Na Europa continental, o período de paz, progresso e cosmopolitismo entre a guerra franco-prussiana de 1871 e a Primeira Guerra Mundial de 1914 é chamado de *Belle Époque*, mas esta não se estendeu aos países da África e Ásia, vítimas de guerras e exploração coloniais (e da exploração neocolonial, no caso da América Latina). Mesmo nos países mais ricos, só uma minoria usufruiu de sua beleza. Nesse período, como na maior parte da história da civilização, o 1% mais rico ("classes dominantes", na terminologia de Piketty) detinha metade da riqueza social; o décimo superior ("classes superiores", sendo os não incluídos no primeiro 1% referidos como "classes abastadas") , quase 90%; e os 50% mais pobres ("classes populares") ficavam com meros 5%. Não havia uma classe média propriamente dita, pois os 90% inferiores formavam uma massa pouco diferenciada e possuíam 10% ou menos da riqueza social.

As unificações da Alemanha e da Itália, a vitória do Norte na Guerra da Secessão dos EUA e a ascensão do Japão como potência militar e industrial modificaram o equilíbrio geopolítico do planeta e ameaçaram a posição do Reino Unido e da França, que procuraram compensar a crescente concorrência internacional com a conquista de mercados coloniais cativos na África e Ásia. A reinvenção e supervalorização de tradições nacionais e o conservadorismo cultural associado à era vitoriana procuram frear as mudanças sociais, mas mesmo assim os movimentos socialistas cresceram e conseguiram impor aumentos de salários e limites à exploração do trabalho.

Na maior parte do mundo, o movimento socialista começou a ser pautado pela obra de Karl Marx e Friedrich Engels, publicada de 1859 a 1894 e de início mais influente na Alemanha, Império Austro-Húngaro e norte da Europa, na forma da social-democracia. A obra de Pierre-Joseph Proudhon, publicada de 1846 a 1864, inspirou o movimento anarquista, menos articulado, mas muito presente no movimento operário da França, sul da Europa, EUA e América

Latina a partir de 1868. De 1878 a 1914, atentados de inspiração anarquista aterrorizaram as elites europeias e atingiram mortalmente chefes de Estado, inclusive o tsar Alexandre II, a imperatriz Isabel "Sissi" da Áustria, o rei Humberto I da Itália, o presidente William McKinley dos EUA e o rei Carlos I de Portugal.

No campo monetário, viu-se a adoção do padrão-ouro pelos EUA e pela maior parte da Europa, acompanhada de uma enorme expansão do papel-moeda e da moeda escritural. O movimento foi inicialmente desencadeado pela descoberta das minas de ouro da Califórnia (1848) e Austrália (1850), que aumentaram a oferta de ouro e levaram à redução da relação ouro/prata dos aproximadamente 16 de 1820-1850 para cerca de 15,5, o que começou a desestabilizar o equilíbrio delicado dos sistemas bimetálicos.

Em 1871, após a vitória da Prússia contra a França proporcionar a unificação da Alemanha e lhe garantir uma indenização de guerra de 5 bilhões de francos, o novo império adotou o padrão-ouro para unificar sua moeda, iniciando um processo de desmonetização da prata, pois França e Bélgica suspenderam a cunhagem de moedas de prata para não serem inundadas por táleres de prata desmonetizados. Ao mesmo tempo, a economia francesa sofria as consequências da derrota e os EUA aplicavam uma política de restrição monetária para reverter as consequências inflacionárias da Guerra da Secessão, que contribuiu para derrubar o preço de mercado da prata.

Esses fatores implodiram a bolha especulativa formada em torno dos investimentos em ferrovias nos anos 1860, levaram um país atrás do outro a abandonar a prata pelo ouro e desencadearam em 1873 a primeira grande crise internacional, conhecida como a Longa Depressão, que durou até 1879 nos EUA e 1896 no Reino Unido e provocou uma valorização real do ouro, acompanhada de desvalorização real da prata. A relação de preço ouro/prata subiu de 15,8 em 1870 para 16,8 em 1875, 18,3 em 1880, 19,7 em 1885, 20,2 em 1890, 32,1 em 1895 e oscilou entre 30 e 40 no início do século XX.

Valor do ouro e da prata, 1790-1914 (Reino Unido)

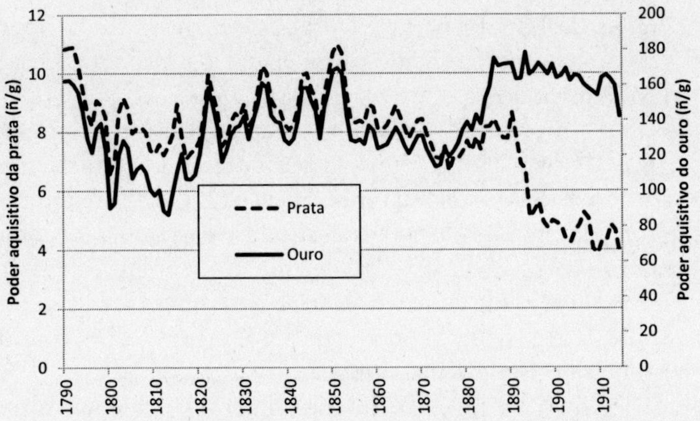

O abandono da prata como padrão monetário foi uma vitória das novas elites industriais e financeiras dos países centrais, pois o padrão-ouro, ao limitar a oferta de moeda, favorecia a deflação, o comércio internacional, os credores e os bancos em detrimento das economias locais e dos devedores.

Países periféricos sem grandes reservas de ouro ou com comércio exterior pouco diversificado se adaptaram mal ao novo sistema, se chegaram a fazê-lo. Os países com moeda baseada em prata que aderiram ao padrão-ouro nos anos 1890 tiveram de fazê-lo com uma desvalorização de cerca de 50%, e as moedas daqueles que não o conseguiram perderam ainda mais valor. Passaram a depender de moeda fiduciária, e seu câmbio ficou à mercê das exportações, geralmente baseadas em mercadorias básicas de cotação volátil (café, no caso do Brasil).

A maioria dos países industrializados e alguns grandes países periféricos que ainda não tinham bancos centrais os criaram neste período: Bélgica (1850), Rússia (1860), Alemanha (1876), Japão (1882), Itália (1893), Suíça (1907), Austrália (1911) e por fim os EUA (1913), estes na forma peculiar do Sistema de Reserva Federal (Fed). O sistema bancário e o papel-moeda haviam deixado de ser assunto privado para se tornar o eixo da economia nacional, e a fiscalização e respaldo do Estado se tornaram necessários para garantir sua confiabilidade.

Embora o ouro e a prata – e, a partir dos anos 1880, quase só o ouro – continuassem a fundamentar o sistema monetário, o papel-moeda passou a circular mais amplamente, inclusive em países como a França e os EUA. Com o surgimento do telégrafo e a popularização dos jornais, o público adquiriu maior confiança no sistema monetário e financeiro. O avanço das técnicas de produção de papel, gravura e impressão o tornou mais difícil de falsificar e os bancos privados, quando ainda autorizados a emiti-lo (como nos EUA), tinham de se submeter a uma regulamentação mais estrita e se comprometer a resgatar as notas uns dos outros, de modo a torná-las confiáveis mesmo longe das sedes bancárias. Tornaram-se indispensáveis, até porque o volume da economia e da circulação de dinheiro tornou-se grande demais para as disponibilidades de moeda metálica.

Ao mesmo tempo a moeda escritural tornou-se mais aceita, de modo a permitir a sobrevivência dos bancos privados que não mais puderam emitir notas bancárias. Ao longo do período ela se tornou mais importante que o dinheiro físico, mesmo considerado o papel-moeda. Em 1885, considerada a soma dos onze países mais importantes para os quais há estatísticas disponíveis – Estados Unidos, Canadá, Reino Unido, França, Alemanha, Itália, Países-Baixos, Bélgica, Suécia, Suíça e Japão –, 21% da moeda circulante era ouro, 12% prata, 27% papel-moeda e 40% depósitos (moeda puramente escritural). Em 1913, a proporção era 10% ouro, 5% prata, 22% papel-moeda e 63% depósitos.

As moedas metálicas fiduciárias também se tornaram muito mais comuns. Até meados do século, parecia importante as moedas de cobre conterem metal suficiente para desestimular a falsificação e lhes atribuir um valor real compatível com o nominal, o que as tornava volumosas e pouco práticas em relação a seu pequeno valor, mas, a partir de meados do século XIX, moedas pequenas de bronze ou outras ligas de cobre, pequenas demais para que o metal contido fosse significativo em relação a seu poder aquisitivo, começaram a ser aceitas como dinheiro ao lado do papel-moeda.

Práticas, abundantes e fáceis de carregar, as pequenas moedas começaram a mudar a postura do comércio e dos consumidores. Antes, a escassez de moedas de pequeno valor dificultava ajustes finos nos preços do varejo e era preciso comprar em quantidades compatíveis com as moedas disponíveis. No Oeste dos EUA, por exemplo, a menor moeda facilmente disponível era o *bit* (o real hispânico ou mexicano), com valor de um oitavo de dólar ou 12½ cents. Toda compra numa mercearia tinha de ser feita em múltiplos de *bits*. Não havia muita margem para concorrência de preços ou barganha, a não ser pela variação da quantidade de mercadoria. Da mesma forma, qualquer despesa num *saloon* tinha o valor de um bit, fosse qual fosse a bebida ou sua marca.

Com a popularização de moedas pequenas – *pennies* e frações no Reino Unido, cents nos EUA, cêntimos na França e assim por diante – a concorrência por preços no varejo tornou-se mais importante, o que estimulou o aumento da eficiência da produção e do comércio. Compras de valor muito pequeno se tornaram práticas e comuns, estimulando uma relação menos planejada e mais lúdica com o consumo de balas, goma de mascar, jornais baratos e puros caça-níqueis. Preços terminados em 99 ou 95 (ou no Reino Unido, antes de aderir ao sistema decimal, terminados em 11½ *pence*, "quase" um xelim) também começaram a se tornar comuns por seu efeito psicológico.

Moedas de valor um pouco maior começaram a ser feitas em cuproníquel (mais raramente, níquel puro) para substituir moedas de prata pequenas demais e fáceis de perder. Nos EUA, por exemplo, um "níquel" de 5 cents, maior que os 10 cents de prata, substituiu uma minúscula pratinha de 5 cents. Como não havia mais relação clara entre o peso da moeda e seu valor, podiam por vezes ser confundidas com moedas de prata em condições de má iluminação. Isso levou vários países a cunhá-las com formatos poligonais, bordas diferentes ou furos centrais para facilitar a distinção.

Evolução dos preços do ouro e da prata (Reino Unido)

Ano	Preço da prata pence/grama	Preço da prata ñ/grama	Preço do ouro ñ/grama	Relação Ouro/prata
1860	2,144	8,12	124,12	15,3
1861	2,114	8,08	125,26	15,5
1862	2,136	8,24	126,42	15,3
1863	2,133	8,53	131,10	15,4
1864	2,150	8,91	135,91	15,2
1865	2,122	8,53	131,73	15,4
1866	2,125	8,16	125,84	15,4
1867	2,105	7,78	121,16	15,6
1868	2,103	8,11	126,33	15,6
1869	2,101	8,40	131,10	15,6
1870	2,105	8,44	131,42	15,6
1871	2,103	7,93	123,55	15,6
1872	2,096	7,57	118,35	15,6

1873	2,060	7,13	113,49	15,9
1874	2,027	7,09	114,61	16,2
1875	1,977	7,51	124,49	16,6
1876	1,834	6,66	119,04	17,9
1877	1,905	7,13	122,62	17,2
1878	1,827	7,10	127,31	17,9
1879	1,781	7,32	134,78	18,4
1880	1,816	7,70	138,92	18,0
1881	1,797	7,37	134,45	18,2
1882	1,794	7,83	143,06	18,3
1883	1,758	7,40	137,98	18,6
1884	1,759	8,17	152,28	18,6
1885	1,690	8,20	158,95	19,4
1886	1,577	8,43	175,17	20,8
1887	1,551	8,08	170,77	21,1
1888	1,490	7,80	171,67	22,0
1889	1,484	7,79	172,03	22,1
1890	1,649	8,67	172,21	19,9
1891	1,567	7,81	163,41	20,9
1892	1,384	6,91	163,74	23,7
1893	1,238	6,74	178,43	26,5
1894	1,006	5,10	166,08	32,6
1895	1,039	5,34	168,48	31,6
1896	1,069	5,61	172,21	30,7
1897	0,958	4,95	169,35	34,2
1898	0,936	4,74	166,08	35,0
1899	0,953	4,99	171,67	34,4
1900	0,982	4,91	164,07	33,4
1901	0,945	4,77	165,40	34,7
1902	0,837	4,32	169,35	39,2
1903	0,860	4,26	162,44	38,1
1904	0,917	4,63	165,57	35,8
1905	0,967	4,86	164,90	33,9
1906	1,073	5,25	160,52	30,6
1907	1,050	5,07	158,18	31,2
1908	0,848	4,04	156,36	38,7
1909	0,823	3,87	154,15	39,8
1910	0,858	4,29	164,07	38,2
1911	0,853	4,32	165,74	38,4
1912	0,974	4,85	163,25	33,6
1913	0,958	4,67	159,73	34,2
1914	0,880	3,82	142,19	37,2

Obs: o preço do ouro esteve constante em 32,776 pence/grama em todo o período

Adoção do Padrão-Ouro no século XIX

País	adoção extraoficial	adoção oficial	adoções anteriores fracassadas
Portugal	1709	1854	
Reino Unido	1717	1821	
Austrália (domínio britânico)		1852	
Estados Unidos	1853	1900	
Canadá (domínio britânico)		1854	
Alemanha		1871	
Dinamarca		1872	
Suécia		1873	
França	1873	1878	
Bélgica	1873	1878	
Noruega		1875	
Países-Baixos		1875	
Uruguai		1876	
Finlândia		1877	
Suíça		1878	
Império Otomano		1881	
Itália		1884	
Egito (protetorado britânico)		1885	
África Oriental Alemã		1885	
Somália (colônia italiana)		1889	
Eritreia (colônia italiana)		1890	
Romênia		1890	
Áustria-Hungria		1892	
Chile		1895	
Costa Rica		1896	
Japão		1897	
Rússia		1897	
Equador		1898	
Índia (vice-reino britânico)		1898	
Liechtenstein		1898	

Argentina	1900	1867-1876 e 1883-1885
Ceilão (colônia britânica)	1901	
Peru	1901	
Filipinas	1903	
México	1905	
Brasil	1906	1888-1889
Bulgária	1906	
Malásia	1906	
Bolívia	1908	
Sião	1908	
Grécia	1910	1885
Montenegro	1911	

Obs: todos o abandonaram em 1914, exceto Portugal (1891), Chile (1898), México (1913), Austrália (1915), EUA (1933), Países-Baixos e Suíça (1936)

A Revolução Técnico-Científica e a Era dos Extremos

Precedidos por um longo período de fé ingênua no progresso da civilização e da paz, os massacres e horrores da I Guerra Mundial expuseram a fragilidade dos ideais do século XIX e a incompetência das aristocracias que até então dirigiam a maior parte da Europa. Foi um golpe mortal nos privilégios nobiliárquicos de origem feudal em toda a Europa e em várias das monarquias mais antigas e orgulhosas, inclusive os impérios russo, alemão e austríaco. No final da guerra, a própria ordem capitalista pareceu à beira do colapso, com motins de soldados e trabalhadores dispostos a repetir a experiência leninista em vários países da Europa. Nos anos seguintes, partidos comunistas conquistaram adeptos e movimentos culturais renovadores demoliram as referências éticas e estéticas do passado.

As despesas da Primeira Guerra Mundial obrigaram as potências europeias a abandonar o padrão-ouro. A partir de 1922, vários países tentaram retornar ao padrão-ouro e restabelecer o sistema financeiro internacional de antes da guerra, mas, depois do ciclo inflacionário provocado pela guerra, tal restauração exigiria políticas de austeridade e deflação, arriscadas em um período de radicalização política em ascensão, desemprego elevado e insatisfação social. Os monopólios e oligopólios resistiam à redução de preços, e os sindicatos, fortalecidos desde o fim do século XIX, à redução dos salários. O clima de patriotismo e respeito à autoridade do início da I Guerra Mundial se evaporara, a revolução russa inspirava os radicais e tentativas de impor cortes de salários de militares e funcionários podiam provocar revoltas e talvez até revoluções inspiradas no bolchevismo.

Tentativas de restauração do padrão-ouro após a I Guerra Mundial

País	Início	Fim	País	Início	Fim
Estados Unidos (*)	1900	1933	Suíça (*)	1878	1936
Nicarágua	1915	1932	Reino Unido	1925	1931
Albânia	1922	1939	Nova Zelândia (domínio britânico)	1925	1931
Filipinas	1922	1933	Bélgica	1926	1935
Letônia	1922	1931	Bolívia	1926	1931
Suécia	1922	1931	Brasil	1926	1930
Honduras	1923	1933	Canadá (domínio britânico)	1926	1931
Venezuela	1923	1930	Finlândia	1926	1931
Alemanha	1924	1931	França	1926	1936
África do Sul (domínio britânico)	1925	1933	Polônia	1926	1936
Austrália (domínio britânico)	1925	1930	Tchecoslováquia	1926	1931
Áustria	1925	1931	Dinamarca	1927	1931
Chile	1925	1931	Equador	1927	1932
Dantzig	1925	1935	Itália	1927	1936
Egito (protetorado britânico)	1925	1931	Palestina (mandato britânico)	1927	1931
Guatemala	1925	1933	Estônia	1928	1933
Hungria	1925	1931	Grécia	1928	1932
Índia (vice-reino britânico)	1925	1931	Peru	1928	1932
Iugoslávia	1925	1932	Noruega	1928	1931
Malásia	1925	1931	Japão	1930	1931
Países-Baixos	1925	1936	Portugal	1931	1931

(*) Os EUA mantiveram o padrão-ouro na I Guerra Mundial e apenas suspenderam a conversão para depositantes estrangeiros de 1917 a 1919. A Suíça só o rompeu durante a Grande Depressão, com uma desvalorização de 30%.

Mesmo nos EUA, que saíram intactos e fortalecidos da guerra, o ciclo de crescimento e especulação financeira dos anos 1920, conhecidos como os *Roaring Twenties* ("Os Vibrantes Anos Vinte") acabou bruscamente na crise de 1929, que levou ao colapso a tentativa de restauração do padrão-ouro na Europa em 1931 (após uma greve de marinheiros provocar pânico na Bolsa de Londres) e forçou sua suspensão nos EUA em 1933, neste caso acompanhada da proibição aos cidadãos estadunidenses de possuir ou comerciar ouro em qualquer lugar do mundo, com exceções para joias e moedas de coleção. No ano seguinte, o próprio Fed teve de entregar suas reservas e certificados de ouro ao Tesouro, e em 1937 foi inaugurado o *United States Bullion Depository* em Fort Knox. No Brasil, a crise provocou o fim do padrão ouro e da República Velha em 1930 e a ascensão da ditadura de Getúlio Vargas nos anos seguintes. Na Alemanha, abriu caminho ao nazismo.

As críticas à tentativa de restauração do padrão ouro após a guerra de 1914-1918, as análises do seu fracasso e da crise dos anos 1930, bem como a crise hiperinflacionária da Alemanha nos anos 1920, geraram muitas teses importantes sobre a natureza do dinheiro e o papel da moeda, e também propostas interessantes de reformas.

Até então os próprios marxistas, que lutavam pelo fim do capitalismo e do valor e por uma sociedade comunista na qual o dinheiro seria abolido e trabalho e consumo seriam regulados pelo princípio "de cada um segundo a sua capacidade e a cada um segundo a sua necessidade", aceitavam no essencial a visão dos economistas clássicos britânicos, principalmente Adam Smith e David Ricardo, para os quais a moeda era um mecanismo neutro, expressão de uma mercadoria (em geral o ouro) convencionada como equivalente geral para facilitar as trocas, cujas particularidades poderiam ser ignoradas na análise das questões econômicas gerais. Em consequência, análise e crítica marxistas se concentraram nos setores industriais e comerciais, enquanto os bancos e o sistema financeiro, vistos como meros intermediários entre poupadores e investidores, eram deixados em segundo plano. Ao chegar ao poder na União Soviética, os revolucionários continuaram a pensar na moeda como mera representação do ouro e correia de transmissão de uma economia na qual produção, consumo e preços seriam planejados por especialistas no governo central.

A crise pôs em foco teorias alternativas formuladas desde o final do século XIX[1] que enfatizam a origem e natureza do dinheiro não como mercadoria, mas como operação de crédito. Consequentemente, salientam a importância da liquidez (facilidade de comprar ou vender um ativo no mercado de imediato sem afetar seu preço, essencial ao dinheiro) e o papel central e decisivo dos bancos na criação e circulação de moeda no capitalismo e no desempenho da economia. Visaram reformar a economia de mercado e não romper com ela, mas proporcionaram avanços na compreensão dos fenômenos monetários em relação à ortodoxia marxista.

A mais influente dessas visões, dominante no pós-guerra até o início dos anos 1970, seria a do diplomata e economista britânico John Maynard Keynes, cuja obra mais decisiva foi o *Teoria Geral do Emprego do Juro e do Dinheiro*, de 1936. Keynes apresentou o investimento produtivo como um fenômeno passível de ser estimulado ou inibido pela política monetária. Contra uma depressão, seria necessário reduzir as taxas de juros o suficiente para inibir a demanda de moeda para fins especulativos e se necessário torná-los negativos em termos reais, com uma inflação superior ao juro nominal. Ao mesmo tempo, se devia incrementar o consumo por meio de gastos e empréstimos públicos capazes de absorver os recursos ociosos no sistema econômico e reativar a máquina capitalista.

Outra obra influente no pós-guerra (inclusive sobre o próprio Keynes) foi a do comerciante e economista anarquista germano-argentino Silvio Gesell, formulada sob o efeito da Longa Depressão do século XIX na Argentina dos anos 1890: *A Reforma do Sistema Monetário como Ponte para um Estado Social*, de 1891. Propunha o "dinheiro livre" (*Freigeld*), uma moeda perecível a ser emitida por autoridades locais e concebida para perder valor a uma taxa prefixada (pela exigência de uma taxa periódica para mantê-la em circulação), de forma a criar um imposto sobre a posse de dinheiro, evitar o entesouramento e estimular a atividade econômica como a inflação, mas sem implicar em aumento generalizado de preços. Podia-se também depositar os certificados a juro zero no banco, que tinha todo o interesse em emprestá-lo para não arcar com o custo de manutenção. No ambiente de escassez de dinheiro dos anos 1930, sua

1 O economista escocês Henry Dunning Macleod é tido como o criador da tese do dinheiro como crédito, na obra *The Theory of Credit*, de 1889, seguido pelo inglês Alfred Mitchell-Innes com *What is Money?* de 1913, que teve influência mais direta sobre a obra de Keynes.

teoria foi experimentada e teve razoável sucesso na reativação de economias locais, notadamente em Wörgl, Áustria, de 1932 a 1934.

Gesell também propôs uma Associação Monetária Internacional (*International Valuta Association*) que atuaria como um banco central mundial e emitiria uma nova moeda internacional, o IVA, na forma de papel-moeda. Cada país trocaria 20% do seu meio circulante por IVAs, que seriam usados no comércio internacional. Países deficitários perderiam seus IVAs e precisariam desvalorizar suas moedas ou tomar outras medidas para equilibrar o balanço de pagamentos para continuar a dispor deles.

Em reação tanto ao marxismo quanto às teses heterodoxas e às propostas de intervenção social e estatal na economia que se propunham salvar a economia de mercado por tais reformas, economistas como Ludwig von Mises e Friedrich Hayek reformularam o pensamento liberal dos séculos anteriores, que, despido de seus aspecto mais humanistas e progressistas, enrijeceu-se na dogmática conservadora da Escola de Viena ou Escola Austríaca, matriz do neoliberalismo que se tornaria a ortodoxia do final do século XX.

Uma concepção intermediária partiu do economista estadunidense Irving Fisher, que, a partir de sua análise das causas da deflação e da depressão e da experiência hiperinflacionária da Alemanha de 1922-1923, recomendou a estabilização da economia pelo simples controle da quantidade de moeda em circulação segundo regras fixas e conhecidas, em oposição às políticas de intervenção estatal recomendadas por Keynes. Suas teses dariam origem ao monetarismo da Escola de Chicago e de Milton Friedman, mais influente nos anos 1980, mas não se cogitou de aplicar sua proposta mais radical, o "Plano Chicago", originalmente concebido pelo colega Henry Simons em 1936. Consistia em obrigar os bancos a recolher 100% dos depósitos ao Banco Central, de modo a cassar seu poder de emitir moeda escritural e restaurar o poder do Estado de controlar o volume do meio circulante.

Os bancos poderiam emprestar apenas o próprio patrimônio líquido (capital e lucros acumulados) e os recursos emprestados ao Tesouro ou a agentes privados. Perderiam o controle sobre a quantidade de dinheiro em circulação, que passaria a ser independente da quantidade de crédito que os bancos julguem conveniente conceder e seu poder sobre a economia diminuiria, mas não correriam o risco de "corridas", pois seus fundos não estariam sujeitos a saques imprevistos e continuariam lucrativos. A dívida pública desapareceria, pois, para respaldar suas operações, os bancos teriam de tomar reservas emprestadas ao Tesouro e anular a dívida líquida do setor público, substituída por moeda não resgatável. A dívida privada também seria reduzida a empréstimos para financiar compra de capital físico.

A recuperação econômica proporcionada aos EUA e à Alemanha por políticas não ortodoxas e a generalização do planejamento econômico e dos controles de preços impostos pela II Guerra Mundial afastaram ainda mais as economias capitalistas dos modelos liberais clássicos. Mesmo assim, na conferência de Bretton Woods de 1944, 44 nações concordaram em reconstruir a ordem monetária internacional com base em um padrão-ouro fictício.

Keynes defendeu, nessa conferência, a criação de uma moeda-convênio internacional chamada *bancor* (algo como "ouro bancário"), cuja emissão seria administrada por uma União Monetária Internacional, de modo a permitir a troca equilibrada de mercadorias e investimentos sem o uso de moedas nacionais e a busca por cada país de suas próprias metas econômicas. A proposta atendia não só aos interesses do Império Britânico e de todas as nações devedoras, a maioria. Entretanto, os EUA, que além de comandar o esforço de guerra, haviam se tornado credores de seus aliados semidestruídos e donos de mais de metade da economia produtiva do Ocidente, impuseram a solução de sua preferência, voltada para forçar a abertura dos mercados mundiais às suas exportações. Representados por Harry Dexter White, exigiram um sistema de taxas de câmbio fixas em relação a um dólar inconversível para os agentes privados, mas respaldado pelas reservas de Fort Knox, que poderiam teoricamente ser sacadas por governos estrangeiros quando atendessem a determinadas exigências. Para assegurar o cumprimento das novas regras, duas instituições foram criadas: o Fundo Monetário Internacional (FMI) e o Banco Internacional para Reconstrução e Desenvolvimento, hoje conhecido como Banco Mundial, ambas com sede em Washington.

Os britânicos criticaram esse plano como inconsistente. Ao se tornarem responsáveis pela moeda usada no comércio internacional e nas reservas dos demais países (formadas principalmente por títulos do Tesouro estadunidense), os EUA teriam de suprir seus parceiros com dinheiro e, para isso, manter um balanço de pagamentos deficitário. Cada vez mais dólares se acumulariam no exterior e tornariam mais difícil aos EUA garantir seu resgate com reservas de ouro finitas, tornando o sistema cada vez menos confiável e mais instável. Entretanto, nas condições de 1944, essa perspectiva parecia demasiado distante para ser levada a sério.

Entretanto, a ascensão da União Soviética como superpotência, a fragilidade política e econômica das arrasadas e deficitárias nações europeias e o colapso do colonialismo no Sudeste Asiático exigiram dos EUA uma política de conciliação capaz de desencorajar os movimentos comunistas. Ante a incapacidade de aliados e ex-inimigos europeus de acumular divisas ante as exportações estadunidenses, Washington financiou sua reconstrução com os US$ 13 bilhões (1 trilhão de ñ) do Plano Marshall de 1948, e no ano seguinte lhes permitiu desvalorizar suas moedas para equilibrar suas balanças comerciais. Na Ásia, Japão, Taiwan, Coreia do Sul, Filipinas, Israel e outros se beneficiaram de financiamentos no volume de US$ 5,9 bilhões (460 bilhões de ñ), além de serem autorizados a proteger seu desenvolvimento industrial por tarifas altas enquanto o mercado dos EUA se abria a seus produtos.

Em resposta, o bloco soviético criou o Conselho de Assistência Econômica Mútua (Comecon), dentro do qual um "rublo de compensação" mediava trocas essencialmente bilaterais entre a União Soviética e os parceiros. Em 1963, esse sistema foi substituído por um sistema multilateral baseado em uma moeda-convênio chamada "rublo transferível", cujas compensações seriam administradas pelo Banco Internacional para a Cooperação Econômica sediado em Moscou, um sistema análogo ao proposto por Keynes, mas que funcionava sob um regime de preços administrados e normalmente fixos e não de livre mercado.

No Ocidente, as políticas expansionistas se combinaram a uma Revolução Técnico-Científica que gerou um novo ciclo de crescimento acelerado da produtividade baseado na sistematização da pesquisa científica aplicada, linhas de produção em massa, automação, novos materiais e novos métodos agrícolas. Essa foi a origem do que mais tarde foi chamado de "Idade de Ouro do capitalismo".

De 1950 a 1970, uma inflação persistente da ordem de 2% a 3% anuais nos EUA e Alemanha, 4% a 5% no Reino Unido, França e Japão e 10% a 30% em muitos países periféricos foi considerada um preço aceitável para conter o comunismo, juntamente com o aumento real de salários, a ampliação dos direitos sociais e trabalhistas, a regulação e tributação crescente das empresas, a redução das desigualdades de renda, a abolição da discriminação racial oficializada no sul dos EUA e a estatização de setores estratégicos em vários países centrais.

A participação da classe dominante (o 1% mais rico) na riqueza total dos países industrializados caiu dos 50% tradicionais até 1913 para cerca de 20%. Ao mesmo tempo, pela primeira vez na história, surgiu uma verdadeira classe média, no sentido de uma parcela grande da população cujas posses de fato estão próximas da média social. Formada por perto de 40% da população, veio a deter 35% ou 40% da riqueza nacional na forma de residência e bens de consumo e poupanças, o que representa pouco poder econômico, mas uma razoável segurança.

Sob pressão dos EUA, dos movimentos nacionalistas despertados pela guerra e do desafio soviético, o Reino Unido e a França foram forçados a desistir de seus impérios coloniais e permitir a independência formal de suas colônias. Entretanto, exigiu-se dos novos países periféricos a abertura da exploração dos seus recursos naturais e à importação de manufaturados das nações capitalistas industrializadas e seu alinhamento político aos interesses ocidentais na Guerra Fria. Experiências de desenvolvimento nacionalista, política externa independente, reforma agrária e redistribuição de renda e propriedade foram vistas com extrema desconfiança, e vários governos que as tentaram foram depostos por golpes reacionários apoiados por Washington, inclusive o de João Goulart no Brasil de 1964. Nesses países, a distribuição de renda continuou a seguir um padrão semelhante ao dos países ricos antes de 1914, e o que se denominou "classe média" constituiu uma minoria abastada.

Enquanto isso, a tendência à instabilidade do sistema de Bretton Woods começou a se fazer sentir. Os países europeus e asiáticos favorecidos com vantagens comerciais pelos EUA desde 1948 tiveram altas taxas de crescimento e se aproximaram dos padrões de produtividade e consumo dos EUA. Os controles cambiais foram gradualmente aliviados, e a livre conversibilidade mútua das moedas dos países centrais foi atingida em 1958. Entretanto, em 1959 os EUA começaram a acumular déficits de conta corrente, e em 1960 as cédulas e títulos do Fed no exterior começaram a superar as suas reservas, criando o risco de uma corrida ao ouro.

Já se percebia que o ouro estava sendo artificialmente subvalorizado. Nos EUA de 1960, os preços haviam aumentado, em média, 67% desde

1944 e 122% em relação a 1934, quando a paridade oficial fora fixada. O presidente John Kennedy prometeu não a alterar, mas, uma vez que os parceiros se recusaram a revalorizar suas moedas para equilibrar os balanços de pagamentos, foi preciso recorrer a remendos, inclusive o aumento da capacidade de financiamento do FMI e a formação, em 1961, de um fundo de ouro de US$ 270 milhões (16,8 bilhões de ñ), sendo metade dos EUA e metade de sete parceiros europeus, para manter o preço internacional do metal em linha com a paridade oficial. Ajudado pela descoberta de novas jazidas de ouro na África do Sul e União Soviética, o arranjo funcionou nos primeiros anos, mas em 1965 o fundo era forçado a vender mais ouro do que conseguia comprar.

Começava ao mesmo tempo a escalada do envolvimento dos EUA na Guerra do Vietnã, cujos gastos aceleraram a inflação estadunidense para taxas da ordem de 3% anuais em 1966 e 5% em 1968 e o déficit do balanço de pagamentos para 3 bilhões de dólares anuais. Em junho de 1967, a França anunciou sua retirada do fundo de ouro. Pouco depois, um ataque especulativo forçou o Reino Unido a desvalorizar a libra. As negociações de ouro na Bolsa de Londres foram suspensas por duas semanas, mas não se encontrou uma solução; o preço do mercado voltou a se descolar do oficial e criar uma situação insustentável.

A Revolução Digital e a Era da Incerteza

Em 1970, o FMI criou os Direitos Especiais de Saque (*Special Drawing Rights*), baseados em uma cesta de moedas, para tentar aliviar a pressão sobre o dólar e o ouro, mas a iniciativa foi demasiado tardia e tímida, por ser aplicável apenas a um conjunto muito restrito de operações. Em maio de 1971, a Alemanha Ocidental se retirou do acordo de Bretton Woods e foi seguida em agosto pela Suíça e pela França, que sacaram respectivamente 50 milhões e 191 milhões de dólares em ouro. Quando o Reino Unido anunciou estar disposto a sacar 750 milhões e a França a converter seus dólares, Richard Nixon suspendeu em 15 de agosto a conversibilidade do dólar e o padrão-ouro, iniciando uma era de moeda puramente fiduciária.

As tentativas de fixar uma nova paridade em ouro para o dólar nos anos seguintes fracassaram. Em 1974, o governo dos EUA liberou a posse, o comércio e a especulação privados de ouro, restringidos desde 1933, e o retorno à conversibilidade foi definitivamente descartado em 1976. O ouro tornou-se mais uma mercadoria negociada em bolsa e a especulação, tanto mais intensa quanto maior era a inflação e a instabilidade cambial, o fez saltar de 35 dólares por onça em 1970 (59 ñ/grama) para um pico de 850 dólares durante 1980 (710 ñ/grama).

Abriu-se um período de concorrência entre as principais moedas do Ocidente pela hegemonia financeira. O marco e o iene estavam ligados a economias mais dinâmicas e com menor inflação, mas dólar e libra tinham maior liquidez e circulação internacional e serviam aos dois maiores centros financeiros. O Reino Unido, para fortalecer sua posição na concorrência, iniciou o processo de desregulamentação bancária, e em 1971 o governo de Edward Heath reduziu o depósito compulsório dos bancos a mero 1,5% das captações, permitindo que se engajassem em operações mais arriscadas e ampliassem a atuação internacional.

Depois de um período de desordem cambial e inflação generalizada, agravada pelos choques do petróleo de 1973 e 1979, os EUA recorreram a uma política financeira e monetária mais rígida, cada vez mais apoiada na ortodoxia econômica neoliberal desenvolvida em reação ao keynesianismo por partidários do retorno ao *laissez-faire*, como Friedrich Hayek. A operação decisiva foi a elevação do juro básico para até 21,5% ao ano por Paul Volcker, presidente do Fed nomeado por Jimmy Carter em 1979. O "choque de Volcker", de março de 1980, fez o desemprego chegar a 10%, mas a inflação despencou de 14,8% em 1980 para menos de 3% em 1983; os capitais do mundo fluíram para financiar o investimento e consumo dos EUA, compensaram o déficit da balança de pagamentos e restauraram a supremacia do dólar.

O efeito foi catastrófico nos países periféricos, cujo crescimento fora financiado desde os anos 1960 por empréstimos externos a juros relativamente baixos e que já tinham sido abalados pelos choques do petróleo. Para o Brasil e a maior parte da América Latina, foi o início de uma "década perdida" de colapso financeiro, recessão e inflação em disparada, embora também tenha trazido a queda das ditaduras militares responsabilizadas pela crise.

Nesse período, a União Soviética, economicamente estagnada desde os anos 1970, deixava de ser um desafio político. Seu colapso final em 1991 removeu a ameaça do socialismo e abriu caminho em quase todo o mundo a um ciclo de privatizações, desregulamentação, concentração de renda e retrocesso de direitos sociais e trabalhistas, iniciado pelos governos de Margaret Thatcher no Reino Unido

(1979-1990) e Ronald Reagan nos EUA (1981-1990). Em 1986, deu-se o chamado "Big Bang", a desregulamentação radical do mercado financeiro britânico e da Bolsa de Londres, de modo a atrair bancos e especuladores de todo o mundo e concorrer com Nova York. Isso abriu caminho à globalização financeira e à concentração crescente do mercado, criando os bancos "grandes demais para falir" e movimentos de capitais privados suficientemente grandes para abalar economias nacionais, inclusive a do próprio Reino Unido, cuja moeda foi derrubada em 1992 por um ataque especulativo no qual o fundo de hedge Quantum, de George Soros, aplicou US$ 15 bilhões (200 bilhões de ñ) e ganhou US$ 7 bilhões, dos quais 20% foram embolsados pelo bilionário e seus sócios como administradores. A operação forçou a saída da libra do Mecanismo Europeu de Taxas de Câmbio e a moeda se desvalorizou 15% ante o marco e 25% ante o dólar.

Os países periféricos e as nações resultantes da desintegração soviética foram pressionados para remover seus controles de capitais e barreiras alfandegárias, vender suas empresas às transnacionais e integrar suas economias e finanças ao mercado global, com a promessa de investimentos externos e desenvolvimento acelerado com base na exportação para os países ricos de produtos feitos com mão de obra barata e por indústrias livres de preocupações e de leis sociais, trabalhistas e ambientais. O resultado foi, porém, uma série de breves ciclos especulativos seguidos de crises na América Latina, Ásia e Rússia, enquanto a China, que manteve seu mercado rigidamente controlado, pôde tirar real proveito da exportação para o Ocidente e se beneficiar de um longo ciclo de crescimento.

Nem o aprofundamento das reformas neoliberais nos anos 1990, nem a Revolução Digital cumpriram as promessas de retomada do crescimento sustentado. Houve um crescimento significativo das margens de lucro e da especulação financeira internacional, mas pouco aumento real de produtividade nos países ricos. A maior parte do crescimento econômico efetivo desde os anos 1990 deveu-se à industrialização acelerada da China, Índia e Sudeste Asiático pela difusão de tecnologias industriais já existentes e abertura do mercado dos países ricos às importações asiáticas, mas teve como efeito colateral o agravamento de problemas ambientais globais que começam a se tornar uma séria restrição ao crescimento.

No campo monetário, procurou-se uma relativa convergência das taxas de inflação na maior parte do mundo e uma maior coordenação internacional de políticas monetárias. Fracassaram, porém, muitas das tentativas de fixação de taxas de câmbio, mais espetacularmente no colapso da conversibilidade argentina em 2001. A inovação mais ousada do período, a unificação das moedas europeias, foi posta em xeque pela crise financeira de 2008.

A desregulamentação das décadas anteriores incentivara bancos cada vez maiores a se arriscarem em operações cada vez mais complexas e agressivas com cada vez menos reservas. O colapso de um mercado de derivativos baseados no mercado imobiliário dos EUA apanhou o setor financeiro de surpresa, e os governos dos países ricos se endividaram enormemente para salvá-los da falência em meio a uma retração geral da atividade econômica.

No caso da Zona do Euro, isso foi feito sob o controle inflexível de instituições europeias moldadas e controladas principalmente pela Alemanha, extremamente avessa a déficits orçamentários e inflação e ciosa dos interesses de seu setor financeiro. Muitos países europeus foram forçados a cortar drasticamente gastos públicos e investimentos em infraestrutura. Com isso, agravaram o desemprego, a desigualdade e as tensões sociais, aumentaram a inadimplência de empresas e consumidores e dificultaram a própria recuperação dos bancos.

O crescimento de movimentos nacionalistas e xenófobos começou a ameaçar a coordenação das políticas europeias e abalar as rígidas estruturas do euro e da União Europeia. Além disso, o estouro da bolha especulativa e o súbito endividamento reduziram os fluxos financeiros destinados aos EUA e forçaram uma correção do crônico déficit do balanço de pagamentos e uma súbita queda das importações, obrigando os países cuja indústria se voltara para esse mercado, inclusive a China, a frear seu crescimento e buscar novas estratégias.

Iniciou-se uma nova era de instabilidade monetária que traz de volta ao debate sério as propostas de reforma radical dos anos 1930, inclusive o *bancor* de Keynes e o Plano Chicago apoiado por Fisher. Além disso, a situação criada pela Revolução Digital e pela crise financeira favorece o desaparecimento do dinheiro na forma física, conforme propõe o Banco Central da Noruega desde 2013. Com a expansão e popularização dos sistemas de pagamento digitais, só atividades ilegais – crime organizado, extorsão, subornos, terrorismo, lavagem de dinheiro – precisam realmente do grau de anonimato garantido pelo uso do papel-moeda em quantidade. A necessidade crescente de reduzir a evasão de impostos para conter o déficit público e ditar juros nominais negativos para estimular a economia sem causar inflação galopante (de forma análoga à proposta por Gesell no século XIX) fornece um bom argumento para substituir o dinheiro físico por eletrônico, com o qual seria muito mais difícil escapar às autoridades fiscais e monetárias.

Dinheiro e riqueza no mundo em 2015

Em 2015, moedas e papel-moeda somavam, às taxas de câmbio correntes, US$ 5 trilhões (39,5 trilhões de ñ) em todo o mundo. Acrescentadas as contas correntes, havia no mundo US$ 28,6 trilhões em dinheiro (225 trilhões de ñ). Consideradas poupanças e depósitos a prazo, o total sobe para US$ 80,9 trilhões (640 trilhões de ñ). O mercado mundial de ações é de US$ 70 trilhões e o de dívidas, inclusive de longo prazo, de US$ 199 trilhões (1,57 quatrilhão de ñ, 29% dos quais acumulados desde a crise de 2008), 30% da qual devida por governos nacionais.

Segundo o Conselho Mundial do Ouro, existem 171.300 toneladas de ouro minerado no mundo, 12,7 mil das quais mineradas até 1492 e 4,8 mil de 1493 a 1850. Destas, 84,3 mil (49,2%) estão na forma de joalheria, 20,8 mil (12,1%) em produtos industriais, 33 mil (19,3%) em lingotes e moedas de investidores e 29,5 mil (17,2%) em bancos centrais e no FMI. Estes dois últimos estoques somam dois bilhões de onças, equivalentes a US$ 2,3 trilhões ao preço médio de 2015. Cerca de 3 mil toneladas continuam a ser mineradas por ano, e o serviço geológico dos EUA estima haver ainda 52 mil toneladas em jazidas economicamente viáveis. Por outro lado, a tecnologia moderna usa ouro em equipamentos eletrônicos e outros produtos industriais cujo reaproveitamento não é economicamente viável, numa escala da ordem de 300 toneladas anuais.

Uma grande incógnita é o mercado de derivativos, para o qual as estimativas variam entre US$ 630 trilhões e US$ 1,2 quatrilhão (5 quatrilhões a 10 quatrilhões de ñ). Entretanto, essa é uma riqueza na maior parte "virtual", pois apenas as margens de variação dos preços, normalmente pequenas em relação ao valor teórico, são de fato realizadas como riqueza concreta.

Segundo o Banco Mundial, o Produto Interno Bruto mundial, ou Produto Mundial Bruto, atingiu em 2015 US$ 73,4 trilhões (580 bilhões de ñ) pelo valor cambial das diferentes moedas em dólares e US$ 111 trilhões (876 trilhões de ñ) segundo a paridade de poder aquisitivo, que é critério usado neste livro para estimar valores passados. A riqueza global acumulada, segundo estimativa do Crédit Suisse, chegou nesse mesmo ano a US$ 250,1 trilhões (1,97 quatrilhão de ñ) pelo valor cambial, o que provavelmente corresponde a US$ 375 trilhões (3 quatrilhões de ñ) pela paridade de poder aquisitivo.

Ainda segundo o Crédit Suisse, a riqueza média líquida por adulto em 2015, pelo critério cambial, era de US$ 52,4 mil (414 mil ñ), mas a metade mais pobre dos 4,8 bilhões de adultos possuía menos de US$ 3,21 mil (25,3 mil ñ) por pessoa e somava menos de 1% da riqueza planetária, enquanto o décimo mais alto, com mais de US$ 68,8 mil (543 mil ñ), controla 87,7%. O centésimo no topo tem mais de US$ 759,9 mil (6 milhões de ñ), exatos 50%.

O Crédit Suisse definiu como "classe média global" a possuidora de riqueza líquida por adulto equivalente em termos de poder aquisitivo a US$ 50 mil a US$ 500 mil (400 mil a 4 milhões de ñ) nos EUA em meados de 2015. Em todo o mundo, 664 milhões se encaixavam nessa definição, com um patrimônio total de US$ 80,7 trilhões (640 trilhões de ñ, 32% do total mundial), uma média de US$ 121,5 mil (962 mil ñ) por indivíduo. Acima deles, estão 96 milhões de pessoas, com US$ 150 trilhões (1,19 trilhão de ñ, 60% do total), US$ 1,56 milhão (12,4 milhões de ñ) por proprietário. As camadas média e superior juntas detêm, portanto, 92% de todos os bens do mundo.

É só nos países ricos que esse conceito de "classe média" se aproxima daquilo que Piketty entende pelo termo, ou seja, aqueles cujas posses estão acima da mediana, mas abaixo dos 10% superiores. Nos menos desiguais (como Austrália, Cingapura, Bélgica, Itália e Japão) chega a constituir 60% da população ou mais. Mas no contexto mundial soma apenas 13,9% da população (com outros 2% no topo) e é na realidade mais comparável às "classes abastadas" de Piketty. Qualificam-se como "classe média" 3% dos indianos, 4% dos argentinos, 8,1% dos brasileiros, 10,7% dos chineses e 17,1% dos mexicanos. No Brasil, em especial, essa "classe média" abrange quase toda a camada conhecida pelos pesquisadores de mercado como A2 (3,6%) e a metade superior da B1 (9,6%). Acima dela, só a classe dominante no sentido estrito, 0,6% dos brasileiros (a camada A1 conta com 0,5%). É a China o país com maior número de indivíduos na "classe média": 109 milhões, ante 92 milhões nos EUA.

Seguem-se Japão, com 62 milhões; França, Itália, Alemanha, Índia, Espanha e Reino Unido, com 20 milhões a 30 milhões; Austrália, Brasil, Canadá e Coreia do Sul, com 10 milhões a 17 milhões.

Os milionários, com mais de US$ 1 milhão (8 milhões de ñ) em ativos líquidos por adulto, eram 29,8 milhões. Aqueles com cinco a dez milhões de dólares (40 milhões a 80 milhões de ñ) eram 2,5 milhões e com dez a 50 milhões de dólares (80 milhões a 400 milhões de ñ), 1,3 milhão, Os ultra-ricos, com mais de 50 milhões de dólares, eram 124 mil ou 0,0026% dos cidadãos do mundo. Destes, 59 mil vivem nos EUA (48%), 30 mil na Europa (24%), 9,6 mil (9%) na China e Hong Kong e 1,5 mil (1%) no Brasil.

O banco não faz uma estimativa independente do número de bilionários, mas, segundo a revista Forbes, era de 1.826 com um valor agregado de US$ 7,05 trilhões (55,9 trilhões de ñ), mais que o triplo das posses da metade mais pobre da humanidade, capitaneados por Bill Gates, com US$ 79,2 bilhões (628 bilhões de ñ). Basta juntar num ônibus os 85 mais ricos, com US$ 13,4 bilhões (106 trilhões de ñ) ou mais, incluídos os brasileiros Jorge Paulo Lemann e Joseph Safra, para igualar a metade de baixo da pirâmide, 3,7 bilhões de seres humanos (2,4 bilhões de adultos) cujos patrimônios somados igualam os mesmos US$ 2,1 trilhões de dólares (16,6 trilhões de ñ).

Tabelas

Níveis de renda e de desenvolvimento industrial segundo Herman Kahn

Nível de renda ou desenvolvimento industrial	renda per capita (US$ de 1965)		renda per capita (ñ)	
	mínimo	máximo	mínimo	máximo
Pós-industrial	4.000	20.000	240.000	1.200.000
Consumo em massa, ou industrial avançado	1.500	4.000	90.000	240.000
Industrial	600	1.500	36.000	90.000
Parcialmente industrializada, ou em transição	200	600	12.000	36.000
Pré-industrial	50	200	3.000	12.000

Fonte: O Ano 2000, Kahn & Wiener

Best-seller dos anos 1960, *O Ano 2000*, de Herman Kahn e Anthony J. Wiener fez várias previsões econômicas e sociais para a virada do milênio. Uma das ideias centrais era que os EUA, e em seguida outras sociedades avançadas, estavam prestes a atingir um nível de renda per capita (US$ 4 mil em dólares de 1965) com o qual se entraria numa "sociedade pós-industrial" ou "pós-consumo em massa", caracterizada por menor preocupação com questões econômicas e financeiras, perda de prestígio de empresários e executivos, alto nível cultural e alto nível de lazer, com cerca de 1.100 horas de trabalho anuais (semana de 30 horas, 13 semanas de férias por ano). O PIB per capita dos EUA em 1964 era US$ 3.574 (213.925 ñ) e o limiar de renda per capita "pós-industrial" foi alcançado em fins dos anos 1960. No ano 2000, a renda per capita era US$ 36.450 (391.216 ñ) e em 2016 US$ 57.467 (447.331 ñ), decididamente dentro da faixa "pós-industrial". Entretanto, essa evolução foi acompanhada de jornadas de trabalho ainda mais longas, precariedade do emprego, concentração de renda, deterioração da cultura e do lazer e obsessão crescente com dinheiro e finanças.

O livro previu aparelhos de TV baratos e portáteis, de menos de 20 dólares (1.170 ñ), antes de 2000 e reproduções em preto e branco por menos de um cent (0,6 ñ) a página. Podem-se encontrar hoje nos EUA TVs portáteis de 50 a 70 dólares (380 a 530 ñ) e as fotocópias xerox, que custavam 3 cents (1,5 ñ) em 1969 continuavam ao mesmo preço nominal em 2000 (0,3 ñ). O livro especulou sobre energia nuclear a 0,0003 dólar (0,018 ñ) por por kWh e até dez vezes menos. Na realidade, o custo médio da energia nos EUA, de 1,7 cent (1 ñ) por kWh em 1965, passou a 6,81 cent (0,7 ñ) em 2000 e 10,98 em agosto de 2017 (0,8 ñ) e o custo nominal da energia nuclear mais avançada está próximo dessa média, enquanto energia eólica e solar podem ser 50% mais baratas.

Preço do ouro nos EUA (lingote, Nova York, em 31 de dezembro)

Ano	US$/oz	ñ/oz	ñ/grama
1800	19,39	4.538	145,91
1801	19,39	4.714	151,55
1802	19,39	5.475	176,02
1803	19,39	4.982	160,16
1804	19,39	4.372	140,58
1805	19,39	4.372	140,58
1806	19,39	4.677	150,37
1807	19,39	4.824	155,11
1808	19,39	5.023	161,51
1809	19,39	4.748	152,65
1810	19,39	4.641	149,20
1811	19,39	4.982	160,16
1812	19,39	4.221	135,71
1813	19,39	3.269	105,10
1814	21,79	3.540	113,81
1815	22,16	4.263	137,07
1816	19,84	4.174	134,21
1817	19,39	4.165	133,90
1818	19,39	4.191	134,76
1819	19,39	5.333	171,45
1820	19,39	5.822	187,18
1821	19,39	6.107	196,33
1822	19,39	5.907	189,93
1823	19,39	6.201	199,36
1824	19,39	6.632	213,23
1825	19,39	6.525	209,77
1826	19,39	6.884	221,34
1827	19,39	6.632	213,23
1828	19,39	6.632	213,23
1829	19,39	6.525	209,77
1830	19,39	7.004	225,19
1831	19,39	6.756	217,21
1832	19,39	6.632	213,23
1833	19,39	6.525	209,77
1834	20,69	7.918	254,57
1835	20,69	6.732	216,43
1836	20,69	5.935	190,83
1837	21,60	5.855	188,24
1838	20,73	5.693	183,04
1839	20,73	5.693	183,04
1840	20,73	6.745	216,85
1841	20,67	6.725	216,22
1842	20,69	7.346	236,18
1843	20,67	7.910	254,32

1844	20,67	7.751	249,22
1845	20,67	7.467	240,06
1846	20,67	6.955	223,62
1847	20,67	6.955	223,62
1848	20,67	7.910	254,32
1849	20,67	7.467	240,06

Ano	US$/oz	ñ/oz	ñ/grama
1850	20,67	7.910	254,32
1851	20,67	6.725	216,22
1852	20,67	6.725	216,22
1853	20,67	6.297	202,46
1854	20,67	6.297	202,46
1855	20,67	6.022	193,62
1856	20,67	5.930	190,65
1857	20,71	5.773	185,60
1858	20,67	5.849	188,05
1859	20,67	6.402	205,82
1860	20,67	6.610	212,52
1861	20,67	6.402	205,82
1862	27,35	7.739	248,82
1863	31,23	7.808	251,03
1864	47,02	9.660	310,59
1865	30,22	5.782	185,91
1866	28,26	5.353	172,09
1867	27,86	5.331	171,40
1868	27,95	5.565	178,91
1869	25,11	5.159	165,86
1870	22,88	4.906	157,73
1871	22,59	4.952	159,20
1872	23,19	5.030	161,72
1873	22,74	5.044	162,16
1874	23,09	5.121	164,66
1875	23,54	5.468	175,80
1876	22,30	5.381	172,99
1877	21,25	5.474	175,99
1878	20,69	5.716	183,77
1879	20,67	5.324	171,19
1880	20,67	5.113	164,38
1881	20,67	4.862	156,31
1882	20,67	4.987	160,35
1883	20,67	5.113	164,38
1884	20,67	5.324	171,19
1885	20,67	5.399	173,58
1886	20,67	5.399	173,58
1887	20,67	5.252	168,86
1888	20,67	5.252	168,86

1889	20,67	5.324	171,19
1890	20,67	5.252	168,86
1891	20,67	5.252	168,86
1892	20,67	5.324	171,19
1893	20,67	5.324	171,19
1894	20,67	5.468	175,79
1895	20,67	5.546	178,32
1896	20,67	5.546	178,32
1897	20,67	5.546	178,32
1898	20,67	5.468	175,79
1899	20,67	5.252	168,86

Ano	**US$/oz**	**ñ/oz**	**ñ/grama**
1900	20,67	5.181	166,59
1901	20,67	5.053	162,45
1902	20,67	4.924	158,30
1903	20,67	4.924	158,30
1904	20,67	4.862	156,31
1905	20,67	4.748	152,66
1906	20,67	4.525	145,50
1907	20,67	4.377	140,71
1908	20,67	4.377	140,71
1909	20,67	4.146	133,31
1910	20,67	4.146	133,31
1911	20,67	4.059	130,51
1912	20,67	3.939	126,64
1913	20,67	3.860	124,11
1914	20,67	3.822	122,88
1915	20,67	3.748	120,50
1916	20,67	3.328	106,99
1917	20,67	2.818	90,59
1918	20,67	2.340	75,22
1919	20,67	2.042	65,67
1920	20,67	1.990	63,97
1921	20,67	2.231	71,74
1922	20,67	2.284	73,44
1923	20,67	2.231	71,74
1924	20,67	2.231	71,74
1925	20,67	2.157	69,34
1926	20,67	2.181	70,12
1927	20,67	2.231	71,74
1928	20,67	2.257	72,58
1929	20,67	2.244	72,16
1930	20,67	2.398	77,09
1931	20,67	2.644	85,01
1932	20,67	2.947	94,74
1933	32,32	4.573	147,02

1934	35,00	4.878	156,83
1935	35,00	4.737	152,28
1936	35,00	4.669	150,11
1937	35,00	4.539	145,94
1938	35,00	4.669	150,11
1939	35,00	4.669	150,11
1940	34,50	4.570	146,92
1941	35,50	4.277	137,52
1942	35,50	3.923	126,13
1943	36,50	3.918	125,95
1944	36,25	3.803	122,28
1945	37,25	3.822	122,89
1946	38,25	3.434	110,42
1947	43,00	3.432	110,34
1948	42,00	3.255	104,64
1949	40,50	3.205	103,04

Ano	**US$/oz**	**ñ/oz**	**ñ/grama**
1950	40,25	3.007	96,67
1951	40,00	2.819	90,63
1952	38,70	2.707	87,03
1953	35,50	2.465	79,24
1954	35,25	2.466	79,27
1955	35,15	2.449	78,75
1956	35,20	2.382	76,58
1957	35,25	2.318	74,53
1958	35,25	2.278	73,24
1959	35,25	2.239	71,99
1960	36,50	2.287	73,54
1961	35,50	2.210	71,05
1962	35,35	2.172	69,82
1963	35,25	2.130	68,50
1964	35,35	2.116	68,03
1965	35,50	2.085	67,03
1966	35,40	2.009	64,61
1967	35,50	1.956	62,88
1968	43,50	2.288	73,57
1969	41,00	2.031	65,30
1970	38,90	1.825	58,69
1971	44,60	2.027	65,16
1972	63,84	2.805	90,19
1973	106,48	4.304	138,39
1974	183,77	6.613	212,61
1975	139,29	4.687	150,69
1976	133,77	4.292	138,01
1977	161,10	4.845	155,77
1978	208,10	5.741	184,57

1979	459,00	11.176	359,32
1980	594,90	12.874	413,90
1981	400,00	7.947	255,51
1982	447,00	8.518	273,87
1983	380,00	7.006	225,24
1984	308,00	5.463	175,63
1985	327,00	5.587	179,64
1986	390,90	6.607	212,41
1987	486,50	7.873	253,13
1988	410,15	6.357	204,37
1989	401,00	5.939	190,94
1990	386,20	5.390	173,31
1991	353,15	4.783	153,77
1992	333,00	4.383	140,91
1993	391,75	5.018	161,33
1994	383,25	4.781	153,72
1995	387,00	4.708	151,38
1996	369,00	4.345	139,70
1997	287,05	3.323	106,85
1998	288,70	3.290	105,76
1999	290,25	3.221	103,55

Ano	**US$/oz**	**ñ/oz**	**ñ/grama**
2000	272,65	2.926	94,09
2001	276,50	2.922	93,96
2002	342,75	3.538	113,76
2003	417,25	4.228	135,94
2004	435,60	4.275	137,44
2005	513,00	4.868	156,52
2006	635,70	5.883	189,15
2007	836,50	7.439	239,17
2008	869,75	7.726	248,41
2009	1.087,50	9.405	302,37
2010	1.420,25	12.101	389,07
2011	1.531,00	12.670	407,35
2012	1.664,00	13.535	435,16
2013	1.204,50	9.652	310,33
2014	1.199,25	9.538	306,66
2015	1.060,00	8.369	269,09
2016	1.151,85	8.966	288,27
2017	1.491,92	11.373	365,67
2018	1.278,30	9.562	307,44
2019	1.560,53	11.413	366,93

A concentração da riqueza na Europa e nos Estados Unidos, 1810-2010

Ano	França				Reino Unido			Estados Unidos			Suécia			Europa		
	10% maior riqueza	1% maior riqueza	0,1% maior riqueza	1% maior riqueza	10% maior riqueza	1% maior riqueza	0,1% maior riqueza	10% maior riqueza	1% maior riqueza	0,1% maior riqueza	10% maior riqueza	1% maior riqueza	0,1% maior riqueza	10% maior riqueza	1% maior riqueza	0,1% maior riqueza
1810	79,9%	45,6%	17,1%	53,7%	82,9%	54,9%		58,0%	25,0%		83,9%	55,9%		82,2%	52,1%	
1820	81,8%	46,7%	19,0%	59,0%												
1830	83,2%	47,5%	17,1%	52,0%												
1840	80,4%	46,0%	15,5%	52,6%												
1850	82,4%	50,3%	19,4%	58,6%												
1860	83,7%	52,0%	18,3%	55,1%												
1870	81,8%	50,4%	18,3%	55,7%	87,1%	61,1%		71,0%	32,0%		87,2%	57,3%	29,6%	85,4%	56,2%	
1880	84,6%	49,5%	21,1%	61,9%												
1890	84,7%	51,1%	20,2%	58,2%												
1900	87,3%	58,7%	28,1%	66,1%												
1910	88,5%	60,5%	29,0%	70,7%	92,0%	69,0%		81,1%	45,1%	24,8%	88,2%	61,1%	29,4%	89,5%	63,5%	
1920	81,7%	49,2%	23,1%	60,0%	89,0%	61,0%		79,7%	43,7%	22,9%	87,7%	53,8%		86,1%	54,7%	
1930	80,0%	47,4%	22,4%	54,8%	85,0%	55,0%		73,4%	37,4%	20,1%	83,6%	42,8%		82,8%	48,4%	
1940	75,8%	36,3%	13,7%	52,4%				66,4%	30,4%	13,5%	83,2%	37,7%	17,7%			
1950	72,8%	33,4%	12,1%	38,9%	76,0%	47,2%		65,7%	29,7%	12,3%	77,3%	32,8%	9,7%	75,4%	37,8%	
1960	69,9%	31,9%	11,5%	35,3%	71,5%	33,9%		67,0%	31,4%	13,4%	63,2%	23,4%	8,2%	68,2%	29,7%	
1970	62,0%	22,0%	7,0%	25,5%	64,1%	22,6%		64,2%	28,2%	11,5%	54,7%	17,7%		60,3%	20,8%	
1980	61,8%	22,0%	6,7%	25,0%	62,6%	22,7%		67,2%	30,1%	12,4%	53,4%	16,5%		59,3%	20,4%	
1990	61,0%	21,7%	6,4%	24,2%	64,0%	24,0%		68,7%	32,9%	13,9%	57,7%	19,5%		60,9%	21,7%	
2000	62,1%	23,5%	7,0%	26,2%	68,5%	27,0%		69,7%	33,1%	14,4%	57,8%	20,5%	6,7%	62,8%	23,7%	6,7%
2010	62,4%	24,4%	7,2%	27,2%	70,5%	28,0%		71,5%	33,8%	14,7%	58,8%	20,7%		63,9%	24,4%	

Fonte: Thomas Piketty, *O Capital no Século XXI*

Produção mundial por habitante, anos 0-2012 (ñ/ano)

Região	0	1000	1500	1700	1820	1870	1913	1950	1970	1990	2012
Europa Ocidental	7.845	5.820	10.500	13.527	16.261	26.594	47.066	62.208	138.461	216.616	299.529
Leste Europeu	6.108	5.933	7.357	8.988	10.133	13.892	25.139	31.314	64.003	80.497	155.929
Rússia (*)	5.162	5.162	6.439	7.872	8.878	12.173	19.196	36.666	72.219	94.271	149.947
América do Norte	5.131	5.131	5.131	6.552	15.784	30.530	67.176	120.188	189.119	292.036	396.879
América Latina	5.039	5.039	5.246	6.634	8.706	8.516	18.827	31.617	50.338	63.806	101.845
Norte da África	7.018	6.332	5.899	5.725	5.797	8.334	11.912	14.691	23.290	35.029	56.028
África Subsaariana	5.340	5.261	5.403	5.565	5.540	6.272	7.585	11.090	16.355	15.080	19.962
China	5.856	6.064	7.808	7.808	7.808	6.897	7.187	5.830	7.163	10.280	74.886
Índia	5.711	5.711	6.980	6.980	6.766	6.766	8.535	7.856	9.278	11.399	31.233
Japão	5.390	5.728	6.738	7.681	9.015	9.937	18.687	25.883	130.904	253.199	292.786
Austrália e Nova Zelândia	4.511	4.511	4.511	4.511	5.535	36.638	58.146	85.792	133.877	187.076	287.788
Oriente Médio (**)	8.110	9.651	9.167	9.187	9.441	11.534	16.198	27.615	62.167	75.542	130.691
Ásia Central	5.353	5.353	6.678	8.164	9.208	12.625	19.909	38.028	74.612	75.044	62.224
Outros países da Ásia	4.385	4.385	5.714	5.754	5.853	5.877	8.573	7.878	13.021	27.397	55.290
Média mundial	6.136	5.936	7.358	8.010	8.715	11.444	20.022	27.543	47.977	62.630	98.498

(*) mais Ucrânia,Bielorrússia e Moldávia

(**) inclusive Turquia

Fonte: Thomas Piketty, *O Capital no Século XXI* (dados originais, em euros de 2012, foram convertidos em ñ à razão de 9,76 ñ/€)

Estados Unidos da América

A era jeffersoniana e os dois Bancos dos Estados Unidos

Os EUA criaram legalmente seu dólar em 1792, com base no peso colonial espanhol, mas 1,5% inferior em prata contida e 0,4% inferior em massa. A peça espanhola de 8 reais tivera originalmente 27,468 gramas de prata 93,055%, reduzida para 27,064 gramas a 91,67% em 1730 e 90,28% em 1772, mas em abril de 1792 o recém-criado governo federal instituiu o "dólar ou unidade" (*dollar or unit*) como moeda oficial, "com o valor de um dólar espanhol corrente cunhado à máquina, contendo 371¼ grãos (24,06 gramas) de prata pura ou 416 grãos (26,96 gramas) de prata padrão", ou seja, prata a 89,24%. Para definir esse padrão, Alexander Hamilton, Secretário do Tesouro, baseou-se no peso médio das peças espanholas de fato disponíveis no Tesouro, reduzidas pelo desgaste.

Como múltiplo do dólar criou-se a *eagle* ("águia") de ouro de 10 dólares, contendo 247½ grãos (16,03 gramas) de ouro puro e peso de 270 grãos (17,5 gramas), cunhada pela primeira vez em 1795. Isto equiparava o dólar dos EUA a 1,75 gramas de ouro a 91,67% (22 quilates) ou 52½ *pence* britânicos (4,57 dólares por libra) e fixava a relação entre os preços do ouro e da prata em 15:1. Assim como no caso da prata, a senhoriagem era de 0,5%.

A cunhagem de prata começou em 1794, mas os pesos espanhóis, mexicanos e peruanos continuaram a ser moeda de curso legal, ao lado do dólar estadunidense, até 1858. Como os dólares tinham o mesmo valor nominal, mas peso um pouco menor, foram exportados para o Caribe, onde circulavam como se fossem pesos, e pesos foram importados para serem recunhados por um número pouco maior de dólares. A maior parte da moeda circulante dos EUA, nas primeiras décadas de independência, continuou constituída de peças hispano-americanas, inclusive as de um real, conhecidas como *bits* e de meio real, apelidadas *picayunes* (do francês *picaillon*, nome de uma moeda de cobre da Savoia). Nos anos 1830, surgiu um jornal de Nova Orleans chamado *The Picayune* por seu preço, a partir do qual o inglês *picayune* também passou a significar um jornal popular.

Em 1804 a cunhagem de dólares inteiros foi suspensa para ser retomada só nos anos 1830, como também a de "águias" de ouro de dez dólares. As moedas fracionárias e as peças de ouro de 2,5 e 5 dólares, menos aceitas no exterior, continuaram a ser cunhadas. Meios dólares (em grande parte retidos em bancos para servirem de lastro às notas bancárias privadas), quartos de dólar e *dimes* foram também regularmente cunhados, mas os meios dimes foram suspensos entre 1805 e 1829. *Cents* e meios *cents* foram produzidos a partir de 1793 com algumas interrupções, mas seu peso foi reduzido dos originais 13,48 gramas por *cent* para 10,89 a partir de 1795.

O primeiro Banco dos Estados Unidos

Manter depósitos ou receber empréstimos em moeda escritural e movimentar contas bancárias com cheques era possível, mas pouco conveniente para a maioria dos clientes. Em geral, estes recebiam papel-moeda na forma de promissórias do banco. Muito do passivo de cada banco era constituído dessas notas bancárias que, como as inglesas, eram promissórias em favor de um cliente, na forma de um formulário de valor fixo, numerado, datado, preenchido e assinado à mão por um caixa – "O Banco X pagará ao Sr. Y ou portador, à vista, a quantia de Z dólares" (em moedas, presumia-se).

Em valores de meio dólar a 100 dólares, foram emitidas tanto pelo primeiro *Banco dos Estados Unidos,* chamado nacional, quanto pelos bancos chamados estaduais, cujo número aumentou de três em 1790 para 28 em 1800 e 101 em 1811, cada um com suas próprias notas. Estes bancos, vale notar, eram privados. Na terminologia dos EUA, distinguem-se:

Bancos Nacionais (*national banks*), bancos autorizados pelo governo federal, subdivididos em:

Bancos Públicos Nacionais (*national public bank*): bancos possuídos e controlados pelo governo federal. Existe apenas um, o *Export-Import Bank* ou *Eximbank*, criado em 1934. Nunca emitiu papel-moeda.

Bancos da Reserva Federal (*federal reserve banks*): os 12 bancos do Sistema da Reserva Federal, criado em 1913. Controlados em parceria pela União e sistema financeiro privado, emitem papel-moeda desde 1914 e desde 1934 são os únicos que podem fazê-lo.

Bancos Nacionais (*national association banks* ou apenas *national banks*) – bancos privados autorizados por carta-patente federal. Foi apenas um, o Banco dos Estados Unidos (com participação minoritária da União), em 1791-1811 e 1816-1836; mas dezenas, centenas e depois milhares a partir da reforma bancária de 1863. Emitiram papel-moeda até 1933.

Bancos Estaduais (*state banks*), bancos autorizados pelos estados, subdivididos em:

Bancos Públicos Estaduais (*public state banks* ou *state-owned banks*) – são os raros bancos possuídos e controlados por governos estaduais. Existiram casos no século XIX e um só na atualidade, o Bank of North Dakota, que, fundado em 1919, nunca emitiu papel-moeda.

Bancos Licenciados Estaduais (*chartered state banks* ou simplesmente *state banks*) –autorizados por cartas-patentes aprovadas pelos legislativos estaduais, processo que envolve finanças e influência política. Emitiram papel-moeda de 1781 a 1865.

Bancos Livres Estaduais (*free state banks* ou simplesmente *free banks*) – a partir de 1837, bancos autorizados por leis estaduais ao cumprir determinados requisitos, sem necessidade de cartas-patentes. Emitiram papel-moeda de 1837 a 1865.

Bancos Privados (*private banks*) – bancos sem autorização federal ou estadual, submetidos apenas às leis de direito privado do comércio. Em geral foram proibidos de emitir papel-moeda, mas às vezes o fizeram à margem da lei, principalmente na Califórnia.

No século XIX, notas de bancos estaduais sofriam deságios em relação ao valor nominal tanto maiores quanto maiores eram a distância da sede do banco ou as dúvidas sobre sua liquidez. Eram pouco aceitas nas áreas rurais e recusadas para pagamentos ao governo federal, enquanto as do banco nacional eram aceitas em todo o país, inclusive no pagamento de impostos e dívidas federais.

O *Banco dos Estados Unidos,* cujo capital de 10 milhões de dólares (20% estatal e 80% de investidores privados, dividido em ações de US$ 400) o fazia a maior empresa do país, fora criado em 1791 conforme proposta de Alexander Hamilton inspirada no Banco da Inglaterra e apoiada por George Washington, para emitir papel-moeda, gerir o saldo das contas públicas, facilitar transações comerciais e atuar como agente fiscal, inclusive na coleta de impostos, mas originaria um longo e amargo debate político. Financistas e comerciantes, mais fortes no Norte, representados pelo Partido Federalista de Hamilton e do presidente John Adams (p. 1797-1801), admiravam o capitalismo liberal da Inglaterra e desejavam um governo central forte, um sistema financeiro desenvolvido e uma sociedade urbana e cosmopolita. Colonos e senhores de escravos, isolacionistas e ruralistas, eram mais fortes no sul e oeste, receavam o fortalecimento de seus credores e da União à custa dos estados, nos quais tinham mais peso. Seus líderes, criadores do Partido Democrata-Republicano[2], Thomas Jefferson (p. 1801-1809) e James Madison (p. 1809-1817), vieram a prevalecer. Em 1811, ao vencer a carta-patente de vinte anos concedida ao *Banco dos Estados Unidos* em 1791, o Congresso não a renovou e o banco foi fechado.

---

2 Fundado em 1791 como Partido Republicano, mas retroativamente denominado Democrata-Republicano pelos historiadores para distingui-lo do atual Partido Republicano, fundado em 1854.

A guerra ao Reino Unido e o segundo Banco dos Estados Unidos

Em 1812, os EUA declararam guerra ao Reino Unido em reação a seu bloqueio do comércio com a França, à captura de ingleses naturalizados estadunidenses para servirem na marinha britânica e ao apoio britânico a indígenas que enfrentavam os colonos dos EUA na região dos Grandes Lagos. Para financiar a guerra, o governo emitiu notas do Tesouro, títulos públicos endossáveis com prazo de um ano e juro de 5,4% em valores a partir de 100 dólares, que foram mal aceitos pelos bancos da Nova Inglaterra, contrários à guerra. Foi preciso prometer trocá-los ao par por títulos tradicionais com juros de 6%. Recorreu depois a títulos a partir de 3 dólares, com juros de 7%, explicitamente feitos para circular como dinheiro. Em 1815, a guerra terminou em empate, mas deu a Washington a oportunidade de destruir a resistência indígena nos Grandes Lagos, tomar a Flórida aos espanhóis e iniciar a conquista efetiva do vasto interior da Luisiana, comprado de Napoleão em 1803 por US$ 15 milhões. Politicamente, a guerra virtualmente extinguiu o Partido Federalista, pró-britânico, mas a dificuldade de conduzi-la e financiá-la convenceu as lideranças democratas-republicanas da necessidade de um governo federal mais forte e de uma base industrial e financeira para respaldá-lo.

Madison mudou de postura. Apoiou tarifas altas para proteger da concorrência britânica as fábricas abertas durante a guerra, protecionismo que faria dos EUA a maior potência industrial do mundo. A média das tarifas foi de 48% nos anos 1820 e chegou a um auge de 62% em 1830. Também aprovou em 1816 a criação do segundo *Banco dos Estados Unidos (Bank of the United States – BUS)*, com capital 20% estatal de US$ 35 milhões e carta-patente de vinte anos. Agente fiscal do governo federal, recebia suas receitas, pagava suas despesas e vendia seus títulos. Como recebia notas bancárias de bancos estaduais e podia a qualquer momento apresentá-las para resgatar seu valor em ouro ou prata e ameaçar esses bancos com falência, tinha na prática poderes para regulamentá-los. Suas notas, em valores de 5 a 5 mil dólares, eram mais elaboradas, mas continuavam a ser meras promissórias.

Entretanto, ao endividar-se para financiar a guerra e depositar seus fundos em bancos estaduais, o governo federal provocara uma explosão do setor bancário. O número de bancos chegou a 205 em 1816 e 327 em 1820. Muitos dos novos bancos não tinham depositantes e haviam sido criados apenas para emitir papel-moeda a fim de especular com os preços das terras recém-adquiridas do sul e do oeste. Proliferou a emissão de notas, e o aumento do dinheiro em circulação criou inflação, seguida de falências e pânico financeiro em 1819, que fez grande parte dessas notas se tornar papel sem valor. O *BUS* agravou a crise ao inicialmente financiar a bolha especulativa (com participação de alguns diretores de sucursais em fraudes) e depois exigir o resgate em ouro do papel-moeda de bancos estaduais em seu poder. Levou muitos destes à falência e contraiu bruscamente o volume de papel-moeda em circulação, causando deflação e desemprego. Seu lastro, que deveria flutuar em torno de 20% do papel-moeda emitido, saltou de 12% para 65%.

Em 1825, a crise dividiu os democratas-republicanos em dois partidos. O primeiro, Partido Nacional-Republicano, liderado por John Quincy Adams (p. 1825-1829), aderiu à virada de Madison e o segundo, o Partido Democrata, reuniu os partidários do retorno às ideias de Jefferson e foi liderado por Andrew Jackson (p. 1829-1837). Em 1828, embora os problemas de 1819 estivessem superados, o banco nacional e o papel-moeda tornaram-se alvos centrais da campanha vitoriosa. Jackson os atacava como instrumentos de uma elite financeira corrupta e antinacional (20% dos acionistas privados do *BUS* eram estrangeiros) contra o "homem comum", a partir de sua experiência de pequeno proprietário que ascendera à elite escravista e vira parte de seus ganhos especulativos na bolha de 1816 evaporarem com a falência de bancos emissores do papel-moeda que acumulara.

Moedas dos EUA (1793-1833)

Denominação	Valor em dólares	Peso em gramas	Valor em ñ 1806
Moedas de conta			
milésimo (*mill*)	0,001	-	0,24
Moedas de ouro (91,67%)			
águia (*eagle*)	10,00	17,50	2.400
meia águia (*half eagle*)	5,00	8,75	1.200
quarto de águia (*quarter eagle*)	2,50	4,37	600

Moedas de prata hispânicas (90,28%)			
8 reais ou duro (*dollar* ou *eight bits*)	1,00	27,04	240
4 reais ou tostão (*half dollar* ou *four bits*)	0,50	13,52	120
2 reais ou peseta (*quarter dollar* ou *two bits*)	0,25	6,86	60
real (*bit*)	0,125	3,38	30
½ real (*picayune*)	0,0625	1,69	15
Moedas de prata estadunidenses (89,24%)			
dólar ou unidade (*dollar* ou *unit*)	1,00	26,96	240
meio dólar (*half dollar*)	0,50	13,48	120
quarto de dólar (*quarter dollar*)	0,25	6,74	60
dime (*dime*)	0,10	2,70	24
meio dime (*half dime*)	0,05	1,35	12
Moedas de cobre			
cent (*penny*)	0,01	10,89	2,4
meio cent (*half penny*)	0,005	5,44	1,2

A era jacksoniana e a liberdade bancária (1834-1860)

A campanha contra o banco nacional de Andrew Jackson, também defensor da escravatura e do massacre e espoliação de indígenas com os quais construiu sua riqueza, ainda hoje inspira o populismo de direita e o libertarianismo nos EUA com sua hostilidade à moeda fiduciária (*fiat money*), às finanças internacionais, à regulamentação da economia e a gastos públicos federais. Também surgiram com Jackson e seus seguidores as ideologias do excepcionalismo dos EUA e do expansionismo, formuladas em 1845, no contexto das anexações do Texas e do Oregon, como um "Destino Manifesto" de se expandir por seu "continente outorgado pela Providência".

As políticas financeiras e fiscais de Jackson contribuíram, porém, para agravar o pânico financeiro de 1837, no início do governo de seu sucessor e correligionário Martin van Buren (p. 1837-1841). Em 1832, Jackson vetou a lei que renovaria a carta-patente do *BUS* em 1836 e, ao conseguir a reeleição, tratou de inviabilizá-lo ao pagar quase toda a dívida federal e transferir os depósitos públicos dessa instituição para 89 bancos estaduais de aliados políticos, em boa parte localizados no sul e oeste, distantes dos centros financeiros, enquanto o BUS continuava obrigado a pagar as despesas federais. O BUS reagiu cobrando de volta empréstimos a outros bancos. Esperava forçar Jackson a recuar, mas só piorou a animosidade contra si mesmo ao causar mais falências.

O dinheiro depositado pelo governo federal em bancos estaduais foi usado por estes para mais uma vez emitir papel-moeda para a especulação imobiliária. Pressionado a conter a nova bolha, Jackson proibiu em 1836 a aceitação de papel-moeda na venda de terras federais. Esperava atrair metais preciosos para a circulação e reduzir ou eliminar a necessidade de papel-moeda e bancos, plano pouco realista para um país ainda sem minas significativas ou superávits comerciais sistemáticos. A falta de ouro e prata nas mãos de especuladores com terras fez desabar seus preços, enquanto o papel-moeda inflacionado perdia valor, as moedas de ouro e prata eram entesouradas e a política do Banco da Inglaterra fazia os juros subirem e o preço do algodão cair. Houve muitas novas falências de bancos estaduais, que, livres do controle e concorrência do BUS, haviam aumentado de 355 em 1828 para 713 em 1836 e emitido mais papel-moeda com menos lastro. Para pagar suas contas, o governo Van Buren teve de emitir US$ 10 milhões em "notas do Tesouro" com valores a partir de 50 dólares que circularam como dinheiro. Emissões similares ocorreriam em 1845-1847 e 1857.

Enquanto isso, a relação entre os preços do ouro e da prata no mercado internacional subira dos 15:1 de 1795 para flutuar entre 15,61 e 15,93 nos anos 1830 e 1840, o que tornou rentável exportar ou derreter as moedas de ouro. Para evitar isso, o governo Jackson as reduziu de 27 grãos (1,75 grama) de ouro 22 quilates (91,67%) por dólar para 25,8 grãos (1,6718 g) de ouro 89,92% em 1834, teor ajustado em 1837 para 90%. Isto equivalia a 1,504 grama de ouro puro ou 49¼ *pence* britânicos por dólar (4,87 dólares por libra) e a uma relação de preços entre ouro e prata de 16:1. O dólar de prata também foi ajustado para teor de 90% com um peso ligeiramente menor.

A era da liberdade bancária

Após o fim do BUS em 1836, os maiores bancos dos EUA passaram a ser os da ainda em parte francófona Nova Orleans, centro da exportação de algodão. Vários deles tinham capitais de milhões de dólares nos anos 1830, quando a média no restante dos EUA era de algumas centenas de milhares de dólares nas principais cidades e dezenas de milhares no interior. As notas bancárias em francês do *Banque des Citoyens de la Louisiane* eram as de maior aceitação no Sul e a dez dólares, *dix*, identificada como característica do sul dos EUA, teria lhe dado o apelido de *Dixieland*. Só em 1857 o *Bank of Commerce in New York*, o maior do Norte (cujos sucessores seriam absorvidos pelo JP Morgan), superaria, com capital de 8,3 milhões, o banco de Nova Orleans, então com 6,8 milhões.

Para expandir seu setor financeiro e conquistar mercado, o estado de Nova York – que apoiara o fim do BUS para reduzir a concorrência a seus bancos estaduais – elaborou um projeto de lei que dispensava os bancos de cartas-patentes, se atendessem a certos requisitos de capital e reservas. O estado de Michigan, ao se inteirar do projeto, apressou-se em aprovar uma lei similar em 1837, um ano antes de Nova York. Até 1860, 18 dos então 32 estados adotaram leis semelhantes. Exigiu-se um capital mínimo de 100 mil dólares em Nova York e 50 mil na maioria dos estados, mas em alguns, apenas 10 mil. Todos exigiam que as notas fossem lastreadas com igual valor em títulos de dívida pública estadual ou federal e alguns impunham exigências adicionais, como reservas em espécie (12,5% em Nova York). Até a Guerra da Secessão, foram criados 872 "bancos livres", 377 dos quais em Nova York e a maioria dos demais no Meio-Oeste. Na Nova Inglaterra, Pensilvânia e Sul, com sistemas bancários já tradicionais e desenvolvidos, houve pouco ou nenhum espaço para tais bancos.

Além disso, havia em 1860 cerca de 1.100 bancos privados, geralmente proibidos de emitir papel-moeda, mas livres de qualquer regulamentação. Na Califórnia só havia bancos privados, e a emissão de papel-moeda era teoricamente ilegal, mas a proibição não era aplicada e a falta de regulamentação resultou, na prática, em liberdade bancária radical.

De 829 em 1838, o número de bancos emissores chegou em 1860 a 1.560 (299 em Nova York), cerca de 500 dos quais "livres". Havia 30 mil variedades de notas em circulação com valores tipicamente de 25 e 50 cents e 1, 2, 3, 5, 10, 20, 50 e 100 dólares, difíceis de reconhecer e fáceis de falsificar. Seu volume nos anos 1820 e 1830 era cerca de dois terços do meio circulante, duas vezes maior que o de moeda metálica e seis vezes superior ao montante das reservas dos bancos. Nos anos 1840 e 1850 em 40% a 50% do meio circulante.

Isto supostamente democratizava o crédito e libertava o país da oligarquia financeira internacional, mas dificultava e encarecia as transações e acentuava os ciclos de expansão e crise. Muitos perdiam suas economias com a falência dos emissores ou eram iludidos para aceitar notas de bancos já falidos. Em regiões pioneiras, tornou-se notório o problema dos "bancos selvagens" (*wildcat banks*), criados por aventureiros que fechavam o banco e sumiam com os ativos após lucrar com a emissão de papel-moeda. Seguradoras, mineradoras, empreiteiras, ferrovias e companhias de navegação também emitiam promissórias usadas como papel-moeda. Para se protegerem, comerciantes precisavam assinar "detectores de falsificações", listas semanais, quinzenais ou mensais que descreviam as notas e classificavam a confiabilidade do emissor.

Pequenos negócios, tais como açougues, escolas de canto, mercearias, gráficas, farmácias, hotéis e restaurantes criavam fichas ou pequenas notas (tipicamente nos valores de 3, 6¼, 10, 12½, 15, 25, 50 e 75 cents) apelidadas *shinplasters* (curativos de canela) por terem o tamanho e formato dos curativos de papel e vinagre usados em pequenos ferimentos nas canelas. Um negro fugido da escravidão do Sul contou ter financiado sua barbearia com a emissão de *shinplasters*.

A depressão duraria até 1843 e colaboraria para a vitória do Partido Whig, sucessor do Nacional-Republicano, na eleição de 1841. O presidente John Tyler (p.1841-1845) favoreceu a indústria com um aumento das tarifas alfandegárias, mas se recusou apoiar a criação de um novo banco nacional, contrariando o partido, que o expulsou de suas fileiras. Estimulou a colonização do Oeste e o expansionismo territorial, e no final do governo anexou o Texas, cujos colonos de origem estadunidense tinham se proclamado independentes do México em 1836.

A conquista do Oeste (1846-1861)

Os democratas voltaram com James K. Polk (p. 1845-1849), que radicalizou a rejeição de Jackson aos bancos e papel-moeda com uma lei de 1846 que visava separar totalmente as finanças públicas do sistema bancário. As notas de banco foram proibidas tanto nos pagamentos ao governo quanto nos feitos por ele, passando-se a exigir moedas ou títulos do Tesouro. Os saldos das contas públicas deixaram de ser depositados em bancos para ser guardados no

Tesouro ou em sub-tesourarias de várias cidades. Isso evitaria que o governo ficasse sem dinheiro em espécie para pagar seus compromissos, como acontecera na crise de 1837, mas tendia a agravar dificuldades econômicas em épocas de recessão, por limitar a quantidade de moeda metálica disponível para a circulação privada.

Polk também negociou com os britânicos a anexação do Oregon e travar e vencer a guerra de 1846-1848 com o México, quando este resistiu à expansão do Texas até o Rio Bravo. A isso se somaria mais um pedaço de território mexicano comprado por US$ 10 milhões em 1853 para se construir uma ferrovia. Isso rendeu aos EUA os atuais estados da Califórnia, Nevada, Arizona, Novo México, Utah e partes do Colorado e Wyoming. A herança mexicana originou nos territórios conquistados a cultura do *cowboy*, a versão estadunidense do *vaquero* do norte do México, com seus *ranchos* e *rodeos*, mitificada pelo cinema do século XX.

A anexação também iniciou a era do imperialismo estadunidense. Já em 1853, pouco após ter conseguido acesso ao Oceano Pacífico, os navios de guerra dos EUA chegaram ao Japão e o obrigaram a abrir os portos ao comércio ocidental, dando fim ao xogunato e à era Tokugawa. A disputa pelo modo de ocupação dos novos territórios também deu a partida no confronto entre o norte e o sul que desembocaria na Guerra da Secessão.

Um efeito colateral inesperado foi o despertar do feminismo nos EUA. No início do século XIX a tradição hispânica (e mexicana) dava mais autonomia à mulher que a inglesa (e estadunidense): enquanto nos EUA, a leste do Mississipi, a mulher casada era considerada totalmente dependente do marido e este decidia livremente sobre os bens do casal, no México e nos novos territórios a esposa retinha as propriedades anteriores ao casamento e tinha direito à metade dos bens adquiridos em comunhão, dos quais o marido não podia dispor sem sua permissão. Ao chegarem ao Oeste, as mulheres ganhavam um novo estatuto, baseado nos costumes da região. Além disso, como grande parte dos migrantes e posseiros eram homens solteiros e as mulheres jovens eram relativamente escassas, estas estavam em posição de ser seletivas e impor condições aos pretendentes ou cobrar salários altos por seus serviços como domésticas ou professoras. Tudo isso colaborou para as mulheres do Oeste dos EUA serem as primeiras a obter direitos que continuaram a ser negados por muito tempo no Leste, inclusive o voto, a partir do Wyoming em 1869.

Outro efeito inesperado foi a descoberta do ouro na Califórnia em 1848, que iniciou a maior "corrida do ouro" desde a descoberta das Minas Gerais no Brasil de 1695. Trezentos mil aventureiros migraram para a Califórnia, que em dois anos se transformou de um território mexicano esparsamente povoado em um estado próspero. Esse tempo foi suficiente para esgotar as jazidas mais acessíveis e iniciar os ataques organizados a concorrentes estrangeiros e o massacre dos indígenas por terras e jazidas menos acessíveis. Para facilitar a viagem, de 1850 a 1855, ao custo de US$ 6 milhões (seis vezes o orçamento inicial), foi construída uma ferrovia através do Panamá, cujas passagens custavam US$ 25 na primeira classe e US$ 10 na segunda.

Antes da corrida do ouro, a moeda já era escassa na Califórnia: usavam-se, com mais frequência, couros de boi, apelidados *California dollars* ou *California banknotes*[3]. Com o crescimento explosivo da economia californiana, a escassez de moeda tornou-se cada vez mais aguda, pois os comerciantes reservavam as poucas disponíveis para comprar bens importados na Alfândega de São Francisco, onde só moeda metálica era aceita. Nas regiões mineiras, os garimpeiros inicialmente pagavam despesas com bolsas de ouro em pó ou pepitas. O preço de uma bebida no bar poderia ser "uma pitada de ouro", o quanto o barista poderia extrair da bolsa do garimpeiro com o polegar e o indicador, geralmente considerado equivalente a um dólar[4].

O passo seguinte foi a produção privada de moedas-lingotes de ouro por joalheiros, gravadores e ourives. De 1849 a 1856, várias empresas da Califórnia produziram "moedas pioneiras" (*pioneer gold coins*) de US$ 5, US$ 10, US$ 20 e US$ 50 e "frações" de 25¢, 50¢ e US$ 1, redondas ou octogonais. Assim que o ouro californiano começou a chegar à Costa Leste, a Casa da Moeda ampliou a cunhagem oficial para atender à escassez geral de moedas na economia, e em 1849 acrescentou às denominações existentes as moedas de ouro de um dólar e de 20 dólares (*double eagle*). Em 1852, o governo

3 O preço médio de um couro de boi era realmente de um dólar nos anos 1820. Em 1847, era de US$ 1,50 em dinheiro ou US$ 2 no escambo, embora valessem US$ 4 a US$ 5 na Costa Leste.

4 A onça de ouro puro valia 20,67 dólares (0,66 por grama) na Casa da Moeda, mas o ouro em pó do garimpo valia 14 a 16 nos acampamentos e era vendido a 17 ou 18 em Nova York. Em 1848, um garimpeiro conseguia minerar 10 a 40 dólares em ouro por dia (tipicamente 16 dólares ou uma onça), em 1852, 6 a 8 dólares, o que, ao custo de vida de 2 a 3 dólares por dia, ainda permitia acumular 400 a 500 dólares numa estação. IssoIsto não comprava muito nos acampamentos, onde os preços estavam inflacionados cerca de 50 vezes em 1848 e 7 vezes em 1850, mas, se o garimpeiro voltasse às cidades, seu ganho recuperaria o poder aquisitivo normal.

dos EUA criou em San Francisco uma contrastaria (*assay office*) para testar e aquilatar a produção, que também cunhou moedas-lingotes de 10 a 20 dólares até 1854, quando foi transformada em uma Casa da Moeda regular, passando a cunhar moedas oficiais.

A fartura de ouro aumentou a moeda metálica e circulação de US$ 120 milhões em 1848 para 260 milhões em 1856 e fez a relação entre os preços de mercado do ouro e da prata cair para 15,46 em 1851 e 15,33 em 1853. O conteúdo das moedas de prata tornou-se 4% superior ao valor nominal e tornou-se rentável derretê-las. Sua escassez forçou o uso de desgastadas moedas hispânicas ou de pesados *cents* empacotados em incômodos rolos ou bolsas de 10, 25 ou 50.

Para remediar o problema, a Casa da Moeda criou em 1851 uma moeda de prata de 3 cents, apelidada *trime*, valor do selo de correio mais comum[5]. Em 1853, reduziu em 6,9% o peso das moedas divisionárias de prata e eliminou a possibilidade de particulares levarem prata à Casa da Moeda para cunhar essas moedas, que passaram a ser de aceitação obrigatória apenas até o valor de 5 dólares. Como o *trime* era de aceitação obrigatória apenas até o valor de 30 cents (aumentado para 60 cents em 1865), foi criada em 1854 uma moeda de ouro de 3 dólares para facilitar a compra de selos em grande quantidade.

Essas mudanças implicaram na adoção do padrão-ouro na prática, apesar de o dólar de prata ter sido isentado da medida para evitar explicitar o abandono do bimetalismo. Não havia interesse de particulares em converter lingotes de prata em dólares, pois seria perder dinheiro. Aqueles que chegaram a ser cunhados foram na maioria destinados ao comércio exterior com a China e pouco circularam internamente, salvo na Califórnia, onde a inflação do ouro os tornava úteis como troco. Para atender a colecionadores, a Casa da Moeda cunhou peças para vendê-las por US$ 1,08. Esse tipo de padrão-ouro com possibilidade marginal de conversão da prata em moeda seria mais tarde apelidado de "bimetalismo manco" (*limping standard*).

Em 1857, essa medida foi completada com a cunhagem de um cent mais leve e o fim da cunhagem da moeda de ½ cent, embora esta nunca tenha sido oficialmente desmonetizada e continuasse a

5 Os selos começaram a ser usados nos EUA em 1847, nos valores de 5 e 10 cents. Com seu sucesso, a tarifa básica foi reduzida a 3 cents em 1851. Como todas as taxas públicas, eram obrigatoriamente pagos em moeda metálica e por isso constituíam a necessidade mais urgente de moeda divisionária de metal.

circular nos anos 1860. Também foi abolido o curso legal de moedas estrangeiras de prata.

Apesar disso, negociar e fixar preços em *bits*, *reales* hispânicos equivalentes a oitavos de dólar, continuou a ser comum no Oeste, mesmo depois de essas moedas desaparecerem da circulação. Os *saloons,* por exemplo, se classificavam como de meio bit (miseráveis), um bit (médios) e dois bits (de luxo), conforme o preço cobrado por qualquer dose de bebida (de cerveja a uísque) ou um charuto.

O escritor escocês Robert Louis Stevenson descreveu a prática na Costa do Pacífico em *Across the Plains*, relato de viagem de 1892: "O valor suposto do bit é de doze cents e meio, oito por dólar. Quando se trata de dois bits, o quarto de dólar representa o montante necessário. Mas e quanto a um só bit? A moeda mais próxima é o *dime*, ao qual falta um quinto e por isso é chamado de bit curto (*short bit*). Se você tiver um, você triunfantemente o deixa e economiza dois centavos e meio. Mas se não o tiver e usar um quarto de dólar, o barista ou lojista calmamente lhe dá um *dime* de troco, você paga o que se chama bit longo (*long bit*) e perde dois centavos e meio. Ou mesmo cinco, em comparação com o bit curto".

Moedas dos EUA (1840)

Denominação	Valor em dólares	Peso em gramas	Valor em ñ 1860
Moedas de conta			
milésimo (*mill*)	0,001	-	0,32
Papel-moeda (bancos estaduais)			
100 dólares	100,00		32.000
50 dólares	50,00		16.000
20 dólares	20,00	-	6.400
10 dólares	10,00	-	3.200
5 dólares	5,00	-	1.600
3 dólares	3,00	-	960
2 dólares	2,00	-	640
1 dólar	1,00	-	320
50 cents	0,50	-	160
25 cents	0,25	-	80
Moedas de ouro (90%)			
águia (*eagle*)	10,00	16,72	3.200
meia águia (*half eagle*)	5,00	8,36	1.600
quarto de águia (*quarter eagle*)	2,50	4,18	800

Moedas de prata hispânicas (90,28%)			
8 reais ou duro (dollar ou *eight bits*)	1,00	27,04	320
4 reais ou tostão (*half dollar* ou *four bits*)	0,50	13,52	160
2 reais ou peseta (*quarter dollar* ou *two bits*)	0,25	6,86	80
real (*bit*)	0,125	3,38	40
½ real (*picayune*)	0,0625	1,69	20
Moedas de prata (90%)			
dólar (*silver dollar*)	1,00	26,73	320
meio dólar (*half dollar*)	0,50	13,36	160
quarto de dólar (*quarter dollar*)	0,25	6,68	80
dime (*dime*)	0,10	2,67	32
meio dime (*half dime*)	0,05	1,34	16
Moedas de cobre			
cent (*penny*)	0,01	10,89	3,2
½ cent (*half penny*)	0,005	5,44	1,6

Moedas dos EUA (1860)

Denominação	Valor em dólares	Peso em gramas	Valor em ñ 1860
Moedas de conta			
milésimo (*mill*)	0,001	-	0,32
bit	0,125		40
Papel-moeda (bancos estaduais)			
100 dólares	100,00		32.000
50 dólares	50,00		16.000
20 dólares	20,00	-	6.400
10 dólares	10,00	-	3.200
5 dólares	5,00	-	1.600
3 dólares	3,00	-	960
2 dólares	2,00	-	640
1 dólar	1,00	-	320
50 cents	0,50	-	160
25 cents	0,25	-	80
Moedas de ouro (90%)			
dupla águia (*double eagle*) (1849-)	20,00	33,44	6.400
águia (*eagle*)	10,00	16,72	3.200
meia águia (*half eagle*)	5,00	8,36	1.600

três dólares (1854-)	3,00	5,02	960
quarto de águia (*quarter eagle*)	2,50	4,18	800
dólar (*gold dollar*) (1849-)	1,00	1,67	320
Moedas de prata (90%)			
dólar (*silver dollar*)	1,00	26,73	320
meio dólar (*half dollar*)	0,50	12,44	160
quarto de dólar (*quarter dollar*)	0,25	6,22	80
dime (*dime*)	0,10	2,49	32
meio dime (*half dime*)	0,05	1,24	16
3 cents (*trime*) (*) (1854-)	0,03	0,75	9,6
Moedas de cobre			
cent (*penny*)	0,01	4,67	3,2

(*) Em 1851-1853, moeda de 0,8 grama de prata 75%

Preços em acampamento da corrida do ouro (1848)

item	quantidade	US$	unidade métrica	ñ (*)	ñ (**)
café	libra	40,00	kg	33.748	675
botas	par	100,00	par	38.269	765
agulha e linha	conjunto	7,50	conjunto	2.870	57
pedaço de doce	un	0,50	un	191	4
lata de sardinhas	lata	16,00	lata	6.123	122
pão	filão	2,00	filão	765	15
queijo	1/2 libra	3,00	kg	5.062	101
feijão	libra	10,00	kg	8.437	169
manteiga	libra	6,00	kg	5.062	101
camisa	un	20,00	un	7.654	153
bateia	un	15,00	un	5.740	115
picareta	un	50,00	un	19.135	383
macacão	un	45,00	un	17.221	344
salsicha	libra	5,00	un	4.218	84
ovos	dúzia	3,00	un	96	1,9

(*) segundo o poder aquisitivo do dólar na média dos EUA

(**) considerando uma inflação por um fator de 50 vezes na zona mineira

Preços em acampamento da corrida do ouro (1850)

item	quantidade	US$	unidade métrica	ñ (*)	ñ (**)
café moído	libra	5,00	kg	4.218	603
carne de porco	9 libras	2,70	kg	253	36
farinha	25 libras	5,00	kg	169	24
carne de boi	4 libras	1,20	kg	253	36
jarro de picles	jarro	1,00	jarro	383	55
melado	pint	0,50	litro	404	58
açúcar	2 libras	0,60	kg	253	36
batatas	2 libras	0,25	kg	12	1,7
bateia	un	2,00	un	765	109
trituradora (rocker box)	un	18,00	un	6.888	984
caneca	un	1,25	un	478	68
balde	un	1,00	un	383	55
picareta	2	10,50	un	2.009	287
pá	un	11,00	un	4.210	601
botas	par	10,00	un	3.827	547
camisa	2	5,00	un	957	137
cobertor	2	10,00	un	1.913	273
tenda de lona	un	30,00	un	11.481	1.640
velas	2	0,50	un	96	14
mula	un	65,00	un	24.875	3.554

(*) segundo o poder aquisitivo do dólar na média dos EUA

(**) considerando uma inflação por um fator de 7 vezes na zona mineira

Preços em 1860

Item	quantidade	US$	unidade métrica	ñ
farinha de trigo	barril	7,96	kg	26
farinha de centeio	libra	0,04	kg	21
farinha de milho	libra	0,02	kg	14
bacalhau seco	libra	0,06	kg	35
arroz	libra	0,09	kg	49
feijão	1/4 galão	0,08	kg	34
chá oolong	libra	0,60	kg	381
café torrado	libra	0,23	kg	162
açúcar mascavo	libra	0,08	kg	56
açúcar granulado	libra	0,10	kg	70
melado de Nova Orleans	galão	0,57	kg	42
sabão comum	libra	0,08	kg	56
maisena	libra	0,10	kg	78
carne de boi (alcatra)	libra	0,21	kg	99
carne de boi (conserva em lata)	libra	0,08	kg	42
carne de boi (para sopa)	libra	0,05	kg	28
banha	libra	0,11	kg	92
salsichas	libra	0,11	kg	92
batatas	bushel	0,98	kg	8
manteiga	libra	0,25	kg	148
leite	1/4 galão	0,05	Litro	14
ovos	dúzia	0,25	Um	5
botas de homem	par	3,24	Par	879
flanela	jarda	0,15	Metro	52
lona	jarda	0,18	Metro	59
estampado	jarda	0,08	Metro	59

A Guerra da Secessão (1861-1865)

A economia da escravidão nos EUA

Na época colonial, a escravidão fora legal em todas as 13 colônias que formariam os EUA, mas, da independência a 1804, os estados do Norte adotaram leis para aboli-la. O único a fazê-lo imediatamente foi Massachusetts, em 1780. Os demais limitaram-se a libertar as crianças nascidas a partir da data da lei quando atingiam certa idade (18 a 28 anos, conforme o caso), de modo que alguns ainda eram escravizados na região até 1865.

O tráfico de escravos por navios estadunidenses foi proibido em 1794 (sob pena de confisco do navio e multa de 200 dólares por escravo) e, em 1808, os EUA proibiram a importação de novos escravos, ao mesmo tempo que o Império Britânico proibia o comércio atlântico de escravos em seus domínios. Embora a marinha dos EUA tenha cooperado com a britânica e a proibição tenha sido mais eficaz que no Brasil, estima-se que 50 mil africanos ainda foram contrabandeados até 1858. Isso não teria sido suficiente para manter a escravatura no Sul se a demanda por algodão das fábricas britânicas e o alto custo da mão de obra livre não houvessem tornado sustentável sua reprodução interna.

Os salários dos EUA eram altos em comparação com os brasileiros e mesmo com os europeus, pois, até o fim da conquista e colonização do Oeste, um trabalhador livre insatisfeito sempre tinha a opção de abandonar o emprego e comprar terra a preços módicos. A venda de terras públicas tomadas aos indígenas fora regulamentada pela primeira vez em 1785, com lotes de no mínimo 640 acres a um preço mínimo de um dólar por acre. Em 1790, para favorecer proprietários e especuladores ricos, o preço foi elevado a dois dólares por acre. Como as terras deviam ser obrigatoriamente pagas à vista e em dinheiro, isso estimulava a especulação por intermediários que subdividiam os lotes para vendê-los a crédito. Entretanto, em 1820, o preço do lote mínimo caiu para 100 dólares e trabalhadores tornaram-se capazes de comprá-los à vista, sem a mediação de especuladores. Em 1830, Andrew Jackson permitiu a colonos ocuparem terras públicas de até 160 acres antes mesmo do loteamento oficial para comprá-las ao preço mínimo quando já fossem produtivas, de modo a evitarem os leilões e a concorrência de especuladores. Em 1832, reduziu ainda mais o lote mínimo.

ano	lote mínimo		preço mínimo		preço do lote mínimo		poder aquisitivo médio do dólar (ñ)
	acres	hectares	dólares/ acre	ñ/ha	Dólares	ñ	
1785-1789	640	259,0	1,00	883	640	228.699	357
1790-1799	640	259,0	2,00	1.403	1.280	363.434	284
1800-1803	320	129,5	2,00	1.256	640	162.624	254
1804-1819	160	64,8	2,00	1.112	320	71.973	225
1820-1831	80	32,4	1,25	1.030	100	33.362	334
1832-1861	40	16,2	1,25	1.006	50	16.289	326

De 1820 a 1860, o salário médio de um operário livre[6] no Sul era um dólar (330 ñ) por dia trabalhado. Considerados 310 dias de trabalho por ano, mais custos de supervisão, isso totalizava 355 dólares por ano (117.150 ñ). No mesmo período, um trabalhador escravizado na indústria custava, em média, 50 dólares em comida, 15 em roupas, 3 em atendimento médico, 7 em moradia, 27 em supervisão e 5 em despesas incidentais, num total de 107 (35.310 ñ) – cerca de 114 ñ por dia trabalhado, custo superior ao de um trabalhador não qualificado da Europa, mas barato em comparação com o similar dos EUA. Se alugado, custava mais US$ 100 por ano e ainda era competitivo. Em 1855, a Virginia & Tennessee Railroad relatou que o trabalho livre custava 40 a 50 dólares mensais (11.500 ñ a 14.500 ñ) e o escravo apenas 11 (3.200 ñ). Nas fazendas, mais autossuficientes, seu custo era ainda menor.

Ao contrário do que ocorreu na maioria das economias escravistas, não era proibitivo o custo das condições mínimas necessárias para permitir a escravos agrícolas formarem famílias e criarem

6 O salário médio de um trabalhador agrícola em Massachusetts era em 1820 de 0,50 a 1 dólar (150-300 ñ) por dia, em 1835, de 0,75 a 1 (240-320 ñ), em 1845 de 0,90 a 1 (325-360 ñ) e em 1860 de 1 a 1,12 (320-360 ñ).

filhos, o que não impedia o senhor de vender membros das famílias em separado ou ordenar a substituição de pais e maridos quando lhe conviesse. A escravidão continuou lucrativa mesmo quando o preço médio dos escravos, que girara em torno de 300 dólares de 1804 a 1843, subiu até cerca de 800 dólares em 1860, acompanhando o aumento da produtividade obtido com o melhoramento das plantas e a ocupação de solos mais férteis. No Sul, a população escravizada cresceu a um ritmo de 2,5% ao ano, enquanto a população branca crescia 2,7% e a de negros livres, apenas 1,9%. Numa estimativa conservadora, seu valor de mercado era superior a três bilhões de dólares, o que representava 19% de todas as propriedades nos EUA e 48% no sul.

ano	população escrava			preço médio (*)		valor total	
	sul	norte, oeste e capital	total	US$	ñ	US$	ñ
1810	1.158.457	32.905	1.191.362	265	63.400	316.000.000	75.600.000.000
1850	3.200.364	3.949	3.204.313	401	153.500	1.285.000.000	492.000.000.000
1860	3.950.511	3.249	3.953.760	774	247.500	3.060.000.000	979.000.000.000

(*) preço médio das vendas no ano, não necessariamente representativas da população total

Há estimativas mais altas para os preços médios dos escravos: Thomas Piketty, por exemplo, estima 500 dólares para 1810, 800 em 1850 e 1.000 em 1860.

Preços típicos na Carolina do Sul, 1857:

Categoria	US$		ñ	
melhores homens	1.250	1.450	348.000	404.000
homem razoável/comum	1.100	1.200	307.000	334.000
melhores rapazes (15-18)	1.000	1.150	279.000	321.000
melhores rapazes (10-14)	500	575	139.000	160.000
melhores mulheres	1.050	1.225	293.000	341.000
mulher razoável/comum	850	1.025	237.000	286.000
melhores moças	500	1.000	139.000	279.000

Preços típicos por idade, Carolina do Norte, início dos anos 1850:

Idade	US$	ñ	Idade	US$	ñ	Idade	US$	ñ
1	100	33.000	19	850	278.000	36	500	164.000
2	125	41.000	20	900	295.000	37	475	155.000
3	150	49.000	21	875	286.000	38	450	147.000
4	175	57.000	22	850	278.000	39	425	139.000
5	200	65.000	23	825	270.000	40	400	131.000
6	225	74.000	24	800	262.000	41	375	123.000
7	250	82.000	25	775	254.000	42	350	115.000
8	300	98.000	26	750	246.000	43	325	106.000
9	350	115.000	27	725	237.000	44	300	98.000
10	400	131.000	28	700	229.000	45	275	90.000
11	450	147.000	29	675	221.000	46	250	82.000
12	500	164.000	30	650	213.000	47	225	74.000
13	550	180.000	31	625	205.000	48	200	65.000
14	600	196.000	32	600	196.000	49	175	57.000
16	650	213.000	33	575	188.000	50	150	49.000
17	750	246.000	34	550	180.000	55	100	33.000
18	800	262.000	35	525	172.000	60	50	16.000

Esses eram preços normais para trabalhadores agrícolas. Os valores eram maiores se o escravo era artesão – por exemplo, ferreiro (+55%), carpinteiro (+45%), ou cozinheiro (+20%) – ou possuía outras habilidades domésticas (+15%). Por outro lado, o preço sofria desconto se o trabalhador havia tentado fuga (-60%), era aleijado (-60%), alcoólatra (-50%) ou debilitado (-30%).

No Sul, 24% das famílias brancas possuíam escravos, porcentagem que variava de 3% em Delaware e 12% em Maryland a 46% na Carolina do Sul e 49% no Mississipi. Destes senhores de escravos, 72% possuíam até 9 escravos, 27,5% tinham 10 a 99 e 0,5% 100 ou mais[7].

Longe de caminhar para a extinção, em 1860 a escravatura no sul dos EUA crescia. Os escravos aumentavam em número, continuavam a se valorizar (a expectativa era de que subiriam mais 50% de

7 No Brasil, os dados são menos completos, mas a distribuição era comparável: estima-se que 34% dos domicílios de Minas Gerais tinha escravos em 1821, assim como 30% dos de São Paulo em 1829.

preço até 1890), produziam um quarto do PIB do sul e constituíam cerca da metade da riqueza desses estados e mais ainda da elite agrária. Ao morrer em 1851, Nathaniel Heyward, aristocrata rico da Carolina do Sul, deixou 14 fazendas de arroz no total de 4.390 acres (1.777 ha) e 40 mil acres (16 mil ha) de florestas somando 450 mil dólares, nove casas com um valor total de 180 mil, 200 mil em investimentos e dinheiro, 20 mil em animais, 15 mil em prataria, 3 mil em vinhos e 2.089 escravos avaliados em 1,15 milhão de dólares (550 por cabeça), 57% do inventário de 2,018 milhões.

Preços médios de terras: sul dos EUA vs. Inglaterra

Estado	**1850**		**1860**	
	$/acre	**ñ/ha**	**$/acre**	**ñ/ha**
Alabama	5,30	5.012	9,20	7.270
Arkansas	5,88	5.560	9,57	7.562
Geórgia	4,20	3.972	5,89	4.654
Luisiana	15,20	14.373	22,04	17.415
Mississipi	5,22	4.936	12,04	9.514
Carolina do Norte	3,23	3.054	6,03	4.765
Carolina do Sul	5,08	4.804	8,62	6.811
Tennessee	5,50	5.201	11,13	8.795
Texas	1,44	1.362	3,48	2.750
Virgínia	8,27	7.820	11,95	9.443
País	**£/acre**	**ñ/ha**	**£/acre**	**ñ/ha**
Inglaterra	29	88.311	35	78.598

Nem os senhores de escravos abririam mão de sua fortuna e modo de vida, nem os estados ou a união teriam condições de indenizá-los: o valor total dos escravos correspondia a cerca de 50 anos da receita federal, de 56 milhões de dólares em 1860. Os brancos do Sul eram hostis não só à ideia de abolição, como também a quaisquer entraves à expansão da escravatura para novas terras.

O confronto iniciou-se com a disputa dos territórios conquistados na guerra com o México, que abolira a escravidão desde 1829. Os sulistas reivindicaram a extensão de um acordo de 1820 que permitira a escravidão nas terras da Luisiana ao sul do paralelo 36°30', enquanto os nortistas queriam manter a proibição da lei mexicana.

Por um acordo de 1850, os sulistas aceitaram que a Califórnia se tornasse estado livre. Em troca, os territórios remanescentes decidiriam sobre a escravidão ao se converterem em estados e os nortistas ficariam obrigados a devolver os escravos que fugissem do Sul e punir quem os ajudasse com multa de mil dólares e seis meses de prisão. Ao reduzir a possibilidade de fuga, isso aumentou em 15% a 30% o valor dos escravos nos estados sulistas mais próximos do Norte, mas, ao forçar os nortistas a colaborar com a escravidão, mobilizou ativistas à desobediência civil e tornou abolicionista um público antes indiferente.

A escravidão era a principal, mas não a única divergência entre Norte e Sul. Os interesses também eram opostos quanto às tarifas alfandegárias – o Norte as queria altas para proteger a indústria e o Sul, baixas, para obter produtos industriais mais baratos do Reino Unido em troca de seu algodão–; terras públicas – o Norte queria vendê-las em lotes pequenos e baratos para trabalhadores familiares, o Sul em grandes propriedades para senhores de escravos–; setor bancário – o Norte queria um sistema de grandes bancos de alcance nacional, regulamentados pela União, enquanto o Sul estava satisfeito com o sistema de bancos estaduais –; e concepção da federação – o Norte a entendia como uma nação necessitada de um governo central forte, enquanto o Sul a considerava uma mera aliança de estados soberanos, que dela poderiam se retirar caso não mais lhes conviesse.

Essas tensões dividiram em três o partido Whig, que governara em 1849-1853. Os mais progressistas fundaram, em 1854, o Partido Republicano, nortista e abolicionista, e os mais reacionários aderiram ao xenófobo Partido Americano, de vida curta. A fragmentação da oposição elegeu os democratas antiabolicionistas Franklin Pierce (p. 1853-1857) e James Buchanan (p. 1857-1861), que reduziram as tarifas médias de 27% para 20% e se tornaram impopulares no Norte ao perseguir escravos fugidos e apoiar os escravistas na disputa pelo estado do Kansas, visando manter a fidelidade do Sul.

Esta questão e uma decisão do Supremo, de 1857, de negar à União o poder de legislar sobre escravidão aumentaram o apoio aos republicanos e dividiram os democratas entre moderados do Norte, que defendiam o direito de os territórios legislarem sobre a proibição da escravidão, e os radicais do Sul, que exigiam a proteção da União à colonização dos territórios por senhores de escravos. Ambas as facções também queriam anexar Cuba para ampliar o território escravista. A divisão dos democratas levou à eleição do candidato republicano, Abraham Lincoln. Ao se confirmar sua vitória, sete estados do Sul proclamaram a separação e a formação dos Estados Confederados da América. Logo após sua posse, a base federal de Fort Sumter, na Carolina do Sul, foi tomada pelos separatistas. Começou a Guerra da Secessão e outros quatro estados se juntaram aos Confederados.

A guerra entre a União e os Estados Confederados estendeu-se de abril de 1861 a junho de 1865 e foi a mais destrutiva do mundo entre o fim das guerras napoleônicas e o início da I Guerra Mundial. Deixou pelo menos 785 mil mortos de ambos os lados (inclusive 130 mil civis), destruiu a infraestrutura do Sul e resultou na libertação de quatro milhões de escravos, na vitória do capitalismo industrial e na afirmação da concepção nortista e republicana de nação por gerações. A União gastou US$ 2,3 bilhões com a guerra e os Confederados US$ 1,0 bilhão, mas as elites do Sul perderam US$ 1,5 bilhão com a destruição física, US$ 3 bilhões com a emancipação dos escravos e US$ 1,7 bilhão com o colapso do mercado do algodão.

Moeda dos Confederados

Os Confederados tiveram muita dificuldade para se financiar. Em 1860, quase 95% da receita federal provinha de tarifas alfandegárias, mais de 60% das quais vindas do porto de Nova York. O Sul reduziu a média de suas tarifas de 19% para 13% com a expectativa de arrecadar 25 milhões por ano, mas o bloqueio dos seus portos pela marinha do Norte reduziu a receita a quase zero. Durante toda a guerra, os Confederados arrecadaram irrelevantes 3,4 milhões de dólares em tarifas, menos de 0,5% de sua receita total. Cerca de 0,2% foram obtidos com doações e 0,25% com confisco de propriedades de nortistas.

Outros 21% da receita do Sul foram obtidos com títulos de dívida, inicialmente bem aceitos na então próspera Nova Orleans e na Europa, mas que, com a piora da situação militar para os Confederados, tornaram-se cada vez mais difíceis de vender, ao mesmo tempo que os juros dos títulos já vendidos absorviam uma parte crescente da receita (56% em outubro de 1864).

Em março de 1863, o governo confederado vendeu no exterior títulos de 7% ao ano, chamados *cotton bonds* pela peculiaridade de poderem ser resgatados em algodão. Foram emitidos em Paris títulos de 100, 200, 500 e 1.000 libras esterlinas. O título de 1.000 libras esterlinas, por exemplo, equivalia a 25 mil francos franceses ou 40 mil libras-peso de algodão (80 fardos de 500 libras-peso). Isso representava um preço de 12,2 cents por libra-peso, quando o preço efetivo do algodão havia subido de 10 cents para 48 cents com a guerra e ainda chegaria a 189, mas o algodão teria de ser retirado dos portos do Sul. O objetivo era não só tornar os títulos mais atraentes como estimular os compradores europeus a tentar romper o bloqueio para buscar o algodão e entregar armas e mercadorias. Conseguiram vender C$ 6 milhões de uma oferta de 15 milhões, mas o banqueiro de Paris, Erlanger et Cie., acabou por embolsar metade do total.

Em agosto de 1861 foi criado um "imposto de guerra" de 0,5% sobre propriedades pessoais acima de 500 dólares, mas a arrecadação foi confiada aos estados, que preferiram não o cobrar e emitir títulos de dívida ou notas para cobrir sua parte. Em 1863, criaram-se impostos sobre renda, vendas e produção agrícola, mas estes se mostraram muito difíceis de cobrar pelo empobrecimento da população urbana e pela resistência de pequenos proprietários a pagá-los em prol dos grandes senhores de escravos, que não foram taxados por suas terras e escravos até perto do fim da guerra. Mesmo em 1864 a arrecadação de impostos não passou de 10% da receita total e na média da guerra, foi de 6%.

Mais de 70% da receita teve de ser obtida da impressão de papel-moeda em notas de 50 cents e de 1, 2, 5, 10, 20, 50, 100, 500 e 1.000 dólares confederados (C$), apelidadas *greybacks* em contraste com as *greenbacks* do Norte, num total de C$ 1,15 bilhão. A primeira emissão era pagável um ano após a emissão com juro simples de 0,01% ao dia. Depois foram pagáveis "seis meses (mais tarde, dois anos) após a ratificação de um tratado de paz entre os Estados Confederados e os Estados Unidos", em geral sem juros, exceto por uma nota de 100 dólares que rendia 2 cents por dia, 7,3% ao ano (a cada ano, o portador ia ao Tesouro receber 7,30 dólares e a nota era carimbada no verso para atestar o pagamento). Essa moeda foi rapidamente desvalorizada pela emissão excessiva, ainda que, em abril de 1864, tenha sido imposta a troca de 60 dólares em notas antigas por 40 dólares em novas notas ou valor igual em títulos para tentar conter a inflação. Os Confederados não cunharam moedas para circulação (apenas provas de 50 cents) e, ao serem derrotados, seu dinheiro perdeu todo o valor.

Moeda da União

Para financiar a guerra, a União aumentou os impostos tradicionais (a média das tarifas subiu de 19% em 1861 para 36% em 1862 e 48% em 1865) e seguiu o exemplo do Reino Unido, que em 1842 criara um imposto de renda para ganhos a partir de £150 anuais. De 3% para rendas acima de 800 dólares anuais em 1862, esse imposto subiu até 1865 para 10% a partir de 600 dólares, 12,5% a partir de 5 mil e 15% a partir de 10 mil. Em 1862 e 1863, o governo obteve menos de 15% da receita com impostos, mas no fim da guerra essa parcela subiu para 25%, elevando a média a 21%. O limite de 600 dólares (115.000 ñ) isentava a maioria dos trabalhadores manuais e taxava 10% da população.

Cerca de 67% da receita federal foram cobertos pela emissão de dívida remunerada, que de 1860 a agosto de 1865 (auge do endividamento), cresceu de US$ 64 milhões para US$ 2,13 bilhões, dos quais US$ 1,88 bilhão em títulos de dívida[8] e US$ 251 milhões em notas remuneradas que também circulavam como papel-moeda. Apesar de apenas 1% das famílias possuírem contas bancárias na época, cerca de 5% compraram títulos, de valores a partir de 50 dólares. Os restantes 12% da receita foram cobertos pela emissão de papel-moeda não remunerado, cujo montante, em agosto de 1865, era de US$ 467 milhões.

A primeira emissão de papel-moeda relacionada à guerra, de março de 1861, consistiu em Notas Remuneradas (*interest bearing notes*) semelhantes às primeiras notas dos Confederados, títulos de dívida usados para pagar fornecedores do governo que podiam circular como papel-moeda pelo valor nominal e seriam aceitos no pagamento de tarifas ou quaisquer obrigações públicas até a data do vencimento, na qual renderiam juros simples. Foram de dois tipos:

> Notas de 60 dias, com juro simples de 6% ao ano (1% em 60 dias), nos valores de 50, 100 e 500 dólares, num montante de US$ 12,9 milhões;
>
> Notas de Dois Anos, com juro simples de 6% ao ano pagável ao fim do período, nos valores de 50, 100, 500 e 1.000 dólares e num montante de US$ 22,5 milhões.

---

8 Inclusive US$ 830 milhões em notas de 3 anos (*seven-thirties*) originalmente previstas para circulação.

Notas de Três Anos, com juros simples de 7,30% ao ano (por isso apelidadas *seven-thirties*) pagáveis a cada seis meses, nos valores de 50, 100, 500, 1.000 e 5.000 dólares. Cada nota vinha com 5 cupons anexos, cada um dos quais devia ser recortado para resgatar o juro de 3,65% ao fim de cada semestre, sendo o último resgatado com a própria nota. Assim, a nota de 50 dólares vinha com 5 cupons resgatáveis por US$ 1,82½ cada um. Foram emitidas num montante de US$ 140 milhões. Embora também concebidas para circulação, foram pouco usadas dessa maneira, pois tendiam a ser armazenadas e aparecer só no momento de resgate dos cupons. Funcionaram, na prática, como títulos de dívida convencionais.

A primeira emissão de papel-moeda não remunerado, de julho de 1861, foi de 50 milhões de dólares em *demand notes* (notas à vista) de 5, 10 e 20 dólares, apelidadas *greenbacks* pelo reverso impresso em verde, que chamava a atenção em contraste com as notas de bancos privados, quase sempre com reverso em branco. Continham os compromissos "Os Estados Unidos prometem pagar ao portador X dólares, pagamento à vista" (*on demand*) e "recebível no pagamento de todas as obrigações públicas". Usadas para pagar funcionários e soldados, essas notas foram recebidas com desconfiança no mercado e recusadas por muitos comerciantes, ferrovias e bancos.

Em dezembro de 1861, a conversibilidade das *greenbacks* foi suspensa por falta de moeda metálica. A partir de março de 1862, passou-se a emitir *legal tender notes* (notas de curso legal), semelhantes às primeiras *greenbacks*, mas das quais desaparecia a expressão "à vista" (*on demand*) e a segunda legenda. Tinham um selo vermelho do Tesouro e curso legal para pagamentos públicos e privados, *salvo tarifas alfandegárias e juros sobre títulos federais*. O objetivo era incentivar a aceitação do papel-moeda com o qual o governo pagava suas despesas, permitindo que fosse usado para comprar títulos de dívida remunerada cujos juros continuavam a ser pagos em ouro. Na medida que o ouro tivesse um ágio em relação ao papel-moeda, isso proporcionaria a quem o fizesse um rendimento bem superior ao nominal. Entretanto, para conseguir ouro para pagar os juros, o governo precisava recolhê-lo nas alfândegas, que por isso só aceitavam moeda metálica.

Outra medida associada à guerra foi a Lei da Propriedade Rural (*Homestead Act*) de maio de 1862, que permitiu a livre apropriação de até

160 acres de terras públicas do Oeste por posseiros que os cultivassem por cinco anos, inclusive mulheres e imigrantes, mediante uma taxa de 18 dólares (5.000 ñ, 79 ñ/ha). Até então, os sulistas haviam bloqueado sua aprovação com receio de que a terra gratuita atraísse os imigrantes europeus e os brancos pobres do Sul para o oeste.

A necessidade de dar saída ao papel-moeda e aos títulos federais deu oportunidade a uma reforma drástica no sistema bancário há muito desejada pelos Whigs e republicanos. Em fevereiro de 1863, foi aprovada a criação de um Sistema Bancário Nacional. Os bancos autorizados pela União precisariam de um capital mínimo de 50 mil a 200 mil dólares, conforme a localização, seriam submetidos à supervisão do governo da União e lastreariam suas notas com seu valor em títulos de dívida pública federal, para absorver e monetizar os títulos não circulantes de dívida pública, mais 5% em ouro ou outra moeda legal (ou seja, *greenbacks*).

Ao contrário das notas dos bancos estaduais, as notas de bancos nacionais eram padronizadas. Tinham o nome do banco emissor, as assinaturas do caixa e do presidente do banco e (a partir de 1875) o número de sua carta-patente, mas recebiam o selo vermelho e o número de série do Tesouro, eram impressos com suas gravuras e segundo suas especificações (inicialmente em gráficas contratadas, a partir de 1878 no próprio Tesouro), levavam a assinatura impressa das suas autoridades e eram em tamanhos regulares e valores padronizados de 1 a 1.000 dólares. Inicialmente, apenas o anverso era impresso pelo Tesouro e o reverso deixado ao banco emissor, porém mais tarde as duas faces passaram a ser impressas pelo Tesouro.

Deveriam circular indistintamente em todo o país, recebiam a legenda "Moeda Nacional" (*National Currency*). Todo banco nacional se obrigava a resgatar as notas de qualquer outro banco nacional ao par em sua sede tanto quanto as próprias. Embora o número de bancos nacionais chegasse a 2.076 em 1880, 3.484 em 1890, 3.732 em 1900, 7.145 em 1910 e 8.030 em 1920, o portador não precisava saber quais deles haviam emitido as notas em suas mãos e se eram ou não confiáveis. Mesmo que falissem, as suas cédulas seriam resgatadas pelo sistema e eram aceitas para quase todos os fins.

O triplo compromisso estampado era "O Banco X, na cidade Y, pagará ao portador, à vista, Z dólares", "Esta nota é assegurada em títulos dos Estados Unidos depositados com o tesoureiro dos EUA em Washington" e, como nas *greenbacks* do próprio Tesouro, "Esta nota é recebível ao par em todas as partes dos Estados Unidos, no pagamento de todos os impostos e taxas, exceto tarifas sobre as importações, e também para todos os salários e outras dívidas e pagamentos dos Estados Unidos a indivíduos, empresas e associações nos Estados Unidos, exceto juros sobre a dívida pública".

66 bancos federais surgiram em 1863. A partir de 1864, procurou-se obrigar os bancos estaduais a se converter em bancos federais ou deixar de emitir, por meio de um imposto de 2% sobre a emissão de novas notas por entidades que não bancos federais. Como isso se mostrasse insuficiente para desencorajá-los, esse imposto foi aumentado para proibitivos 10% em março de 1865 e 20% em julho de 1866. Enquanto o número de bancos federais cresceria para 467 em 1864, 1.294 em 1865, 1.634 em 1866 e 1.650 em 1869 (metade dos quais bancos estaduais convertidos), o dos bancos estaduais cairia para 235 (inclusive 59 "livres") e seu papel-moeda desapareceu gradualmente da circulação. A partir dos anos 1870, porém, pequenos bancos estaduais voltaram a se multiplicar, graças à popularização do uso de cheques e contas correntes e da oferta de rendimentos superiores aos dos bancos federais para compensar o maior risco. Bancos privados, não afetados pela nova regulamentação, também continuaram a existir.

Em junho de 1865, circulavam US$ 379 milhões em *greenbacks* de 1, 2, 5, 10, 20, 50, 100, 500 e 1.000 dólares, US$ 146 milhões em notas de bancos nacionais e US$ 143 milhões em notas de bancos estaduais (após um auge de US$ 239 milhões em 1863). Essas notas eram rejeitadas na Califórnia e no Oregon, que estavam à margem da guerra, tinham ouro em abundância e tinham em circulação cerca de US$ 25 milhões em moedas, mas foram aceitas no restante da União. O grande volume das emissões causou inflação, embora em escala muito menor que no Sul. No pior momento, em julho de 1864, o dólar-ouro chegou a valer 2,58 *greenbacks*, mas, após a derrota do Sul, voltou a cair para 1,50.

A inundação do mercado por papel-moeda e sua desvalorização levaram ao entesouramento ou derretimento das moedas de prata, em parte substituídas por fichas e pequenas notas de comerciantes, moedas hispânicas, notas de dólar cortadas em duas ou quatro e selos de correio (então disponíveis nos valores de 1, 2, 3, 5, 10, 12, 15, 24, 30 e 90 cents) que circularam colados em cartões ou dentro de envelopes, com quantias totais escritas no exterior. A solução mostrou-se pouco prática, pois os selos se estragavam rapidamente, não podiam mais ser usados no correio e passaram a faltar para uso postal. Em julho de 1862, para substitui-los, o Tesouro emitiu pequenas notas de 5, 10, 25 e 50 cents, oficialmente denominadas *postage currency* e apelidadas *shinplasters* como as similares, antes emitidas por comerciantes e agora proibidas sob pena de multa de 500 dólares e seis meses de prisão. Foram emitidos US$ 20,2 milhões nessas notas. A partir de março de 1863, foram emitidas como *fractional currency* nos valores de 3, 5, 10, 15, 25 e 50 cents, eram "recebíveis por todos os selos dos Estados Unidos" e "recebíveis no pagamento de todas as obrigações aos Estados Unidos até o valor de 5 dólares, exceto alfândegas". Foram emitidos US$ 348,5 milhões nessas notas até fevereiro de 1876, mas, pela frequente substituição, seu montante em circulação era US$ 26,3 milhões em agosto de 1865 e nunca passou de US$ 38 milhões.

A partir de março de 1863, o Tesouro da União voltou a emitir Notas Remuneradas que rendiam juros (pagáveis em moeda legal, não ouro) e também podiam circular e ser resgatadas ao valor de face. Levavam o mesmo selo e garantias das *greenbacks*, além de ameaçar os falsários, no verso, com multa de US$ 1.000, 15 anos de prisão com trabalhos forçados ou ambos. Houve dois tipos:

> Notas de Um Ano, com juro simples de 5% ao ano, pagável ao fim do período, com valores de 10, 20, 50, 100, 500, 1.000 e 5.000 dólares, emitidas num total de US$ 44,5 milhões;
>
> Notas de Dois Anos, com juro simples de 5% ao ano pagável ao fim do período, nos valores de 50, 100, 500 e 1.000 dólares, emitidas num total de US$ 166,5 milhões, das quais US$ 34 milhões ainda circulavam em agosto de 1865.

Em junho de 1864, foram emitidas Notas de Juros Compostos (*compound interest treasury notes*), com valores de 10, 20, 50, 100, 500 e 1.000 dólares, resgatáveis após três anos, com juros compostos de 6% ao ano e uma tabela que os demonstrava no reverso. A nota de 10 dólares valeria 10,30 aos seis meses, 10,60 aos doze meses e assim por diante até ser resgatável por 11,94 no fim do terceiro ano. Foram emitidos US$ 266,6 milhões nessas notas, US$ 177 milhões das quais para resgatar notas de um ano e dois anos. US$ 217 milhões circulavam em agosto de 1865. Além disso, mais duas emissões de *seven-thirties* foram autorizadas em agosto de 1864 e março de 1865. Foram emitidos US$ 830 milhões nessas notas, correspondentes ao montante existente em agosto de 1865.

Para facilitar a circulação, a partir de 1864 foi cunhada uma moeda de 1 cent de bronze, mais leve, seguida por outra de 2 cents, as primeiras a conter a frase *In God We Trust* (Confiamos em Deus), para sugerir o apoio divino à causa da União na guerra, com aceitação obrigatória até 10 e 20 cents, respectivamente. Em 1865 e 1866, as moedas de prata de 3 cents e 5 cents foram substituídas por moedas de cuproníquel de aceitação obrigatória até 60 e 100 cents, respectivamente.

Em 1865, o Tesouro federal começou a emitir certificados de ouro (*gold certificates*), com volume limitado a 20% de seus depósitos em ouro, para reduzir a necessidade de manejo físico de moedas pelo Tesouro, alfândegas, bancos e operadores da bolsa de ouro de Nova York. Com caráter de recibos de armazenagem de um depositário específico, não foram destinados à circulação normal e serviram principalmente para pagar tarifas, em operações interbancárias e como lastro das emissões de bancos comerciais. Com selo e reverso impressos em alaranjado, foram apelidados *goldbacks* e emitidos em valores de 20 dólares a 10 mil dólares (também 10 dólares, a partir de 1907).

Lincoln foi reeleito no Norte em 1864, mas assassinado em abril de 1865, pouco antes da derrota completa do Sul e logo após defender o direito de voto para os negros libertados pelo decreto presidencial de janeiro de 1863, posto em vigor à medida que os exércitos da União avançavam. Medida de guerra contra os Confederados para ampliar o recrutamento, esse decreto não se aplicou aos estados então controlados pela União, onde ainda havia 500 mil escravizados. Alguns desses estados aboliram a escravidão antes do fim da guerra, mas esta só foi completamente eliminada com a aprovação da 13ª emenda constitucional em dezembro de 1865. Mais de 40 mil pessoas continuaram escravizadas (na maioria em Kentucky) por vários meses após o fim dos Confederados.

Preços, salários reais e dólar-ouro durante a Guerra da Secessão (médias anuais)

	União					Confederados				
Ano	**1860=100**		**US$**	**dólar-ouro**		**1860=100**		**C$**	**dólar-ouro**	
	preços	salários reais	ñ	US$	ñ	preços	salários reais	ñ	C$	ñ
1860	100	100	320	1,000	320	100	100	320	1,000	320
1861	103	97	310	1,000	310	121	86	264	1,058	280
1862	113	89	283	1,133	321	388	35	82	2,040	168
1863	128	88	250	1,452	363	1.452	19	22	9,348	206
1864	156	84	205	2,033	418	3.992	11	8	23,500	188
1865 (*)	167	90	191	1,573	301	9.200	10	3,5	61,917	215
1866	169	93	189	1,409	267	–	–	0	–	–
1867	167	97	191	1,382	264	–	–	0	–	–
1868	161	104	199	1,397	278	–	–	0	–	–
1869	156	109	205	1,330	273	–	–	0	–	–
1870	149	115	214	1,149	246	–	–	0	–	–
1871	146	120	219	1,117	245	–	–	0	–	–
1872	147	120	217	1,124	244	–	–	0	–	–
1873	144	123	222	1,138	252	–	–	0	–	–
1874	144	119	222	1,112	247	–	–	0	–	–
1875	138	125	232	1,149	267	–	–	0	–	–
1876	133	124	241	1,115	269	–	–	0	–	–
1877	124	126	258	1,048	270	–	–	0	–	–
1878	116	133	276	1,008	278	–	–	0	–	–
1879	124	122	258	1,000	258	–	–	0	–	–

(*) no caso dos Confederados, médias janeiro-abril, apesar de em algumas áreas a guerra ter continuado até junho

Moedas dos EUA (1865)

Denominação	Valor em dólares	Peso em gramas	Valor em ñ 1865
Moedas de conta			
milésimo (*mill*)	0,001	-	0,2
bit	0,125	-	37,5
Papel-moeda			
10.000 dólares [3]	10.000,00	-	2.000.000
5.000 dólares [3]	5.000,00	-	1.000.000
1.000 dólares [1, 2, 3, 4]	1.000,00	-	200.000
500 dólares [1, 2, 3, 4]	500,00	-	100.000
100 dólares [1, 2, 3, 4]	100,00	-	20.000
50 dólares [1, 2, 4]	50,00	-	10.000
20 dólares [1, 2, 3, 4]	20,00	-	4.000
10 dólares [1, 2, 4]	10,00	-	2.000
5 dólares [1, 2]	5,00	-	1.000
2 dólares [1, 2]	2,00	-	400
1 dólar [1 2]	1,00	-	200
50 cents [5]	0,50	-	100
25 cents [5]	0,25	-	50
15 cents [5]	0,15	-	30
10 cents [5]	0,10	-	20
5 cents [5]	0,05	-	10
3 cents [5]	0,03	-	6
Moedas de ouro (90%) (*)			
dupla águia (*double eagle*)	20,00	33,44	6.000
águia (*eagle*)	10,00	16,72	3.000
meia águia (*half eagle*)	5,00	8,36	1.500
três dólares	3,00	5,02	900
quarto de águia (*quarter eagle*)	2,50	4,18	750
dólar (*gold dollar*)	1,00	1,67	300
Moedas de prata (90%) (*)			
dólar (*silver dollar*)	1,00	26,73	300
meio dólar (*half dollar*)	0,50	12,44	150
quarto de dólar (*quarter dollar*)	0,25	6,22	75
dime (*dime*)	0,10	2,49	30
Moedas de cuproníquel			
5 cents	0,05	5,00	10
3 cents	0,03	1,94	6
Moedas de cobre			
2 cents	0,02	6,22	4
cent (*penny*)	0,01	3,11	2

Tipos de papel-moeda: 1 Notas de Curso Legal (*greenbacks*), 2 Notas de Bancos Nacionais, 3 Certificados de Ouro (*goldbacks*), 4 Notas Remuneradas, 5 Notas Fracionárias (*shinplasters*)

(*) Valor em ñ das moedas de ouro e prata inclui ágio de 50% em 1865. A partir de 1862, só circularam na Costa do Pacífico ou para pagamento de tarifas e juros do Tesouro (prata até 1875, ouro até 1878).

Da Reconstrução à Grande Depressão (1865-1933)

A Reconstrução (1865-1878)

Andrew Johnson (p. 1865-1869), vice de Lincoln, era republicano de origem sulista. Uma das poucas iniciativas bem-sucedidas de seu governo foi a compra do Alasca à Rússia, por US$ 7,2 milhões em 1867 (1,4 bilhão de ñ). A administração, porém, causou um desastre ao tentar governar de modo conciliatório com os antigos rebeldes e negar a cidadania e direitos civis aos ex-escravos. O Congresso de maioria republicana e nortista derrubou seus vetos e, em 1866, aprovou direitos civis para os ex-escravos e encaminhou a 14ª emenda para lhes garantir cidadania plena. Como os governos de estados do Sul eleitos após a derrota em 1865 sabotassem essas medidas, o Congresso lhes impôs um governo militar. Além disso,por meio das Leis de Reconstrução (*Reconstruction Acts*), cassou o direito de voto dos ex-funcionários confederados, assegurou o direito dos escravos e organizou novas constituintes estaduais dominadas por republicanos, entre apoiadores brancos locais, libertos e os migrantes do Norte que, dispostos a participar da reorganização social e política do Sul por razões idealistas ou oportunistas, foram apelidados *carpetbaggers*.

Em reação às imposições federais, veteranos confederados criaram o Ku Klux Klan e cometeram atentados terroristas contra negros e políticos republicanos com a cumplicidade dos racistas brancos. Ao ser eleito presidente, Ulysses Grant (p. 1869-1877), ex-comandante do exército da União na guerra, fez aprovar a 15ª emenda para garantir os direitos políticos dos ex-escravos e destruiu o Ku Klux Klan, combatendo-o com tropas e tribunais federais até a extinção. Por outro lado, Grant foi implacável contra os indígenas e promoveu a quase extinção dos bisões para obrigá-los a abandonar o nomadismo e se confinar em reservas. Houve duzentas batalhas contra os nativos em seu governo, das quais a mais famosa foi a de Little Bighorn, de 1876, na qual o general George Custer foi derrotado e morto pelos Lakota (um dos povos chamados Sioux por seus vizinhos) liderados por Touro Sentado e Cavalo Louco. Isto abriu o ciclo final de ocupação e colonização do Oeste, encerrado nos anos 1890 com a ocupação das terras indígenas do Oklahoma.

Em 1870, como persistisse a resistência ao papel-moeda convencional na Califórnia, autorizou-se a emissão de notas resgatáveis em ouro, *National gold bank notes* por nove "bancos de ouro" desse estado até 1875. Ao contrário dos certificados de ouro do Tesouro, estas foram notas feitas para circulação, nos valores de 5, 10, 20, 50, 100 e 500 dólares. Tinham formato semelhantes a outras notas de bancos nacionais, garantia por títulos do tesouro e selo vermelho, mas eram impressas em papel amarelado e tinham reverso em alaranjado e o compromisso "resgatável em moedas de ouro".

Ainda no governo de Grant, em reação à crise do bimetalismo na Europa após a unificação alemã, em 1873 os EUA seguiram o exemplo da França, oficializaram o padrão-ouro adotado na prática desde 1853 e suspenderam a cunhagem de moedas de 2, 3 e 5 cents e de dólares de prata. As moedas de até 5 cents passaram a ter curso legal até 25 cents e o dólar de prata teve seu curso legal suspenso em 1874. Em 1875-1878, foi cunhada também uma moeda de prata de 20 cents (equivalente ao franco francês) como parte de um movimento para criar um sistema de cunhagem internacional, mas foi rejeitada devido à confusão com o tradicional *quarter dollar*, de tamanho pouco maior. A Casa da Moeda passou a aceitar apenas ouro para cunhagem por particulares, mas a senhoriagem foi reduzida de 0,5% para 0,2% em 1873 e zero em 1875.

Para facilitar a competição com o Império Britânico no comércio com a China, foi autorizado um *trade dollar* de prata com 27,22 gramas a 90%, equivalente ao peso hispânico de 1772, que ainda era a moeda mais aceita no Oriente. A moeda não teve o sucesso esperado e parte da cunhagem acabou por retornar aos EUA e circular na costa oeste, com valor de um dólar e aceitação obrigatória até 5 dólares, até ser desmonetizada no mercado interno em 1876, embora continuasse a ser cunhada para exportação até 1878 e como prova até 1883.

Ao fim da Guerra da Secessão, a intenção era retirar gradualmente o papel-moeda emitido pelo Tesouro, encarado como mero dinheiro de emergência. A partir de 1866, o Tesouro foi autorizado a resgatá-lo. A intenção era fazer o mesmo com as *greenbacks*. Seu volume caiu de 447 milhões para 356 milhões em 1868, mas nesse ano o mau desempenho da economia levou à suspensão de sua retirada para não agravar a deflação. Em 1873, a crise financeira levou o Tesouro a aumentar a circulação para 382 milhões a fim de fazer frente às suas necessidades de caixa.

Os *shinplasters* deixaram de ser emitidos depois de 1876, mas continuaram a ser usados ainda por algum tempo. Embora já houvesse moeda metálica suficiente em circulação, eram úteis para a remessa de pequenas quantias pelo correio. Em 1884, ainda havia US$ 15 milhões em circulação.

Em 1875, o Congresso autorizou o Tesouro a resgatar os *greenbacks* em ouro a partir de 1879, transformando-os, na prática, em moeda lastreada. Com isso, o valor dos *greenbacks* retornou ao par com a prata em 1876 e com o ouro em 1879. Por não haver mais interesse em resgatá-las, o volume dos *greenbacks* em circulação se estabilizou em 346,7 milhões

As notas de bancos estaduais haviam quase desaparecido em 1878: restavam US$ 806 mil. Também as notas remuneradas da Guerra da Secessão haviam resgatadas, salvo um resíduo de US$ 428 mil. Entretanto, foi emitido em 1879 um outro tipo de nota remunerada, o Certificado de Reembolso (*Refunding Certificate*) de 10 dólares, que podia ser resgatado a qualquer momento em múltiplos de 50 dólares e rendia juro simples de 4% ao ano por tempo indefinido, ou 1 cent a cada 9 dias, como se explicava na nota. Foram emitidos US$ 40 milhões, 99,6% dos quais resgatados até 1887. Em 1907 os remanescentes deixaram de render juros, passando a ser resgatados ao valor fixo de US$ 21,30.

A era do bimetalismo manco (1878-1900)

Iniciada na Europa, a crise financeira de 1873 desencadeou nos EUA a chamada Longa Depressão, que se estendeu até 1879. As dificuldades econômicas desviaram o foco político da questão do Sul e, em 1877, o novo presidente republicano Rutherford Hayes (p. 1877-1881) fez um acordo com os democratas, retirou as tropas federais do Sul e permitiu aos racistas brancos retomar o controle, cassar o direito de voto dos negros e impor leis de segregação racial, situação que permaneceria até 1965. Seguiu-se de 1877 a 1893 a chamada Era Dourada (*Gilded Age*), caracterizada pelo crescimento explosivo das ferrovias, expansão da agricultura e da indústria e formação de imensas fortunas associadas a poderosos trustes ou quase-monopólios aos quais o governo reagiu com a lei antitruste de 1890, dos quais os mais notórios foram a Standard Oil (futura

Exxon) de John D. Rockefeller, o primeiro bilionário, e a New York Central Railroad de Cornelius Vanderbilt. Foi também uma época de imigração em massa de europeus impelidos pela modernização da agricultura ou por agitações políticas e de ascensão do racismo, o que incluiu a proibição da imigração de chineses em 1882.

A crise de 1873 inquietou em especial os fazendeiros e agricultores do Sul e do Oeste, que culparam as elites do Leste pela alta dos juros e dos custos dos transportes e implementos agrícolas e o padrão-ouro pela deflação dos preços de seus produtos. Reivindicavam a cunhagem gratuita de moedas de prata na Casa da Moeda (*free silver*) como se fazia com o ouro desde 1875.Neste último ponto, tiveram o apoio de mineradores de prata do Oeste (principalmente Nevada), que viram no movimento uma oportunidade de ampliar o mercado e recuperar o preço do metal, em queda continuada desde a adoção do padrão-ouro em 1873.

A relação entre os preços do ouro e da prata variara de 17 a 19 entre 1876 e 1884, passara a flutuar entre 19 e 23 de 1885 a 1891 e subiria para 24 em 1892, 27 em 1893 e 33 em 1894. Isso significa que a prata contida na moeda tradicional de um dólar valia aproximadamente 90 cents em 1876-1884, 75 cents em 1885-1891 e menos de 50 cents em 1894. A cunhagem gratuita proporcionaria grandes ganhos a quem levasse metal à Casa da Moeda no primeiro momento, mas logo inflacionaria o meio circulante até o poder aquisitivo do dólar se igualar ao da prata no mercado interno e no câmbio internacional e cair pela metade, como aconteceria com vários países da América Latina e Ásia cuja moeda ainda era vinculada à prata. Para agricultores endividados, seria uma bênção, mas para o setor financeiro dos EUA, era inaceitável, pois significava perder metade do valor real de seus ativos e duplicar em termos relativos o valor de suas dívidas para com bancos estrangeiros.

Cedendo parcialmente ao lobby da prata, o Congresso aprovou em 1878 uma lei que obrigava o Tesouro a comprar 70 a 140 toneladas de prata mensais para moedas de um dólar[9], restaurou o curso legal do dólar de prata sem limites e aumentou a aceitação obrigatória das moedas fracionárias de prata de 5 para 10 dólares (além

9 A suspensão do dólar de prata de 1874 a 1878 e a do *trade dollar* de 1876 a 1965 foram as únicas desmonetizações oficiais do governo federal dos EUA. Todas as moedas e notas são hoje teoricamente aceitas pelo valor nominal, embora as peças antigas saiam de circulação por ter valor maior para colecionadores.

disso, o Tesouro resgatava quaisquer moedas fracionárias em ouro, desde que apresentadas em múltiplos de 20 dólares). Para pagar a prata, foi emitido um novo tipo de nota do Tesouro, o "certificado de prata", nos valores de 1 a 1.000 dólares, com a promessa de "X dólares de prata pagáveis ao portador, à vista" e um selo azul, para distingui-los tanto das *greenbacks* quando dos certificados de ouro. Ainda em 1878, foram emitidas *greenbacks* nos valores de 5.000 e 10.000 dólares, as maiores que já chegaram a circular. Este sistema monetário com a prata como padrão secundário foi apelidado de "bimetalismo manco" (*limping standard*).

Em 1882, as primeiras cartas-patentes de vinte anos dos bancos nacionais venceram e foram renovadas e o desenho das cédulas foi reformulado. Para melhor se distinguirem de outros tipos de notas, passaram a ter selo e reverso marrons e foram conhecidas como *brown backs*.

Ainda nesse ano, o engenheiro Frederick Taylor começou a aplicar seu método de "administração científica", que simplificou e tornou mais rápido e eficiente o trabalho manual e sua gestão, reduziu a necessidade de trabalhadores experientes e qualificados e possibilitou um treinamento rápido.

Em 1888, as máquinas de vendas automáticas operadas com moedas, inventadas cinco anos antes na Inglaterra para vender material postal, chegaram aos EUA, de início para vender goma de mascar por 1 cent. Pouco depois (até 1895) surgiu o primeiro caça-níqueis (*slot machine*), que aceitava moedas de 5 cents e pagava um prêmio máximo de 50 cents.

Em 1890, uma nova lei alterou o volume das compras de prata pelo Tesouro para um mínimo de 140 toneladas a preço de mercado, mas sem a obrigação de cunhar dólares depois de 1891. A prata passou então a ser paga com um "certificado de moedas", também nos valores de 1 a 1.000 dólares, com a promessa "Os Estados Unidos da América pagarão X dólares em moedas", sem especificar ouro ou prata, e um selo marrom (depois vermelho).

Em 1891, a American Express, fundada em 1850 como empresa de correio privado expresso, criou o primeiro sistema em grande escala de cheques de viagem (*traveler's checks*), com a garantia de troca em caso de perda ou roubo. Viajantes tinham até então usado cartas de crédito para a mesma finalidade, mas seus valores elevados tornavam difícil descontá-las fora das grandes cidades. Os cheques de viagem, como as notas bancárias, eram emitidos em valores fixos e relativamente pequenos, de modo a facilitar seu uso.

Também em 1891, o movimento dos agricultores aliou-se aos sindicalistas moderados dos Cavaleiros do Trabalho (*Knights of Labor*) no Partido Populista (*People's Party*), que propôs jornada de oito horas, estatização das ferrovias, telégrafos e telefones, eleição direta de senadores, abolição dos bancos nacionais e retorno ao bimetalismo. Sua presença foi relevante nas eleições de 1892.

A oficialização do padrão-ouro (1900)

No ano seguinte, uma crise financeira internacional por uma moratória argentina encerrou a Era Dourada ao explodir a bolha especulativa dos investimentos ferroviários e provocar uma corrida aos bancos e o resgate de ouro. O Tesouro, impotente ante a crise, precisou ser socorrido pelo banqueiro J.P. Morgan. A recessão e o desemprego dominaram a economia até 1897. Para conter a fuga de ouro, o governo federal cancelou a lei de 1890 e deixou de comprar prata, o que voltou a acirrar o debate em torno do bimetalismo até o fim do século. Em 1900, o presidente republicano William McKinley (p. 1897-1901) aboliu oficialmente o bimetalismo e adotou o ouro como único padrão

O romance infantil *O Maravilhoso Mágico de Oz*, de L. Frank Baum, de 1900, é também uma alegoria populista do debate político dos anos 1890. Oz é a abreviação convencional de "onça (de ouro)" em inglês, a Cidade de Esmeralda é alusão ao poder do dólar em Washington, as Bruxas Malvadas do Leste e Oeste às elites opressoras dos dois litorais, as Bruxas Boas do Norte e do Sul às forças produtivas industriais do Norte e agrícolas do Sul, a esburacada estrada de tijolos amarelos alude ao padrão-ouro e suas crises e a mágica dos sapatinhos de prata de Dorothy a esse metal como solução para os problemas econômicos. Dorothy representa o povo e o feminismo (apoiado por Baum); o Mágico de Oz, o presidente; o Espantalho, os agricultores; o Homem de Lata, os operários industriais e o Leão Covarde, o líder democrata William Jennings Bryan.

Bryan foi desdenhado por Baum e duas vezes derrotado pelo republicano William McKinley (p. 1897-1901), mas mudou o eixo do debate político nos EUA ao incorporar o movimento e as reivindicações populistas ao Partido Democrata. Este construiria novas bases entre os pequenos proprietários rurais e no movimento sindical, enquanto os republicanos deixariam de ser o partido progressista da abolição da escravatura e da modernização da economia para se tornarem cada vez mais conservadores e associados aos interesses das elites e dos grandes capitais.

McKinley retomou a expansão imperialista e colonial ao declarar guerra à Espanha para controlar Cuba, Porto Rico, Filipinas e Guam, anexar o Havaí, disputar Samoa com a Alemanha e participar da intervenção ocidental na China. Assassinado por um anarquista em 1901, foi sucedido pelo vice Theodore Roosevelt (p. 1901-1909), que interveio seguidas vezes na América Central, promoveu a separação do Panamá da Colômbia e anexou parte de seu território para a construção de um canal controlado pelos EUA. Foi, ao mesmo tempo, o último grande líder republicano de caráter progressista. O eixo de sua campanha foi o *Square Deal*, "Acordo Justo", uma promessa de mais igualdade de oportunidades, conservação de recursos naturais, proteção ao consumidor e combate à concorrência desleal e aos excessos dos sindicatos e dos monopólios. Impediu em 1902 a formação de um cartel ferroviário que dominaria todo o nordeste do país, abrindo o precedente que possibilitaria à Justiça forçar o desmembramento da Standard Oil em 1911.

Em 1902, as cartas-patentes dos bancos nacionais voltaram a ser renovadas, juntamente com o desenho das cédulas. O selo voltou a ser vermelho e foram acrescentadas letras para assinalar a região: N (Nova Inglaterra), E (Leste), S (Sul), M (Meio-Oeste), W (Oeste) e P (região do Pacífico). Em 1907, o país enfrentou outra crise financeira, que levou à falência de vários bancos. Mais uma vez coube a J.P. Morgan articular um socorro coordenado para impedir o agravamento da crise, que mesmo assim deprimiu a economia por anos. Para aliviar a escassez de reservas, os bancos nacionais foram até 1916 autorizados a usar outros títulos para lastrear suas notas além dos federais. A legenda das notas passou a ser "Garantida por títulos dos Estados Unidos ou outros títulos" e, para assinalar a mudança, passaram a levar um selo azul, em vez de vermelho.

A criação do Sistema de Reserva Federal (1913)

William Taft (p. 1909-1913) acentuou o conservadorismo republicano e desagradou Roosevelt, que o enfrentou em 1913 com uma plataforma de direitos trabalhistas, segurança social e voto feminino. A divisão dos republicanos elegeu o democrata sulista Woodrow Wilson (p. 1913-1921), que realizou parte das propostas progressistas de Roosevelt, mas também promoveu o racismo e a reabilitação da história escravista do Sul com a ajuda do filme *O Nascimento de uma Nação*, de 1915, que inspirou o ressurgimento do Ku Klux Klan em 1915. Ao envolver os EUA na I Guerra Mundial, garantiu a vitória dos aliados ocidentais contra a Alemanha e teve um papel decisivo nas negociações de paz.

Do ponto de vista monetário, o ato mais marcante de seu governo foi a criação do Sistema de Reserva Federal ou *Fed* em 1913, após 77 anos sem um banco central. A crise de 1907 convencera os grandes banqueiros da necessidade de um sistema de coordenação permanente. Em 1910, os grupos J. P. Morgan, Rockefeller e Kuhn, Loeb & Co. negociaram a proposta que resultaria no Fed. Adotada pela associação dos bancos e inicialmente combatida pelos democratas como um "truste do dinheiro", foi aceita por Wilson com a condição de a diretoria ser nomeada pelo governo federal.

O Fed veio a ser gerido por uma junta de até sete governadores nomeada pela Casa Branca e formado por doze bancos regionais, cujo capital pertence aos bancos de sua região participantes do sistema, aos quais supervisiona. Seis dos membros da diretoria de cada banco são eleitos pelos acionistas e os outros três pela junta. Essa estrutura peculiar visou, por um lado, equilibrar as influências do governo federal e do sistema financeiro e por outro evitar a centralização numa só cidade do poder e dos benefícios da presença de um banco central. Entretanto, o Fed de Nova York, o maior (38% dos ativos totais em 1915, 23% em 1965, 58% em 2015), exerce na prática a liderança e controla as operações do sistema no mercado de títulos da dívida pública (*open market*) desde 1923.

O Fed emitiu a partir de 1914 as *Federal Reserve Notes*. Impressas pelo Tesouro à sua ordem, foram criadas para complementar ou substituir as *greenbacks* do Tesouro Nacional. Embora tivessem selo verde em vez de vermelho, herdaram o reverso verde, pelo qual são chamadas *greenbacks* nos EUA e "verdinhas" no Brasil. Inicialmente tiveram valores de $5, $10, $20, $50 e $100 e, a partir de 1918, também $500,

$1.000, $5.000 e $10.000. O compromisso originalmente especificava: "Esta nota é recebível por todos os bancos nacionais e membros da Reserva Federal por todos os impostos, tarifas e outras obrigações públicas. É resgatável em ouro à vista no Departamento do Tesouro dos Estados Unidos na cidade de Washington, Distrito de Columbia ou em ouro ou moeda legal em qualquer banco da Reserva Federal". Embora sejam respaldadas pelo sistema como um todo e circulem indiferentemente em todo o país, essas notas têm o banco regional emissor identificado por uma letra ou número, de A a L ou 1 a 12 (B ou 2, de Nova York, é a mais comum). Originalmente, cada banco de reserva federal deveria manter reservas em ouro ou moeda legal em montante de pelo menos 35% de seus depósitos ou 40% de suas notas em circulação efetiva, o que fosse maior.

Com o início da Primeira Guerra Mundial em 1914, houve uma crise bancária e os países europeus envolvidos suspenderam o padrão-ouro. Os EUA o mantiveram, mas a falência de bancos e o receio de medida semelhante levaram ao entesouramento maciço de ouro, enquanto a capacidade de emissão dos bancos nacionais era limitada. Para atender à demanda por dinheiro, o Fed emitiu um segundo tipo de nota, as *Federal Reserve Bank Notes*, emitidas e garantidas individualmente por cada um dos doze bancos regionais, nos valores de 1 a 50 dólares, que eram lastreadas com títulos federais como as notas dos bancos privados nacionais e com aparência semelhante, inclusive quanto à frase "moeda nacional" (*National Currency*) no topo, mas com um selo marrom. Assim, passou a haver doze tipos de moedas e notas oficiais:

- Moedas oficialmente de curso legal:
  - Curso legal sem restrições:
    - Moedas de ouro;
    - Moedas de prata de um dólar;
    - Certificados de ouro, apelidados *goldbacks,* emitidos desde 1865 e usados principalmente em transações interbancárias;
    - Certificados de moedas (*Treasury Notes* ou *Coin Notes*), emitidos de 1890 a 1893 para o pagamento de prata pelo Tesouro.

Curso legal com restrições:

Moedas fracionárias de prata (10, 25 e 50¢), de aceitação obrigatória até $10;

Moedas de cobre e níquel (1 e 5¢), de aceitação obrigatória até 25¢;

Notas dos Estados Unidos ou de curso legal (*United States Notes* ou *Legal Tender Notes*), apelidadas *greenbacks*, emitidas desde 1862 e de aceitação obrigatória para todos os fins, exceto tarifas de importação e juros da dívida pública;

Notas fracionárias (*fractional currency*), apelidadas *shinplasters*, emitidas de 1862 a 1876, de aceitação obrigatória em troca de selos de correio e para pagamentos devidos ao governo federal até $5.

Moedas extraoficialmente de curso legal:

Notas de bancos nacionais (*National Bank Notes*), recebíveis por todos os bancos nacionais com carta-patente federal e para todos os pagamentos públicos, salvo tarifas;

Notas bancárias do Fed (*Federal Reserve Bank Notes*), também chamadas *greenbacks* e recebíveis por todos os bancos do Fed e todos os pagamentos públicos, exceto tarifas;

Notas do Fed (*Federal Reserve Notes*), recebíveis por todos os bancos do sistema e para todos os pagamentos públicos, inclusive tarifas;

Certificados de prata, emitidos pelo Tesouro desde 1878 para pagar pelas compras de prata e aceitos para todos os pagamentos públicos.

Embora desde 1900 o Tesouro fosse instruído a recolher os certificados de moedas e trocá-los por certificados de prata, os remanescentes em circulação ainda tinham curso legal. Houve a intenção de recolher as *greenbacks* do Tesouro e substituí-las por notas do Fed, mas isso só foi legalmente autorizado em 1994. Até lá, persistiu a obrigação de manter em circulação os 346,7 milhões de 1868.

Os EUA mantiveram o padrão-ouro na I Guerra Mundial, limitando-se a suspender a cunhagem de moedas de ouro e a conversibilidade para depositantes estrangeiros de 1917 a 1919. Os EUA eram então a única grande nação com um padrão-ouro em pleno funcionamento, credor de vitoriosos e derrotados e com economia superavitária. Estava em posição vantajosa para mediar acordos de paz e organizar a reconstrução do sistema político e financeiro internacional. Entretanto, as eleições dos republicanos Warren Harding (p. 1921-1923), Calvin Coolidge (p. 1923-1929) e Herbert Hoover (p. 1929-1933), consolidaram a virada conservadora e isolacionista do partido, que levou o país a abandonar a Liga das Nações e reduzir seu envolvimento nas questões políticas europeias.

O clima político conservador levou o Fed a priorizar a estabilidade de preços sobre outras prioridades. Quando o superávit comercial permitiu acumular ouro vindo de nações deficitárias como o Reino Unido e a Alemanha, o Fed (assim como o Banco da França) simplesmente o entesourou para evitar inflação, em vez de emitir mais moeda lastreada. Ao evitar a desvalorização de sua moeda, a desvantagem competitiva dos parceiros comerciais com moedas supervalorizadas não se amenizou e suas moedas se fragilizaram, tornando o padrão-ouro internacional cada vez mais precário.

Enquanto isso, os EUA viviam o período de modernização tecnológica e social apelidado *Roaring Twenties*, os "Vibrantes anos Vinte", marcados pela difusão do automóvel, cinema, rádio e telefone, modernização dos costumes, ascensão do feminismo e popularização da literatura *pulp* e da ficção científica. O crescimento dos mercados demandou um crescimento inédito da circulação e emissão de papel-moeda. Em 1928, tanto as notas do Fed quanto as dos bancos nacionais foram reduzidas em tamanho e simplificadas em desenho por medida de economia.

Esse ciclo de desenvolvimento resultou em boa parte da implantação de linhas de montagem que, combinadas aos métodos tayloristas popularizados pela publicação dos *Princípios de Administração Científica* de Taylor em 1911, permitiu a produção e consumo em massa de bens duráveis. No início do século XX, o preço mínimo de um automóvel girava em torno de 1.500 dólares (366.000 ñ), mas o primeiro a ser produzido em massa, o Curved Dash Oldsmobile, lançado em 1901, apenas 650 (159.000 ñ). O mais bem-sucedido, o Ford Modelo T, foi lançado em 1909 a 825 dólares (165.000 ñ) pelo modelo básico e em 1925 foi vendido por 260 (27.000 ñ).

Em 1914, seu criador Henry Ford também inovou ao voluntariamente aumentar os salários diários de seus operários de US$ 2,25 (416 ñ) para US$ 5,00 (925 ñ) e reduzir a jornada de trabalho de 9 para 8 horas diárias quando ainda era comum a semana de 60 horas (10 horas diárias). Apesar de ser esse um mito muito difundido, o objetivo não era ampliar o mercado e sim reduzir a rotatividade. Com o salário e jornada anteriores, os trabalhadores não suportavam o ritmo da linha de montagem e logo deixavam a Ford por outras fábricas que pagavam salários não muito inferiores e eram menos exigentes, resultando em altos custos com treinamento e problemas de qualidade. No ano anterior a empresa contratara 52 mil para manter uma força de trabalho de 14 mil, e várias vezes a linha de montagem parara porque um operário desistira e abandonara o posto no meio da jornada.

Esse aumento não era incondicional. Metade do salário era um bônus e, para merecê-lo, o operário tinha de se submeter à Organização de Socialização, que o visitava para se assegurar de que vivia o *American Way of Life*. Não podia beber ou jogar a dinheiro e, se imigrante, tinha de aprender inglês e frequentar aulas de "americanização". As mulheres não ganhavam bônus a menos que fossem solteiras e ajudassem a família, e os homens o perdiam se suas esposas trabalhassem fora de casa.

Entretanto, a difusão dessas práticas efetivamente ampliou o mercado de consumo, além de quebrar a resistência ao taylorismo, manifestada a partir de 1911 com greves e protestos. A combinação de bens de consumo duráveis acessíveis, métodos de alta produtividade, jornada intensa e relativamente curta, operários semiqualificados e aburguesados (disciplinados, relativamente bem pagos e frequentemente conservadores), empregados por anos ou mesmo toda a carreira na mesma empresa, caracterizou o sistema batizado de "fordismo" pelo marxista italiano Antonio Gramsci em 1934 e moldou a economia e sociedade dos países industrializados até fins dos anos 1960.

Ao estabilizar e disciplinar os operários, o aumento reduziu os custos e permitiu baratear mais os automóveis. Entretanto, os salários da Ford não chegaram a acompanhar a inflação dos anos posteriores, embora fossem reajustados para US$ 6,00 (593 ñ) em 1919 e US$ 7,00 (760 ñ) em 1929.

Produção e preços do Ford Modelo T (versão Runabout)

Ano	Produção	Preço (US$)	Preço (ñ)
1909	10.666	825	165.491
1910	19.050	900	180.535
1911	34.858	680	133.536
1912	68.773	590	112.433
1913	170.211	525	98.046
1914	202.667	440	81.358
1915	308.162	390	70.713
1916	501.462	345	55.543
1917	735.02	500	68.158
1918	664.076	500	56.592
1919	498.342	500	49.406
1920	(*)1.404.493	395	38.025
1921	971.610	325	35.084
1922	1.301.067	319	35.251
1923	2.011.125	364	39.294
1924	1.922.048	265	28.607
1925	1.911.705	260	27.126
1926	1.554.465	360	37.984
1927	399.725	360	38.862

(*) 17 meses, pela mudança da data do balanço

Vladimir Lenin, que criticara o taylorismo em 1914 como "escravização do homem pela máquina", interessou-se pelos novos métodos após a vitória da revolução e convidou especialistas dos EUA a implantá-los na União Soviética. Em um artigo de 1924, Josef Stalin escrevia que "a combinação do impulso revolucionário russo com a eficiência americana é a essência do leninismo no trabalho do Partido e do Estado". O conceito de "administração científica" foi expandido para abranger o planejamento de todo o país, resultando nos famosos planos quinquenais a partir de 1928. Essa convergência aparente entre os sistemas estadunidense e soviético para uma sociedade baseada em eficiência produtiva e condicionamento do comportamento inspirou Aldous Huxley a escrever o *Admirável Mundo Novo* de 1931, sobre um futuro no qual os anos seriam contados "depois de Ford" (a partir de 1908, lançamento do Ford Modelo T) e fetos humanos seriam produzidos em linhas de montagem. Seus personagens principais se chamam Bernard Marx e Lenina Crowne.

Nesta época, também tiveram seu auge o crime organizado – que controlava bares clandestinos (*speakeasies,* ou seja, "fala-baixos") que vendiam destilados de péssima qualidade a quatro ou cinco dólares a garrafa – e o segundo Ku Klux Klan, cuja mensagem racista, anticatólica e antissemita foi influente não só no Sul, como também nas classes médias urbanas de todo o país. Foi uma das forças a apoiar a Lei Seca de 1920 a 1933, juntamente com igrejas fundamentalistas e magnatas produtivistas como Henry Ford e John D. Rockefeller, também patrocinadores de teorias racistas e de programas de eugenia e esterilização obrigatória de indesejáveis que inspiraram os infames *Mein Kampf* de Adolf Hitler e *O Presidente Negro* de Monteiro Lobato.

O potencial imediato das novas tecnologias e do crescimento econômico foi, porém, superestimado pelos especuladores do final dos anos 1920, que também subestimaram os problemas políticos e econômicos dos clientes dos EUA no exterior. Em 1929, apesar da queda dos preços agrícolas e da produção industrial, a bolsa de Nova York continuou em disparada até despencar na Terça-Feira Negra de 24 de outubro, que iniciou a Grande Depressão.

Hoover agravou a crise ao aumentar impostos para compensar a perda de receita em vez de aumentar a dívida federal e ao elevar tarifas de importação para proteger a produção nacional, enquanto os bancos estadunidenses retiravam volumosas aplicações no exterior para fazer frente à falta de dinheiro no mercado interno. Isso levou ao colapso do padrão-ouro precariamente restabelecido na Europa nos anos 1920, bem como dos pagamentos e do comércio internacional, acompanhado da falência de bancos europeus e estadunidenses.

Ante nova crise financeira e conversão crescente de notas em ouro, o Fed, que de 1929 a 1930 baixara o juro básico de 6% para 1,5%, voltou em 1931 a elevá-la para 3,5% para evitar ter de suspender a conversibilidade, causando ainda mais falências e desemprego. Em vez de uma crise aguda, mas relativamente breve, como acontecera em 1893, 1907 e 1914, o país e o mundo viram-se mergulhados na Grande Depressão e a caminho da II Guerra Mundial. Em 1932, relativamente a 1929, nove mil bancos haviam falido, a produção industrial dos EUA caíra 46%, o comércio internacional, 70% e os preços agrícolas, 60. O desemprego subira para 23,6%, enchendo as cidades de sem-tetos e favelas.

Tipos de moeda em circulação (*) nos EUA, 1860-1945

Ano	Moedas metálicas				Certificados de metal			Notas do Tesouro			Notas de Bancos				Total (US$ 1.000)
	de ouro	dólares de prata	de prata fracionárias	de níquel e cobre	de ouro	de prata	de moedas	de curso legal	fracionárias	remuneradas	de bancos estaduais	de bancos nacionais	da reserva federal	de bancos da reserva federal	
1860	45,5%	0,0%	4,6%	4,5%	0,0%	0,0%	0,0%	0,0%	0,0%	0,0%	45,4%	0,0%	0,0%	0,0%	456.007
1865	13,4%	0,0%	0,8%	2,2%	0,0%	0,0%	0,0%	34,2%	2,0%	21,3%	12,9%	13,2%	0,0%	0,0%	1.108.131
1870	10,0%	0,0%	1,1%	4,8%	3,9%	0,0%	0,0%	39,9%	4,2%	0,3%	0,3%	35,5%	0,0%	0,0%	814.156
1875	7,4%	0,0%	2,5%	4,7%	2,0%	0,0%	0,0%	40,0%	4,3%	0,1%	0,1%	38,9%	0,0%	0,0%	875.219
1880	21,3%	1,9%	4,6%	3,6%	0,8%	0,5%	0,0%	31,0%	0,7%	3,8%	0,0%	31,9%	0,0%	0,0%	1.059.002
1885	25,6%	2,9%	3,3%	2,6%	9,5%	7,6%	0,0%	24,8%	0,5%	0,0%	0,0%	23,1%	0,0%	0,0%	1.334.419
1890	25,5%	3,8%	3,7%	2,1%	8,9%	20,3%	0,0%	22,8%	0,5%	0,0%	0,0%	12,4%	0,0%	0,0%	1.467.745
1895	29,3%	3,2%	3,7%	1,7%	3,0%	19,5%	7,1%	19,5%	0,4%	0,0%	0,0%	12,6%	0,0%	0,0%	1.637.634
1900	29,2%	3,2%	3,6%	1,2%	9,6%	19,6%	3,6%	15,2%	0,3%	0,0%	0,0%	14,4%	0,0%	0,0%	2.088.236
1905	24,8%	2,8%	3,9%	1,3%	18,4%	17,3%	0,4%	12,6%	0,3%	0,0%	0,0%	18,3%	0,0%	0,0%	2.630.295
1910	18,7%	2,3%	4,3%	1,5%	25,4%	15,2%	0,1%	10,6%	0,2%	0,0%	0,0%	21,7%	0,0%	0,0%	3.155.587
1915	17,7%	1,9%	4,8%	1,8%	24,7%	13,9%	0,1%	9,3%	0,2%	0,0%	0,0%	23,5%	2,1%	0,0%	3.326.433
1920	8,7%	1,4%	4,5%	1,7%	4,7%	1,8%	0,0%	5,1%	0,1%	0,0%	0,0%	12,6%	56,0%	3,4%	5.472.125
1925	8,3%	1,1%	5,4%	2,1%	20,9%	7,9%	0,0%	5,9%	0,1%	0,0%	0,0%	14,1%	34,0%	0,1%	4.818.215
1930	7,9%	0,9%	6,2%	2,6%	22,0%	8,6%	0,0%	6,4%	0,0%	0,0%	0,0%	14,4%	31,0%	0,1%	4.523.980
1935	0,0%	0,6%	5,3%	2,2%	2,1%	12,6%	0,0%	5,1%	0,0%	0,0%	0,0%	12,6%	57,9%	1,5%	5.569.084
1940	0,0%	0,6%	4,9%	2,2%	0,9%	20,1%	0,0%	3,2%	0,0%	0,0%	0,0%	2,1%	65,8%	0,3%	7.849.493
1945	0,0%	0,5%	2,9%	1,1%	0,2%	6,2%	0,0%	1,2%	0,0%	0,0%	0,0%	0,4%	85,5%	2,0%	26.748.431

(*) na terminologia dos EUA, *currency outstanding* (fora do Tesouro), pois *currency in circulation* inclui moeda depositada no Tesouro

Moedas dos EUA (1876)

Denominação	Valor em dólares	Peso em gramas	Valor em ñ 1876
Moedas de conta			
milésimo (*mill*)	0,001	-	0,24
bit	0,125	-	30
Papel-moeda			
10.000 dólares [3]	10.000,00	-	2.400.000
5.000 dólares [3]	5.000,00	-	1.200.000
1.000 dólares [1, 2, 3]	1.000,00	-	240.000
500 dólares [1, 2, 3, 6]	500,00	-	120.000
100 dólares [1, 2, 3, 6]	100,00	-	24.000
50 dólares [1, 2, 6]	50,00	-	12.000
20 dólares [1, 2, 6]	20,00	-	4.800
10 dólares [1, 2, 6]	10,00	-	2.400
5 dólares [1, 2, 6]	5,00	-	1.200
2 dólares [1, 2]	2,00	-	480
1 dólar [1, 2]	1,00	-	240
Moedas de ouro (90%) (*)			
dupla águia (*double eagle*)	20,00	33,44	5.352
águia (*eagle*)	10,00	16,72	2.676
meia águia (*half eagle*)	5,00	8,36	1.338
três dólares	3,00	5,02	803
quarto de águia (*quarter eagle*)	2,50	4,18	669
dólar (*gold dollar*)	1,00	1,67	268
Moedas de prata (90%)			
dólar (*trade dollar*) (**)	1,00	27,20	240
dólar (*silver dollar*)	1,00	26,73	240
meio dólar (*half dollar*)	0,50	12,44	120
quarto de dólar (*quarter dollar*)	0,25	6,22	60
20 cents	0,20	4,98	48
dime (*dime*)	0,10	2,49	24
Moedas de cuproníquel			
5 cents	0,05	5,00	12
3 cents	0,03	1,94	7,2
Moedas de cobre			
2 cents (até 1873)	0,02	6,22	4,8
cent (*penny*)	0,01	3,11	2,4

Tipos de papel-moeda: 1 Notas de Curso Legal (*greenbacks*), 2 Notas de Bancos Nacionais, 3 Certificados de Ouro (*goldbacks*), 6 Notas de Bancos de Ouro Nacionais

(*) Valor em ñ inclui 11,5% de ágio em 1876. De 1862 a 1878, ouro só circulou na Costa do Pacífico ou para pagamento de tarifas e juros do Tesouro

(**) O valor da prata contida, relevante para o comércio exterior, era 91 cents (218 ñ) em 1876

Preços em 1878

Item	quantidade	US$	unidade métrica	ñ
farinha de trigo	barril	7,96	kg	25
farinha de centeio	libra	0,04	kg	24
farinha de milho	libra	0,02	kg	12
bacalhau seco	libra	0,06	kg	37
arroz	libra	0,09	kg	55
feijão	1/4 galão	0,08	kg	29
chá oolong	libra	0,60	kg	365
café torrado	libra	0,26	kg	158
açúcar mascavo	libra	0,08	kg	49
açúcar granulado	libra	0,10	kg	61
melado de Nova Orleans	galão	0,57	kg	42
sabão comum	libra	0,08	kg	49
maisena	libra	0,10	kg	61
carne de boi (alcatra)	libra	0,21	kg	128
carne de boi (conserva em lata)	libra	0,08	kg	49
carne de boi (para sopa)	libra	0,05	kg	30
banha	libra	0,11	kg	67
salsichas	libra	0,11	kg	67
batatas	bushel	0,98	kg	12
manteiga	libra	0,25	kg	152
leite	1/4 galão	0,05	litro	15
ovos	dúzia	0,25	um	5,8
botas de homem	par	3,24	par	895
flanela	jarda	0,15	metro	45
lona	jarda	0,18	metro	54
estampado	jarda	0,08	metro	24

Moedas dos EUA (1920)

Denominação	Valor em dólares	Peso em gramas	Valor em ñ 1920
Moedas de conta			
milésimo (*mill*)	0,001	-	0,1
Papel-moeda			
10.000 dólares [1, 3, 9]	10.000,00	-	1.000.000
5.000 dólares [1, 3, 9]	5.000,00	-	500.000
1.000 dólares [1, 2, 3, 7, 8, 9]	1.000,00	-	100.000
500 dólares [1, 2, 3, 7, 9]	500,00	-	50.000
100 dólares [1, 2, 3, 7, 8, 9, 10]	100,00	-	10.000
50 dólares [1, 2, 3, 7, 8, 9, 10]	50,00	-	5.000
20 dólares [1, 2, 3, 7, 8, 9, 10]	20,00	-	2.000
10 dólares [1, 2, 3, 7, 8, 9, 10]	10,00	-	1.000
5 dólares [1, 2, 7, 8, 9, 10]	5,00	-	500
2 dólares [1, 2, 7, 8, 10]	2,00	-	200
1 dólar [1, 2, 7, 8, 10]	1,00	-	100
Moedas de ouro (90%)			
dupla águia (*double eagle*)	20,00	33,44	2.000
águia (*eagle*)	10,00	16,72	1.000
meia águia (*half eagle*)	5,00	8,36	500
quarto de águia (*quarter eagle*)	2,50	4,18	250
Moedas de prata (90%)			
dólar (*silver dollar*)	1,00	26,73	100
meio dólar (*half dollar*)	0,50	12,44	50
quarto de dólar (*quarter dollar*)	0,25	6,22	25
dime (*dime*)	0,10	2,49	20
Moedas de cuproníquel			
5 cents (*nickel*)	0,05	5,00	10
Moedas de cobre			
cent (*penny*)	0,01	3,11	1

Tipos de papel-moeda: 1 Notas de Curso Legal (*greenbacks*), 2 Notas de Bancos Nacionais, 3 Certificados de Ouro (*goldbacks*), 7 Certificados de Prata, 8 Certificados de Moedas, 9 Notas da Reserva Federal, 10 Notas de Bancos da Reserva Federal

Preços em 1920

Item	quantidade	US$	unidade métrica	ñ
salário mínimo (*)	semana	8,00	dia	128
Fazenda com casa de 10 quartos	25 acres	15.000,00	10 hectares	1.443.973
ida e volta à Europa, de navio, 3ª classe	un	80,00	un	8.636
Rolls Royce 7-Sedan (1922)	un	12.900,00	un	1.425.518
Cadillac 5-Sedan (1922)	un	1.790,00	un	197.804
Ford Modelo T Runabout	un	395,00	un	38.025
aspirador	un	28,95	un	2.787
ursinho Ted (30 cm)	un	1,00	un	96
trenzinho de brinquedo simples	un	5,98	un	576
bicicleta de adulto (simples, 1921)	un	35,00	un	3.778
bicicleta de menina	un	10,00	un	963
Victrola Victor (gabinete)	un	300,00	un	28.879
gramofone Columbia Grafanola Wind Up (1921)	un	85,00	un	9.176
Victrola Victor (de mesa)	un	30,10	un	2.898
disco 78 rpm, 12 polegadas	un	1,25	un	120
disco 78 rpm, 10 polegadas	un	0,85	un	82
pianola	un	650,00	un	62.572
cilindro de pianola	un	0,50	un	48
rádio completo	un	120,00	un	11.551
Radiola RCA	un	450,00	un	43.317
máquina de lavar	un	81,50	un	7.845
telefone público	3 minutos	0,05	un	5
ligação interurbana Chicago – Nova York (1919)	3 minutos	4,65	3 minutos	459
telegrama Chicago – Nova York (1919)	10 palavras	0,60	10 palavras	59
camisa social masculina de cambraia	un	1,50	un	144
sapatos sociais masculinos	par	2,95	par	284

serviço de sapateiro (troca de sola e salto)	par	1,65	par	159
terno masculino (simples)	conjunto	40,00	conjunto	3.851
sobretudo masculino	un	12,50	un	1.203
chapéu masculino de feltro	un	3,85	un	371
casaco de mulher	un	37,50	un	3.610
vestido de mulher (simples, de flanela)	un	2,50	un	241
anágua	un	1,19	un	115
blusa de mulher (simples)	un	3,95	un	380
saia (simples)	un	1,19	un	115
bacon Dixie Style	libra	0,29	kg	62
pão	libra	0,12	kg	25
manteiga	libra	0,70	kg	149
repolho	libra	0,02	kg	4,2
café Mota	libra	0,27	kg	57
ovos (1921)	dúzia	0,47	un	4,2
laranjas	dúzia	0,63	un	5,1
macarrão (1924)	3 libras	0,25	kg	20
lata de sardinhas norueguesas (1924)	lata	0,15	un	16
pão A&P (1921)	filão	0,06	filão	6
farinha	saca 98 libras	7,38	kg	18
batatas	10 libras	0,63	kg	13
açúcar	5 libras	0,97	kg	41
carne de boi (lagarto)	libra	0,40	kg	85
carne de boi (conserva em lata)	libra	0,29	kg	69
melancia	libra	0,02	kg	4,2
jornal (Daily Record, NJ)	un	0,02	un	2
charuto (barato)	un	0,10	un	10
cinema (médio)	un (adulto)	0,25	un (adulto)	24
nickelodeon (1905-1915) (**)	un (adulto)	0,05	un (adulto)	10

(*) Não havia ainda um salário mínimo nacional, mas desde 1914 alguns estados adotavam salários mínimos (pouco aplicados na prática) para o trabalho feminino, por categoria. O exemplo é para lavanderias em Massachusetts.

(**) os primeiros cinemas, que exibiam filmes curtos de 10-15 minutos

Da Depressão à Era de Ouro (1933-1971)

O New Deal

O catastrófico estado da economia em 1932 ocasionou a derrota dos republicanos e a ascensão de uma nova configuração, mais progressista, do Partido Democrata. Apesar de ainda incluir os brancos racistas do Sul, o partido desta vez se fundamentou principalmente nas classes médias urbanas, intelectuais progressistas, sindicatos, católicos, judeus e agricultores do Oeste para respaldar a candidatura de Franklin Delano Roosevelt e o *New Deal* (Novo Acordo)[10] com o qual prometia redistribuir a riqueza e o poder nos EUA.

O que isso concretamente significava só tomou forma após a posse de Roosevelt e seus primeiros 100 dias de governo, nos quais baixou quinze leis e decretos de impacto[11] que incluíram auxílio aos necessitados, frentes de trabalho para conservação ambiental a US$ 30 por mês, subsídios agrícolas, projetos de infraestrutura, proibição do trabalho infantil e o início da revogação da Lei Seca, que, além de incentivar o crime organizado, privava o Estado de uma fonte importante de impostos.

Uma das primeiras e mais importantes medidas foi a lei de emergência bancária, aprovada pelo Congresso durante o feriado bancário de uma semana decretado 36 horas após a posse para deter a corrida aos bancos iniciada semanas antes após uma série de falências. Com ela o Fed assumiu a garantia de 100% dos depósitos dos bancos que atendessem a seus critérios de solvência. Para viabilizar essa garantia, foi suspensa a conversibilidade da moeda em ouro no Fed (que limitava a emissão a 2,5 vezes o lastro em ouro) e proibido o entesouramento de ouro e prata por particulares.

Os bancos fechados em 6 de março reabriram do dia 13 ao 15,

---

10 A expressão respondia ao *Square Deal* do republicano Theodore Roosevelt e citava *Um Ianque na Corte do Rei Artur*, romance de história alternativa de Mark Twain, no qual o protagonista Hank Morgan, engenheiro estadunidense do século XIX misteriosamente transportado à Grã-Bretanha do século VI, comenta: "Aqui estava eu, em uma terra onde o direito de dizer como o país deveria ser governado era restrito a seis pessoas em cada mil (...) Tornei-me um acionista em uma corporação onde 994 membros forneceram todo o dinheiro e fizeram todo o trabalho e os outros seis se elegeram em conselho de direção permanente e tomaram todos os dividendos. Pareceu-me que os 994 ludibriados precisavam de um novo acordo (*new deal*)".

11 Da comparação com o início do governo Roosevelt se origina a tradição de avaliar os primeiros 100 dias de cada novo presidente dos EUA e mesmo de outros países.

e dois terços do US$ 1,78 bilhão retirado por particulares nas quatro semanas anteriores (metade das reservas bancárias previamente existentes) foram de novo depositados. Entretanto, grandes quantidades de ouro entesourado começavam a ser exportadas para a Europa. Para deter a fuga, deixou-se de emitir licenças de exportação de ouro a partir do dia 18, exceto depósitos de propriedade de outros países. Suspenso nos EUA, o padrão-ouro foi mantido (até 1936) apenas na França, Suíça, Bélgica e Países-Baixos.

Em 5 de abril, a lei de emergência foi complementada pela Ordem Executiva 6102, que obrigou todos os particulares a vender ao Fed, ao preço oficial de US$ 20,67 a onça, todo o ouro que possuíssem na forma de moedas, lingotes ou certificados de ouro até 1º de maio. Foi excetuado apenas o ouro destinado a fins artísticos e industriais, moedas antigas de coleção e até 100 dólares em moedas modernas. Foram desapropriadas 376 toneladas métricas de ouro em moedas (US$ 250 milhões) e 466 toneladas em certificados (US$ 310 milhões), que se somaram a reservas de 6.358 toneladas. Moedas e certificados de prata continuaram a circular normalmente. Em 1934, o preço da prata era de 48 cents por onça, 1:72,48 em relação ao ouro, de modo que o conteúdo em prata de um dólar era de apenas 37 cents e não havia interesse em fundir as moedas ou resgatar os certificados.

Nos meses seguintes, foi adotada uma política inflacionária, incluindo o fortalecimento dos sindicatos e um sistema de salários mínimos de 20 a 45 cents por hora conforme a categoria, com jornadas de no máximo 8 horas diárias e 35 a 45 horas semanais e preços mínimos para vários produtos, para reverter a deflação dos anos anteriores. Foi como medida direcionada principalmente à recuperação dos preços agrícolas que Roosevelt decidiu, em outubro, começar a comprar ouro no mercado a preços superiores à cotação oficial, a um ritmo de US$ 5 milhões por semana.

A cotação na bolsa de Londres, que era então equivalente a US$ 29,01 a onça, subiu para US$ 31,02 com o anúncio de Washington de 21 de outubro, e a primeira compra efetiva, cinco dias depois, foi a US$ 31,36, 52% acima da cotação oficial. Daí em diante Roosevelt e sua equipe aumentaram ligeiramente o preço a cada dia, de forma aleatória para confundir os especuladores. A partir de 1º de novembro, como o preço oferecido pelo governo dos EUA superava o internacional e a instabilidade aumentava na Europa, grandes quantidades de ouro fluíram do exterior.

Enquanto isso, para atender à pressão popular e contornar decisões contrárias a algumas de suas medidas por parte da Suprema Corte, Roosevelt aprofundou o *New Deal* com novos programas que mudaram o foco da recuperação econômica para reforma social e econômica. Incluíram um sistema previdenciário, leis trabalhistas, eletrificação rural e uma nova lei bancária que tornou permanente a garantia dos fundos bancários pelo Fed, mas limitada a depósitos de até US$ 5 mil.

O preço da onça de ouro se estabilizara em 34 dólares em dezembro. Em janeiro de 1935, o efeito inflacionário da medida pareceu esgotado. Como o Reino Unido recusasse um acordo para fixá-lo conjuntamente, o presidente restaurou parcialmente o padrão-ouro ao fixar o preço do metal em 35 dólares a onça (menos 0,25% na compra, mais 0,25% na venda), com a conversão restrita a governos e bancos centrais estrangeiros, que o resgatariam em barras de cerca de 400 onças. Em vez dos 40% de antes de 1933, o Fed passou a ser obrigado a manter reservas de ouro de apenas 25% do valor do papel-moeda circulante e dos depósitos de outros bancos no seu sistema. Na prática, o importante seria ter ouro suficiente para cobrir o papel-moeda em mãos de bancos centrais no exterior.

Do lucro de US$ 2,8 bilhões do governo com a desvalorização, 2 bilhões foram destinados a um fundo de estabilização do câmbio e 645 milhões a retirar as notas dos bancos nacionais. Para melhor controlar o meio circulante, os títulos com juros de 2% anuais usados pelos bancos nacionais para lastrear suas notas deixaram de ser fornecidos em março e a impressão dessas notas cessou em junho, deixando o Fed e as compras de prata com certificados como únicas fontes de papel-moeda.

Todo o ouro físico do Fed foi transferido para o Tesouro dos EUA. Para guardá-lo de forma mais segura, construiu-se de 1935 a 1936 um grande depósito de lingotes em Fort Knox, Kentucky, local distante das fronteiras e fácil de proteger. De janeiro a junho de 1937, quarenta trens, cada um de 200 vagões, levaram da Casa da Moeda de Filadélfia e da Contrastaria de Nova York 445.501 barras contendo 4.909 toneladas métricas de ouro puro (61% das então 8 mil toneladas do Fed e Tesouro), com um valor de US$ 5,5 bilhões. Para manejar contabilmente esse ouro, Tesouro e Fed recorreram a uma nova série de certificados de ouro, emitida em 1934 nos valores de 100, 1.000, 10.000 e 100.000 dólares. Até 1940, os EUA reuniriam 19.543 toneladas de ouro em reservas (US$ 22 bilhões ou 2,9 trilhões de ñ). Em 1938, outro depósito, para 62.206 toneladas de barras de prata (US$ 904 milhões ao preço de 1937), seria inaugurado em West Point, Nova York.

O aprofundamento da política social e do controle estatal da economia afastou de Roosevelt e dos democratas parte das suas bases de 1932, principalmente os agricultores do Oeste, mas lhes conquistou, pela primeira vez, o voto da maioria dos negros do Norte, que até 1932 haviam sido fiéis ao Partido Republicano ainda identificado com Lincoln e a abolição da escravatura. Os negros do Sul continuavam segregados e privados do voto por racistas brancos democratas, mas a Depressão impelia muitos deles para o Norte. Sua presença crescente se fez sentir também na sociedade e na cultura, pela difusão da música negra do Sul, notadamente o jazz. Roosevelt foi reeleito com 61% dos votos, a maioria mais ampla até hoje vista nos EUA para uma eleição presidencial contestada, e os democratas conquistaram 77% da Câmara.

Grande parte das medidas de Roosevelt, principalmente na primeira fase do *New Deal*, coincidiu com as políticas mais tarde chamadas keynesianas. Entretanto, para desgosto de John Maynard Keynes, o economista britânico não teve nelas qualquer influência. O presidente as conduziu de forma pessoal e pragmática contra a quase totalidade dos economistas de seu tempo, inclusive Keynes. Sobre questões monetárias, ouviu conselheiros como o fazendeiro Henry Morgenthau, nomeado Secretário do Tesouro, e o obscuro economista agrícola George Warren, cuja principal influência foi o excêntrico economista Irving Fisher, um monetarista heterodoxo.

Um efeito colateral da depressão foi o surgimento em muitos estados de impostos sobre vendas para financiar a ajuda a indigentes e desempregados, enquanto caía a receita de impostos de renda e propriedade. Com alíquotas de 1% a 4%, isso criava um problema ao recolher impostos sobre valores pequenos, como nas lojas que vendiam produtos de 5 cents e 10 cents, comuns na Depressão. A partir de 1933, comerciantes, municípios e doze estados criaram fichas de imposto (*tax tokens*) nos valores de 1, 1½, 2, 2½ e 5 *mills* (milésimos de dólar ou décimos de cent), feitas de papelão, zinco, latão, bronze, alumínio ou fibras de algodão prensadas, depois plástico. Em 1935, Morgenthau chegou a propor moedas oficiais de ½ e 1 *mill*, ideia não aceita pelo Congresso. Aos poucos, o sistema foi substituído por uma cobrança por faixas de preços que dispensou as frações de cent – por exemplo, zero para compras até 14 cents, 1 cent para 15 a 65 cents, 2 cents para 66 a 124 cents e assim por diante. No Missouri, porém, o uso das fichas continuou até 1961.

A Depressão também incentivou a multiplicação de entretenimentos baratos e escapistas, notadamente o cinema, que vendia ingressos a 20 ou 25 cents e pipoca a 5 cents, mas também os *comics* a 10 cents, que surgiram em 1934 com histórias propriamente cômicas, mas logo passariam a publicar também histórias de terror, ação, ficção científica e, a partir de 1938, super-heróis. A maior acessibilidade dos quadrinhos começou a minar a popularidade das *pulp magazines* de 15 a 25 cents, cujo auge de popularidade havia sido dos anos 1920 ao início dos 1930.

Em 1936, com a maioria dos indicadores econômicos (exceto desemprego) recuperados ao nível dos anos 1920, Roosevelt e sua equipe julgaram ser momento de cortar gastos e aumentar impostos para reequilibrar o orçamento federal. O Fed voltou a aumentar as reservas exigidas dos bancos, de modo a contrair o volume de moeda escritural. O resultado foi uma recaída na depressão, que se estendeu por 1937 e 1938, voltou a elevar o desemprego de 13,7% para 19% e derrubou a popularidade do partido democrata. Embora este ainda mantivesse a maioria na eleição legislativa de 1938, reduziu-se a capacidade de Roosevelt de aprovar medidas controvertidas. Antes disso, ainda em 1938, foi criado o salário mínimo nacional (inicialmente 25 cents a hora, 33 ñ ou 264 ñ por dia) e um adicional obrigatório de 50% por hora extra além da jornada semanal de 40 horas.

A economia recuperou-se parcialmente até 1940, e o presidente se elegeu pela terceira vez, mas com certa dificuldade, inclusive devido à oposição liderada por Charles Lindbergh ao envolvimento dos EUA na II Guerra Mundial, que agrupava conservadores isolacionistas, pacifistas e filonazistas.

A II Guerra Mundial

Embora se elegesse com a promessa de não se envolver no conflito, Roosevelt rompeu a neutralidade na prática em março de 1941, menos de dois meses após a terceira posse, ao iniciar o programa de *Lend-Lease,* doação de alimentos, materiais e petróleo disfarçada como "empréstimo e arrendamento" ao Reino Unido e depois também à China, União Soviética e aliados menores. Em julho de 1941, cessou o fornecimento de petróleo ao Japão e ameaçou com novas sanções se não se retirasse da China. Em resposta, os japoneses atacaram Pearl Harbor, no Havaí, em dezembro de 1941, e em seu apoio a Alemanha e Itália declararam guerra aos EUA, dando a Roosevelt o pretexto de que precisava para participar abertamente da conflagração.

A guerra permitiu, por fim, a completa recuperação da produção e do emprego afetados pela Grande Depressão e um grau até então inimaginável nos EUA de planejamento estatal da economia e da indústria. O PIB mais que dobrou em cinco anos e a participação do governo federal na economia subiu de 12% no governo Hoover e 15% dos anos 1930 para uma média de 35%. Como em outras guerras de grandes proporções, foi emitido um enorme volume de moeda fiduciária, mas controles de preços e salários represaram a inflação até o fim da guerra.

Durante a guerra, as notas emitidas para o Havaí tinham o nome do território sobreposto em letras grandes no verso, para que pudessem ser desmonetizadas caso as ilhas fossem tomadas pelo Japão. Por motivos análogos, as notas usadas para pagar aos soldados na África do Norte foram emitidas como certificados de prata com um selo amarelo em vez do azul usual. Em 1942-1945, o cuproníquel das moedas de 5 cents foi substituído por uma liga de prata 35% com cobre e manganês, pois a prata era relativamente barata e abundante nos EUA, enquanto o níquel era um material crítico para a produção de blindagens. Pela escassez temporária de cobre e depois de estanho, o bronze nas moedas de 1 cent foi substituído por aço revestido de zinco em 1943 e por latão em 1944-1946.

O acordo de Bretton Woods

Embora do ponto de vista militar a União Soviética, o Reino Unido e a China tivessem uma participação pelo menos tão importante quanto a dos EUA na derrota do Eixo, o papel de Washington no financiamento e abastecimento dos aliados, o enorme crescimento de sua produção e o fato de seu território permanecer praticamente intacto os puseram numa posição economicamente dominante. No final da guerra, os EUA respondiam por metade do PIB mundial, 72% da produção de aço e 66% das reservas de ouro do mundo (à parte a União Soviética).

Isto permitiu a Washington ditar a reconstrução do sistema financeiro internacional. Keynes, em nome do Reino Unido, propôs uma moeda de conta internacional indexada ao ouro ou a uma cesta de 30 mercadorias[12] chamada *bancor* (*banque or*, ou "ouro bancário" em francês), na qual seriam avaliadas e liquidadas todas as transações internacionais em uma União de Compensação Internacional (*International Clearing Union – ICU*), combinada com um sistema de ajuste obrigatório dos países com superávits ou déficits crônicos. Cada país pagaria 1% ao ano ao ICU sobre seu saldo positivo ou negativo em bancores e seus saldos estariam sujeitos a quotas proporcionais ao volume médio de três anos de seu comércio exterior (exportações mais importações). Se o débito ultrapassasse um quarto da quota, a ICU poderia exigir de devedores crônicos que depreciassem suas moedas em relação ao bancor em até 5%, pagassem juros mais altos, vendessem ouro ou impusessem controles de capitais. Se o crédito ultrapassasse metade da quota, o ICU poderia obrigá-los a valorizar sua moeda, reduzir tarifas ou emprestar a países em desenvolvimento. A soma inicial sugerida para as quotas seria US$ 35 bilhões, mas cresceria com o volume do comércio.

Os EUA foram representados nas negociações pelo economista Harry Dexter White, principal assessor econômico de Morgenthau, cujas propostas mais conservadoras favoreciam os banqueiros e a rigidez monetária às custas da produção e do comércio internacional. Além de credores do Império Britânico e do mundo, os EUA eram donos de uma enorme reserva de ouro que o projeto de Keynes tornaria inútil e de um enorme superávit comercial pelo qual Keynes os penalizaria.

Em 1943, a proposta de White incluía a criação de uma moeda internacional chamada *unitas* que, definida como 1/3,5 onça (8,887

---

12 Foi o economista estadunidense Benjamin Graham, na obra *World Commodities and World Currency*, de 1944, quem propôs a indexação a uma cesta de mercadorias, ideia apoiada por Keynes. Graham exemplificou com uma lista de 15 mercadorias – trigo, milho, algodão, lã, borracha, café, chá, açúcar, tabaco, petróleo, carvão, celulose, ferro gusa, cobre e estanho – e sugeriu aumentá-la gradualmente para 25 ou 30. Ponderou as quantidades dessas mercadorias por uma média entre suas participações na produção mundial e no comércio internacional em 1937 para formar uma unidade no valor de US$ 100 (cerca de 10.000 ñ).

gramas) de ouro puro ou dez dólares, só poderia ser alterada com a aprovação de 85% dos votos. A paridade de outras moedas com a *unitas* só poderia ser modificada com a aprovação de 75% dos votos, inclusive os do país afetado. Com a ampliação da hegemonia estadunidense no ano seguinte, a ideia da moeda internacional foi dispensada em favor do dólar puro e simples que, respaldado pelas reservas de ouro dos EUA, seria usado nas transações internacionais e serviria de lastro às demais moedas.

Ficou mantido sob o controle exclusivo de Washington o poder aquisitivo e a paridade em ouro da moeda internacional, de modo a garantir o retorno dos financiamentos internacionais de seus bancos. Os dólares no exterior passaram a representar 50% a 70% da circulação total dos EUA. Proporção semelhante da senhoriagem ganha pelo Tesouro e Fed – da ordem de 1% da receita federal nos anos 1950 e em média 2% nas décadas seguintes (0,15% e 0,35% do PIB, respectivamente) – foi proporcionada por países estrangeiros. Os demais países teriam de comprar e vender dólares para manter as cotações de suas moedas dentro de uma margem de 1% em relação à paridade do acordo, e isso seria feito principalmente na forma de títulos do Tesouro dos EUA, ajudando a financiá-lo. A demanda por esses títulos imposta a governos estrangeiros proporcionaria juros mais baixos dentro do país (0,5% a 0,6% menos, segundo a consultoria McKinsey) e um ganho líquido da ordem de 0,55% do PIB para a economia dos EUA (ganho de 0,8% para os devedores, perda de 0,25% para os credores internos). A demanda forçada por dólares também valorizou a moeda no mercado internacional, favorecendo importadores e desfavorecendo a produção nacional com um efeito líquido negativo de 0,2% a 0,4% do PIB.

Foi criado um Fundo Monetário Internacional do qual os membros poderiam sacar quotas para cobrir desequilíbrios financeiros, mas limitadas a 125% de seus depósitos em ouro no FMI, eliminando a possibilidade de criarem moeda automaticamente pelo volume das exportações. O voto seria proporcional às quotas, o que daria aos EUA 34% e ao Reino Unido 14%. O valor inicial do Fundo em 1947 veio a ser US$ 8,8 bilhões, um quarto do previsto no esquema de Keynes. A União Soviética, descontente com o acordo, recusou-se a participar do sistema.

A Era de Ouro

Reeleito mais uma vez em 1944, Roosevelt morreu em abril de 1945 e foi sucedido pelo seu vice Harry Truman (p. 1945-1953), ao qual coube encerrar a II Guerra Mundial, iniciar a Guerra Fria com a União Soviética e, em nome do combate ao comunismo, convencer os aliados a desistir de impor indenizações aos derrotados e reconstruir a Europa com o Plano Marshall de 1948, um auxílio de US$ 12,7 bilhões em subvenções (85%, no caso do Reino Unido e França) e empréstimos a 17 países. Outros US$ 5,9 bilhões foram destinados ao Japão, China, Coreia e Filipinas (independente em 1946) e em menor escala às ex-colônias britânicas da Índia e Paquistão, independentes em 1947. No caso dos países asiáticos, principalmente o Japão, financiamentos e subsídios visaram principalmente a importação de matérias-primas e máquinas dos EUA para a construção de uma indústria de exportação, combinada com condições favoráveis à importação de seus produtos pelos EUA, estratégia depois descrita como "desenvolvimento a convite".

Ao mesmo tempo, Truman ordenou a investigação de todos os funcionários federais em busca de sinais de "deslealdade", caracterizada por adesão ou simpatia a organizações tidas como comunistas ou pró-soviéticas. Também pode ser vista como parte do combate ao comunismo o decreto de julho de 1948 que proibiu a discriminação racial nas Forças Armadas, a primeira medida ousada nesse sentido de um governo democrata. Parte dos democratas brancos do Sul se rebelaram e lançaram um terceiro candidato, mas Truman venceu a eleição desse ano, apesar da divisão do partido.

Apesar desses esforços, o segundo mandato de Truman foi abalado por sucessos do movimento comunista, principalmente a detonação da primeira bomba atômica soviética, a vitória da revolução maoísta na China em 1949 e a incapacidade dos EUA e aliados de derrotar o comunismo no Vietnã e Coreia. Isso virou o feitiço contra o feiticeiro: em 1950, o senador republicano Joseph McCarthy acusou o governo Truman não só de ser fraco contra o comunismo, como de estar infiltrado por comunistas e espiões soviéticos. Iniciou-se uma "caça às bruxas" que até 1956 aterrorizou os democratas e os meios sindicais e intelectuais e artísticos que os apoiavam e favoreceu a eleição do republicano Dwight Eisenhower (p. 1953-1961).

Comprovou-se então que Harry Dexter White, que morrera de infarto logo após depor à investigação de Truman de 1948, fora de fato um informante da espionagem soviética, além de favorecer medidas benéficas à URSS durante a guerra. Os republicanos o caracterizaram como "traidor" – um exagero – e como "comunista", um completo absurdo. White vira os soviéticos como aliados valiosos contra o Eixo e confiara (talvez excessivamente) no próprio julgamento para lhes passar informações sobre a política dos EUA, mas seu pensamento era obviamente avesso ao marxismo, e nas negociações de paz foi excessivamente favorável aos interesses de Wall Street e de Washington. A história daria razão às críticas de Keynes ao sistema de Bretton Woods.

A partir dos anos 1950, as viagens aéreas ao exterior tornaram-se mais acessíveis, popularizando os cheques de viagem. Também nesse período surgiram os cartões de crédito. Desde os anos 1920, várias lojas ofereciam cartões a clientes frequentes para compras a crédito. A novidade foi criar um cartão aceito por múltiplos comerciantes, dispensando o cliente de ter um cartão para cada um. O Diners Club, de 1950, começou a prática como uma conta usada principalmente em restaurantes e paga integralmente no fim de cada mês, mas o primeiro cartão de crédito de uso geral e com crédito bancário automático foi o BankAmericard de 1958 (Visa a partir de 1976), usado inicialmente só na Califórnia. Em 1966 seu uso tornou-se nacional e surgiu seu principal concorrente, o Mastercard. Também nesse ano o Bank of Delaware lançou os primeiros cartões de débito.

O uso inicialmente exigia uma chamada do comerciante ao banco e deste à administradora do cartão para verificar manualmente a conta e o crédito do cliente. A informatização do processo só começou em 1973, reduzindo a espera a um minuto para compras de rotina, mas só nos anos 1990 as máquinas de cartões ligadas à internet tornaram o sistema simples e quase instantâneo e a popularização de cartões internacionais tornou praticamente obsoletos os cheques de viagem.

A ansiedade com os avanços tecnológicos da União Soviética continuou a crescer. A URSS testou sua primeira bomba-H em 1955, apenas três anos depois dos EUA e em 1957 os ultrapassou ao testar o primeiro míssil intercontinental e pôr em órbita o primeiro satélite, seguido pelo primeiro cosmonauta em 1961. Em 1959, a revolução cubana pôs o comunismo às portas dos EUA e em 1962, já no governo de John Kennedy (p. 1961-1963) a instalação de armas nucleares soviéticas em Cuba chegou perto de provocar a guerra total. Nos anos 1960, o receio dos democratas de serem acusados de complacência com o comunismo levou seu vice e sucessor Lyndon Johnson (p. 1963-1969) a envolver cada vez mais tropas dos EUA em uma guerra inútil e cada vez mais impopular no Vietnã, que acabaria com uma derrota humilhante. Também fez Washington apoiar golpes de Estado e regimes repressivos e mesmo genocidas em vários países da América Latina (inclusive o Brasil em 1964), África e Ásia, especialmente na Indonésia, onde três milhões de supostos comunistas e simpatizantes foram massacrados em 1965-1966.

Pelo lado positivo, a Guerra Fria levou o governo dos EUA a investir em ciência e tecnologia em escala inédita, inclusive com o Projeto Apollo, criado explicitamente para ultrapassar a URSS na corrida espacial colocando os primeiros astronautas na Lua e cujo custo foi avaliado pela NASA, em 2009, em US$ 170 bilhões (1,6 trilhão de ñ) a preços de 2005.

Também fez Washington pressionar Reino Unido e França a desistir de seus impérios ultramarinos, para evitar que a luta anticolonial favorecesse os movimentos comunistas (como de fato aconteceu nas colônias portuguesas) e sustentar no próprio país e na Europa Ocidental uma política de crescimento econômico, aumentos graduais de salários e bem-estar social capaz de esvaziar o apelo dos movimentos socialistas e comunistas, nesse período fortemente influenciados por teorias keynesianas e pós-keynesianas. De 1945 ao colapso do sistema de Bretton Woods em 1971, os países desenvolvidos (e alguns asiáticos) gozaram do mais longo e dinâmico ciclo de crescimento do capitalismo, mais tarde lembrado como sua "Era de Ouro" (*Golden Age*), em contraste com a "Era (meramente) Dourada" (*Gilded Age*) do último quarto do século XIX. Nos EUA, o auge dessa política se deu no governo Johnson, com a ampliação da saúde pública e assistência social e a criação de redes públicas de rádio e televisão.

Permaneceram à margem desse ciclo de prosperidade os segregados e discriminados negros do Sul, o que nos anos 1960 criou um embaraço crescente para a imagem dos EUA no exterior, um alvo fácil para as críticas comunistas e um estímulo ao radicalismo negro, inicialmente representado pela Nação do Islã da qual se destacou Malcolm X, depois pelo movimento marxista Pantera Negra, do qual a militante mais famosa foi Angela Davis. Isso tornou-se uma das prioridades de Johnson, que, apesar de perseguir a militância negra, inclusive moderados como o pastor Martin Luther King, atendeu a parte de suas reivindicações ao proibir a discriminação racial, inclusive no voto, e abrir as portas à imigração de não brancos. Com isso, o Partido Democrata conquistou os negros do Sul e as minorias, mas perdeu os brancos do Sul. Inverteu-se completamente a geografia política do século XIX: os democratas passaram a representar as classes urbanas, o progresso e o Norte, enquanto os republicanos, fortes no Sul e Oeste e nas zonas rurais, comprometeram-se cada vez mais com o fundamentalismo evangélico e o racismo e contra políticas sociais e de regulação econômica.

As políticas do Fed abriram mão da estabilidade monetária absoluta perseguida antes do *New Deal* e dispuseram-se a tolerar uma inflação moderada, relativamente constante e previsível para viabilizar a manutenção de baixo desemprego, baixos juros reais, alto crescimento e gastos sociais ampliados, bem como amenizar as recessões. De 1945 a 1950, a liberação dos preços congelados durante a guerra resultou em uma inflação da ordem de 6% a 7% anuais, reduzida de 1950 a 1965 a uma média de 1,6%. Nesse período, a maioria dos países industrializados teve taxas de inflação superiores às estadunidenses. Apesar de terem se comprometido com um câmbio fixo em Bretton Woods, quase todos (Alemanha Ocidental e Suíça foram as principais exceções) foram obrigados a desvalorizar suas moedas em relação ao dólar uma ou mais vezes.

Mesmo assim, o dólar perdera mais da metade do poder aquisitivo de 1934, quando a paridade de 35 dólares a onça fora fixada. A platina, que é naturalmente tão escassa quanto o ouro e tinha preço praticamente igual em 1934 (34 dólares por onça), valia em 1961 mais que seu dobro (83 dólares a onça). Nos EUA, a compra e venda de ouro por particulares continuava proibida, mas o mercado livre de Londres começava a pressionar esse preço agora artificialmente baixo, ameaçando as bases do acordo de Bretton Woods. Por isso, em 1961 os bancos centrais dos EUA, Reino Unido, Suíça, Bélgica, França, Alemanha Ocidental, Itália e Holanda formaram um fundo de ouro para comprá-lo e vendê-lo a 35 dólares a onça, de forma a sustentar uma paridade agora arbitrária.

A prata também sofreu pressão semelhante. Nos anos 1950, o crescimento das aplicações químicas e industriais do metal (inclusive em filmes fotográficos) aumentaram a demanda e pressionaram seu preço para cima, criando um problema para o Tesouro dos EUA. Se o valor de mercado subisse acima do valor monetário de US$ 1,29 por onça, o público correria a trocar os certificados de prata por lingotes e a US$ 1,38, valeria a pena derreter as moedas fracionárias. Como restara da guerra um grande estoque de prata em West Point, o Tesouro se pôs a vendê-lo em grandes quantidades a 91 cents por onça (1: 38,5 em relação ao ouro, ante 1:72,5 em 1934). Incluída a cunhagem, se desfez de mais de 2 mil toneladas em 1960 e 3.700 em 1961. Nesse ano, decidiu suspender as vendas e começar a retirar os certificados de prata por notas do Fed. Também por medida de economia, o bronze das moedas de 1 cent foi substituído por latão a partir de 1962.

Em 1963, o preço da prata alcançou o valor monetário, com uma relação de 27 para 1 em relação ao ouro. Em 1964 foi suspensa a conversão dos certificados remanescentes em dólares de prata (cunhados pela última vez em 1935), embora a conversão em prata granulada tenha sido mantida por mais quatro anos. Para garantir uma transição ordeira, o Tesouro vendeu ou cunhou um total de 36 mil toneladas de prata de 1960 a 1965. A partir daí, as moedas de 10 e 25 cents passaram a ser cunhadas em cobre revestido de cuproníquel e o conteúdo em prata da moeda de 50 cents foi reduzido de 90% para 40%, mas em 1971 também passaria a ser cunhado em cobre revestido. Ainda em 1964 foi legalizada a posse de certificados de ouro por colecionadores, mas sua conversibilidade em metal foi extinta e os certificados foram transformados em moeda fiduciária.

Com o fim da conversibilidade dos certificados de prata, toda a moeda dos EUA tornou-se puramente fiduciária. Embora as notas do Fed ainda fossem conversíveis em ouro para os bancos centrais estrangeiros, para o público interno a distinção entre estas e as notas do Tesouro, fiduciárias desde a origem, tornou-se irrelevante. As notas do Tesouro passaram a ser recolhidas e substituídas por notas do Fed, exceto por uma última emissão de 1966, de notas de 100 dólares, depositadas no Fed apenas para atender à exigência legal desde os anos 1880 de manter certo volume delas "em circulação". Em 1994, essa exigência foi abolida e as notas foram destruídas.

De 1965 a 1973, anos da intervenção direta dos EUA na guerra do Vietnã[13], a inflação subiu para uma média de 5% ao ano e enfraqueceu perigosamente a posição do dólar frente às demais moedas da Europa Ocidental e Japão, que, sem arcar com os pesados gastos militares dos EUA, tinham agora economias mais dinâmicas e em alguns aspectos

13 O custo total da guerra foi estimado em US$ 1,02 trilhão a preços de 2015 (8,05 trilhões de ñ), sem contar pensões pagas aos veteranos e juros sobre a dívida de guerra.

mais modernas e competitivas. A balança comercial tornou-se cada vez mais deficitária, criando a obrigação de pôr ouro à disposição dos bancos centrais estrangeiros que quisessem converter os dólares acumulados.

Para viabilizar a expansão monetária necessária à guerra, os EUA suspenderam, em 1965, o requisito de cobertura em ouro de 25% dos depósitos no Fed e permitiram uma expansão ilimitada da moeda escritural. Nesse ano, a França começou a denunciar o "privilégio exorbitante" conferido aos EUA pelos acordos de Bretton Woods, que convertia sistematicamente seus dólares em ouro. Em 1966, o montante de dólares possuídos pelos bancos centrais de outros países superou as reservas de ouro dos EUA, o que pôs em questão, pela primeira vez, a conversibilidade.

Em março de 1968, os EUA removeram também a exigência de 25% de lastro em ouro para o papel-moeda, tornando ainda mais precária a conversibilidade. Uma corrida de especuladores ao ouro inviabilizou o fundo que havia sete anos sustentava o preço de 35 dólares a onça no mercado livre. O preço foi mantido para transações oficiais, e os bancos centrais se comprometeram a ignorar o mercado livre (no qual o metal subira para cerca de 40 dólares a onça) e não vender o metal a particulares, mas o padrão-ouro foi reduzido a uma ficção.

A Era da Incerteza (1971-presente)

Na eleição de 1968, a divisão dos democratas em relação à questão racial facilitou a eleição do republicano Richard Nixon (p. 1969-1974). Ainda comprometido com as práticas keynesianas das décadas anteriores, mas conservador, anulou em boa parte os avanços sociais do governo Johnson ao promover uma "guerra às drogas" que serviu de pretexto para a repressão à esquerda pacifista e ao movimento negro. Isso abriu caminho ao encarceramento em massa que se aceleraria nos anos 1980 e à revogação parcial do direito de voto recém-concedido aos negros por meio de leis, mais comuns no Sul, que o cassam a pessoas com qualquer passagem pela prisão.

Como medida secundária da "guerra às drogas", o Tesouro dos EUA iniciou a retirada das notas de valor superior a 100 dólares, impressas pela última vez em 1945. A difusão dos cheques e da moeda escritural as tornara desnecessárias para a circulação normal, e haviam passado a servir principalmente ao tráfico de drogas e à lavagem de dinheiro. As notas ainda não retiradas continuaram a ter valor legal, mas, por sua raridade, tornaram-se, na prática, peças de coleção.

Por outro lado, sendo insuspeito de simpatia para com o comunismo, Nixon pôde adotar uma política externa mais pragmática do que os democratas poderiam ousar. Reconheceu o governo comunista da China e fez dele um aliado contra a URSS. Também aceitou a paz no Vietnã e acabou com o serviço militar obrigatório. Essa política esteve relacionada tanto à crescente oposição interna dos jovens à guerra quanto à necessidade de conter o efeito inflacionário da escalada militar, mas chegou tarde demais para salvar a conversibilidade do dólar.

Em agosto de 1969, a França, para recuperar a competitividade reduzida pelas concessões ao movimento sindical e estudantil feitas pelo governo ante a revolta de maio de 1968, desvalorizara o franco em 11%. Em maio de 1971, a Alemanha Ocidental, que revalorizara sua moeda de 4 para 3,66 marcos por dólar em novembro de 1969, recusou-se a promover nova revalorização para ajudar a equilibrar a balança dos EUA, pois isso prejudicaria sua competitividade na Europa. Isso iniciou uma debandada do dólar: a Suíça cobrou a conversão em ouro de US$ 50 milhões e a França, de US$ 191 milhões. Em agosto, Nixon suspendeu a conversibilidade do dólar.

Em dezembro, um acordo entre os dez principais países ocidentais e o Japão desvalorizou a moeda dos EUA para US$ 38,02 a onça, sem restabelecer a conversibilidade, mas procurando manter as variações cambiais dentro de um limite de 2,25% para mais ou para menos. Entretanto, no mercado livre o preço da onça disparou para 50 dólares em maio de 1972 e 69 em agosto. Em fevereiro de 1973, com o preço no mercado livre em 70 dólares a onça, os EUA fizeram nova desvalorização oficial para 42,22 dólares. Em 19 de março, os onze países abandonaram a tentativa de fixar o câmbio ao ouro e deixaram-no flutuar livremente, encerrando os acordos de Bretton Woods.

Uma das consequências da resultante imprevisibilidade do câmbio e das taxas de juros foi a difusão da prática de juros flutuantes, adotada pela primeira vez em 1969 num empréstimo de US$ 80 milhões ao Irã, baseado na taxa de juros interbancária de Londres. Os bancos passaram a preferir esse sistema para empréstimos de longo prazo, que assim podem ser cobertos por aplicações de prazo mais curto, mas à custa de expor o contrato a variações imprevisíveis.

O recrutamento obrigatório foi encerrado em dezembro de 1972 e, em agosto de 1973, foi assinado o acordo que pôs fim ao envolvimento dos EUA no Vietnã. Entretanto, a esperada normalização do quadro inflacionário não aconteceu, pois em outubro os países da OPEP, em protesto contra o apoio dos EUA a Israel na guerra do Yom Kippur, embargaram as vendas de petróleo e aumentaram seu preço de 3 para 12 dólares. Escassez e encarecimento súbitos provocaram a disparada da inflação nos EUA e no mundo e levaram a uma crise financeira, que ampliou o caos cambial. A inflação dos EUA chegou a dois dígitos pela primeira vez desde o fim da II Guerra Mundial.

Nesse momento, o escândalo de Watergate já abalava o governo de Nixon, que renunciou em agosto de 1974. Coube ao vice, Gerald Ford (p. 1974-1977), dar o passo final para o novo quadro monetário, ao revogar a proibição de particulares possuírem e negociarem ouro. Com a entrada dos especuladores dos EUA no mercado, o preço subiu para mais de 180 dólares a onça, tendendo a acompanhar as flutuações do preço do petróleo.

A crise do petróleo e a instabilidade monetária abalaram o sistema fordista, dependente de planejamento de produção e vendas a longo prazo. A partir dos anos 1970, viu-se gradualmente substituído pelo pós-fordismo, também chamado toyotismo por ter-se inspirado inicialmente em práticas desenvolvidas a partir de 1924 pelo inventor e empresário japonês Sakichi Toyoda, fundador da Toyota. A escassez de espaço e matérias-primas estimulara o Japão a desenvolver um sistema de produção ágil e flexível, com um mínimo de estoques e correção imediata de problemas de produção e qualidade, que se mostrou mais competitivo ante as incertezas dos anos 1970 e a necessidade frequente de alterações rápidas de planos e produtos. O Japão abalou a hegemonia dos EUA no mercado internacional de automóveis e eletrônicos e outros países tiveram de imitá-lo. Isso acabou gradualmente com a estabilidade no emprego que havia sido característica do fordismo e desvalorizou a rigidez de comportamento e caráter em favor da flexibilidade. Também acelerou a automação e robotização da produção e a transferência de operações de produção e serviços para países onde a mão de obra era mais barata e estava mais disposta a se adaptar às novas exigências.

Em 1971-1978, foram cunhadas moedas de dólar no volumoso formato tradicional, mas feitos de cobre revestido de cuproníquel, como as moedas menores. Umas poucas peças destinadas a colecionadores foram cunhadas em prata 40%.

Em 1979, no governo do democrata Jimmy Carter (p. 1977-1981), houve um segundo choque do petróleo, deflagrado pela revolução iraniana. Desta vez, o preço do petróleo saltou de 16 para 40 dólares o barril e o ouro de 200 para cerca de 600 dólares a onça. Seguiram-se dois anos seguidos de inflação acima de 10%, com um pico de 14,8%. Moedas que resistiram melhor à tendência inflacionária, principalmente o marco e o iene e, em menor escala, o franco suíço, tomaram parte do espaço do dólar no mercado financeiro e ameaçaram romper sua longa hegemonia. Em resposta, o presidente do Fed, Paul Volcker, elevou o juro básico de 10,25% em março de 1980 para 20% em junho de 1981, o que provocou recessão nos EUA, caos no mercado financeiro e cambial internacional e pôs em graves dificuldades as empresas e governos endividados com juros flutuantes, inclusive o Brasil. Entretanto, teve sucesso em conter a espiral inflacionária e atrair capitais internacionais de volta aos EUA, de modo a compensar o déficit comercial e revalorizar o dólar.

Como a inflação reduziu o poder aquisitivo do dólar a menos de metade dos anos 1960 ou um quarto dos anos 1920, surgiu a necessidade de uma moeda prática desse valor para ser usada em máquinas de vendas e reduzir o custo de substituição das notas de um dólar, desgastadas cada vez mais rapidamente. Em 1979, circulou uma nova moeda de um dólar em formato pequeno, também em cobre revestido de cuproníquel. Criticada não só por ser fácil de confundir com os quartos de dólar tradicionais, como por ter no reverso a insígnia da Apollo 11, sem nenhuma relação com o rosto da pioneira feminista Susan B. Anthony no anverso, parou de ser cunhada em 1981. A inflação também fez o preço do cobre contido na moeda de 1 cent superar o seu poder aquisitivo. A partir de 1982, essa moeda passou a ser cunhada em zinco revestido de cobre.

As dificuldades econômicas do governo Carter levaram à eleição do republicano Ronald Reagan (p. 1981-1989), com o qual se consolidou a virada conservadora do partido. Seguindo o exemplo de Margaret Thatcher no Reino Unido, trocou as práticas keynesianas da Idade de Ouro pelo que veio a ser conhecido como neoliberalismo. A regulamentação das atividades financeiras e empresariais foi afrouxada, os sindicatos enfraquecidos, os gastos sociais contidos e os impostos reduzidos, o que atraiu cada vez mais capitais internacionais para os EUA e promoveu o crescimento com baixa inflação, mas também estagnação ou queda dos salários mais baixos e concentração cada vez maior da renda e propriedade nas camadas superiores, tudo combinado com o crescimento do encarceramento e marginalização dos jovens negros. A estabilização foi favorecida pela queda dos preços do petróleo, resultado da guerra contra o Irã movida pelo Iraque, instigado por Washington, e consequente ruptura da unidade da OPEP. Reagan também apoiou com armas e fundos a *jihad* dos movimentos tribais muçulmanos do Afeganistão contra o governo pró-soviético, política que daria origem ao Taliban, à Al-Qaeda e ao terrorismo islâmico do século XXI.

No governo de George Bush, o pai (p. 1989-1993), o Iraque, endividado e empobrecido após a derrota na guerra contra o Irã, parece ter acreditado contar com o consentimento de Washington para invadir o Kuwait e apossar-se de seu petróleo. O resultado foi, porém, a Guerra do Golfo, que dividiu os árabes e alimentou a hostilidade dos fundamentalistas muçulmanos aos EUA. Pouco depois, o mundo foi surpreendido pelo colapso da União Soviética, que deixou os EUA na posição de única superpotência. A súbita retração das economias do antigo bloco soviético provocou uma queda prolongada do preço do petróleo e outras matérias-primas produzidas na região, juntamente com uma crise econômica que facilitou a eleição do democrata Bill Clinton (1993-2001).

Ao governar com uma maioria republicana no Legislativo e num clima de euforia com a vitória do capitalismo irrestrito sobre o comunismo soviético, Clinton abandonou as políticas tradicionais de seu partido para aproximar-se das elites financeiras e continuar a política de desregulamentação dos governos republicanos, embora também promovesse programas sociais e ambientalistas. A queda do preço das commodities, a globalização dos mercados, o consenso favorável ao neoliberalismo em todo o Ocidente, a alta persistente dos lucros e a explosão de novas tecnologias baseadas na informática criaram uma prosperidade prolongada e a ilusão de que os conflitos ideológicos e os ciclos econômicos haviam sido abolidos para sempre e o mundo chegara ao "fim da História".

Como nos anos 1920, a expectativa de um crescimento acelerado e eterno se mostraram exageradas. Em termos de produção e criação de mercados, o efeito da chamada Terceira Revolução Industrial foi modesto em comparação com as revoluções industriais do século XIX ou a revolução do consumo trazido pelas linhas de montagem da era fordista. A maior parte do rápido crescimento dos lucros veio do aumento não da produtividade da economia, mas da participação do capital no PIB. A relativa estabilidade dos preços veio menos da eficiência da produção dos EUA do que da sua transferência para países de mão-de-obra barata, principalmente o México, com o qual Clinton criou um acordo de livre comércio, e a China, que desde o governo de Deng Xiaoping (p. 1982-1987) entrara num ciclo de crescimento acelerado baseado em exportações para o Ocidente. E a força do dólar vinha menos da competitividade da indústria estadunidense do que do fluxo de capitais estrangeiros para o mercado financeiro de Nova York, que cobria o déficit comercial crescente.

Todos esses fatores favoráveis tinham limites evidentes, mas a especulação os ignorou até o colapso das ações das empresas "ponto.com" em 2000. A queda das bolsas foi tão grande quanto a de 1929, mas suas consequências foram bem menos graves, graças a um cenário internacional mais estável e a uma política mais flexível dos bancos centrais.

Ainda em 2000, foi cunhada uma nova moeda de um dólar, agora de cobre revestido com latão para evitar a confusão com o quarto de dólar. Na ocasião, as moedas de 1 e 5 cents já custavam pouco menos que o seu próprio valor para ser cunhadas, e iniciou-se um debate sobre retirá-las ou usar metais mais baratos. A partir de 2006, a inflação e a recuperação do preço dos metais tornaram seus custos consideravelmente maiores que seu poder aquisitivo, tornando sua produção um ônus para o Tesouro. Embora essas moedas sejam hoje desprezadas e acabem acumuladas inutilmente em potes, as pressões dos fornecedores de metais e a resistência a arredondar os preços evitaram sua retirada. Os comerciantes dos EUA haviam descoberto as vantagens psicológicas de fixar preços terminados em 99 ou 95 cents desde 1875, quando moedas de 1 e 5 cents tornaram-se comuns.

Ainda em 2000, uma apuração controvertida pôs no governo o republicano George W. Bush, o filho (p. 2001-2009), cujo plano de governo visava criar condições para consolidar a hegemonia mundial dos EUA por mais um século. O início de seu governo foi marcado pelo atentado terrorista de 11 de setembro de 2001, planejado pela Al-Qaeda criada por Osama bin Laden, líder impulsionado pelo apoio de Reagan à guerrilha antissoviética dos anos 1980. Bush não só interveio no Afeganistão, onde o governo do Taliban protegia Bin Laden, como usou o ataque como falso pretexto para invadir o Iraque, que nada tinha a ver com o terrorismo fundamentalista, mas cujo controle (e do petróleo região do Golfo Pérsico) era crucial para a agenda do "século americano".

Bagdá caiu em semanas, mas a expectativa de que o povo iraquiano apoiasse a ocupação e um governo pró-americano mostraram-se ingênuas. A expectativa era de que o custo da guerra não passasse de US$ 100 bilhões, mas a prolongada luta contra a resistência iraquiana comprometeu os EUA em pelo menos US$ 1,9 trilhão (15 trilhões de ñ)[14] e levou muitos insurgentes a aderir ao fundamentalismo e à Al-Qaeda, e depois ao Estado Islâmico. Em vez de apoiarem os planos dos EUA de intervir em seguida no Irã, os iraquianos, ao terem a oportunidade de votar, elegeram um governo de maioria xiita simpático a Teerã. Assim como a ameaça comunista nos anos 1950, o perigo do terrorismo islâmico foi muito exagerado para servir de pretexto à criação de um sistema de vigilância, controle e espionagem interna e de prisão arbitrária e tortura de supostos terroristas estrangeiros, o que criou um clima de xenofobia e suspeita.

Ao fracasso militar e estratégico, somou-se a crise financeira. Para atrair cada vez mais capitais de fora, Bush ampliou ainda mais a desregulamentação financeira herdada de Clinton. Livres de restrições a operações de risco, os grandes bancos promoveram um vasto mercado especulativo em torno de derivativos baseados em hipotecas de risco, o chamado mercado *subprime*, enquanto crescia o endividamento das famílias pressionadas entre salários estagnados e a elevação dos padrões de consumo. Em 2006, subiram as taxas nas quais se baseavam os juros flutuantes da maioria das hipotecas, enquanto caía o mercado imobiliário e o valor das casas já compradas, de modo a inviabilizar a renovação dos contratos para muitos mutuários. No ano seguinte, o colapso desse mercado de derivativos quebrou o banco Lehman Brothers e criou o risco de falências em massa no setor financeiro, não só nos EUA como em todo o Ocidente, devido à globalização dos mercados. Para conter a crise, os governos endividaram-se pesadamente para socorrer os bancos com vastas operações de capitalização e empréstimos.

A crise ajudou a eleger o democrata Barack Obama (p. 2009-2017), mas dificultou o seu governo, já complicado pela circunstância de governar com uma maioria oposicionista no Congresso e ter o primeiro presidente negro. Muitos cidadãos brancos não explicitamente racistas viram sua eleição como um sinal de perda progressiva de hegemonia na cultura, da sociedade e do poder para negros, imigrantes e outras minorias, sentimento que se combinou com a percepção alimentada

---

14 Ao incluir também a ocupação do Afeganistão os custos de longo prazo com o cuidado com veteranos e juros da dívida, algumas estimativas elevam o total a US$ 4 trilhões a 6 trilhões.

por republicanos e *libertarians* (liberais radicais inspirados pelo austríaco Von Mises e seguidores) de que esses grupos usavam as políticas sociais do Estado para parasitar a classe média branca. Assim como Clinton, Obama governou como um neoliberal moderado e pouco quis ou pôde fazer para corresponder às expectativas de grandes mudanças, mas o discurso da oposição radical aglutinada em torno do movimento conhecido como *Tea Party* tornou-se cada vez mais virulento. Também quanto à repressão interna e política internacional, Obama fundamentalmente continuou as políticas dos governos anteriores. Procurou ampliar o livre comércio e as garantias para os capitais estadunidenses no exterior e interveio desastradamente no Oriente Médio, levando o caos à Líbia e Síria e dando ocasião a um crescimento ainda maior do fundamentalismo e ao surgimento de uma organização mais violenta e poderosa que a Al-Qaeda, o Estado Islâmico.

A desilusão dos trabalhadores com os democratas e a exacerbação do conservadorismo e do racismo pela oposição a Obama levaram à eleição do aventureiro republicano Donald Trump, que parece marcar mais uma reviravolta importante do sistema partidário, com o Partido Republicano assumindo um discurso xenófobo e individualista inspirado explicitamente (ao menos no caso de Trump) nos democratas jacksonianos do século XIX. Ao mesmo tempo, a corrente dominante do Partido Democrata, agrupada em torno de Hillary Clinton, busca aliança com o grande capital e as minorias por um governo forte e progressista, como os republicanos lincolnianos, e uma dissidência socialdemocrata se forma em volta de Bernie Sanders.

Do ponto de vista do restante do mundo, mais notável é a guinada para o isolacionismo, após mais de setenta anos de envolvimento crescente de Washington com a formação e manutenção de uma hegemonia mundial por meio de uma rede de alianças militares e comerciais. Ao menos aos olhos de Trump, o império já não vale o custo de mantê-lo: aumenta o orçamento militar, mas esvazia a diplomacia, abandona os esforços de Obama pelo livre comércio no Pacífico e Atlântico e indicou a disposição de reduzir ou encerrar compromissos com a Otan, o Nafta e a ONU. Se essa for uma reviravolta duradoura e não uma idiossincrasia temporária, abrirá oportunidade para a China, cuja economia atingiu um porte comparável ao dos EUA nos anos 2010, disputar seu papel de superpotência. Sua projeção militar e estratégica ainda é muito menor, mas cresce rapidamente e tem como aliada a Rússia, economicamente frágil, mas com um poderio nuclear respeitável.

Moedas dos EUA (1940)

Denominação	Valor em dólares	Peso em gramas	Valor em ñ 1940
Moedas de conta			
milésimo (*mill*)	0,001	-	0,13
Certificados de ouro (movimentações do Fed e Tesouro)			
100.000 dólares	100.000,00	-	13.200.000
10.000 dólares	10.000,00	-	1.320.000
1.000 dólares	1.000,00	-	132.000
100 dólares	100,00	-	13.200
Papel-moeda			
10.000 dólares [1, 9]	10.000,00	-	1.320.000
5.000 dólares [1, 9]	5.000,00	-	660.000
1.000 dólares [1, 2, 7, 9]	1.000,00	-	132.000
500 dólares [1, 2, 7, 9]	500,00	-	66.000
100 dólares [1, 2, 7, 9, 10]	100,00	-	13.200
50 dólares [1, 2, 7, 9, 10]	50,00	-	6.600
20 dólares [1, 2, 7, 9, 10]	20,00	-	2.640
10 dólares [1, 2, 7, 9, 10]	10,00	-	1.320
5 dólares [1, 2, 7, 9, 10]	5,00	-	660
2 dólares [1, 2, 7, 10]	2,00	-	264
1 dólar [1, 2, 7, 10]	1,00	-	132
Moedas de prata (90%)			
dólar (*silver dollar*)	1,00	26,73	132
meio dólar (*half dollar*)	0,50	12,44	66
quarto de dólar (*quarter dollar*)	0,25	6,22	33
dime (*dime*)	0,10	2,49	13
Moedas de cuproníquel			
5 cents (*nickel*)	0,05	5,00	6,6
Moedas de cobre			
cent (*penny*)	0,01	3,11	1,3
Fichas de impostos de vendas (vários materiais)			
5 mills	0,005	-	0,66
2½ mills	0,0025	-	0,33
2 mills	0,002	-	0,26
1½ mills	0,0015	-	0,20
1 mill	0,001	-	0,13

Tipos de papel-moeda: 1 Notas de Curso Legal (*greenbacks*), 2 Notas de Bancos Nacionais (em vias de desaparecimento), 7 Certificados de Prata, 9 Notas da Reserva Federal, 10 Notas de Bancos da Reserva Federal

Preços em 1940

Item	quantidade	US$	unidade métrica	ñ
salário mínimo	hora	0,30	dia trabalhado (8 horas)	320
Viagem de navio à Europa, 1ª classe, 1935 (**Normandie**)	un	275,00	un	37.215
Buick Convertible coupé (1939)	un	900,00	un	120.056
Plymouth coupé	un	685,00	un	90.728
gasolina	galão	0,18	litro	6
rádio 12 válvulas National NC-200	un	147,50	un	19.536
rádio 7 válvulas National NC-44	un	49,50	un	6.556
rádio de mesa Emerson	un	9,95	un	1.318
geladeira Coldspot	un	149,50	un	19.801
câmera Kodak Monitor	un	30,00	un	3.974
câmera Eastman Brownie (foco fixo)	un	2,56	un	339
câmera Kodak Baby Brownie	un	0,79	un	105
aspirador Kenmore	un	28,95	un	3.834
despertador simples	un	1,98	un	262
terno masculino de tweed	conjunto	25,00	un	3.311
camisa masculina de flanela	un	0,98	un	130
vestido feminino de lã	un	3,98	un	527
saia de flanela plissada	un	5,98	un	792
meias de náilon	par	1,35	par	179
trenzinho de brinquedo simples	un	3,98	un	527
selo básico	un	0,03	un	4
farinha de trigo	10 libras	0,45	Kg	13
macarrão	libra	0,45	Kg	130
flocos de milho	8 onças	0,07	227 gramas	9,3
bolachas	pacote	0,15	pacote	20
carne de boi (lagarto)	libra	0,34	Kg	99
costeletas de porco	dúzia	0,25	Kg	32

manteiga	libra	0,38	kg	110
garrafa de leite	1/4 galão	0,12	litro	16
ovos	dúzia	0,32	un	3,5
maçãs	libra	0,05	kg	13
cebolas	libra	0,03	kg	9
pêssegos em lata	lata	0,17	lata	23
chá	1/4 libra	0,17	kg	202
banha	libra	0,10	kg	29
açúcar	10 libras	0,54	kg	16
sorvete (uma bola)	un	0,05	un	7
sorvete (duas bolas)	un	0,10	un	13
vaca-preta (**ice cream soda**)	un	0,15	un	20
disco 78 rpm	un	0,79	un	105
"	un	0,29	un	38
telefone público	3 minutos (local)	0,05	3 minutos (local)	7
cinema (médio)	un (adulto)	0,24	un (adulto)	32
banana (1941)	libra	0,07	kg	18
espinafre (1941)	libra	0,07	kg	19
lata de ervilhas (1941)	lata	0,13	lata	16
café (1941)	libra	0,21	kg	55
revista de quadrinhos	un	0,10	un	13
revista pulp	un	0,25	un	33
"	un	0,15	un	20
pão (1941)	un	0,14	un	17

Moedas dos EUA (1955)

Denominação	Valor em dólares	Peso em gramas	Valor em ñ 1955
Moedas de conta			
milésimo (*mill*)	0,001	-	0,07
Certificados de ouro (movimentações do Fed e Tesouro)			
100.000 dólares	100.000,00	-	7.000.000
10.000 dólares	10.000,00	-	700.000
1.000 dólares	1.000,00	-	70.000
100 dólares	100,00	-	7.000
Papel-moeda			
10.000 dólares [1, 9]	10.000,00	-	700.000
5.000 dólares [1, 9]	5.000,00	-	350.000
1.000 dólares [1, 7, 9]	1.000,00	-	70.000
500 dólares [1, 7, 9]	500,00	-	35.000
100 dólares [1, 7, 9.]	100,00	-	7.000
50 dólares [1, 7, 9.]	50,00	-	3.500
20 dólares [1, 7, 9.]	20,00	-	1.400
10 dólares [1, 7, 9.]	10,00	-	700
5 dólares [1, 7, 9.]	5,00	-	350
2 dólares [1, 7.]	2,00	-	140
1 dólar [1, 7.]	1,00	-	70
Moedas de prata (90%)			
dólar (*silver dollar*)	1,00	26,73	70
meio dólar (*half dollar*)	0,50	12,44	35
quarto de dólar (*quarter dollar*)	0,25	6,22	18
dime (*dime*)	0,10	2,49	7
Moedas de cuproníquel			
5 cents (*nickel*)	0,05	5,00	3,5
Moedas de cobre			
cent (*penny*)	0,01	3,11	0,7
Fichas de impostos de vendas (plástico)			
5 *mills*	0,005	-	0,35
2 *mills*	0,002	-	0,14
1 *mill*	0,001	-	0,07

Tipos de papel-moeda: 1 Notas de Curso Legal (*greenbacks*), 7 Certificados de Prata, 9 Notas da Reserva Federal

Preços em 1955

Item	quantidade	US$	unidade métrica	ñ
salário mínimo	hora	0,75	dia trabalhado (8 horas)	420
Cadillac conversível (1959)	un	5.400,00	un	343.017
Buick V8	un	2.263,00	un	157.696
Ford Fairlane	un	1.960,00	un	136.581
Volkswagen Beetle (1956)	un	1.995,00	un	134.990
viagem de navio à Europa, 3ª classe (**Queen Mary**)	un	225,00	un	15.700
passagem aérea Nova York– Paris, TWA (14 horas)	un	310,00	un	21.602
passagem aérea Chicago – Nova York, TWA (2 horas)	un	33,00	un	2.300
TV Fringe, 24 polegadas preto e branco	un	254,95	un	17.765
TV Sylvania, 21 polegadas preto e branco	un	148,95	hora	10.379
geladeira Coldspot (1952)	un	329,00	un	23.014
aspirador Roll Round (1956)	un	49,00	un	3.414
rádio-vitrola (1957)	un	284,95	un	18.738
rádio AM-FM Silvertone	un	69,25	un	4.685
LP 12 polegadas	un	3,98	un	277
LP 10 polegadas	un	2,98	un	208
compacto 45 rpm (**Rock around the Clock**)	un	0,89	un	62
disco 78 rpm	un	0,98	un	68
câmera Rolleiflex 3.5 G (1956)	un	272,50	un	17.892
câmera Kodak Pony 35 mm (1958)	un	24,97	un	1.614
câmera Tower Jr.	un	2,89	un	201
terno masculino (1956)	conjunto	59,00	un	3.992
camisa masculina	un	2,99	un	208
sapatos masculinos	par	9,98	un	695
vestido feminino	un	14,98	un	1.044
blusa feminina	un	1,99	un	139

maiô feminino	un	12,95	un	902
meias de náilon	par	1,00	par	70
leite	galão	0,92	litro	17
gasolina	galão	0,23	litro	4,2
pão	un	0,18	un	13
costeletas	libra	0,69	kg	106
carne (acém)	libra	0,43	kg	66
ovos	dúzia	0,57	un	3,3
café	libra	0,93	kg	143
batatas	10 libras	0,53	kg	8
atum em lata	6 1/2 onças	0,25	184 gramas	17
biscoitos Oreo (pacote)	11 3/4 onças	0,39	333 gramas	27
salada de batatas	pint	0,29	kg	38
sidra	1/2 galão	0,49	litro	18
Gum Drops (jujubas)	1 1/2 libra	0,29	kg	30
sabonete Ivory	2 barras	0,29	barra	10
lancheira Mickey Mouse	un	0,88	un	61
Mola Maluca (Slinky)	un	0,88	un	61
hamburger (McDonald's)	un	0,15	un	10
cheeseburger (McDonald's)	un	0,19	un	13
refrigerante (McDonald's)	un	0,10	un	7
batata frita (McDonald's)	un	0,10	un	7
leite maltado (McDonald's)	un	0,20	un	14
telefone público	3 minutos	0,10	3 minutos	7
ligação interurbana, Nova York – Chicago (1950)	3 minutos	1,50	3 minutos	112
telegrama Nova York – Chicago (1950)	10 palavras	0,75	10 palavras	56
selo básico	un	0,03	un	2
jornal (Daily Record, NJ)	un	0,05	un	3,5
revista de quadrinhos	un	0,10	un	7
revista pulp	un	0,35	un	24
"	un	0,25	un	17
cinema (médio)	un (adulto)	0,45	un (adulto)	31

Moedas dos EUA (1973)

Denominação	Valor em dólares	Peso em gramas	Valor em ñ 1973
Moedas de conta			
milésimo (*mill*)	0,001	-	0,04
Papel-moeda (apenas notas do Fed)			
100 dólares	100,00	-	4.000
50 dólares	50,00	-	2.000
20 dólares	20,00	-	800
10 dólares	10,00	-	400
5 dólares	5,00	-	200
2 dólares	2,00	-	80
1 dólar	1,00	-	40
Moedas de cobre revestido de cuproníquel			
dólar	1,00	22,68	40
meio dólar (*half dollar*)	0,50	11,34	20
quarto de dólar (*quarter dollar*)	0,25	5,67	10
dime (*dime*)	0,10	2,27	4
Moedas de cuproníquel			
5 cents (*nickel*)	0,05	5,00	2
Moedas de latão			
cent (*penny*)	0,01	3,11	0,4

Moedas dos EUA (1980)

Denominação	Valor em dólares	Peso em gramas	Valor em ñ 1980
Moedas de conta			
milésimo (*mill*)	0,001	-	0,02
Papel-moeda (apenas notas do Fed)			
100 dólares	100,00	-	2.000
50 dólares	50,00	-	1.000
20 dólares	20,00	-	400
10 dólares	10,00	-	200
5 dólares	5,00	-	100
2 dólares	2,00	-	40
1 dólar	1,00	-	20

Moedas de cobre revestido de cuproníquel			
dólar	1,00	8,10	20
meio dólar (*half dollar*)	0,50	11,34	10
quarto de dólar (*quarter dollar*)	0,25	5,67	5
dime (*dime*)	0,10	2,27	2
Moedas de cuproníquel			
5 cents (*nickel*)	0,05	5,00	1
Moedas de latão			
cent (*penny*)	0,01	3,11	0,2

Moedas dos EUA (2005)

Denominação	**Valor em dólares**	**Peso em gramas**	**Valor em ñ 2005**
Moedas de conta			
milésimo (*mill*)	0,001	-	0,01
Papel-moeda (apenas notas do Fed)			
100 dólares	100,00	-	1.000
50 dólares	50,00	-	500
20 dólares	20,00	-	200
10 dólares	10,00	-	100
5 dólares	5,00	-	50
2 dólares	2,00	-	20
1 dólar	1,00	-	10
Moedas de cobre revestido de latão			
dólar	1,00	8,10	10
Moedas de cobre revestido de cuproníquel			
meio dólar (*half dollar*)	0,50	11,34	5
quarto de dólar (*quarter dollar*)	0,25	5,67	2,5
dime (*dime*)	0,10	2,27	1
Moedas de cuproníquel			
5 cents (*nickel*)	0,05	5,00	0,5
Moedas de zinco revestido de cobre			
cent (*penny*)	0,01	3,11	0,1

Preços em 1980

Item	quantidade	US$	unidade métrica	ñ
salário mínimo	hora	3,10	dia trabalhado (8 horas)	537
Chrysler New Yorker	un	10.459,00	un	226.333
Toyota Celica	un	5.964,00	un	129.061
Plymouth Volare	un	5.888,00	un	127.416
Datsun 210 sedan	un	4.516,00	un	97.727
gasolina	galão	1,03	litro	5,9
passagem aérea Chicago – Nova York (2 horas)	un	113,00	un	2.445
calças jeans masculinas Levi's	un	13,30	un	288
cinema (médio)	un (adulto)	2,69	un	58
camisa social masculina	un	13,50	un	292
terno masculino de lã	un	425,00	un	9.197
camisa feminina Oxford	un	11,00	un	238
calças femininas	un	6,99	un	151
bacon Armour	meia libra	1,39	kg	133
maçãs Red Delicious	libra	0,59	kg	28
carne (contrafilé)	libra	2,79	kg	133
pão de centeio	2 filões	1,00	kg	24
manteiga Land o'Lakes	libra	1,99	kg	95
café, 8 O'Clock	libra	1,99	kg	95
ovos grandes Cumberland Farms	dúzia	0,83	un	1,5
margarina Parkay	libra	0,39	kg	19
cebolas	5 libras	0,79	kg	8
laranjas grandes Sunkist	8	1,00	un	2,7
batatas, Eastern White	10 libras	1,49	kg	7
pizza congelada Elio's	12 onças	0,69	340 gramas	15
aspirador Hoover Deluxe Dial-a-Matic	un	89,99	un	1.947
máquina de lavar Kenmore, grande	un	289,00	un	6.254

geladeira Kenmore	un	449,95	un	9.737
jornal (Daily Record, NJ)	un	0,25	un	5
bicicleta Saxon Gemini, 10 velocidades, aro 26"	un	69,88	un	1.512
microondas Sharp	un	499,00	un	10.798
LP 33 rpm	un	4,49	un	97
TV a cores Sylvania 25" (1977)	un	530,00	un	15.938
TV a cores Sylvania 19"	un	349,95	un	7.573
TV preto e branco, Panasonic 12"	un	130,00	un	2.813
videocassete VHS	un	699,00	un	15.126
aluguel de vídeo	semana	8,00	semana	173
cubo de Rubick	un	9,99	un	216
selo de correio	un	0,15	un	3,2
calculadora HP-41C	un	295,00	un	5.862
CPU Commodore VIC-20, 5 kB	un	299,95	un	6.491
CPU Atari 800, 8 kB	un	999,95	un	21.639
Atari 810 floppy drive	un	299,95	un	6.491
Apple III, 128 kB, c/ monitor e 1 drive (1981)	un	3.815,00	un	75.804
impressora Apple Silentype (1981)	un	595,00	un	11.823
IBM PC, 64 kB, c/ monitor e 1 drive (1981)	un	3.000,00	un	59.610
IBM PC, 64 kB, c/ monitor, 2 drives e impressora (1981)	un	4.500,00	un	89.415

Poder aquisitivo do dólar, 1800-2018

Ano	ñ	Ano	ñ	Ano	ñ	Ano	ñ	Ano	ñ
1800	234,04	1850	382,69	1900	250,68	1950	74,70	2000	10,73
1801	243,10	1851	325,36	1901	244,44	1951	70,47	2001	10,57
1802	282,35	1852	325,36	1902	238,21	1952	69,95	2002	10,32
1803	256,91	1853	304,66	1903	238,21	1953	69,43	2003	10,13
1804	225,50	1854	304,66	1904	235,21	1954	69,95	2004	9,81
1805	225,50	1855	291,35	1905	229,71	1955	69,68	2005	9,49
1806	241,20	1856	286,87	1906	218,94	1956	67,66	2006	9,25
1807	248,81	1857	278,74	1907	211,74	1957	65,76	2007	8,89
1808	259,07	1858	282,96	1908	211,74	1958	64,62	2008	8,88
1809	244,86	1859	309,71	1909	200,59	1959	63,52	2009	8,65
1810	239,33	1860	319,78	1910	200,59	1960	62,67	2010	8,52
1811	256,91	1861	309,71	1911	196,38	1961	62,25	2011	8,28
1812	217,69	1862	282,96	1912	190,57	1962	61,43	2012	8,13
1813	168,59	1863	250,01	1913	186,75	1963	60,44	2013	8,01
1814	162,46	1864	205,45	1914	184,90	1964	59,86	2014	7,95
1815	192,38	1865	191,35	1915	181,31	1965	58,73	2015	7,90
1816	210,40	1866	189,41	1916	160,99	1966	56,76	2016	7,78
1817	214,79	1867	191,35	1917	136,32	1967	55,09	2017	7,62
1818	216,17	1868	199,10	1918	113,18	1968	52,61	2018	7,48
1819	275,02	1869	205,45	1919	98,81	1969	49,54	2019	7,31
1820	300,25	1870	214,41	1920	96,26	1970	46,92		
1821	314,93	1871	219,19	1921	107,95	1971	45,44		
1822	304,66	1872	216,90	1922	110,51	1972	43,94		
1823	319,78	1873	221,80	1923	107,95	1973	40,42		
1824	342,04	1874	221,80	1924	107,95	1974	35,98		
1825	336,49	1875	232,28	1925	104,33	1975	33,65		
1826	355,05	1876	241,28	1926	105,51	1976	32,09		
1827	342,04	1877	257,59	1927	107,95	1977	30,07		
1828	342,04	1878	276,26	1928	109,21	1978	27,59		
1829	336,49	1879	257,59	1929	108,58	1979	24,35		
1830	361,23	1880	247,36	1930	116,00	1980	21,64		
1831	348,42	1881	235,21	1931	127,91	1981	19,87		
1832	342,04	1882	241,28	1932	142,56	1982	19,06		
1833	336,49	1883	247,36	1933	141,48	1983	18,44		
1834	382,69	1884	257,59	1934	139,37	1984	17,74		
1835	325,36	1885	261,19	1935	135,33	1985	17,09		

1836	286,87	1886	261,19	1936	133,40	1986	16,90
1837	271,05	1887	254,09	1937	129,69	1987	16,18
1838	274,64	1888	254,09	1938	133,40	1988	15,50
1839	274,64	1889	257,59	1939	133,40	1989	14,81
1840	325,36	1890	254,09	1940	132,45	1990	13,96
1841	325,36	1891	254,09	1941	120,49	1991	13,54
1842	355,05	1892	257,59	1942	110,51	1992	13,16
1843	382,69	1893	257,59	1943	107,33	1993	12,81
1844	375,01	1894	264,52	1944	104,92	1994	12,48
1845	361,23	1895	268,32	1945	102,61	1995	12,17
1846	336,49	1896	268,32	1946	89,79	1996	11,78
1847	336,49	1897	268,32	1947	79,81	1997	11,58
1848	382,69	1898	264,52	1948	77,49	1998	11,39
1849	361,23	1899	254,09	1949	79,13	1999	11,10

Reino Unido

A era Georgiana, iniciada com Jorge I em 1714, prosseguiu no século XIX com Jorge III (r. 1760-1820) e Jorge IV (r. 1820-1830). Este governou como regente a partir de 1811 devido à insanidade do pai; em 1820 assumiu o trono, no qual foi sucedido por Guilherme IV (1830-1837). Embora a Regência propriamente dita tenha durado apenas nove anos, todo o período de 1795 a 1837 costuma ser chamado de "Regência" e se caracterizou por romantismo, turbulência política e ousadia aristocrática.

Nesse período, apesar de combater a Revolução Francesa e se aliar às monarquias absolutistas, o Reino Unido também teve um papel modernizador no mundo ocidental. Sua monarquia parlamentarista e sua economia liberal serviram de modelo aos reformistas do continente, além de pressionarem ativamente pela dinamização e liberalização do comércio, dos transportes e da produção em todo o mundo. Exemplo disso foi a campanha pela abolição da escravatura, que levou à proibição do tráfico dentro do Império Britânico em 1807 e à libertação dos seus escravos a partir de 1834 (1843 nas colônias orientais), mas também à destruição de culturas tradicionais da África e Ásia para abrir caminho à exploração capitalista.

As guerras napoleônicas (1800-1816)

Em 1800, o Reino da Grã-Bretanha e o Reino da Irlanda foram unidos no Reino Unido da Grã-Bretanha e Irlanda. Enquanto isso, o padrão-ouro estava suspenso desde 1797 devido às despesas com as guerras revolucionárias e napoleônicas (1792-1815) e a crescente produção industrial para a guerra exigia mais moedas para salários urbanos, enquanto o ouro e a prata eram entesourados e o papel-moeda emitido para cobrir as despesas de guerra inflacionava os preços.

As cédulas ainda eram formulários parcialmente impressos completados com data, número de série e assinatura do caixa escritas à mão. Um escriturário conseguia preencher no máximo 400 por dia, e em 1805 havia 84 deles. Em 1808, foram adotadas máquinas capazes de datar e seriar mecanicamente duas mil notas por dia, e só a assinatura continuou manuscrita.

Para suprir a necessidade de moedas, na virada do século, o empresário Matthew Boulton foi autorizado a contramarcar quase quatro milhões de peças de oito espanholas com o valor de quatro xelins e nove *pence* (57 *pence*). Como as pequenas contramarcas eram fáceis de falsificar, depois de 1804 ele passou a sobrecunhar completamente essas moedas como "dólares do Banco da Inglaterra", com valor nominal de cinco xelins (60 *pence*) cada. Em 1811, o Banco surpreendeu o público ao passar a aceitar esses dólares por 5 xelins e meio (66 *pence*), pois o preço da prata havia subido para cerca de 65 *pence* e queria-se evitar que fossem retirados de circulação para serem derretidos. Seguiram-se fichas menores do Banco de Inglaterra, de 1811 a 1816.

Uma cunhagem em ouro de 80 mil guinéus foi feita em 1813 para pagar as despesas do exército do Duque de Wellington nos Pirineus, cuja população não aceitaria papel-moeda. Dado o ágio sobre o metal precioso resultante da suspensão do padrão-ouro, essas moedas, conhecidas como "guinéus militares", custaram 27 xelins a peça, embora seu valor nominal fosse de 21 xelins. A guerra também fez subir o preço do cobre. Em 1805, o conteúdo das moedas de um *penny* cunhadas por Boulton em 1797, de 28,35 gramas, passou a valer 1,29 *penny* e o das de 1799, de 25,2 gramas, 1,15 *penny*, de modo que foram derretidas.

Boulton cunhou uma série mais leve em 1806-1807 (18,9 gramas ou 2/3 de onça por *penny*), que foi insuficiente para a demanda. Quando o cobre voltou a cair de preço, depois de 1810, empresas com estoques de metal o usaram para fazer fichas de cobre e recuperar o investimento. Essa produção, principalmente por parte de industriais e grandes comerciantes, começou em 1811, atingiu seu pico no ano seguinte e caiu após 1813, pela saturação do mercado. Também surgiram fichas de prata locais, com peso menor que o da cunhagem oficial, em denominações que variaram de seis *pence* a cinco xelins, feitas por condados, cidades, bancos, indústrias e comerciantes, cujo valor intrínseco variou de 67% do valor nominal até um praticamente idêntico a este. Foram feitas também peças de ouro de meio guinéu e de 40 xelins, que provavelmente não circularam.

Alarmado com a perda de controle da cunhagem, em julho de 1812, o Parlamento aprovou uma lei para proibir, a partir de março de 1813, a circulação de moedas de ouro e prata feitas por particulares, salvo aquelas do Banco da Inglaterra e Banco da Irlanda. Em 1816, uma lei do Parlamento proibiu também o uso de fichas de cobre sob pena de confisco a partir de janeiro de 1818, salvo se feitas pelo Banco da Inglaterra ou Banco da Irlanda. Aquelas feitas para *workhouses* (casas de trabalho para pobres) de Sheffield e Birmingham foram autorizadas até o início dos anos 1820.

A obra de Jane Austen é deste período, e Thomas Piketty faz notar a desproporção entre o meio que descreve e a realidade da maioria. Em *Razão e Sensibilidade* (1811), John Dashwood herda uma propriedade cuja renda é de 4 mil libras anuais, quando a renda média no Reino Unido era cerca de 30 libras. Com 2 mil libras anuais, o coronel Brandon ganha o esperado para uma grande propriedade rural, e outros personagens de Austen vivem bem com mil libras anuais; mas John Willoughby, com 600 libras, está no limite inferior do conforto material, e por isso abandona a pobre Marianne para ficar com lady Gray, cujo dote de 50 mil libras proporcionará uma renda de 2,5 mil libras. A própria Marianne explicara ser difícil viver com menos de 2 mil libras anuais: "um número adequado de serviçais, uma carruagem, talvez duas, e cavalos para a caça não podem ser sustentados por menos".

Miss Morton, filha única de lorde Morton, com um capital de 30 mil libras, é alvo de todas as sogras em potencial. Já as três meio-irmãs de Dashwood moram com a mãe e dividem uma renda anual de 500 libras, quatro vezes a renda média, mas insuficiente para casá-las. Quando Edward Ferrars considera tornar-se vigário de uma paróquia por 200 libras anuais, é visto quase como um santo; ao planejar casar-se com Elinor Dashwood, todos se surpreendem que estejam "tão cegos pelo amor para pensar que 350 libras por ano lhes dariam uma existência confortável".

Personagem	obra	renda anual	ñ/ano	ñ/dia
Mr. Rushworth	Mansfield Park	12.000	8.640.000	24.000
Mr. Darcy	Orgulho e Preconceito	10.000	7.200.000	20.000
Bingley	Orgulho e Preconceito	4.500	3.240.000	9.000
Henry Crawford	Mansfield Park	4.000	2.880.000	8.000
John Dashwood	Razão e Sensibilidade	4.000	2.880.000	8.000
Miss Sophia Grey	Razão e Sensibilidade	2.500	1.800.000	5.000
Coronel Brandon	Razão e Sensibilidade	2.000	1.440.000	4.000
Miss Morton	Razão e Sensibilidade	1.500	1.080.000	3.000
Mrs. Norris	Mansfield Park	600	432.000	1.200
Jane Austen (*)	vida real	225	162.000	450
Irmãs Dashwood (**)	Razão e Sensibilidade	150	108.000	300
Edward Ferrars	Razão e Sensibilidade	200	144.000	400
Trabalhador médio	vida real	30	21.600	60
Serviçal doméstico médio	vida real	20	14.400	40

(*) renda de 450 libras anuais legada pelo pai e dividida com a irmã

(**) renda de 450 libras anuais legada pelo pai e dividida entre três irmãs

Moedas e cédulas britânicas (1813)

Denominação	Valor em d	Peso em gramas	Valor em ñ c.1813
Papel-moeda (*)			
1.000 libras	240.000	-	720.000
500 libras	120.000	-	360.000
300 libras	72.000	-	216.000
200 libras	48.000	-	144.000
100 libras	24.000	-	72.000
50 libras	12.000	-	36.000
40 libras	9.600	-	28.800
30 libras	7.200	-	21.600
25 libras	6.000	-	18.000

20 libras	4.800	-	14.400
15 libras	3.600	-	10.800
10 libras	2.400	-	7.200
5 libras	1.200	-	3.600
2 libras	480	-	1.440
1 libra	240	-	720
Moedas de ouro (22 quilates)			
guinéu	324	8,40	972
½ guinéu	162	4,20	486
1/3 guinéu	108	2,80	324
Moedas de prata espanholas 90,3% ou 89,6%			
1 dólar / 5 xelins (sobrecunhada)	66	27,07	198
1 dólar / 8 reales (contramarcada)	66	27,07	198
½ dólar / 4 reales (contramarcada)	33	13,53	99
Fichas de prata 89% do Banco da Inglaterra			
3 xelins	36	14,70	108
1 xelim e 6 *pence*	18	7,35	54
9 *pence*	9	3,68	27
Fichas de prata (62%-92%) de particulares			
5 xelins	60	15,2	180
4 xelins	48	15-15,5	144
32 *pence*	32	11,6	96
2½ xelins	30	12,3	90
2 xelins	24	8,2	72
18 *pence*	18	5,7-6,1	54
1 xelim	12	3,4-5,0	36
6 *pence*	6	1,86-2,0	18
Fichas de cobre de particulares			
3 *pence*	3	66,7	9
2 *pence*	2	45,4	6
Moedas de cobre			
penny (**)	1	18,90	3
halfpenny (**)	½	9,45	1,5
farthing (**)	¼	4,73	0,75

(*) notas de 60, 70, 80 e 90 libras foram emitidas até 1803 e provavelmente ainda circulavam

(**) também moedas das emissões de 1797 e 1799 e fichas de particulares, de 25,2 ou 28,35 gramas por penny.

A reforma monetária e o soberano (1816-1914)

O Ato de Cunhagem de 1816, também chamado Ato de Liverpool por ser então primeiro-ministro o Conde de Liverpool, substituiu o guinéu por uma nova moeda de ouro, o **soberano**, com o valor de uma libra ou vinte xelins e o peso teórico de 123,2744783 grãos ou 7,988030269 gramas. A libra troy de ouro 22 quilates valeria 44½ guinéus, £46 14s 6d, ou 11.326 *pence* e a onça £3 17s. 10½d. No lugar do escudo real usado nos guinéus, a nova moeda tinha no reverso a imagem de São Jorge matando um dragão. Como fora a praxe antes de 1797, particulares poderiam levar ouro para ser cunhado na Casa da Moeda, sem pagar senhoriagem. Moedas de ouro de um e meio soberano foram a prioridade da recunhagem iniciada julho de 1817, de £4,5 milhões no primeiro ano.

Os guinéus tinham desaparecido da circulação há algum tempo, mas o termo continuou a ser usado para indicar a quantia de 21 xelins mesmo depois de a moeda sair de circulação, como uma moeda de conta com conotações de distinção. Honorários profissionais e o pagamento de terrenos, cavalos, obras de arte, confecções personalizadas, móveis, viagens ao exterior e itens de luxo tiveram preços fixados em guinéus (símbolo g ou gn) até o início dos anos 1970. Ainda hoje é usado no preço e venda de gado e cavalos de corrida: o comprador paga um valor em guinéus, mas o vendedor recebe em igual número de libras e a diferença constitui a comissão do leiloeiro.

No início de 1819, o ouro tinha um ágio de 6,5% em relação ao papel-moeda. A conversibilidade foi restaurada a partir do ano seguinte, conforme o plano recomendado pelo economista David Ricardo. De fevereiro de 1820 a abril de 1823, as notas puderam ser convertidas em ouro, em quantidades a partir de 60 onças (1,87 kg, três barras de ouro puro da época ou £254), inicialmente a £4 1s (ágio de 4%), em outubro de 1820 a £3 19s. 6 d. (ágio de 2%) e em maio de 1821 a 3 17s. 10½d (sem ágio). Em maio de 1823, a conversibilidade em moedas voltou a ser irrestrita. Na prática, o Banco da Inglaterra resgatava o papel-moeda a £3 17s. 9 d., cobrando 1½ d (0,16%) a título de comissão e juro pela demora na conversão. O banco também resgatava moedas de ouro desgastadas a £3 17s. 6½d., uma comissão de 4d ou 0,43% que em 1870 seria reduzida para valor igual ao do papel-moeda.

As notas de uma e duas libras deixaram de ser emitidas em 1821. Em 1826, o monopólio do Banco da Inglaterra foi flexibilizado e bancos de província com mais de seis sócios (inclusive da Escócia e Irlanda), puderam emitir papel-moeda se localizados a mais de 65 milhas (105 km) de Londres, enquanto o Banco da Inglaterra foi autorizado a abrir sucursais nas principais cidades do interior.

As moedas de prata voltaram a ser cunhadas em prata esterlina (92,5%), mas tiveram seu peso reduzido de 62 xelins por libra troy (6,02 gramas por xelim) para 66 por libra troy (5,655 gramas por xelim), como se a relação de preços entre a prata e o ouro tivesse passado de 1:15,2 para 1:14,287. Entretanto, a relação real de mercado variava então entre 1:15 e 1:16. O valor intrínseco seria cerca de 8% inferior ao seu valor nominal, margem suficiente para evitar o derretimento por oscilações para cima do valor da prata, sem ser tão grande que incentivasse a falsificação.

As moedas de prata tornaram-se, portanto, semifiduciárias, e a lei impôs sua aceitação obrigatória apenas para somas de até duas libras, embora na prática o Banco da Inglaterra as aceitasse em qualquer montante. Oficializava-se assim o padrão-ouro vigente na prática desde 1717. A lei previu que particulares pudessem cunhar prata na Casa da Moeda com senhoriagem de 4 xelins por libra troy (6,1%), mas isso nunca foi regulamentado e toda a cunhagem de prata passou a ser de iniciativa do Estado. Foram até 1820 quase 40 milhões de xelins, 17 milhões de meias-coroas e 1,3 milhões de coroas de prata, acabando com a escassez crônica de prata que atormentava o comércio. A cunhagem de moedas de cobre foi retomada em 1825, com o padrão de 18,9 gramas por *penny*. Desapareceram as inúmeras fichas criadas por particulares e articulou-se de novo, pela primeira vez em séculos, um sistema monetário oficial completo e funcional.

Em 1833, as cédulas do Banco da Inglaterra, até então meras notas promissórias do ponto de vista legal, passaram a ter curso legal para somas superiores a 5 libras e se tornaram dinheiro propriamente dito. Isso permitiu a outros bancos deter reservas em notas do Banco da Inglaterra em vez de ouro, reduzir a drenagem de reservas de ouro em tempos de contração e centralizá-las no cofre do Banco da Inglaterra. As notas de bancos comerciais continuaram, porém, sem curso legal.

Com a morte de Guilherme IV em 1837, sem filhos ou irmãos vivos, sua sobrinha Vitória, de 18 anos, tornou-se rainha do Reino Unido. Assim se iniciou a Era Vitoriana, marcada por uma cultura mais sóbria, burguesa e puritana, avessa ao brilho aristocrático da era da Regência. Neste período, o Império Britânico atingiu o auge do seu poder colonial e naval e começou a pressentir sua decadência. Até meados do século, o Império Britânico ainda foi ponta de lança do capitalismo liberal e da destruição das sociedades pré-modernas ao ampliar as conquistas coloniais e ao forçar tanto a abertura dos portos chineses ao ópio britânico quanto a abolição do tráfico internacional de escravos em todo o mundo. Ao garantir matérias-primas para suas indústrias, criar mercados para seus produtos e oportunidades para seus investidores, também construiu portos modernos, estradas de ferro e redes de telégrafo nos seus territórios e em países de suas esferas de influência, inclusive o Brasil.

Entretanto, enquanto completava sua expansão com a partilha da África, seu dinamismo se reduziu. A industrialização se espalhava pela América do Norte e outros países da Europa, que não só minavam gradualmente o papel antes incontestado da Grã-Bretanha como "oficina do mundo" como também criavam fábricas maiores, mais modernas e melhor planejadas. Pioneiros da revolução industrial, os britânicos se viram com uma base industrial antiquada e perderam em competitividade e flexibilidade. A crise internacional de 1873 foi superada com relativa rapidez no continente e até 1879 nos EUA, mas no Reino Unido se tornou a Longa Depressão e se estendeu até 1896.

O último quarto do século XIX, lembrado na França como uma *Belle Époque* de progresso e otimismo, foi na Grã-Bretanha marcado pela nostalgia por uma era de ouro que já lhe escapava das mãos. Novas potências, principalmente os EUA e a Alemanha, rivalizavam em poderio industrial e militar com o Império Britânico, cuja principal preocupação passou a ser proteger o *status quo* das ameaças externas, da ascensão interna do movimento sindical e trabalhista e do crescimento das revoltas separatistas e anticoloniais, notadamente as da Índia, Irlanda e África do Sul. A cultura britânica, vista na era georgiana como moderna, pragmática e liberal, assim como viria a ser a estadunidense no século XX, tornou-se cada vez mais conservadora e saudosista e esmerou-se em preservar, reviver ou inventar tradições e valorizar as hierarquias e a pompa da monarquia, para tentar convencer a si mesma e a seus súditos da superioridade de suas instituições e de seu modo de vida.

Esse clima conservador colaborou para que houvesse poucas modificações no sistema monetário. Enquanto toda a Europa e a maior parte do mundo civilizado (exceto os EUA) adotavam o sistema métrico decimal, o Reino Unido e suas colônias continuaram apegados ao tradicional e desajeitado sistema "imperial" de pesos e medidas. Enquanto todas as demais economias relevantes do mundo também decimalizavam suas moedas até 1871, o Reino Unido continuou apegado à libra de 240 *pence*. Duas comissões parlamentares, de 1841 e 1843 recomendaram a decimalização, que em 1847 chegou perto de receber a maioria dos votos. Em 1849, o governo deu um passo nessa direção, a criação do **florim**, moeda de 2 xelins ou 1/10 de libra. A má vontade para com inovações era tal que alguns criticaram a primeira cunhagem do florim como "florim ateu", porque a inscrição no anverso omitiu as tradicionais legendas D.G. (*Dei Gratia*, "pela graça de Deus") e F.D. (*Fidei Defensora*, "defensora da fé") ao lado do nome da rainha. Outros suspeitaram de uma conspiração católica por parte do mestre irlandês da Casa da Moeda.

Em 1853, uma terceira comissão discutiu uma cunhagem decimal. A proposta de Thomson Hankey, ex-governador do Banco da Inglaterra, baseava-se num soberano ou libra dividido em 1.000 mils, e foi recomendada pela comissão com poucas alterações. Uma variante apelidada *farthing system*, sugerida pelo deputado Thomas Emerson Headlam, mantinha inalterado o farthing e criava uma nova moeda chamada *victoria* no valor de 1.000 farthings ou *mils* (uma libra e 10 *pence*, ou 250 *pence*), de modo que não houvesse nenhuma alteração no valor de tarifas menores e as moedas existentes pudessem circular durante a transição com o valor na nova moeda nelas estampado (960 mils no soberano, 48 mils no xelim). Por ocasião da Conferência de Paris de 1867, que propôs a unificação internacional dos padrões monetários, seria sugerido um sistema baseado em um ducado de 100 *pence* (8s. 4d.), igual a 10 francos franceses. Em 1916, o então presidente (*governor*) do Banco da Inglaterra, Lord Cunliffe, viria novamente sugerir um sistema semelhante ao de 1853.

Todas as propostas foram rejeitadas com pretextos frágeis: que os preços cobrados em *pence* seriam alterados à custa de uma das partes, embora a diferença fosse minúscula, e que as moedas de cobre, mais usadas pelos pobres, seriam todas alteradas, causando confusão, embora já tivessem passado por muitas mudanças e logo passassem por mais uma. Em 1860, o *penny* e suas frações de cobre foram substituídos por moedas de bronze menores, mais práticas e duráveis. Os *pennies* antigos foram desmonetizados na metrópole em 1869 e nas colônias em 1877.

Propostas de decimalização da moeda britânica, 1853-1916 (d = penny tradicional)

Base libra			Base farthing			Base penny (d)		Base libra				Base meio penny		
Comissão de 1853			Thomas Emerson Headlam,1853			Conferência de Paris, 1867		Lord Cunliffe, 1916				Lord Leverhulme 1920		
moeda	mils	d	moeda	mils	d	moeda	D	moeda	mils	*new pence*	d	moeda	cents	d
soberano	1.000	240	victoria	1.000	250			soberano	1.000	200	240			
½ soberano	500	120	600 mils	600	150	ducado	100	½ soberano	500	100	120			
								coroa	250	50	60	royal	100	50
florim	100	24	florim novo	100	25			florim	100	20	24			
½ florim	50	12				10 *pence*	10	xelim	50	10	12			
20 mils (a)	20	4,8	*fivepence*	20	5			*fivepence*	20	5	6			
10 mils/ cent (b)	10	2,4	10 mils	10	2,5			dime (níquel)	10	2	2,4			
5 mils (c)	5	1,2				*penny*	1	*new penny*	5	1	1,2			
2 mils	2	0,48						*new halfpenny*	2,5	0,5	0,6	cent	1	0,5
1 mil	1	0,24	mil/ farthing	1	0,25	1/10 *penny*	0,1	mil	1	0,2	0,24			

(a) 25 mills ou "victoria" na proposta original de Thomson Hankey

(b) doit ou groat na proposta de Hankey

(c) 3 mills na proposta de Hankey

(d) O *penny* neste sistema seria equivalente a 0,9912 *penny* antigo para que 10 *pence* fossem exatamente iguais a 1 franco

Rejeitada na metrópole, a decimalização com divisão em *mils* viria, porém, a ser adotada na colônia de Hong Kong em 1863, no mandato da Palestina em 1926 e na colônia de Chipre em 1955.

Em 1844 cessaram de ser emitidas autorizações para emissão de notas bancárias por bancos de província da Inglaterra e Gales. Os já autorizados não poderiam aumentar o volume de suas emissões além do que já tinham em circulação; ao se fundirem com um banco não emissor, perderiam o direito de emissão. O último desses bancos comerciais de emissão a desaparecer foi o banco Fox, Fowler & Co., de Somerset, adquirido pelo Lloyds Bank em 1921. Os bancos da Escócia e Irlanda foram, porém, autorizados a ampliar sua circulação, desde que a lastreassem com depósitos não remunerados no Banco da Inglaterra ou com notas do Banco da Inglaterra (ou moedas de ouro) em seus próprios cofres. Sete ainda o fazem em 2017, dos quais o maior é o Royal Bank of Scotland (RBS). Em 1908, para simplificar os depósitos não remunerados desses bancos, foi criada uma nota especial de um milhão de libras apelidada "gigante" (*giant*), que jamais sai dos cofres do Banco da Inglaterra. Nos anos 2004-2009, surgiu também a "titã" (*titan*), de 100 milhões de libras, para a mesma finalidade. Chegaram a ser emitidas 4.000 das primeiras e 40 das segundas.

As notas do Banco da Inglaterra de 30 e 40 libras deixaram de ser emitidas em 1852 e 1851, respectivamente, para simplificar o sistema. Entretanto, o tradicionalismo ainda retardava a modernização do papel-moeda. Enquanto outros países já usavam notas ao portador totalmente impressas no anverso e reverso, com gravuras coloridas e complexas para evitar a falsificação, as notas do Banco da Inglaterra continuaram a ter o aspecto de simples notas promissórias. Eram preenchidas com o nome do caixeiro-chefe do banco como beneficiário nominal ("Prometo pagar ao Sr. Fulano ou portador, à vista, a soma de tantas libras") e assinadas manualmente por caixas seus subordinados até 1853. Nesse ano a inscrição passou a ser "Prometo pagar ao portador à vista a soma de ..." e a assinatura de um dos caixas (mais graduados para as de maior valor) passou a ser impressa. Em 1870, a assinatura passou a ser sempre a do caixeiro-chefe.

Um desenho melhorado da vinheta com a alegoria de Britannia e uma nova marca d'água foram introduzidos em 1855, mas depois disso as notas permaneceram quase inalteradas por cerca de cem anos. Impressas em preto com vinheta e legenda rebuscada no anverso e reverso em branco, ficaram conhecidas como *white notes* (notas brancas). A falsificação não era, porém, tão fácil quanto parecia: além de um papel de textura peculiar, cada nota tinha até 150 marcas minúsculas que pareciam meras falhas de impressão (por exemplo, um pontinho branco dentro do pingo no "i" de "Five Pounds"), alteradas a cada emissão, como medidas de segurança para identificar falsificações.

Em 1840, o Reino Unido criou os primeiros selos de correio, de 1 *penny*, de forma a permitir o envio pré-pago de cartas que antes tinham de ser pagas pelo destinatário. Em dez anos, isso multiplicou por cinco o movimento dos correios. As primeiras máquinas de vendas automáticas operadas com moedas a funcionar de modo prático surgiram nas agências de correios britânicas em 1883, para vender cartões postais, envelopes e papel.

Em 1901, ao falecer a rainha Vitória (r. 1837-1901), o trono foi herdado pelo filho Eduardo VII (r. 1901-1910, da dinastia de Saxe-Coburgo-Gotha de Alberto, marido e príncipe consorte da mãe, e depois pelo neto de Vitória, Jorge V (r. 1910-1936).

Dinheiro em "O Capital"

Forçados a fugir da Alemanha após a derrota da revolução de 1848 na Renânia, Karl Marx e Friedrich Engels foram para a Inglaterra. Marx ficou em Londres, onde escreveu *Contribuição à Crítica da Economia Política* até 1859 e *O Capital* nos anos seguintes, até a morte em 1883. Engels foi para Manchester, onde sua família possuía uma fábrica de linhas de costura, e de lá apoiou o amigo financeiramente.

O marxismo não é fundamentalmente uma teoria econômica, mas uma análise crítica da sociedade construída a partir de uma síntese da filosofia hegeliana alemã, do socialismo originalmente francês e da economia política britânica. Do ponto de vista estritamente econômico, não inovou radicalmente em relação à teoria clássica de David Ricardo (inclusive quanto à teoria do valor e da moeda) a não ser por considerá-la não um sistema de leis eternas da humanidade e das coisas, mas a estrutura de uma sociedade constituída em determinada época histórica e destinada a ser superada pela revolução comunista, quando valor de troca e moeda deixariam de ter sentido. Embora, em sua época, economistas não ortodoxos já questionassem a concepção clássica, "metalista", da moeda e do padrão-ouro, Marx a aceitou e não atribuiu ao crédito um papel fundamental.

Entretanto, *O Capital* é também uma descrição viva e detalhada dos mercados da produção e da vida da classe operária de seu tempo. Vale notar valores citados em algumas de suas passagens, mais realistas (apesar de às vezes se referirem a casos extremos) do que a ficção da época.

Capítulo 10: A jornada de trabalho

Numa nota de rodapé, Marx se refere a uma greve dos trabalhadores rurais de Buckinghamshire em março de 1867 para elevar o salário semanal de 9 a 10 xelins (400 a 444 ñ) para 12 xelins (533 ñ). Isso equivale a 67 a 74 ñ/dia trabalhado e 89 ñ/dia, respectivamente.

Cita-se o *Essay on Trade and Commerce*, de J Cunningham, 1770, segundo o qual o salário não deveria ser superior ao necessário para sobreviverem trabalhando seis dias por semana – caso contrário, trabalhariam quatro ou cinco dias e passariam o resto do tempo na ociosidade. Por hipótese, 1 bushel de trigo representava o meio de subsistência do trabalhador em uma semana e custava 5 xelins. O bushel equivale a 35,239 litros (27,2 kg) e, em 1770, 5 xelins eram 418 ñ, o que indica um salário mensal de 70 ñ/dia trabalhado e um preço de 15 ñ por kg de trigo.

Relata-se a reação do capital britânico à Lei Fabril de 8 de junho de 1847, que decretou a limitação da jornada de trabalho para mulheres e para jovens de 13 a 18 anos a 11 horas a partir de 1° de julho de 1847 e 10 horas a partir de 1° de maio de 1848. Era uma época de crise, e muitos trabalhadores encontravam-se endividados, situação que levou seus patrões a acreditar que seria fácil convencê-los a se manifestar "por um tempo de trabalho mais longo, para se refazer das perdas sofridas, talvez pagar dívidas ou resgatar seus móveis da casa de penhores ou substituir haveres vendidos ou prover de roupas a si mesmos e a suas famílias". Para intensificar os efeitos das circunstâncias, os fabricantes promoveram um rebaixamento geral dos salários em 10%, seguido por nova redução de 8,33% quando a jornada foi reduzida a 11 horas e de 16,67% quando foi reduzida definitivamente a 10 horas – um total de 25%. Mesmo assim, não conseguiram fazer os trabalhadores apoiarem a revogação da lei. Cerca de 70% dos trabalhadores declararam-se pelas 10 horas. Os industriais lutaram sozinhos contra a redução da jornada, denunciando os inspetores de fábricas "como uma espécie de comissários da Convenção [o governo francês da fase de terror de 1792-1795] que sacrificavam impiedosamente os infelizes trabalhadores às suas quimeras de reforma do mundo". Uma nota cita o relatório dos inspetores, que menciona que "pessoas que ganhavam 10 xelins semanalmente (475 ñ em 1847) tiveram uma redução de 1 xelim por conta da rebaixa geral de 10% e 1 xelim e 6 *pence* dos restantes 9 xelins, por motivo da diminuição do tempo de trabalho, ao todo 2 xelins e 6 *pence* (reduzidos, portanto a 7,5 xelins, 356 ñ em 1847 e 405 ñ em 1848), e apesar de tudo a maioria se manteve firmemente em prol da lei das 10 horas".

Capítulo 15: Maquinaria e Grande Indústria

Numa nota, Marx se refere a um estudo de 1861 de John C. Morton, comparando o custo da energia disponibilizada por um cavalo numa hora com o custo da mesma energia gerada por uma máquina a vapor e por trabalhadores humanos. Refere-se à "força para erguer 33 mil libras por minuto a 1 pé" (um hp) durante uma hora, 2,7 megajoules. A máquina a vapor gerava 1 hp por 1 hora ao custo de 3 *pence* (12 ñ) e o cavalo ao custo de 5½ *pence* (22 ñ), mas a máquina podia ser usada 16 horas por dia (jornada de trabalho da época) e o cavalo apenas 8 horas. Para executar o trabalho da máquina a vapor seriam empregados 66 trabalhadores a 15 xelins por hora (720 ñ) e, para o trabalho dos cavalos, 32 homens, a 8 xelins por hora (384 ñ). O salário médio dos trabalhadores seria entre 2¾ e 3 *pence* por hora – 11 a 12 ñ, aproximadamente a metade do custo da hora de um cavalo.

Ao tratar do aumento de produtividade criado pela mecanização do processamento do algodão, Marx informa que, em decorrência da *cottongin* (descaroçadora) inventada por Ely Whitney em 1793, uma libra (453,59 g) de fibra de algodão, antigamente produzida a 50 cents (157 ñ, 346 ñ/kg), passou a ser vendida com maior lucro a 10 cents (31 ñ, 69 ñ/kg).

Adiante, trata de crianças alugadas pelos pais operários. Um anúncio oferecia 4 xelins por semana (192 ñ, 32 ñ por dia trabalhado), para 12 a 20 crianças que "possam passar por 13 anos", pois a lei limitava a 6 horas a jornada de trabalho para crianças menores, mas médicos falseavam atestados se a aparência da criança pudesse sustentar a fraude. No distrito londrino de Bethnal Green, a cada segunda e terça-feira pela manhã, fazia-se um mercado público em que crianças de ambos os sexos, a partir de 9 anos, alugavam-se para as manufaturas de seda londrinas. "As condições usuais são 1 xelim e 8 *pence* por semana (para os pais, 80 ñ) e 2 *pence* (8 ñ) para mim, além de chá", explicava uma delas. Mulheres pegavam crianças da *workhouse* [asilo para pobres com trabalho compulsório] e as alugavam para qualquer comprador por 2 xelins e 6 *pence* (120 ñ) por semana.

Numa passagem muito citada, Marx alude a um certo Sr. Ashworth, magnata inglês do algodão, que explica para o economista Nassau W. Senior (em 1837) por que a jornada de trabalho precisa ser a mais longa possível: "Quando um trabalhador agrícola põe de lado sua pá, torna inútil, por esse período, um capital de 18 *pence* (72 ñ). Se um de nossa gente [da fábrica], deixa a fábrica, ele torna inútil um capital que custou 100 mil libras esterlinas (96 milhões de ñ). "

Numa nota de rodapé, comentam-se as multas impostas a trabalhadoras atrasadas na hora de entrada por um certo Harrup, fabricante de pano em Leower's Mill: 6 *pence* (24 ñ) por dois minutos, um xelim (48 ñ) por três minutos e um xelim e meio (72 ñ) por dez minutos, apesar de o trabalho delas ser remunerado com 10 a 12 xelins por semana. Harrup encarregou um garoto de soar o apito da fábrica, e ele às vezes o fazia antes da hora certa, resultando em multas para as operárias ainda fora. As 30 operárias fizeram greve por uma escala mais racional de multas e um relógio. Harrup as denunciou por rompimento de contrato e o tribunal as condenou a pagar, cada uma, 6 *pence* de multa (24 ñ) e 2 xelins e 6 *pence* (120 ñ) de custas sob ruidosa indignação do auditório. Ainda dentro do tema das ladroagens patronais, um inspetor de fábrica conta que iniciou ação judicial contra um fabricante de algodão por descontar 10 *pence* (40 ñ) de empregados jovens (13 anos ou mais) pelo certificado médico que só lhe custava 6 *pence* e pelo qual a lei só lhe facultava descontar 3 *pence*.

Menciona-se adiante salários de fiandeiros e tecelões nos anos 1862-1863, uma época de crise do algodão em que os operários, pagos por peça, trabalhavam em horários reduzidos e com matéria-prima de má qualidade: variavam de 3 xelins e 4 *pence* (160 ñ) a 5 xelins e 1 *pence* (244 ñ) por semana. Quando o patrão era proprietário das moradias dos trabalhadores, cobrava os aluguéis por descontos no salário nominal. Num caso mencionado por um inspetor de fábrica, os trabalhadores recebiam 8 xelins e 11 *pence* (428 ñ) ao final de 14 dias de trabalho integral, do qual era descontado o aluguel da casa (4 xelins, 192 ñ). Desse desconto, porém, o fabricante devolvia a metade, de modo que acabavam levando para casa 6 xelins e 11 *pence* (332 ñ, 24 ñ/dia).

Um exemplo de efeito do progresso técnico é o preço das penas de aço para caneta:

ano	valor da libra em ñ	tecnologia	preço da grosa de penas em libras	preço de 144 penas em ñ	preço de 1 pena em ñ
1820	883	artesanato	£7 4s.	6.358	44
1830	1.042	manufatura	8s.	417	2,9
1866	921	fábrica (mínimo)	2d.	7,4	0,05
		fábrica (máximo)	6d.	23	0,16

Capítulo 24: Transformação da mais-valia em capital

Cita-se o Dr. John Aikin, que afirma: "é provável que poucos capitais, ou mesmo nenhum, de 3 mil até 4 mil libras esterlinas, adquiridos na indústria, existissem antes de 1690". Nessa época, esses valores correspondiam a 7,2 milhões a 9,6 milhões de ñ. A seguir, Marx diz que "antes do aparecimento da maquinaria, o consumo noturno dos fabricantes [burgueses] nas tavernas, onde se reuniam, nunca excedia 6 *pence* (60 ñ em 1690) para um copo de ponche e 1 *penny* (10 ñ) para um rolo de tabaco".

Numa passagem curiosa, Marx ironiza o estadunidense Benjamin Thompson, que sugere em 1796-1802 uma receita barata para alimentação dos trabalhadores para demonstrar que poderiam viver com um salário menor do que realmente ganhavam na época. O ianque conclui que seria possível alimentar o trabalhador a ¼ de *penny* (1 ñ) por cabeça.

Item	d.	ñ	ñ/kg
cinco libras (2,27 kg) de cevada	7½	30	13,2
cinco libras (2,27 kg) de milho	6¼	25	11,0
3 *pence* de arenque	3	12	n/d
1 *penny* de sal	1	4	n/d
1 *penny* de vinagre	1	4	n/d
2 *pence* de pimenta e ervas	2	8	n/d
Total: sopa para 64 pessoas	20¾	83	n/d
por cabeça	0,32	1,3	n/d
porção de 20 onças (567 g)	¼	1	1,8

Marx cita mais adiante G. L. Newnham, em 1815: "quando os senhores rurais, em 1795, fixaram os salários para Speenhamland [um programa de abonos salariais], já tinham almoçado, mas evidentemente pensaram que os trabalhadores não precisavam disso. (...) decidiram que o salário semanal por homem deveria ser de 3 xelins (120 ñ) se o pão com peso de 8 libras e 11 onças [3,94 kg] custasse 1 xelim (40 ñ em 1815), e deveria crescer em proporção até o pão custar 1 xelim e 5 *pence*. Tão logo subisse acima desse preço, o salário deveria diminuir proporcionalmente até o preço do pão alcançar 2 xelins 8 *pence*; e então a alimentação do homem deveria ser 1/5 menos que antes".

Um grande arrendatário disse em 1814: "a receita semanal de cada família é completada acima de seu salário nominal até o pão de 1 galão (8 libras e 11 onças, 3,94 kg) e 3 *pence* (10 ñ) por cabeça (...) Supomos que o pão de um galão seja suficiente para manter cada pessoa da família durante a semana e os 3 *pence* sejam para roupas. Se a paróquia prefere fornecer as roupas, os 3 *pence* são descontados. "Ou seja, um total de 50 ñ semanais por cabeça.

Capítulo 25: A lei geral da acumulação capitalista

Afirma Marx: "Entre 1849 e 1859 ocorreu, simultaneamente com os preços do trigo em queda, uma elevação salarial que, considerada na prática, foi apenas nominal... em consequência do êxodo extraordinário da superpopulação agrícola, causado por demanda bélica, expansão maciça das construções de estradas de ferro, fábricas, minas etc." Tratava-se de mostrar como as forças do mercado regulavam o preço da força de trabalho – o salário – como o de qualquer outra mercadoria e tendiam a se ajustar ao custo de subsistência do trabalhador. A elevação real foi de fato praticamente nula, dada a inflação do período.

Condado	1849 (s. = 58 ñ)			1859 (s. = 49 ñ)			Cresc. real%
	s./ semana	ñ/semana	ñ/por dia trabalhado	s./ semana	ñ/semana	ñ/por dia trabalhado	
Wiltshire	7	406	68	8	392	65	-3,5%
Dorsetshire	7½	435	73	9	441	74	1,4%

Adiante, analisam-se as condições de vida dos trabalhadores têxteis durante a crise setorial de 1862:

Categoria	Consumo semanal (onças)					Consumo diário (gramas)					Custo semanal dos alimentos					
	Líquidos	Pão	Açúcar	Gordura	Carne	Líquidos	Pão	Açúcar	Gordura	Carne	s.	d.	ñ/dia	ñ/semana	ñ/mês	ñ/ano
luveiros em couro			4		18¼			16,2		73,9	2	9½	18,5	129	554	6.645
sapateiros		11¼					45,6				2	7¾	17,5	122	525	6.298
costureiras	7	7¾				28,4	31,4				2	7	13,2	93	397	4.761
tecelões de meias	24¾		11			100,2		44,6			2	6¼	16,7	117	500	6.001
tecelões de seda					7¼					29,4	2	2½	14,6	102	438	5.257
tecelões de seda em Maclesfield											1	8½	11,3	79	339	4.067
média	n/d	10	8	5	13,6	n/d	40,5	32,4	20,3	55,1	n/d	n/d	n/d	n/d	n/d	n/d

Abordam-se depois as condições nas *workhouses* em 1867, onde trabalhadores desempregados eram obrigados a trabalhar por um salário miserável. Cada homem "batia com um martelo sobre o granito coberto de gelo até ter quebrado 5 bushels", 176 litros ou 458 kg. Por esse trabalho, recebia 3 *pence* (12 ñ) e um bônus de pão. Segue-se o caso de uma mulher que acumulara 20 libras (a partir de um depósito inicial de 5 xelins) e em 26 semanas gastou tudo para alimentar sua família, embora o marido trabalhasse na *workhouse*. O custo mensal para manter a família foi (considerando também o pagamento da *workhouse*) de 3.200 ñ mensais, 107 ñ por dia.

Outra passagem trata da Bélgica, vista pelos capitalistas ingleses como um "paraíso", pela inexistência de leis fabris e de sindicatos poderosos. Os salários, mostra Marx, eram piores que os britânicos. Um membro da comissão central de estatística belga, Sr. Ducpétiaux, havia publicado um livro onde estudava os orçamentos familiares dos operários belgas. Considerava uma família típica de pai, mãe e quatro filhos, dos quais dois trabalhavam, e 300 dias pagos por ano.

Renda de família operária típica na Bélgica, 1855

Integrante	francos/ dia	francos/ ano	ñ/dia	ñ mês	ñ/ano
Pai	1,56	468	72	1.810	21.715
Mãe	0,89	267	41	1.032	12.389
Rapaz	0,56	168	26	650	7.795
Moça	0,55	165	26	638	7.656
Total	**3,56**	**1.068**	**165**	**4.130**	**49.555**

Obs: o franco belga é considerado como de poder aquisitivo igual ao francês

Dividida essa renda por seis pessoas, isso resulta numa renda média de 0,50 (23 ñ) franco diário por pessoa. Em comparação, a alimentação diária de um presidiário custava 0,51 franco (24 ñ), a de um soldado 0,67 (31 ñ) e a de um marinheiro 0,83 (39 ñ). O custo total de manutenção de um presidiário, inclusive administração, era 0,63 franco (29 ñ).

Trata-se adiante da deterioração da situação do trabalhador agrícola de 1795 a 1814:

Item	£	s.	d.	ñ	ñ/dia	Variação real
Northamptonshire, 1795 (libra = 1.095 ñ)						
salário semanal médio	0	7	6	410	68	
receita total	29	18	0	32.728	91	
gasto global por ano, família de 6 pessoas	36	12	5	40.084	111	
déficit coberto pela paróquia	6	14	5	7.356	20	
Northamptonshire, 1814 (libra = 764 ñ)						
salário semanal médio	0	12	2	442	74	7,8%
receita total	36	2	0	26.255	73	-19,8%
gasto global por ano, família de 5 pessoas	54	18	4	39.939	111	-0,4%
déficit coberto pela paróquia	18	6	4	13.321	37	81,1%

Obs: o salário diário considera 6 dias por semana e a receita diária, 7 dias por semana

O consumo total por família se manteve praticamente inalterado, mas a parcela coberta pelo subsídio paroquial e não pelo salário insuficiente passou de 18% para 33%.

Outro exemplo é a renda familiar dos trabalhadores agrícolas em três aldeias de propriedade de G. Bankes, conde de Shaftesbury, que pagava salários e recebia os aluguéis (1845):

Grupos	membros da família	crianças	Por semana: Salário dos homens	Por semana: salário das crianças		Por semana: receita familiar		Por semana: aluguel		Por dia trabalhado: salário dos homens	Por dia trabalhado: salário das crianças	Por dia: renda familiar	Por dia: aluguel	Por dia: renda descontado o aluguel	Por dia: renda por cabeça
			s.	s.	d.	s.	d.	s.	d.	ñ	ñ	ñ	ñ	ñ	ñ
Aldeia 1	4	2	8			8		2		74		63	16	47	12
	5	3	8			8		1	6	74		63	12	51	10
	4	2	8			8		1		74		63	8	55	14
	4	2	8			8		1	0	74		63	8	55	14
	8	6	7	1	6	10	6	2	0	65	14	83	16	67	8
	5	3	7	2		7		1	4	65	18	55	11	45	9
Aldeia 2	8	6	7	1	6	10		1	6	65	14	79	12	67	8
	8	6	7	1	6	7		1	3½	65	14	55	10	45	6
	10	8	7			7		1	3½	65		55	10	45	5
	6	4	7			7		1	6½	65		55	12	43	7
	5	3	7			7		1	6½	65		55	12	43	9
Aldeia 3	6	4	7			7		1		65		55	8	47	8
	5	3	7	2		11	6		10	65	18	91	7	84	17
	2	0	5	2	6	5		1		46	23	40	8	32	16
Total	**80**	**52**								**922**	**101**	**877**	**149**	**729**	**729**
Média	5,7	3,7								66	17	63	11	52	9

Notas de rodapé relatam que em outros casos, o taberneiro ou merceeiro da aldeia era locador de casas. Com salário de 10 xelins por semana, menos um aluguel anual de 4 ou 5 libras esterlinas por casas que não valem 20 libras esterlinas no mercado aberto, o trabalhador é obrigado a comprar os produtos de que necessita aos preços impostos pelo vendeiro.

Do relatório do médico Henry Julian Hunter sobre as condições sanitárias em certos distritos rurais (1864), Marx tira exemplos de residências e aluguéis. Os aluguéis variavam de 8 d por semana a £5 anuais (144 e 415 ñ/mês, respectivamente, com uma média de quase £3 10s./ano ou 281 ñ/mês), para cabanas cuja área variava de 9,4 a 18,6 metros quadrados (média 14,0, com quarto de em média 10,2 metros quadrados) e tinham 4 a 10 moradores cada uma (média 7,4).

Cita Johnson, um operário do norte da Irlanda (1866), cuja jornada era de 79 horas por semana:

> *Eu sou operador de martelo mecânico e trabalho das 6 da manhã até as 11 da noite, de segunda a sexta-feira. Sábado, largamos* às *6 da tarde. E tenho três horas* [para refeições e descanso]. *Tenho cinco filhos ao todo. Pelo trabalho, recebo 10 s. 6d.* [504 ñ] *por semana, minha esposa também trabalha aqui e recebe 5s.* [240 ñ] *por semana. A filha mais velha, de 12 anos, cuida da casa. Ela também cozinha, faz todo o serviço doméstico e prepara os menores para a escola. Uma menina que passa pela casa me acorda às cinco e meia da manhã. Minha esposa levanta-se e acompanha-me. Nós não temos nada* [para comer] *antes de entrar no trabalho. A criança de 12 anos cuida dos meninos o dia todo e não comemos nada até o café-da-manhã às oito. Às oito horas, vamos para casa. Nós conseguimos chá uma vez por semana; em outras ocasiões, um pouco de mingau, às vezes de farinha de aveia, às vezes de farinha de milho, quando o temos. No inverno, temos um pouco de açúcar e água para nossa farinha de milho. No verão, colhemos algumas batatas, que nós mesmos plantamos na horta e quando elas acabam, voltamos ao mingau. Às vezes, conseguimos um pouco de leite, quando se pode. Assim levamos o dia a dia, domingo e dia de semana, sempre igual todo o ano. Eu sempre estou muito cansado quando termino a noite. Podemos ver um pedaço de carne às vezes, mas muito raramente. Três de nossos filhos frequentam a escola,* à qual *pagamos 1d.* [4 ñ] *por semana por cada um. Nosso aluguel é 9d.* [36 ñ] *por semana. Turfa para fazer fogo é 1s. 6d.* [72 ñ] *por quinzena, no mínimo.*

Capítulo 27: A expropriação da terra da população agrícola

Aqui se conta a história do roubo das terras de 15 mil gaélicos dos *Highlands* da Escócia pela Duquesa de Sutherland. De 1814 a 1820, ela apropriou-se de 794 mil acres (321 mil ha, 3.213 km²) que pertenciam ao clã, pôs 131 mil ovelhas em seu lugar e destinou aos nativos expulsos 6 mil acres (2.400 ha, 24 km²), 2 acres (0,8 ha) por família na orla marítima, para sobreviverem da pesca. Essas terras até então desertas e ociosas passaram a serem arrendadas por 2 xelins e 6 *pence* por acre – o equivalente a 120 ñ por acre anuais, ou 300 ñ por hectare.

Capítulo 31: A Gênese do Capitalista Industrial

Colonos da Nova Inglaterra (atual nordeste dos EUA) estabeleceram em 1703 um prêmio de 40 libras locais (52.000 ñ) para cada escalpo indígena e para cada pele-vermelha aprisionado; em 1720, um prêmio de 100 libras (130.000 ñ) por escalpo; em 1744, 100 libras (130.000 ñ) para cada escalpo masculino de 12 anos ou mais, 105 libras (136.500 ñ) para cada prisioneiro masculino; 50 libras (65.000 ñ) para cada mulher ou criança aprisionada; e 50 libras (65.000 ñ) para cada escalpo de mulher ou criança. Mais tarde, durante a Guerra de Independência, o governo colonial britânico inverteu a oferta e ofereceu aos indígenas dinheiro pelos escalpos de colonos rebelados.

Aluguéis na Londres vitoriana

Moradias alugadas (por semana)	preço	Ano	ñ		ñ/ano	
Casa mobiliada no West End	5 a 25 guinéus	1879	5.181	25.907	269.432	1.347.159
"Quartos elegantemente decorados" no West End	4 a 15 guinéus	1879	4.145	15.544	215.545	808.295
Casa sem mobília em Holland Park (subúrbio rico, área de Kensington)	7 a 10 guinéus	1881	7.236	10.337	376.272	537.531
Uma sala de estar e um quarto em Pimlico (subúrbio próspero	1 a 4 guinéus	1879	1.036	4.145	53.886	215.545
Uma casa suburbana em Walthamstow (um subúrbio a nordeste de Londres, junto a estação ferroviária)	10 a 40 xelins	1881	492	1.969	25.597	102.387
Três quartos em Soho (bairro relativamente pobre, mas central de Londres)	14 a 20 xelins	1897	868	1.240	45.138	64.484
Casa em Shaftesbury Park, Battersea, habitação padrão para trabalhadores e famílias (variável com o tamanho, cinco a oito quartos)	7s. 6d. a 11s.	1879	370	543	19.245	28.226

Quarto individual em Soho (bairro relativamente pobre, mas central de Londres)	6 a 8 xelins	1897	372	496	19.345	25.793
Quarto individual para "mecânico" (trabalhador manual) em alojamento	3 a 6 xelins	1846	160	319	8.302	16.604
Dois quartos em Peabody Model Housing	4s. 9d.	1879	234		12.189	
Sociedade para Melhorar a Condição das Classes Trabalhadoras – habitação padrão, casa de dois quartos	3s. 6d.	1846	186		9.685	
Hotelaria (diária)						
Cama e café da manhã, com jantar e "atendimento" no Midland Grand Hotel	14s.	1879	691		252.161	
Cama e café da manhã em pensão do centro (City)	3s.	1865	145		52.812	
Cama em quarto compartilhado de "alojamento inferior"	1-4d.	1851	5	21	1.890	7.559

Orçamento, família de operário especializado (marido, esposa e três crianças), 1901

Salário de 30 s. por semana (£ 78 por ano)

Item	£	s	d	ñ/ano	ñ/dia
Aluguel	18	4	0	22.043	61
Comida	32	3	6	38.968	108
Combustível	5	4	0	6.298	17
Óleo e outros	4	4	6	5.117	14
Roupas	5	4	0	6.298	17
Seguro e previdência	2	12	0	3.149	9
Cerveja e tabaco	7	3	0	8.660	24
Margem para contingências	3	5	0	3.936	11
Total	78	0	0	94.469	262

Orçamento, família de escriturário (marido e esposa, duas crianças), 1901

Salário de £ 160 por ano

Item	£	s	d	ñ/ano	ñ/dia
Aluguel	26	0	0	31.490	87
Tarifas e impostos	5	3	5	6.263	17
Passagens de trem	7	0	0	8.478	24
Seguro e previdência	4	8	3	5.344	15
Jornais e livros	4	10	0	5.450	15
Gás, carvão, fósforos e lenha	9	17	0	11.930	33
Férias de verão	5	0	0	6.056	17
Tabaco	2	5	0	2.725	8
Presentes de aniversário e de Natal	1	10	0	1.817	5
Selos e papelaria	0	12	0	727	2
Comida	47	9	0	57.469	160
Despesas domésticas	5	4	0	6.298	17
Sapatos	6	0	0	7.267	20
Alfaiataria	6	0	0	7.267	20
Roupas para esposa e crianças	13	0	0	15.745	44
Margem para médico, farmacêutico, caridade etc.	6	1	4	7.348	20
Total	**150**	**0**	**0**	**181.671**	**505**

Orçamento, família de classe média alta (marido, esposa, criança, babá, cozinheira e criada)

Item	£	s	d	ñ/ano	ñ/dia
Aluguel	105	0	0	127.170	353
Tarifas e impostos (inclusive gás)	38	18	10	47.164	131
Carvão	12	8	6	15.048	42
Salários de empregadas	48	2	1	58.261	162
Açougue	46	9	11	56.313	156
Padaria	9	8	8	11.425	32
Leite	35	4	8	42.673	119
Mercearia	38	8	10	46.558	129
Quitanda	10	6	0	12.475	35

Avícola	10	3	7	12.328	34
Roupas para a esposa	35	8	4	42.895	119
Roupas para o marido	29	17	3	36.168	100
Lavanderia	34	14	9	42.072	117
Médico e farmacêutico	33	1	0	40.028	111
Viagens e gorjetas	43	7	5	52.528	146
Viagens locais	19	17	9	24.087	67
Selos	7	16	7	9.482	26
Papelaria	8	1	3	9.765	27
Lazer, presentes, tabaco	35	18	2	43.490	121
Vinho	15	0	8	18.207	51
Reparos domésticos	26	12	10	32.267	90
Jardim	4	13	9	5.677	16
Margem	50	19	2	61.718	171
Total	**700**	**0**	**0**	**861.121**	**2.392**

Salários na Londres vitoriana

Ocupação	unidade	valor		ano	Valor em ñ		ñ/mês		ñ/dia	
Escriturário do Banco da Inglaterra	£/ano	75	500	1837	80.447	536.310	6.704	44.693	223	1.490
Gerente de banco suburbano	£/ano	75	90	1889	94.477	113.372	7.873	9.448	262	315
Escriturário de banco	£/ano	20	50	1889	25.194	62.984	2.099	5.249	70	175
Escriturário do serviço civil	£/ano	80	200	1889	100.775	251.938	8.398	20.995	280	700
Escriturário de escritórios privados	s/semana	25		1889	1.575		6.823		227	
Chefe de agência de correio	£/ano	350	500	1840-1859	366.906	524.151	30.575	43.679	1.019	1.456
Escriturário do correio	£/ano	90	260	1840-1859	94.347	272.559	7.862	22.713	262	757
Escriturário de advocacia	s/semana	18	25	1889	1.134	1.575	4.913	6.823	164	227
Escriturário de corretora	£/ano	80	100	1889	100.775	125.969	8.398	10.497	280	350

Lavadeira	s/dia	2,5	2,75	1889	157	173	3.937	4.330	131	144
Passadeira	s/dia	3,5	4	1889	220	252	5.511	6.298	184	210
Limpador de esgotos	s/semana	24		1849	1.385		6.000		200	
Mulher fabricante de caixas de fósforo em casa	s/dia	1,5		1889	94		2.362		79	
idem, menos materiais	s/dia	1,25		1889	79		1.968		66	
Estofadora	s/semana	9	11	1849	519	635	2.250	2.750	75	92
Aprendiz de oficina	s/semana	8	10	1867	355	444	1.538	1.922	51	64
Trabalhador de oficina	s/semana	30		1867	1.331		5.767		192	
Homem-sanduíche	s/dia	1	1,67	1894	61	101	1.520	2.533	51	84
Mordomo	£/ano	40	100	1879	39.477	98.693	3.290	8.224	110	274
Lacaio	£/ano	20	40	1879	19.739	39.477	1.645	3.290	55	110
Pajem	£/ano	8	15	1879	7.895	14.804	658	1.234	22	41
Cozinheiro	£/ano	18	50	1879	17.765	49.346	1.480	4.112	49	137
Governanta	£/ano	20	40	1880-89	22.665	45.330	1.889	3.777	63	126
Criada de sala de estar	£/ano	12	30	1879	11.843	29.608	987	2.467	33	82
Criada de quarto	£/ano	10	25	1879	9.869	24.673	822	2.056	27	69
Criada para todo o serviço	£/ano	6	15	1879	5.922	14.804	493	1.234	16	41
Balconista de loja (mulher)	£/ano	20	50	1864	19.903	49.758	1.659	4.146	55	138
Balconista de mercearia	s/semana	12		1849	692		3.000		100	
Balconista de loja (homem)	£/ano	25	120	1889	31.492	151.163	2.624	12.597	87	420
Gerente ou comprador de loja	£/ano	300	1.000	1889	377.907	1.259.689	31.492	104.974	1.050	3.499
Vendedor de café de esquina	£/semana	1		1849	1.154		5.000		167	
Costureira de ligas	s/dia	1,58		1849	91		2.284		76	

Idem, menos materiais e velas	s/dia	1,04		1849	60		1.502		50	
Costureiro de coletes	s/semana	24		1849	1.385		6.000		200	
Costureira qualificada, melhor emprego	s/semana	22	26	1897	1.364	1.612	5.911	6.986	197	233
Costureira à mão	s/semana	12	17	1889	756	1.071	3.275	4.640	109	155
Costureira qualificada, *sweatshop*	s/semana	7	8	1897	434	496	1.881	2.149	63	72
Acabadora de camisas	s/semana	3		1889	189		819		27	
Acabadora de camisas qualificada	s/semana	9,33		1889	588		2.547		85	
Costureira de remate (*staystitch*)	d/dia	7,5		1849	36		901		30	
Professora	£/ano	75		1880-89	84.993		7.083		236	
Telegrafista, 2ª classe	£/ano	40	75	1880-89	45.330	84.993	3.777	7.083	126	236
Telegrafista, 1ª classe	£/ano	80	100	1880-89	90.660	113.325	7.555	9.444	252	315
Chefe de telégrafo	£/ano	110	150	1880-89	124.657	169.987	10.388	14.166	346	472
Telegrafista, setor privado (só recebia)	£/ano	25	30	1880-89	28.331	33.997	2.361	2.833	79	94
Capitão ou engenheiro de navio a vapor	£/ano	109,25		1879	107.822		8.985		300	
Imediato de navio a vapor	£/ano	78		1879	76.981		6.415		214	
Tripulante de navio a vapor	£/ano	67,6		1879	66.716		5.560		185	
Descarregador de carvão em navio	£/ano	39,325		1849	45.373		3.781		126	
Grumete de navio a vapor	£/ano	18,2		1879	17.962		1.497		50	

Preços, Londres vitoriana

Item	ano	£	s	d	ñ	ñ/kg
cabriolé (táxi), até uma milha	1850			18	92	
", por meia milha adicional	1850			4	21	
cabriolé (táxi), até duas milhas	1895		1		62	
", por milha ou parte de milha adicional	1895			6	31	
", por milha ou parte de milha fora do centro (raio de 4 milhas)	1895		1		62	
", por hora (região central), carros de 4 rodas	1895		2		123	
", por quarto de hora adicional	1895			6	31	
", por hora (região central), carros de 2 rodas	1895		2	6	154	
", por quarto de hora adicional	1895			8	41	
brougham (carruagem de um cavalo), aluguel por 2 horas	1879		7	6	370	
", aluguel para teatro e baile	1879		10	6	518	
"	1879		27	6	1.357	
", excursão diurna	1879	1	1		1.036	
excursão com carruagem de dois cavalos	1879	1	10		1.480	
bonde a cavalo (média)	1893			1,25	7	
aluguel de cavalo (por mês)	1879	5	5		5.181	
"	1879	12	12		12.435	
carne e vegetais, restaurante simples (Clarence)	1862		1		46	
"	1862		1	3	58	
três pratos e sobremesa, restaurante de luxo (Café de l'Europe)	1862	1	1		972	
petisco e copo de cerveja em taverna	1862			6	23	
carne, pão e vegetais em taverna	1862		1	6	69	
table d'hôte (refeição com pratos e horário fixo)	1879		2	6	123	
"	1879		3	6	173	
The Times	1861			4	15	

Daily Telegraph	1861			1	4	
Semanário popular ilustrado	1853			3	13	
"	1853			9	39	
congro (enguia-do-mar) ou haddock (3 libras)	1883			6	25	19
cavala (vintena)	1883			18	76	56
batata (libra)	1883			1	4	9
morangos (6 libras)	1877			9	34	12
"	1877			18	67	25
fotografia (ambulante)	1859		1		49	
"	1859			6	25	
Museu (Royal Academy)	1850		1		62	
Museu (Madame Tussaud)	1879		1		49	
", mais sala Napoleão e Câmara dos Horrores	1879		1	6	74	
Hipódromo (Notting Hill)	1907		1		58	
Teatro (Alhambra), *promenade* (espaço aberto no fundo)	1878		1		47	
", plateia e balcão	1878		2		93	
", galerias	1878			6	23	
", poltrona reservada	1878		4		186	
", camarote	1878	1	1		979	
", camarote	1878	2	2		1.958	
Salão de dança (Argylle Rooms)	1878		1		47	
Parthenon Club (inscrição)	1850	21			25.880	
" (anuidade)	1850	7	7		9.058	
Royal Institution of Great Britain (aulas de ciência) (inscrição)	1850	5	5		6.470	
" (anuidade)	1850	5	5		6.470	

Moedas e cédulas britânicas (1835)

Denominação	Valor em d	Peso em gramas	Valor em ñ Aprox.
Moeda de conta			
guinéu	252	-	1.008
Papel-moeda			
1.000 libras	240.000	-	960.000
500 libras	120.000	-	480.000
300 libras	72.000	-	288.000
200 libras	48.000	-	192.000
100 libras	24.000	-	96.000
50 libras	12.000	-	48.000
40 libras	9.600	-	24.000
30 libras	7.200	-	28.800
20 libras	4.800	-	19.200
10 libras	2.400	-	9.600
5 libras	1.200	-	4.800
Moedas de ouro (22 quilates)			
5 libras	1.200	39,94	4.800
2 libras	480	15,98	1.920
soberano	240	7,99	960
½ soberano	120	3,99	480
Moedas de prata 92,5%			
coroa	60	28,28	240
meia-coroa	30	14,14	120
xelim	12	5,65	48
6 *pence*	6	2,83	24
4 *pence*	4	1,88	16
1½ *penny*	1½	0,71	6
Moedas de cobre			
penny	1	18,90	4
halfpenny	½	9,45	2
farthing	¼	4,73	1
half farthing	1/8	2,36	0,5

Denominações coloniais com desenho britânico

Denominação	Valor em d	Peso em gramas	Valor em ñ
Moedas de prata 92,5%			
4 *pence* (Guiana e Índias Ocidentais)	4	1,88	16
three *halfpence*, 1½ *penny* ou "black dog" (Ceilão e Índias Ocidentais)	1½	0,71	6
Moedas de cobre			
½ farthing (Ceilão, 1828-1856) (*)	1/8	2,36	0,5
1/3 farthing (Malta, 1827-1844)	1/12	1,57	0,33
¼ farthing (Ceilão, 1839-1868)	1/16	1,18	0,25

(*) chegou a ter curso legal no Reino Unido de 1842 a 1870

Moedas e cédulas britânicas (1900)

Denominação	Valor em d	Peso em gramas	Valor em ñ 1900
Moeda de conta			
guinéu	252	-	1.008
Papel-moeda interbancário			
1.000.000 libras (1908)	240.000.000	-	960.000.000
Papel-moda convencional			
1.000 libras	240.000	-	960.000
500 libras	120.000	-	480.000
200 libras	48.000	-	192.000
100 libras	24.000	-	96.000
50 libras	12.000	-	48.000
20 libras	4.800	-	19.200
10 libras	2.400	-	9.600
5 libras	1.200	-	4.800
Moedas de ouro (22 quilates)			
5 libras	1.200	39,94	4.800
2 libras	480	15,98	1.920
soberano	240	7,99	960
½ soberano	120	3,99	480

Moedas de prata 92,5%			
coroa	60	28,28	240
duplo florim	48	22,62	192
meia-coroa	30	14,14	120
florim	24	11,31	96
xelim	12	5,65	48
6 *pence*	6	2,83	24
3 *pence*	3	1,41	12
Moedas de bronze			
penny	1	9,40	4
halfpenny	½	5,67	2
farthing	¼	2,83	1

Denominações coloniais com desenho britânico

Denominação	**Valor em d**	**Peso em gramas**	**Valor em ñ 1900**
Moedas de prata 92,5%			
4 *pence* (Guiana e Índias Ocidentais)	4	1,88	16
three halfpence, 1½ *penny* ou "black dog" (Ceilão e Índias Ocidentais)	1½	0,71	6
Moedas de prata 90%			
Trade dollar (Cingapura, Hong Kong e Extremo Oriente)	28	26,95	112
Moedas de bronze			
1/3 farthing (Malta)	1/12	0,95	0,33

(*) cunhado a partir de 1895, tinha valor variável conforme a cotação da prata e estabilizou-se em 1906

Poder aquisitivo da libra esterlina, 1800-1914

Ano	Libra (£)	Xelim (s)	Penny (d)	£/US$
	ñ	ñ	ñ	
1800	762,08	38,10	3,18	4,5481
1801	682,00	34,10	2,84	4,3809
1802	885,89	44,29	3,69	4,4850
1803	941,79	47,09	3,92	4,5404
1804	912,29	45,61	3,80	4,5517
1805	785,13	39,26	3,27	4,3474
1806	821,31	41,07	3,42	4,4329
1807	836,85	41,84	3,49	4,4255
1808	809,07	40,45	3,37	4,6259
1809	737,61	36,88	3,07	4,5696
1810	715,08	35,75	2,98	4,2992
1811	736,24	36,81	3,07	3,8165
1812	650,43	32,52	2,71	3,6162
1813	634,87	31,74	2,65	3,7497
1814	727,27	36,36	3,03	4,2398
1815	814,03	40,70	3,39	4,9044
1816	888,53	44,43	3,70	5,2235
1817	782,56	39,13	3,26	4,6017
1818	780,51	39,03	3,25	4,4998
1819	800,39	40,02	3,33	4,5128
1820	882,62	44,13	3,68	4,5217
1821	1.003,52	50,18	4,18	4,8208
1822	1.160,53	58,03	4,84	4,9778
1823	1.086,61	54,33	4,53	4,7996
1824	1.000,99	50,05	4,17	4,8673
1825	852,99	42,65	3,55	4,8296
1826	902,63	45,13	3,76	4,9204
1827	965,39	48,27	4,02	4,9357
1828	994,33	49,72	4,14	4,9283
1829	1.004,36	50,22	4,18	4,8619
1830	1.042,05	52,10	4,34	4,7616
1831	947,77	47,39	3,95	4,8601
1832	1.023,29	51,16	4,26	4,8577
1833	1.089,58	54,48	4,54	4,7872
1834	1.181,19	59,06	4,92	4,6381
1835	1.161,66	58,08	4,84	4,8499
1836	1.046,61	52,33	4,36	4,8175
1837	1.021,54	51,08	4,26	5,1525
1838	1.014,60	50,73	4,23	4,8323
1839	945,51	47,28	3,94	4,8567

Ano	Libra (£)	Xelim (s)	Penny (d)	£/US$
	ñ	ñ	ñ	
1840	928,60	46,43	3,87	4,7931
1841	950,78	47,54	3,96	4,8616
1842	1.028,58	51,43	4,29	4,7700
1843	1.159,40	57,97	4,83	4,7878
1844	1.160,53	58,03	4,84	4,8595
1845	1.106,75	55,34	4,61	4,8713
1846	1.064,34	53,22	4,43	4,8160
1847	950,03	47,50	3,96	4,7934
1848	1.080,71	54,04	4,50	4,8685
1849	1.153,80	57,69	4,81	4,8140
1850	1.232,39	61,62	5,13	4,8702
1851	1.242,65	62,13	5,18	4,9128
1852	1.221,05	61,05	5,09	4,9015
1853	1.052,15	52,61	4,38	4,8878
1854	944,02	47,20	3,93	4,8825
1855	937,35	46,87	3,91	4,8863
1856	944,77	47,24	3,94	4,9090
1857	927,88	46,39	3,87	4,8885
1858	1.003,52	50,18	4,18	4,8575
1859	983,68	49,18	4,10	4,8993
1860	908,82	45,44	3,79	4,8495
1861	917,19	45,86	3,82	4,7733
1862	925,72	46,29	3,86	5,5583
1863	959,96	48,00	4,00	7,0748
1864	995,15	49,76	4,15	9,9745
1865	964,61	48,23	4,02	7,6918
1866	921,44	46,07	3,84	6,8770
1867	887,21	44,36	3,70	6,7515
1868	925,01	46,25	3,85	6,8278
1869	959,96	48,00	4,00	6,4833
1870	962,28	48,11	4,01	5,5883
1871	904,69	45,23	3,77	5,4603
1872	866,61	43,33	3,61	5,4448
1873	831,03	41,55	3,46	5,5473
1874	839,20	41,96	3,50	5,4205
1875	911,59	45,58	3,80	5,5900
1876	871,67	43,58	3,63	5,4230
1877	897,88	44,89	3,74	5,0770
1878	932,23	46,61	3,88	4,8900
1879	986,93	49,35	4,11	4,8538

Ano	Libra (£)	Xelim (s)	Penny (d)	£/US$
	ñ	ñ	ñ	
1880	1.017,19	50,86	4,24	4,8445
1881	984,49	49,22	4,10	4,8295
1882	1.047,53	52,38	4,36	4,8700
1883	1.010,31	50,52	4,21	4,8493
1884	1.115,02	55,75	4,65	4,8538
1885	1.163,92	58,20	4,85	4,8563
1886	1.282,69	64,13	5,34	4,8615
1887	1.250,46	62,52	5,21	4,8523
1888	1.257,04	62,85	5,24	4,8705
1889	1.259,69	62,98	5,25	4,8690
1890	1.261,02	63,05	5,25	4,8605
1891	1.196,58	59,83	4,99	4,8610
1892	1.198,98	59,95	5,00	4,8730
1893	1.306,55	65,33	5,44	4,8638
1894	1.216,07	60,80	5,07	4,8770
1895	1.233,66	61,68	5,14	4,8885
1896	1.261,02	63,05	5,25	4,8710
1897	1.240,07	62,00	5,17	4,8633
1898	1.216,07	60,80	5,07	4,8480
1899	1.257,04	62,85	5,24	4,8638
1900	1.201,39	60,07	5,01	4,8653
1901	1.211,14	60,56	5,05	4,8728
1902	1.240,07	62,00	5,17	4,8718
1903	1.189,43	59,47	4,96	4,8630
1904	1.212,37	60,62	5,05	4,8678
1905	1.207,47	60,37	5,03	4,8650
1906	1.175,38	58,77	4,90	4,8510
1907	1.158,28	57,91	4,83	4,8580
1908	1.144,95	57,25	4,77	4,8658
1909	1.128,72	56,44	4,70	4,8728
1910	1.201,39	60,07	5,01	4,8638
1911	1.213,60	60,68	5,06	4,8623
1912	1.195,38	59,77	4,98	4,8655
1913	1.169,62	58,48	4,87	4,8638
1914	1.041,14	52,06	4,34	4,9303

Obs.: as taxas de câmbio são médias anuais

A I Guerra Mundial e a crise do padrão ouro (1914-1938)

O mercado financeiro internacional, cujo coração era Londres, entrou em pânico na primeira segunda-feira após a Áustria-Hungria lançar seu ultimato à Sérvia, em 27 de julho de 1914. De 30 de julho a 1º de agosto, a taxa interbancária em Londres saltou de 4% para 10%. Na segunda-feira 3, foi declarado um feriado bancário que durou quatro dias, durante os quais o Reino Unido declarou guerra à Alemanha e aplicou a recomendação de um memorando de John Maynard Keynes para suspender a conversibilidade da libra em ouro, exceto para transações internacionais. Para compensar a retirada de moedas de ouro da circulação, o Tesouro foi autorizado a emitir papel-moeda de emergência sem lastro, nos valores de uma libra e de dez xelins (meia libra). A taxa bancária voltou a 5% logo após a reabertura do mercado.

Até dezembro de 1916, o governo britânico evitou intervir na economia, mas nesse mês o governo liberal de H. H. Asquith caiu e foi sucedido pelo governo de união nacional de Lloyd George, que reorganizou a produção em função da guerra. Embora não sofresse invasão ou ocupação de território e os bombardeios aéreos alemães ainda fossem relativamente pouco eficazes (cerca de 1,4 mil mortos e £2,9 milhões em danos), o Reino Unido perdeu 744 mil soldados e marinheiros em combate (além de 209 mil das colônias) e suas despesas de guerra foram imensas: o equivalente a 35,2 milhões de dólares, ante 24,3 bilhões da França, 22,6 bilhões dos EUA e 22,2 bilhões da Rússia. Só a Alemanha chegou a gastar mais (37,8 bilhões).

A participação do governo no PIB cresceu de 8% para 38%. O governo aumentou impostos e endividou-se, internamente e junto aos EUA, para financiar a guerra, mas foi inevitável recorrer também à emissão de papel-moeda, No início, principalmente, para atender à demanda do mercado assustado e, no final, com o crescimento da resistência à guerra. Como o governo resistiu a impor o racionamento até dezembro de 1917, a inflação foi inevitável, embora moderada em comparação com o que se passava na França ou na Alemanha: os preços subiram 170% até o final de 1920 e o câmbio da libra caiu de 4,866 para um mínimo de 3,21 dólares.

Nomeado funcionário do Tesouro em janeiro de 1915, Keynes desempenhou um papel importante na administração da economia de guerra e nas negociações de paz, mas renunciou em 1919 em protesto contra as indenizações excessivas impostas à Alemanha, prevendo que estas dificultariam a recuperação da economia mundial e a manutenção da paz.

Embora saísse vitorioso e ganhasse indenizações e colônias à Alemanha e ao Império Otomano, o Reino Unido saiu da guerra muito endividado, inflacionado e com a balança de pagamentos prejudicada. A tentativa de impor o recrutamento obrigatório na Irlanda em 1918 provocara uma rebelião aberta do povo irlandês e deu início à guerrilha que levaria à independência da maior parte da ilha em 1921, reduzindo o país a Reino Unido da Grã-Bretanha e Irlanda do Norte. Muitos dos clientes tradicionais de suas exportações deixaram de adquiri-las por empobrecimento ou porque a interrupção do comércio marítimo pelos submarinos alemães os tinha estimulado a criar suas próprias indústrias. As condições da guerra haviam estimulado a sindicalização dos trabalhadores, que dobrou de 22% para 44%, aumentando seu poder de pressão sobre os salários, enquanto o fim da produção de guerra aumentou o desemprego e exigiu medidas sociais compensatórias.

Apesar de tudo isso, o Banco da Inglaterra insistia na necessidade de restaurar o padrão-ouro nos termos anteriores à guerra para restaurar o valor dos contratos daquela época. Em 1925 convenceu o então ministro da Fazenda Winston Churchill, conservador, a restabelecê-lo. Isso exigia baixar preços e salários quando era mais necessário estimular a produção e prejudicaria a balança comercial já deficitária ao aumentar artificialmente o valor de câmbio da libra, voltando a deprimir uma indústria mal recuperada. Keynes, que vinha defendendo um programa de obras públicas para reativar a economia, criticou furiosamente a política deflacionária, Churchill e o padrão-ouro. Nos anos 1930, após ver confirmados seus receios, desenvolveu sua teoria heterodoxa do emprego, juro e moeda, pouco influente em seu tempo (salvo na Suécia e na Alemanha nazista), mas amplamente adotada depois da II Guerra Mundial como fundamento da teoria macroeconômica no Ocidente.

Com ajuda de empréstimos de 100 milhões de libras em ouro dos EUA e França, uma restauração parcial entrou em vigor em maio de 1925. Como na transição planejada por David Ricardo em 1819-1823, a conversão era limitada a barras de ouro, que agora eram de 400 onças de ouro puro (12,44 kg, equivalentes a £1.699 à taxa de conversão de £3 17s 10½d por onça) e, na prática, ao comércio exterior. Embora a lei teoricamente facultasse a conversão a “todas as pessoas", a conversão para outros fins era desencorajada. Em 1928, nova lei transferiu ao Banco da Inglaterra a emissão de notas de 10 xelins e uma libra até então de responsabilidade do Tesouro e obrigou os proprietários com mais de £10 mil em ouro não destinado a fins industriais ou exportação imediata a registrá-lo, além de sujeitá-los a vendê-lo ao Banco da Inglaterra à taxa oficial de conversão quando o governo julgasse necessário, medida que não chegou a ser aplicada.

A expectativa de Churchill era que os bancos centrais dos países superavitários – basicamente EUA e França –, ao receber o ouro exportado pelo Reino Unido para cobrir o déficit no comércio exterior, emitissem papel-moeda em quantidade proporcional, de forma a inflacioná-la, ajustar o poder aquisitivo à taxa de câmbio e eventualmente reequilibrar a balança comercial. Em vez disso, e apesar das pressões britânicas, esses bancos centrais priorizaram a estabilidade de preços e evitaram emitir papel-moeda, acumulando mais ouro do que o necessário para lastrear seus dólares e francos.

As reservas do Banco da Inglaterra foram drenadas aos poucos até 1931, quando os acontecimentos se precipitaram. A falência do banco austríaco Credit-Anstalt desencadeou em maio uma série de crises bancárias e de balanços de pagamentos internacionais e forçou vários países europeus, a começar pela Áustria e Alemanha, a suspender o padrão-ouro. Para tentar mantê-lo, o governo britânico adotou uma política de austeridade radical que incluiu uma redução de 10% nos salários de todos os funcionários civis e militares, agravada no caso da Marinha de Guerra por uma nova escala de soldos que cortava os pagamentos em até 25%. Em 15 de setembro, os marinheiros da Frota do Atlântico se amotinaram e o mercado financeiro britânico entrou em pânico, receando, ante o aumento das tensões sociais, o início de uma revolução operária ao estilo soviético. A corrida às reservas já exauridas do Banco da Inglaterra levou à suspensão definitiva do padrão-ouro no dia 21.

Em 1931, o preço da onça de ouro na Inglaterra variou entre £5,50 e £6,34 e o câmbio da libra voltou a cair para 3,50 dólares até 1932, mas recuperou-se a partir de 1934, quando os EUA também abandonaram o padrão-ouro. Até janeiro de 1939, a taxa de câmbio flutuou entre 4,89 e 5,04 dólares, mas, com a aproximação da perspectiva de guerra, deteriorou-se até 4,03 em setembro. Antes do fechamento do mercado de ouro pela guerra, a onça chegou a £8 1s.

As moedas de ouro deixaram de ser cunhadas depois de 1917,

exceto por uma cunhagem de soberanos de 1925 ordenada por Churchill quando ainda contava com o retorno integral ao padrão-ouro. As moedas de prata tiveram seu teor reduzido de 92,5% para 50% em 1920 e a de 3 *pence*, a partir de 1937, passou a ser cunhada também em tamanho maior em alpaca, com 12 lados (a versão de prata ainda foi cunhada até 1945). As de cobre não foram modificadas.

Quanto à sucessão dinástica, a casa de Saxe-Coburgo-Gotha de Jorge V foi redenominada casa de Windsor em 1917, devido à guerra com a Alemanha. Ao falecer o rei em 1936, o trono foi herdado pelo filho Eduardo VIII, mas este foi forçado a abdicar ainda nesse ano, ostensivamente por desejar casar-se com uma estadunidense duas vezes divorciada, Wallis Simpson, mas mais provavelmente por sua simpatia declarada pelo nazismo e por Adolf Hitler, que o ex-rei e a esposa visitaram e festejaram no ano seguinte. Apesar da gagueira, seu irmão Jorge VI (r. 1936-1952), politicamente mais confiável, foi chamado a reinar em seu lugar. O regime nazista planejou restaurar Eduardo VIII no trono caso conseguisse invadir a Inglaterra e, a seu pedido, guardou e protegeu suas propriedades na França durante a ocupação. Em 1940, o governo britânico chegou a ameaçar com corte marcial o ex-rei, então estabelecido em Portugal, para forçá-lo a retornar ao país. Depois, praticamente o exilou como governador das Bahamas para impedi-lo de servir a conspirações inimigas.

Moedas e cédulas britânicas (1924)

Denominação	Valor em d	Peso em gramas	Valor em ñ 1924
Moeda de conta			
guinéu	252	-	756
Papel-moeda interbancário			
1.000.000 libras	240.000.000	-	720.000.000
Papel-moeda convencional (Banco da Inglaterra)			
1.000 libras	240.000	-	720.000
500 libras	120.000	-	360.000
200 libras	48.000	-	144.000
100 libras	24.000	-	72.000
50 libras	12.000	-	36.000
20 libras	4.800	-	14.400
10 libras	2.400	-	7.200
5 libras	1.200	-	3.600

Papel-moeda (Tesouro Real) (*)			
1 libra	240	-	720
½ libra	120	-	360
Moedas de prata 50%			
coroa	60	28,28	180
meia-coroa	30	14,14	90
florim	24	11,31	72
xelim	12	5,65	36
6 pence	6	2,83	18
3 pence	3	1,41	9
Moedas de bronze			
penny	1	9,40	3
halfpenny	½	5,67	1,5
farthing	¼	2,83	0,75

(*) Valores emitidos pelo Banco da Inglaterra a partir de 1928

A II Guerra Mundial e Bretton Woods (1939-1969)

Após os fracassos iniciais na condução da guerra minarem a confiança no hesitante governo conservador de Neville Chamberlain, o impetuoso Winston Churchill foi escolhido para sucedê-lo à frente de um governo de unidade nacional com trabalhistas e liberais, em maio de 1940. O Reino Unido impôs controles de câmbio desde o início da guerra, e a cotação do dólar fixou-se nos 4,03 por libra dos primeiros dias de setembro. A guerra durou mais tempo, os bombardeios foram mais severos (60,6 mil mortos), a mobilização da economia foi ainda mais completa e a guerra chegou a absorver 50% do PIB. Entretanto, pela disposição de recorrer a racionamento, controles de preços e planejamento econômico desde o início, a inflação foi melhor controlada.

Livretos de racionamento foram distribuídos nos primeiros dias da guerra, entraram em uso em janeiro de 1940, e até a família real teve de se submeter a eles. Durante a I Guerra Mundial, os preços dos alimentos haviam subido 130% e os cupons muitas vezes foram inúteis, pois não havia mercadorias a preços tabelados para comprar. Já durante a II Guerra, sempre foi possível usar os cupons, e os preços subiram apenas 20%. Restaurantes também tiveram de se submeter. Em 1940, foi proibido servir peixe e carne na mesma refeição e em

1942, as refeições foram limitadas a três pratos e o preço a 5 xelins (140 ñ) ou até 7½ xelins (210 ñ), incluindo *couvert* em cabarés etc. (bebidas à parte). Mais de dois mil "restaurantes britânicos" a preços módicos foram criados para atender a famílias desabrigadas pelos bombardeios e outros necessitados. Um menu de 1941 incluía sopa a 2d (5 ñ), carne com dois vegetais 7d (20 ñ), doce 2d (5 ñ) e xícara de chá 1d (3 ñ), num total de um xelim ou 33 ñ. Sanduíches de salsicha e embutidos custavam 4d (11 ñ), de presunto e bacon, 5d (14 ñ) e *teacakes* (bolinhos) com geleia ou manteiga, 3d (8 ñ).

Vendo que os bombardeios convencionais não abalavam o ânimo dos britânicos como se esperava, os nazistas conceberam em 1940 uma estratégia peculiar: bombardear o Reino Unido com dinheiro falso para provocar o colapso da economia. Prisioneiros do campo de concentração de Sachsenhausen, perto de Berlim, foram postos para produzir notas falsas de 5 libras, tarefa facilitada pela simplicidade das "notas brancas" britânicas, inalteradas havia quase um século e impressas de um só lado. A bizarra proposta original foi abandonada em 1942, mas a operação foi retomada por Henrich Himmler, incluindo notas de até 50 libras, para ajudar a financiar as operações do serviço secreto. As notas seriam usadas para comprar francos suíços e dólares na fronteira suíça e para pagar espiões e subornar informantes estrangeiros. Por exemplo, os italianos cujas informações ajudaram os nazistas a resgatar Benito Mussolini, deposto por um golpe antifascista em 1943, foram pagos com 100 mil libras falsas. Cerca de £132 milhões em libras falsas chegaram a ser produzidas (o meio circulante britânico era de £940 milhões em abril de 1943), das quais 15 milhões a 20 milhões chegaram a circular. Em 1943, ao perceber a gravidade do caso, o Banco da Inglaterra suspendeu a emissão de notas maiores que 5 libras. Também foi tentada a falsificação de dólares, mas ela se mostrou bem mais difícil. Resultados satisfatórios de impressão só foram obtidos em 1945, perto do fim da guerra, e a qualidade do papel ainda deixava a desejar.

O governo britânico exauriu suas reservas no início da guerra com a encomenda de 10 bilhões de dólares em suprimentos aos EUA. Entretanto, a partir de março de 1941, o governo de Franklin D. Roosevelt supriu o Reino Unido (e depois, em menor escala, outros países amigos) pelo programa *Lend-Lease*, que contornou a proibição de financiar países em guerra com "empréstimos" de alimentos, materiais e petróleo. Ao todo, 31,3 bilhões de dólares foram transferidos ao Reino Unido por esse mecanismo. A maior parte do material foi usado ou destruído na guerra e o remanescente comprado depois da guerra a 10% do preço nominal. Os britânicos retribuíram com 8 bilhões de dólares em materiais e tecnologias de valor inestimável, inclusive o radar e o sonar.

Embora do ponto de vista militar o Império Britânico fosse uma das três grandes potências aliadas e Churchill viesse a participar das conferências de Yalta e Potsdam em pé de igualdade com Roosevelt (depois Truman) e Stálin, financeiramente se tornara completamente dependente dos EUA. Uma das consequências foi a incapacidade dos britânicos de influenciar o resultado da conferência de Bretton Woods, que definiu a ordem financeira ocidental do pós-guerra em favor de Washington.

A primeira eleição do pós-guerra deu a vitória aos trabalhistas do primeiro-ministro Clement Attlee, que, nos anos seguintes, estatizaram o Banco da Inglaterra e vários setores estratégicos, criaram um Estado de bem-estar social e concederam a independência aos antigos vice-reino da Índia (dividido entre Índia, Paquistão, Birmânia e Ceilão) e mandato da Palestina (dividido entre Jordânia e Israel). A economia custou, porém, a se recuperar, e o racionamento tornou-se ainda mais severo, em parte pela resistência de empresários a investir sob a política trabalhista, em parte pela necessidade de alimentar populações de territórios ocupados pelos exércitos britânicos. Em agosto de 1947, quando o governo tentou instaurar o câmbio livre à taxa de 4,03 dólares por libra acordada em Bretton Woods, houve uma corrida ao dólar que prejudicou ainda mais a economia e forçou um retorno ao controle do câmbio. Foi preciso desvalorizar a moeda para 2,80 dólares por libra para viabilizar o câmbio livre em 1949.

A impopularidade do racionamento levou os conservadores e Winston Churchill de volta ao governo em 1951. A economia retornou a um funcionamento mais normal, mas continuou aquém da Europa continental em crescimento e produtividade. Embora o Reino Unido tivesse recebido em 1948-1951 a maior fatia do Plano Marshall, US$ 3,3 bilhões, estava em desvantagem quanto ao custo da mão-de-obra e a idade de sua indústria e infraestrutura. Apesar disso, Churchill insistiu em tentar manter o status de terceira potência mundial, combater as rebeliões anticoloniais do Quênia e

Malásia e reter o que restava do Império Britânico, mesmo sem ter apoio dos EUA para a empreitada.

Reformulada em 1949 como Comunidade das Nações, a antiga Comunidade Britânica ainda reunia quase todos os antigos domínios e colônias (exceto Irlanda e Birmânia) e tinha um papel político e econômico não desprezível, como espaço de circulação livre de mercadorias, capitais e migrantes (apesar de a resistência começar quando aqueles de países não brancos começaram a chegar em maior número à Inglaterra). Quase todos (exceto o Canadá) também vinculavam suas moedas à libra esterlina, submetiam suas políticas monetárias à coordenação do Banco da Inglaterra e mantinham grande parte de suas divisas como saldos em libras esterlinas em Londres, formando a zona esterlina (*sterling area*)[15]. O Reino Unido podia usar as reservas somadas da zona para respaldar a libra esterlina em momentos de crise. Por outro lado, os integrantes podiam liquidar pagamentos em libras esterlinas em qualquer lugar dentro da área sem controles de câmbio e tinham acesso permanente aos recursos financeiros da cidade de Londres. Por mais duas décadas, a Comunidade das Nações seria mais integrada do que a Comunidade Econômica Europeia, a ser fundada em 1957.

Em 1952, morreu George VI e o trono foi herdado pela filha Elizabeth II, que, numa tentativa de reafirmar o prestígio do Império Britânico, foi coroada no ano seguinte com uma cerimônia cercada de pompa. Foi nesse ambiente de ufanismo nostálgico que Ian Fleming começou a escrever as aventuras de James Bond, o agente 007. Em 1955, Churchill, doente, renunciou e o governo foi assumido por seu ministro Anthony Eden, que tentou continuar sua política, mas foi humilhado pelos EUA ao ser forçado a recuar de uma intervenção no Egito ao lado da França e de Israel em 1956. Aos sucessores, restou admitir que o Reino Unido se tornara mero satélite dos EUA e desmontar o império colonial de maneira tão pacífica e organizada quanto possível, de modo a garantir a preservação das propriedades e interesses financeiros e industriais britânicos nas ex-colônias.

A partir de 1947, as moedas que haviam sido de prata passaram a ser cunhadas em cuproníquel. Em 1957, a tradicional *white fiver*, a

15 Irlanda, Birmânia, Iraque, Jordânia e Líbia também pertenciam à zona esterlina, apesar de não serem membros da Comunidade das Nações e terem deixado de ser dependências britânicas.

nota de 5 libras com o desenho obsoleto de 1855, foi substituída por uma nota colorida de desenho moderno, mais difícil de falsificar. As últimas notas tradicionais foram retiradas de circulação em 1961. Em 1964, foram postas em circulação novas notas de 10 libras.

Em 1961, deixou-se de cunhar o *farthing* (retirado de circulação no final de 1960) e voltaram a ser cunhadas moedas de ouro de um soberano. O objetivo das novas moedas de ouro era combater a falsificação dos soberanos antigos, comum desde fins dos anos 1940. Feitas de ouro, ainda que de teor às vezes inferior ao da moeda verdadeira, essas moedas continham no máximo £2 18s. 10¼d pela cotação oficial do metal, mas eram vendidas a £4 ou mais em mercados europeus e do Oriente Médio. Uma vez que a punição dessas falsificações era problemática – em 1952 a Suíça recusara a extradição de falsários com o argumento de que o soberano não era mais usado como dinheiro –, o governo britânico decidiu cunhar grandes quantidades de moedas verdadeiras (45 milhões até 1968), de modo a baixar o preço e tirar os falsários do negócio. As razões para combater a falsificação de uma moeda obsoleta não eram apenas de prestígio e interesse comercial: as moedas falsas prejudicavam as atividades do serviço secreto britânico no Oriente Médio, onde soberanos de ouro eram usados em subornos e no pagamento de agentes e informantes. Ainda na Guerra do Golfo de 1991, forças especiais britânicas levariam pacotes de soberanos para comprar ajuda por trás das linhas iraquianas.

Com uma inflação superior à do dólar, em parte pelo custo de manter um esforço militar e colonial acima das possibilidades do país, a libra esterlina ficou sujeita a ataques especulativos nos anos 1960. O governo trabalhista de Harold Wilson, em 1964-1970, tentou contê-los com restrições cambiais, mas acabou por desvalorizar a libra para 2,40 por dólar em 1967. Essa desvalorização foi o primeiro passo para desmantelar a zona esterlina, pois vários integrantes, inclusive Austrália, Índia, Paquistão, África do Sul e Hong Kong, recusaram-se a acompanhá-la.

Moedas e cédulas britânicas (1960)

Denominação	Valor em d	Peso em gramas	Valor em ñ 1960
Moeda de conta			
guinéu	252	-	294
Papel-moeda interbancário			
1.000.000 libras	240.000.000	-	280.000.000
Papel-moeda convencional			
5 libras	1.200	-	1.400
1 libra	240	-	280
10 xelins	120	-	140
Moedas de ouro 22 quilates			
soberano (*)	706,25	7,99	825
Moedas de cuproníquel			
coroa (apenas como moeda comemorativa)	60	28,28	70
meia-coroa	30	14,14	35
2 xelins (florim)	24	11,31	28
xelim	12	5,65	14
6 *pence*	6	2,83	7
Moedas de alpaca			
3 *pence*	3	6,8	3,5
Moedas de bronze			
penny	1	9,40	1,2
halfpenny	½	5,67	0,6
farthing	¼	2,83	0,3

(*) Destinada ao Tesouro, investidores, coleções e usos especiais, não à circulação

Poder aquisitivo da libra esterlina, 1910-1970

Ano	Libra (£)	Xelim (s)	Penny (d)	£/US$
	ñ	ñ	ñ	
1910	1.201,39	60,07	5,01	4,8638
1911	1.213,60	60,68	5,06	4,8623
1912	1.195,38	59,77	4,98	4,8655
1913	1.169,62	58,48	4,87	4,8638
1914	1.041,14	52,06	4,34	4,9303
1915	906,75	45,34	3,78	4,7570
1916	722,87	36,14	3,01	4,7660
1917	607,73	30,39	2,53	4,7638
1918	478,25	23,91	1,99	4,7653
1919	529,81	26,49	2,21	4,4305
1920	460,90	23,04	1,92	3,6588
1921	583,10	29,15	2,43	3,8513
1922	714,23	35,71	2,98	4,4283
1923	691,88	34,59	2,88	4,5740
1924	686,31	34,32	2,86	4,4173
1925	699,17	34,96	2,91	4,8280
1926	757,25	37,86	3,16	4,8578
1927	798,25	39,91	3,33	4,8605
1928	804,16	40,21	3,35	4,8655
1929	790,33	39,52	3,29	4,8568
1930	936,62	46,83	3,90	4,8618
1931	1.042,05	52,10	4,34	4,5323
1932	1.121,30	56,07	4,67	3,5040
1933	1.078,76	53,94	4,49	4,2178
1934	1.088,59	54,43	4,54	5,0385
1935	1.039,33	51,97	4,33	4,9018
1936	986,11	49,31	4,11	4,9703
1937	936,62	46,83	3,90	4,9440
1938	937,35	46,87	3,91	4,8890
1939	987,75	49,39	4,12	4,4363
1940	758,69	37,93	3,16	3,8338

Ano	Libra (£)	Xelim (s)	Penny (d)	£/US$
	ñ	ñ	ñ	
1940	758,69	37,93	3,16	3,8338
1941	669,39	33,47	2,79	4,0318
1942	560,65	28,03	2,34	4,0350
1943	556,73	27,84	2,32	4,0350
1944	538,89	26,94	2,25	4,0350
1945	523,31	26,17	2,18	4,0328
1946	505,15	25,26	2,10	4,0330
1947	462,86	23,14	1,93	4,0300
1948	429,41	21,47	1,79	4,0300
1949	379,71	18,99	1,58	3,6200
1950	378,51	18,93	1,58	2,8000
1951	326,64	16,33	1,36	2,8000
1952	299,52	14,98	1,25	2,7950
1953	319,73	15,99	1,33	2,8125
1954	312,21	15,61	1,30	2,8100
1955	296,62	14,83	1,24	2,7950
1956	287,89	14,39	1,20	2,7950
1957	275,73	13,79	1,15	2,7950
1958	271,28	13,56	1,13	2,8125
1959	271,28	13,56	1,13	2,8075
1960	265,55	13,28	1,11	2,8075
1961	254,73	12,74	1,06	2,8023
1962	248,48	12,42	1,04	2,8078
1963	243,61	12,18	1,02	2,8005
1964	232,33	11,62	0,97	2,7925
1965	222,05	11,10	0,93	2,7963
1966	214,47	10,72	0,89	2,7955
1967	209,10	10,46	0,87	2,7493
1968	197,58	9,88	0,82	2,3938
1969	188,68	9,43	0,79	2,3905
1970	174,87	8,74	0,73	2,3963

Obs.: as taxas de câmbio são médias anuais

A libra decimal (1971-presente)

Ao levar em conta que a maior parte do comércio exterior agora se dava com países que usavam o Sistema Métrico Decimal (inclusive as ex-colônias britânicas), em 1965 a Federação das Indústrias pediu sua adoção ao governo Harold Wilson, que apoiou a proposta e nela incluiu, em 1966, a decimalização da libra esterlina. Considerou-se substituir a libra por uma moeda com o valor de 10 xelins, denominada *royal* ou *noble* e dividida em 100 cents, de valor próximo ao *penny* antigo. Assim fizeram a maioria dos países ao abandonar o sistema £sd: a África do Sul em 1961 (rand de 100 cents), a Austrália, Nova Zelândia e Rodésia em 1966, 1967 e 1970 (dólares de 100 cents) e a Nigéria em 1973 (naira de 100 kobos). No caso britânico, porém, decidiu-se manter a unidade inalterada por causa de seu papel ainda relevante como moeda de reserva internacional e dividi-la em 100 new *pence* (símbolo p), cada um com o valor de 2,4 *pence* antigo (símbolo d). A Irlanda a imitou.

O xelim e o florim foram cunhados a partir de 1968 com as denominações de 5 new *pence* e 10 new *pence* para acostumar o público à nova unidade, o ½ *penny* e a meia-coroa foram retirados em 1969 e a decimalização total entrou em vigor em fevereiro de 1971. Os bancos, muitos deles ainda não informatizados, fecharam do dia 10 ao 15 de fevereiro para processar as transações pendentes e converter as contas dos clientes. As moedas antigas de 6 *pence* (2½ new *pence*) circularam até 1980, o xelim até 1990 e o florim até 1992, mas as menores foram imediatamente desmonetizadas. Moedas de até 2 new *pence* tiveram curso legal para valores até 20 new *pence*, as de 5 e 10 até 5 libras e as de 20 a 50 até 10 libras. Ainda em 1971 foi retirada de circulação a nota de 10 xelins (substituída pela moeda de 50 *pence*) e lançada a de 20 libras. Em 1981 surgiu uma nota de 50 libras e, em 1988, foi retirada a nota de uma libra.

As moedas de prata da quinta-feira santa (*Maundy Money*) continuaram cunhadas sem alteração, mas sua denominação passou a se referir a new *pence*. Preços em guinéus, ainda comuns nos anos 1960, desapareceram. O new *penny* passou a se chamar apenas *penny* em 1982, quando também foi introduzida uma moeda de 20 *pence*. Em 1983, começou a ser cunhada uma moeda de uma libra e em 1997, de duas libras. A moeda de meio *penny* (novo) foi desmonetizada em 1984.

Em agosto de 1971, com o colapso do sistema de Bretton Woods, a libra passou a flutuar livremente. No início, valorizou-se para US$ 2,65. A chamada área da libra esterlina, formada pelos países cuja moeda era vinculada à libra (principalmente ex-colônias) dissolveu-se, pois a maioria de seus membros também optou por flutuar livremente contra a libra e o dólar e em 1972 o Reino Unido passou a controlar o câmbio também em relação às suas moedas. Além das colônias remanescentes, apenas a Irlanda continuou vinculada à libra.

Com o fim da zona esterlina e a adesão do Reino Unido à Comunidade Econômica Europeia em 1973, a Comunidade das Nações reduziu-se a pouco mais que uma associação cultural. Nesse ano, o primeiro choque do petróleo teve um forte impacto na economia e desencadeou uma espiral inflacionária que chegaria a 27% ao ano em 1975 e levou à desvalorização da libra para menos de US$ 2. Em 1979, a deterioração da moeda e da economia levou à eleição do governo conservador de Margaret Thatcher, marco da reação neoliberal internacional às políticas keynesianas que haviam prevalecido desde a II Guerra Mundial. Nesse mesmo ano, a Irlanda se juntou ao Sistema Monetário Europeu e abandonou o câmbio fixo em relação à libra britânica.

No início do governo Thatcher, a libra chegou a subir para mais de US$ 2,40 com a política monetarista de alta dos juros, mas voltou a cair para US$ 2,01 em 1981, enquanto a economia entrava em recessão. A popularidade e o cargo de Thatcher foram salvos pela vitória na Guerra das Malvinas de 1982, mas a posição da libra voltou a se deteriorar. Em 1986, Thatcher promoveu o chamado "Big Bang", uma desregulamentação radical do mercado financeiro britânico e da Bolsa de Londres, para atrair bancos e especuladores de todo o mundo e concorrer com Nova York. Isso abriu caminho à globalização financeira e à concentração crescente do mercado, criando bancos "grandes demais para falir" e movimentos de capitais maiores do que os governos podiam controlar, mas por algum tempo ajudou a evitar a desvalorização da libra.

Em 1988, numa tentativa de importar a credibilidade anti-inflacionária do Bundesbank, o governo decidiu tentar manter o câmbio estável em relação ao marco alemão ocidental sem praticar uma política de juros compatível. Em outubro de 1990 decidiu aderir oficialmente ao Sistema Monetário Europeu, com a libra a 2,95 marcos e margem de flutuação de 6%, parte de um conjunto de medidas inconsistentes que levaram à substituição de Thatcher por John Major. O Reino Unido, em recessão e com um déficit comercial, foi forçado a subir juros para manter-se dentro da "serpente europeia". A oposição à União Europeia dentro do Partido Conservador era forte e, ao assinar o Tratado de Maastricht em fevereiro de 1992, o Reino Unido impôs ser isentado de aderir à futura moeda única.

Em 1992, o financista húngaro-estadunidense George Soros, ao perceber a vulnerabilidade da libra e a fragilidade política do compromisso europeu do governo britânico, apostou na desvalorização com vendas maciças de libras e foi acompanhado por outros especuladores. O Banco da Inglaterra desistiu de cobrir a aposta e o país foi forçado a se retirar do SME na "Black Wednesday" de 16 de setembro de 1992, operação que custou £3,3 bilhões ao Tesouro e rendeu £1 bilhão a Soros. A libra passou a flutuar em torno de 2,20 marcos, o que facilitou a recuperação das exportações.

Em 1997, o governo trabalhista e social-liberal de Tony Blair restituiu a autonomia ao Banco da Inglaterra para manter a inflação à taxa anual de 2%, com uma margem de 1% para mais ou para menos. Favorável à integração europeia, esse governo se propôs a viabilizar a integração ao euro, mas perdeu a popularidade ao participar da invasão estadunidense do Iraque em 2003 sob falsos pretextos para conquistar concessões de petróleo e com isso se envolver numa guerra prolongada.

Seu sucessor Gordon Brown abandonou a ideia em 2007, e em seguida a crise financeira internacional iniciada nos EUA complicou o quadro. O governo endividou-se pesadamente para resgatar e estatizar seus maiores bancos a um custo total de £850 bilhões. A posse de uma moeda própria deu ao Reino Unido mais flexibilidade do que tiveram os países do continente para efetuar o socorro bancário e combater a recessão, mas sua filiação à União Europeia pouco ou nada teve a ver com a crise e com os cortes de gastos públicos que se seguiram. Mesmo assim, cresceu a oposição à integração europeia, cujo porta-voz mais ruidoso foi o UKIP, fundado em 1993 com o £ da libra como logo.

Num ambiente de recessão e desemprego, combinaram-se a rejeição aos imigrantes europeus e às normas europeias que supostamente entravavam a economia para resultar na rejeição à permanência na União Europeia no plebiscito de 2016. Entretanto, o apoio ao chamado

"Brexit" (saída da UE) foi em grande parte condicionado pela falsa impressão de que o Reino Unido poderia manter o acesso privilegiado ao mercado europeu após o rompimento e, ainda, recuperar os laços comerciais enfraquecidos com os integrantes da Comunidade das Nações e negociar acordos mais vantajosos com países como os EUA e o Japão. O início posterior das negociações mostrou que esse não é o caso, com impacto negativo na cotação internacional da libra esterlina.

Moedas e cédulas britânicas (1971)

Denominação	Valor em £	Peso em gramas	Valor em ñ 1971
Papel-moeda interbancário			
1.000.000 libras	1.000.000,00	-	160.000.000
Papel-moeda convencional			
20 libras	20,00	-	3.200
10 libras	10,00	-	1.600
5 libras	5,00	-	800
1 libra	1,00	-	160
Moedas de cuproníquel			
50 *new pence* (heptagonal)	0,50	13,50	80
coroa (apenas moeda comemorativa)	0,25	28,28	40
10 *new pence*	0,10	11,31	16
5 *new pence*	0,05	5,65	8
sixpence	0,02½	2,83	4
Moedas de bronze			
2 *new pence*	0,02	7,12	3,2
1 *new penny*	0,01	3,56	1,6
½ *new penny*	0,00½	1,78	0,8

Moedas e cédulas britânicas (1992)

Denominação	Valor em £	Peso em gramas	Valor em ñ 1992
Papel-moeda interbancário			
1.000.000 libras	1.000.000,00	-	20.000.000
Papel-moeda convencional			
50 libras	50,00	-	1.000
20 libras	20,00	-	400
10 libras	10,00	-	200
5 libras	5,00	-	100

Moedas de alpaca			
1 libra	1,00	9,5	20
Moedas de cuproníquel			
5 libras (comemorativa)	5,00	28,28	100
50 *pence* (heptagonal)	0,50	13,5	10
20 *pence* (heptagonal)	0,20	5,0	4
10 *pence*	0,10	6,5	2
5 *pence*	0,05	3,25	1
Moedas de aço cobreado			
2 *pence*	0,02	7,12	0,4
1 *penny*	0,01	3,56	0,2

Moedas e cédulas britânicas (2015)

Denominação	**Valor em £**	**Peso em gramas**	**Valor em ñ 2015**
Papel-moeda interbancário			
100.000.000 libras	100.000.000,00	-	1.200.000.000
1.000.000 libras	1.000.000,00	-	12.000.000
Papel-moeda convencional			
50 libras	50,00	-	600
20 libras	20,00	-	240
10 libras	10,00	-	120
5 libras	5,00	-	60
Moedas bimetálicas (centro cuproníquel, coroa alpaca)			
2 libras	2,00	12,0	24
Moedas de alpaca			
1 libra (*)	1,00	9,5	12
Moedas de cuproníquel			
5 libras (comemorativa)	5,00	28,28	60
50 *pence* (heptagonal)	0,50	8,0	6
20 *pence* (heptagonal)	0,20	5,0	2,4
Moedas de aço niquelado			
10 *pence*	0,10	6,5	1,2
5 *pence*	0,05	3,25	0,6
Moedas de aço cobreado			
2 *pence*	0,02	7,12	0,24
1 *penny*	0,01	3,56	0,12

(*) Devido à grande quantidade de falsificações, foi substituída por moeda bimetálica dodecagonal de 8,75 gramas em 2017

Poder aquisitivo da libra esterlina, 1970-2018

Ano	£ (ñ)	£/US$	Ano	£ (ñ)	£/US$	Ano	£ (ñ)	£/US$
1970	174,87	2,3963	1990	23,82	1,7850	2010	13,55	1,5459
1971	163,66	2,4443	1991	22,80	1,7699	2011	12,92	1,6041
1972	153,13	2,5023	1992	22,23	1,7661	2012	12,54	1,5849
1973	139,06	2,4533	1993	21,80	1,5023	2013	12,21	1,5648
1974	117,39	2,3401	1994	21,19	1,5321	2014	12,15	1,6477
1975	95,04	2,2219	1995	20,53	1,5782	2015	12,12	1,5285
1976	83,39	1,8058	1996	20,04	1,5619	2016	11,93	1,3557
1977	73,19	1,7455	1997	19,34	1,6378	2017	11,59	1,2886
1978	64,79	1,9198	1998	18,82	1,6570	2018	11,36	1,3348
1979	54,44	2,1222	1999	18,49	1,6183	2019	11,21	1,3262
1980	44,58	2,3269	2000	17,97	1,5162			
1981	40,22	2,0283	2001	17,84	1,4400			
1982	38,27	1,7507	2002	17,33	1,5026			
1983	36,33	1,5166	2003	16,86	1,6346			
1984	34,70	1,3366	2004	16,29	1,8320			
1985	32,65	1,2962	2005	15,94	1,8197			
1986	31,95	1,4672	2006	15,26	1,8429			
1987	29,95	1,6392	2007	14,67	2,0018			
1988	28,05	1,7812	2008	14,53	1,8528			
1989	26,04	1,6397	2009	14,19	1,5651			

Obs.: as taxas de câmbio são médias anuais

FRANÇA

Napoleão (1800-1815), a Restauração (1815-1830) e Luís Filipe I (1830-1848)

O governo elitista do Diretório, imposto em 1795 pela reação da alta burguesia ao Terror do governo radical liderado pelos jacobinos de Robespierre, tornou-se impopular pela inflação que grassou até 1797 e pela incapacidade de normalizar a economia e conciliar as classes sociais. Em 1799, o general Napoleão Bonaparte retornou de sua campanha até então vitoriosa no Oriente Médio e foi recebido pelas massas como herói. Com apoio do Abade Sieyès, do príncipe Talleyrand e do chefe de polícia Fouché, liderou no dia 18 Brumário (9 de novembro do calendário gregoriano) um golpe de Estado que depôs o Diretório e impôs o Consulado, um governo liderado por Napoleão como primeiro-cônsul e por dois outros cônsules. Em 1800, um referendo confirmou o novo regime e reduziu os poderes dos dois outros cônsules, e em 1802 outro referendo o tornou cônsul vitalício.

Em 1800, Napoleão criou o Banco da França, cujo controle foi confiado a quinze casas bancárias tradicionais que haviam apoiado seu golpe e que a partir de 1803 passou a centralizar e monopolizar a emissão de papel-moeda, ao mesmo tempo que eram regularizadas as novas cunhagens em ouro e prata. Além disso, Napoleão normalizou as relações com o papa através de uma Concordata – a Igreja Católica voltou a ser a religião oficial, mas renunciou aos seus bens confiscados –, fez a paz com a Áustria e o Reino Unido. Em abril de 1803, após forçar a Espanha a ceder a Luisiana, vendeu a região de 2,14 milhões de quilômetros quadrados aos EUA de

Thomas Jefferson por 68 milhões de francos (50 milhões em dinheiro e 18 milhões em cancelamento de dívidas), por considerar impossível defender a colônia, visto que os exércitos franceses não conseguiam derrotar a rebelião dos escravos no Haiti e era iminente a guerra com os britânicos, que se iniciou em maio.

Em 1803, o governo francês estabeleceu o bimetalismo: a moeda, até então baseada apenas na prata, passou a ter um padrão duplo, ouro e prata. Isso proporcionava uma base monetária mais ampla e flexível, adequada a uma economia em modernização a países onde o papel-moeda, devido a experiências históricas negativas, tinha problemas de credibilidade e dificuldade de aceitação. Entretanto, sua manutenção a longo prazo se mostraria problemática, pois dependia da estabilidade da relação de preços entre os dois metais, que era casual e sujeita a alterações da oferta e demanda devidas a novas descobertas na área da mineração ou alterações no equilíbrio do comércio mundial.

O franco seria igual a 0,3225 g de ouro 90% ou 5 g de prata 90%, com uma relação de preço entre prata e ouro de 1 / 15,5. Como a lei que o instituiu foi datada, no calendário republicano, como 14 de germinal do ano XI (4 de abril de 1803), a moeda redefinida foi conhecida como *franco germinal*, com F como símbolo[16]. Foram cunhadas moedas de prata de ¼ franco a 5 francos e moedas de ouro de 20 e 40 francos. Estas moedas de ouro, principalmente a de 20 francos, foram chamadas "**napoleões**" pelo retrato do imperador no anverso, assim como as moedas de 24 libras francesas do Antigo Regime, um pouco maiores, eram chamadas "**luíses**". O nome veio a se generalizar para as moedas de ouro francesas cunhadas nos séculos XIX e XX com base no novo padrão, mesmo aquelas cunhadas com a efígie de reis ou da República. Particulares podiam levar metal precioso para ser cunhado na Casa da Moeda, pagando uma senhoriagem de 0,33% pelo ouro e 1,5% pela prata.

Dada a desconfiança popular pelo papel-moeda após a experiência inflacionária dos *assignats* e *mandats*, o Banco da França emitiu apenas notas de 500 e mil francos, para facilitar as transações entre grandes comerciantes e industriais. A estas se juntariam em 1808 notas de 250 francos, conhecidas como *comptoirs* ("balcões" ou

16 Fora da França, usou-se FF para distinguir sem ambiguidade o franco francês dos francos de outros países, como os da Suíça (que usa internamente Fr) e da Bélgica (que usou fr.).

"sucursais"), por terem sido emitidas por sucursais do interior (chamadas *comptoirs*) e por elas garantidas.

A recuperação e estabilização da economia tornaram Napoleão ainda mais popular. Em 1804 seus apoiadores fizeram o Senado coroá-lo imperador, como forma de consolidar o regime ante tentativas de restauração dos Bourbon ou de revolução dos jacobinos. Seguiram-se dez anos de guerras quase contínuas, que fizeram o Império Francês dominar temporariamente a maior parte da Europa, espalharam ideias e leis liberais pelo continente e deram início ao processo de independência da América Latina ao provocar a fuga da família real portuguesa para o Brasil e criar na Espanha um governo não reconhecido pelas colônias ao impor seu irmão como rei. Entretanto, o esforço de guerra esgotou a França, principalmente depois da destruição de grande parte do exército de Napoleão pelo inverno russo na fracassada campanha de 1812.

Em 1814, Napoleão foi derrotado e exilado na ilha de Elba, e os vencedores restauraram os Bourbon na França com Luís XVIII. No ano seguinte, o imperador deposto retornou e tomou o poder por cem dias, mas foi vencido em Waterloo, aventura que custou à França os territórios da Bélgica, Luxemburgo e Renânia, uma indenização de setecentos milhões aos aliados e a obrigação de pagar os exércitos vencedores para ocupá-la por cinco anos ao custo de 150 milhões de francos anuais. Foram depois convencidos a se retirar após três anos, com uma indenização extra de 200 milhões.

Luís XVIII, irmão mais novo do rei decapitado, aceitava as mudanças sociais resultantes da revolução como irreversíveis e estava disposto a fazer concessões às forças liberais e populares, principalmente depois do breve retorno de Napoleão. Quis reinar como monarca constitucional e conter o revanchismo da aristocracia retornada, mas esta, ainda assim, julgou milhares de colaboradores dos governos revolucionário e napoleônico, demitiu dezenas de milhares e promoveu os massacres do chamado "Terror Branco" (cor da bandeira monarquista) que coagiram o eleitorado (formado apenas pelos proprietários que pagavam impostos) a eleger uma Câmara extremamente reacionária, da qual se originou a expressão "mais realista que o rei", este relativamente liberal.

Com a morte de Luís XVIII em 1824, o trono foi herdado pelo irmão Carlos X, aliado da Câmara "ultrarrealista" que pretendeu de fato restaurar tanto quanto possível o Antigo Regime e indenizou com 988 milhões de francos as famílias da nobreza que haviam perdido terras com a Revolução. Em janeiro de 1830 Carlos X invadiu a Argélia – então um vice-reino quase independente do Império Otomano – para acabar com a ameaça dos piratas à navegação no Mediterrâneo e ganhar popularidade com uma vitória militar. Entretanto, em 6 de julho, dia seguinte à tomada de Argel, o rei suspendeu a Constituição, porque a eleição do mês anterior dera metade da Câmara à oposição, excluiu a pequena burguesia do direito de voto e impôs censura à imprensa. Os jornais liberais conclamaram a uma revolta, barricadas foram erguidas nas ruas, soldados passaram para o lado dos rebeldes. Em 31 de julho Carlos fugiu para Versalhes, e o duque Luís Filipe de Orléans, de um ramo da família real que apoiara a Revolução, foi aclamado como novo rei, com amplo apoio da burguesia.

Constitucional e liberal, a chamada Monarquia de Julho foi uma idade de ouro para a burguesia francesa, acompanhada de rápida industrialização, urbanização e modernização do país. Entretanto, foi também uma época de concentração de renda e instabilidade política, marcada por rebeliões legitimistas, republicanas e bonapartistas às quais o "rei burguês" reagiu com medidas autoritárias que minaram sua popularidade. Destacam-se a revolta de junho de 1832 que constitui o clímax de *Os Miseráveis*, famoso romance de Victor Hugo publicado em 1862, e as revoltas de 1836 e 1840 lideradas por Luís Napoleão, sobrinho e potencial herdeiro do imperador morto em 1821.

O espírito da época transparece em romances como *O Pai Goriot*, de Balzac (1834), no qual a miséria do idoso protagonista se expressa pela sua necessidade de morar numa pensão modesta para reduzir sua despesa anual a 500 francos (25 mil ñ, 69 ñ por dia), aproximadamente a renda média de seu tempo. Sacrificara a fortuna pelas duas filhas, que receberam, cada uma, um dote de 500 mil francos (25 milhões de ñ), suficiente para proporcionar uma renda de 25 mil francos (1,25 milhão de ñ, 3,5 mil ñ por dia). A propriedade da família de Eugène de Rastignac, pretendente de uma de suas filhas e representante da pequena nobreza interiorana, rende com dificuldade 3 mil francos por ano (150 mil ñ, 417 ñ por dia), 1.200 dos quais destinados a custear os estudos de direito do rapaz. O cínico foragido Vautrin aponta que é necessária uma renda de 25 mil francos para se viver com o mínimo de dignidade e, o máximo que Rastignac poderia obter do diploma, com muitos esforços e riscos, era o cargo de procurador do rei, com uma renda de 5 mil francos anuais (250 mil ñ, 690 ñ por dia), muito menos do que poderia conseguir caso se casasse com uma das filhas de Goriot, para não falar de Mademoiselle Victorine, dona de um milhão de francos.

Em *A História da Grandeza e Decadência de César Birotteau* (1837), outro romance de Balzac, o objetivo do perfumista é atingir o milhão de francos, metade para si e a esposa e metade como dote para a filha, de modo a permitir a seu futuro genro adquirir um cartório. A esposa, mais realista, quer convencê-lo de que podem viver com uma renda de 2 mil francos anuais (100 mil ñ, 278 ñ por dia) e casar a filha com 8 mil francos de renda, mas César quer viver bem e se recusa a acabar como seu sócio, aposentado com 5 mil francos de renda, suficientes apenas para "sobreviver".

As frustrações das massas populares com os retrocessos da Revolução Francesa, o reacionarismo ultra-monarquista e a exploração impiedosa pela burguesia industrial fizeram do país um celeiro de radicalismo político e social. François-Noël "Gracchus" Babeuf, executado pelo Diretório em 1797 por conspirar por uma república igualitária durante a crise inflacionária e financeira criada pelos *mandats*, é o geralmente considerado o precursor do comunismo como movimento político. Charles Fourier lançou uma proposta utópica e cooperativista em 1808 e influenciou tanto o anarquista Pierre-Joseph Proudhon, cuja obra começou a surgir em 1840, quanto o anarquista russo Mikhail Bakunin e o comunista alemão Karl Marx, que conheceram Proudhon em Paris e dele divergiram por diferentes motivos. Louis Auguste Blanqui criou uma sociedade secreta conhecida como a "Sociedade das Estações" que comandou em 1839 uma revolta socialista contra Luís Filipe, enquanto a organização dos "Trabalhadores Igualitários", seguidores de Babeuf, cunhava o termo "comunista", popularizado no ano seguinte pela realização de um encontro de correntes seguidores do "comunismo" em Belleville (bairro de Paris) e adotado por Marx e Friedrich Engels no *Manifesto Comunista*, publicado às vésperas da revolução de 1848.

Por outro lado, a França pós-revolucionária também deu origem a filosofias políticas de caráter tecnocrático – o reformista conde de Saint-Simon cunhou o termo "socialismo" em 1817 como uma proposta tecnocrática, e seu secretário Auguste Comte inventou a sociologia e um modelo completo de sociedade e religião "positivistas" –, liberal, como as de Alexis de Tocqueville e Benjamin Constant e ultraconservador, como a de Joseph de Maistre.

A crise econômica de 1847, deflagrada pelo fim de uma bolha especulativa britânica relacionada à construção de ferrovias, levou à deposição de Luís Filipe I e à proclamação da Segunda República em fevereiro de 1848 na primeira grande revolta da "Primavera dos Povos", que se faria sentir também na Europa Central e Oriental (cf. *Alemanha e Áustria*).

Moedas da era de Napoleão à de Luís Filipe (1800-1848)

Denominação	Valor em francos	Peso em gramas	Valor em ñ
Papel-moeda			
5.000 francos (1846)	5.000,00	–	250.000
1.000 francos	1.000,00	–	50.000
500 francos	500,00	–	25.000
250 francos	250,00	–	12.500
Moedas de ouro 90%			
40 francos	40,00	12,90	2.000
20 francos ("napoleão")	20,00	6,45	1.000
Moedas de prata 90%			
5 francos ("escudo")	5,00	25,0	250
2 francos	2,00	10,0	100
1 franco	1,00	5,0	50
½ franco	0,50	2,5	25
¼ franco	0,25	1,25	12,5
Moedas de bolhão			
10 cêntimos = 2 sous (1807-1810)	0,10	2,0	5
Moedas de bronze			
1 décimo = 2 sous (1814)	0,10	25,0	5
1 décimo = 2 sous (1815)	0,10	20,0	5
Moedas de cobre			
5 cêntimos = 1 sou (1808)	0,05	8,0	2,5

A Segunda República (1848-1852) e o Segundo Império (1852-1870)

Após a queda do rei Luís Filipe I em fevereiro, foi proclamado um governo republicano liberal por Alphonse de Lamartine e outro socialista por Louis Blanc (frequentemente tido como o inventor da palavra "capitalismo"), depois unidos com a predominância do primeiro. A eleição presidencial de dezembro, com voto universal e direto, levou à vitória de Luís Napoleão, apoiado por republicanos liberais, contra o conservador Louis-Eugène Cavaignac e uma esquerda socialista dividida.

Meses depois, os conservadores conseguiram maioria na eleição parlamentar, e Luís Napoleão, embora tivesse sido eleito com uma campanha liberal e populista, aliou-se a eles. Em 1849, enviou tropas a Roma para restaurar a autoridade do papa Pio IX, expulso por uma revolta republicana. No ano seguinte, os conservadores aprovaram a restrição do direito de voto com vistas à restauração da monarquia. Luís Napoleão os atacou de modo a ganhar popularidade com as massas, e ao mesmo tempo assustou a burguesia com a denúncia de uma suposta conspiração comunista, fortalecendo-se como árbitro da luta entre as classes e as forças políticas.

Em dezembro de 1851, ante o impasse entre republicanos e monarquistas que paralisava o Legislativo e o receio dos conservadores de uma eleição presidencial pôr a esquerda no poder, o presidente deu um golpe de Estado com o qual prorrogou seu mandato por dez anos e se atribuiu poderes ditatoriais, confirmados por um referendo provavelmente fraudulento, mas aceito por forças sociais e políticas opostas como um mal menor do que a vitória dos adversários. Um ano depois, com outro referendo, proclamou-se imperador Napoleão III. Iniciou-se um projeto de modernização autoritária e liberalismo econômico, apesar da resistência dos republicanos – inclusive do escritor Victor Hugo, que apoiara sua eleição em 1848 – e do crescimento dos movimentos comunistas e anarquistas entre os operários. Surgiu também um novo tipo de reação ultraconservadora, menos ligada ao catolicismo conservador do que a um pretenso racismo científico. Seu primeiro teórico foi o conde Arthur de Gobineau (grande amigo de D. Pedro II), cujo *Ensaio sobre a Desigualdade das Raças Humanas*, de 1853, seria muito influente nos países escandinavos, anglo-saxões e germânicos até a II Guerra Mundial e inspiraria o nazismo.

Os anos 1850 e 1860 foram marcados pelos esforços frequentemente contraditórios do Segundo Império de ampliar sua influência internacional, inclusive o apoio ao Reino da Sardenha contra a Áustria (1859), que resultou numa unificação italiana não planejada pelos franceses, a anexação da Savóia e Nice (1860), a invasão do México para tentar criar contrapor um "Império Latino" aos EUA (1861), a colonização do Vietnã (1861-63) e o protetorado sobre os Estados Pontifícios (1864).

A II República e o II Império foram assinalados também por uma revisão da cunhagem de moedas, com a qual criou-se uma série decimal completa de 1 cêntimo a 100 francos. Notas de 100 e 200 francos surgiram em 1848 e notas de 50 francos em 1864.

A União Monetária Latina (1865)

Em 1865, a França liderou a formação da União Latina, um padrão bimetálico comum para esse país, a Bélgica (que adotara o franco em 1832, após se separar dos Países-Baixos), a Suíça (desde 1850[17]) e a Itália (cuja lira era igual ao franco e se tornou nacional em 1862[18]). Essa união monetária é frequentemente vista como precursora do Euro do século XXI e de alguns dos seus problemas.

As moedas dos quatro países já seguiam de fato o mesmo padrão e circulavam livremente entre eles, o que foi legalizado em 1862. Entretanto, as corridas do ouro da Califórnia (1848) e Austrália (1851), haviam desequilibrado a relação de 1 / 15,5 entre os preços dos dois metais estabelecida em 1803. A relação de mercado em 1863-1864 era de 1 / 15,37, de modo que uma moeda de 1 franco continha, a preços de mercado, 1,01 franco em prata. As moedas desse metal começaram a ser derretidas para venda do metal contido, criando problemas para a circulação. Para evitar essa prática, a Suíça reduziu de 90% para 80% o título de suas moedas de prata de

17 Em 1798, a República Helvética, criada pela invasão francesa da Suíça, adotara um franco equivalente a 1,5 franco francês. Com a restauração da Confederação Suíça em 1803, cada um dos 22 cantões voltou a emitir seu próprio dinheiro, o que, junto com emissões de bancos e moedas e cédulas estrangeiras, resultou em 8 mil tipos de peças em circulação. Em 1848, após uma guerra civil, uma nova Constituição federal foi adotada e em 1850 adotou-se um novo franco suíço, igual ao francês, como moeda comum.

18 Desde 1816, a lira sarda adotada pelo Reino da Sardenha era igual ao franco francês e com a unificação de 1862, tornou-se lira italiana e passou a ser a moeda de toda a Itália unificada.

50 cêntimos e de um e dois francos e a Itália o das moedas de 20 e 50 centésimos e de 1 lira para 83,5% em 1862. Moedas suíças e italianas inundaram os mercados francês e belga, gerando ganhos de senhoriagem para os dois primeiros países às custas dos segundos. A França reagiu em 1864 reduzindo também para 83,5% o conteúdo em prata de suas moedas de 20 e 50 cêntimos e proibindo a circulação de moedas suíças.

Essas disputas e a resultante escassez de moedas de menor valor levou a Bélgica, que mantivera o padrão de 90% e com isso tivera a circulação totalmente dominada por moedas dos outros três países, a propor a conferência de 1865 que resultou na União Latina. A Bélgica e a Suíça queriam um padrão-ouro puro e simples, mas a França insistiu no bimetalismo de 1803, preferido pelo Banco da França, entidade privada que Napoleão III não queria contrariar por necessitar de seu apoio fiscal, porque isso o obrigaria a resgatar as moedas de prata em circulação. Há quem diga que o imperador queria usar o bimetalismo como moeda de troca na conferência mundial de 1867 e aceitar o padrão-ouro em troca de este ser baseado em todo o mundo na cunhagem francesa. Assim, a União decidiu manter os escudos (écus), moedas de prata de 5 francos, como de valor intrínseco e 90% de prata, enquanto as moedas de prata menores seriam semifiduciárias, com 83,5% de prata e aceitação limitada. A Suíça teve um prazo de 12 anos para retirar suas moedas com teor de 80%.

O tratado entrou em vigor em agosto de 1866. Cada um dos membros se comprometia a cunhar suas moedas de acordo com o padrão francês de diâmetro, peso e composição e aceitar a circulação de moedas dos demais integrantes, embora o nome da unidade monetária e suas divisões variasse. Qualquer indivíduo teria o direito de levar ouro ou prata para ser cunhado nas respectivas casas da moeda como moedas de 5 francos ou mais, de aceitação obrigatória. Entretanto, as moedas de 2, 1, ½ e 1/5 de franco ou equivalente seriam cunhadas em prata 83,5% e sua emissão restrita aos governos, num montante de até 6 francos por habitante, com aceitação obrigatória apenas até o valor de 50 francos para particulares e 100 francos para as tesourarias dos Estados. Não havia normas para as moedas menores e o papel-moeda, emitido e regulamentado conforme as leis de cada país. Na França, moedas de bronze eram de aceitação obrigatória até o valor de 2 francos.

Em 1867, países europeus, EUA e Império Otomano participaram da conferência internacional de Paris com a qual Napoleão III pretendia generalizar o padrão francês em todo o mundo. A maioria aceitava, em princípio, a ideia de uma moeda internacional baseada na moeda de ouro francesa de 5 francos e seus múltiplos, após uma transição baseada no bimetalismo. Para exemplificar e promover a ideia, provas de ouro de 25 francos/5 dólares (estadunidenses) e 25 francos/10 florins (britânicos) foram cunhadas na França. No Reino Unido, foram cunhadas provas de prata de um franco/ 10 *pence* e de ouro de 5 francos / 2 florins e 10 francos/ um ducado / 100 *pence* e nos EUA, de ouro de 25 francos/5 dólares. A rejeição do Reino Unido e Prússia inviabilizou a proposta, mas a Convenção de Viena de 1868 unificou as tarifas telegráficas internacionais da União Telegráfica Internacional (depois de 1934, União Internacional de Telecomunicações) com o franco-ouro como moeda comum e no mesmo ano, a Grécia[19] juntou-se ao tratado de união monetária. Em 1874, também a recém-fundada União Geral dos Correios (União Postal Universal a partir de 1878) adotou o franco-ouro para tarifas internacionais. Outros países adotaram padrões monetários total ou parcialmente baseados naqueles da União Latina por acordos bilaterais (geralmente para circulação de moedas de ouro) ou decisão unilateral, neste caso sem acordos de circulação comum, como fizeram vários países latino-americanos para facilitar o comércio com a França e a Espanha. A moeda de 20 cents (cerca de um franco) cunhada nos EUA em 1875-1878 foi uma tentativa de promover a adoção do sistema nesse país, assim como as provas de 4 dólares/20 francos (1 *Stella* ou 400 cents, 7 g de ouro 85,7%) e de 20 dólares/100 francos (5 *Stellas*) cunhadas em 1879-1880.

19 A Grécia criara em 1828, durante a guerra de independência, sua primeira moeda, a fênix, equivalente a 3,87 gramas de prata 94,3% ou 6 kurush (piastras) otomanas. Em 1832, a fênix fora substituída ao par por um dracma de 4,48 gramas de prata 90%, que em 1868 passou a ser igual ao franco francês.

Moedas associadas à União Monetária Latina

país	adoção	abandono	moeda	subdivisão
Adesão plena, com circulação comum de moedas de ouro e prata				
França	1865	1927	franco francês	100 cêntimos
Bélgica	1865	1927	franco belga = franco francês	100 cêntimos
Suíça	1865	1936	franco suíço = franco francês	100 Rappen
Itália	1865	1927	lira = franco francês	100 centésimos
Grécia	1868	1927	dracma = franco francês	100 lepta
Adesão por acordos bilaterais, com circulação comum de moedas de ouro				
Estados Pontifícios	1866	1870	lira romana = franco francês	100 centésimos
Romênia	1867	1914	leu = franco francês	100 bani
Suécia	1868	1873	carolin = 10 francos franceses	(moeda de ouro como adoção isolada)
Espanha	1868	1904	peseta = franco francês	100 cêntimos
Áustria-Hungria	1870	1892	gulden/forint = 2,5 francos franceses	100 Neukreuzer/ krajcár
Liechtenstein	1870	1892	gulden = 2,5 francos franceses	100 Neukreuzer
Finlândia	1877	1914	markka = franco francês	100 pennia
Mônaco	1877	1914	franco monegasco = franco francês	100 cêntimos
Rússia	1885	1896	rublo = 4 francos franceses	100 copeques, 200 denga, 400 polushka
Rússia	1897	1914	rublo = 2 2/3 francos franceses	100 copeques, 200 denga, 400 polushka
São Marino	1897	1927	lira são-marinense = franco francês	100 centésimos
Creta (*)	1901	1908	dracma cretense = franco francês	100 lepta
Liechtenstein	1920	1936	franco suíço = franco francês	100 cêntimos
Adoção unilateral de padrões da união monetária latina, sem circulação comum de moedas				
Luxemburgo	1865	1914	franco luxemburguês = franco francês	100 cêntimos

Peru	1865	1897	sol = 5 francos franceses	100 centavos
Bolívia	1865	1893	boliviano = 5 francos franceses	100 centécimos (centavos em 1878)
Honduras	1866	1914	peso hondurenho = 5 francos franceses	100 centavos
Guatemala	1869	1892	peso guatemalteco = 5 francos franceses	100 centavos
Venezuela	1871	1879	venezolano = 5 francos franceses	100 centavos
Venezuela	1879	1930	bolívar = franco francês	100 cêntimos
Colômbia	1871	1886	peso colombiano = 5 francos franceses	100 centavos
Sérvia	1873	1914	dinar = franco francês	100 pare
Bulgária	1880	1914	lev = franco francês	100 stotinki
Haiti	1880	1895	gourde = 5 francos franceses	100 cêntimos
Argentina	1881	1896	argentino = 5 francos franceses	100 centavos
El Salvador	1883	1892	peso salvadorenho = 5 francos franceses	100 centavos
Equador	1884	1897	sucre = 5 francos franceses	100 centavos
República Dominicana	1891	1897	franco dominicano = franco francês	100 centésimos
Montenegro	1906	1914	perper = franco francês	100 pare
Adoção por imposição colonial				
Tunísia	1886	1891	piastra ou rial = 1 2/3 franco francês	16 kharub
Tunísia	1891	1927	franco francês	100 cêntimos
Congo (belga)	1887	1908	franco congolês = franco francês	100 cêntimos
Porto Rico	1895	1898	peso = 5 francos franceses	100 centavos
Marrocos	1902	1921	rial = 5 francos franceses	10 dirhams, 500 mazunas
Índias Dinamarquesas (**)	1904	1917	daler = 5 francos franceses	100 cents = 500 bits

(*) Anexada à Grécia de fato em 1908 e oficialmente em 1913

(**) Atuais Ilhas Virgens dos EUA, vendidas aos EUA em 1917 por US$ 25 milhões

Moedas da França (1848-1870)

Denominação	Valor em francos	Peso em gramas	Valor em ñ (1867)
Papel-moeda			
5.000 francos	5.000,00	–	200.000
1.000 francos	1.000,00	–	40.000
500 francos	500,00	–	20.000
200 francos	200,00	–	8.000
100 francos	100,00	–	4.000
50 francos (1864)	50,00	–	2.000
Moedas de ouro 90%			
100 francos	100,00	32,26	4.000
50 francos	50,00	16,13	2.000
20 francos ("napoleão")	20,00	6,45	800
10 francos	10,00	3,23	400
5 francos	5,00	1,62	200
Moedas de prata 90%			
5 francos ("escudo")	5,00	25,0	200
Moedas de prata 83,5% (*)			
2 francos	2,00	10,0	80
1 franco	1,00	5,0	40
50 cêntimos	0,50	2,5	20
20 cêntimos	0,20	1,0	8
Moedas de bronze			
10 cêntimos = 2 sous (1852)	0,10	10,0	4
5 cêntimos = 1 sou	0,05	5,0	2
2 cêntimos	0,02	2,0	0,8
1 cêntimo	0,01	1,0	0,4

(*) prata 90% até 1863

A III República e a *Belle Époque* (1870-1914)

Em 1870, Napoleão III cedeu à provocação de Otto von Bismarck: em 19 de julho, declarou uma guerra à Confederação da Alemanha do Norte, liderada pela Prússia, para a qual ele e seu exército não estavam preparados. Derrotado, rendeu-se em Sedan em 1º de setembro. Dois dias depois, foi proclamada a III República em Paris e um "governo de defesa nacional" liderado pelo presidente general Louis Jules Trochu e pelo ministro da Guerra e do Interior Léon Gambetta. Com a recusa da república de ceder a Alsácia-Lorena, os alemães avançaram e cercaram Paris em 20 de setembro. Os exércitos formados às pressas no interior não conseguiram romper o cerco à capital. Em 25 de janeiro, Trochu renunciou, e três dias depois foi assinado um armistício.

A França entregou à Alemanha a região da Alsácia-Lorena, pagou de imediato 200 milhões de francos e se comprometeu com uma indenização total de cinco bilhões de francos (210 bilhões de ñ) no prazo de cinco anos, 2,5 vezes mais que o custo real da guerra para a Alemanha. A França ficara com 36,1 milhões de habitantes, de modo que essa indenização, em termos per capita, era mais de cinco vezes superior à indenização de 140 milhões de francos cobrada por Napoleão I à Prússia em 1807 (reduzida a 5,25 milhões de habitantes pelas anexações). A ocupação alemã permaneceria no norte da França até a indenização ser totalmente paga. Com ela, Bismarck pretendia impedir a França de voltar ameaçar a Alemanha: "A França sendo o país mais rico da Europa, nada poderia aquietá-la mais efetivamente do que lhe esvaziar os bolsos". Acreditou-se na época que a indenização incapacitaria o país por trinta a cinquenta anos.

Em fevereiro, uma eleição nos territórios não ocupados, na maior parte rurais e tradicionalistas, criou um governo conservador liderado por Adolphe Thiers, que enfrentou forte resistência em Paris. Em 18 de março, a Guarda Nacional da capital, engrossada com 170 mil populares durante a guerra com os alemães, rebelou-se e proclamou o primeiro governo socialista da história, conhecido como a Comuna de Paris e liderado pelo jornalista Charles Delescluze, com Blanqui (preso na Bretanha) como presidente de honra. Apesar da tentativa de nacionalizar a revolução com a proclamação de comunas em outras cidades, a Comuna foi derrotada em maio. A experiência viria a inspirar a concepção marxista de revolução e "ditadura do proletariado".

A França obteve a retirada das tropas alemãs em setembro de 1873 ao terminar de pagar antes do prazo a indenização, que teve um efeito colateral inesperado. O recém-unificado Império Alemão usou a indenização paga pelos franceses para adotar uma moeda unificada, o marco, baseada no padrão-ouro, e desmonetizou uma considerável massa de táleres de prata. França e Bélgica suspenderam a cunhagem de moedas de prata para não serem inundadas por táleres de prata desmonetizados, e logo os EUA e outros países as seguiram, de modo a forçar a adoção imediata do padrão-ouro em todos os países com reservas suficientes para isso.

O equilíbrio entre o ouro e a prata, que desde 1803 possibilitava uma relação fixa entre os preços dos dois metais e sustentava o bimetalismo, ou seja, a existência de moedas baseadas simultaneamente nos dois metais, foi perdido. O aumento repentino da demanda por ouro escasso fez subir seu poder aquisitivo por unidade, de modo a provocar uma queda generalizada de preços, retração do comércio e escassez de dinheiro, por causa das exigências de lastro para papel-moeda, enquanto a prata se desvalorizou drasticamente, pois ao efeito da desmonetização se somava a descoberta de novas minas de prata nos EUA e a reversão a favor da Europa da balança comercial com o Extremo Oriente. Aqueles países que por falta de reservas tardaram a adotar o padrão-ouro tiveram suas moedas desvalorizadas na proporção de seu atraso: 16% na Áustria-Hungria, 33% na Rússia, 50% ou mais no Império Otomano e em muitos países latino-americanos, africanos e asiáticos. Juntamente com a política de restrição monetária adotada nos EUA para reverter a inflação da recente Guerra da Secessão, isso causou a primeira grande crise financeira internacional, iniciada em 1873.

A União Latina, criada em 1865 para lidar com a escassez de prata, foi subitamente confrontada com o excesso desse metal. Particulares correram a entregar prata às suas Casas da Moeda para convertê-la em moedas de 5 francos ou equivalente com lucro. Em 1874, a relação de mercado entre ouro e prata era de 1: 16,17, de modo que era possível obter uma moeda de 5 francos com 4,80 francos em prata metálica. Os cinco países integrantes fizeram então uma convenção para lidar com a onda especulativa. Suíça e Bélgica queriam acabar com a União ou abandonar totalmente as moedas de 5 francos e o bimetalismo, mas França e Itália resistiram a ambas as propostas. Ambas receavam o custo de resgatar em ouro os escudos existentes (o que também teria um impacto deflacionário) e todos receavam que a Itália, com um problema crônico de déficit orçamentário (que tornara a lira inconversível em ouro de 1866 a 1884 e a tornaria novamente de 1894 a 1913), se recusasse a receber de volta suas moedas de prata em circulação nos outros países.

Com a expectativa de que o problema fosse temporário, em 1874 os países integrantes limitaram a conversão de prata dos "escudos" em sua região a um total de 140 milhões de francos no primeiro ano, dividido em quotas por país. Em troca, a Itália concordou em retirar suas moedas de prata semifiduciárias da circulação internacional enquanto sua moeda permanecesse inconversível.

Esperava-se então que esse desequilíbrio fosse temporário e a situação se normalizasse, mas, pelo contrário, continuou a se agravar. A Suíça suspendeu totalmente a cunhagem de moedas de 5 francos em 1875, a Bélgica em 1877, a França e a Grécia em 1878 e a Itália em 1879, quando a relação de preços entre ouro e prata girava entre 18 e 19 e, portanto, uma moeda de 5 francos continha apenas 4,25 francos em prata. Entretanto, os escudos ainda em circulação continuariam a ser considerados moedas de valor intrínseco e poder liberatório ilimitado, ou seja, de aceitação obrigatória em qualquer montante. Esse arranjo, similar ao que os EUA adotavam na mesma época e mantido até 1914, foi apelidado de "bimetalismo manco" (*limping bimetallism*).

Entretanto, nos anos seguintes o país recuperou-se, industrializou-se, modernizou com sucesso sua educação e infraestrutura, consolidou um vasto império colonial e reconstruiu suas forças armadas, tornando-se de novo uma grande potência europeia, ansiosa pela oportunidade de revanche. A Alemanha, por outro lado, modernizava-se e industrializava-se ainda mais rapidamente, mas surgira tarde demais para conseguir uma fatia significativa da partilha colonial, julgava ter um peso internacional inferior ao que merecia e receava tanto o ressurgimento da França quanto a eventual industrialização e modernização da Rússia, capaz de criar uma potência muito maior.

Essas tensões acabariam por explodir em 1914 na I Guerra Mundial, mas o período intermediário foi caracterizado na França e em boa parte da Europa Ocidental por otimismo, prosperidade econômica, inovações tecnológicas, científicas e culturais e um clima de cosmopolitismo pacífico, favorável ao florescimento das artes. A renda *per capita* crescia, o movimento operário conseguia melhoras graduais de salários e condições de trabalho e o radicalismo revolucionário das décadas anteriores foi sucedido pela mentalidade evolucionista de partidos social-democratas e trabalhistas (ou "socialistas fabianos") com participação nos parlamentos e dispostos a colaborar com governos liberais e conservadores por crer que o progresso econômico traria automaticamente uma transformação lenta e inexorável da sociedade rumo ao socialismo. Apesar de também ser, para a África e Ásia conquistadas, um período de massacres coloniais, humilhações e misérias inauditas, do ponto de vista da França e Europa do pós-guerra a época de 1871 a 1914 foi vista como uma idade de ouro perdida e chamada, em retrospecto, *Le Belle Époque*, "A Bela Época".

O sistema monetário da França e da União Latina não sofreu maiores modificações nesse período, salvo pelo fim da cunhagem dos escudos e por uma difusão cada vez maior do papel-moeda. Ante a desmonetização da prata, a necessidade de expansão da base monetária para dar conta do crescimento demográfico e econômico acabou por superar os receios deixados pelas crises inflacionárias do início do século XIX e as cédulas foram cada vez mais aceitas.

Moedas da França (1871-1914)

Denominação	Valor em francos	Peso em gramas	Valor em ñ (1900)
Papel-moeda			
1.000 francos	1.000,00	–	40.000
500 francos	500,00	–	20.000
200 francos	200,00	–	8.000
100 francos	100,00	–	4.000
50 francos	50,00	–	2.000
20 francos	20,00	–	800
10 francos	10,00	–	400
5 francos	5,00	–	200
Moedas de ouro 90%			
100 francos	100,00	32,26	4.000
50 francos	50,00	16,13	2.000
20 francos ("napoleão")	20,00	6,45	800
10 francos	10,00	3,23	400
5 francos	5,00	1,62	200
Moedas de prata 90%			
5 francos ("escudo") (*)	5,00	25,0	200
20 cêntimos (1878-1889)	0,20	1,0	8

Moedas de prata 83,5%			
2 francos	2,00	10,0	80
1 franco	1,00	5,0	40
50 cêntimos	0,50	2,5	20
20 cêntimos (**)	0,20	1,0	8
Moedas de níquel			
25 cêntimos (1903-1914)	0,25	7,0	10
Moedas de bronze			
10 cêntimos = 2 sous	0,10	10,0	4
5 cêntimos = 1 sou	0,05	5,0	2
2 cêntimos	0,02	2,0	0,8
1 cêntimo	0,01	1,0	0,4

(*) não mais cunhada depois de 1878, mas ainda em circulação

(**) não mais cunhada depois de 1869, mas ainda em circulação

Valor do franco em ñ, 1840-1914

Ano	ñ	US$/F
1840	52,57	
1841	52,57	
1842	51,16	
1843	51,16	
1844	51,92	
1845	49,35	
1846	48,66	
1847	48,66	
1848	49,94	
1849	50,54	
1850	52,57	
1851	52,57	
1852	52,57	
1853	49,94	
1854	48,11	
1855	47,03	
1856	46,40	
1857	47,03	
1858	48,11	5,2031
1859	48,11	5,1680

Ano	ñ	US$/F
1860	47,03	5,2265
1861	46,40	5,3682
1862	46,40	4,5887
1863	45,90	3,5945
1864	45,90	2,5512
1865	44,91	3,3130
1866	43,88	3,6967
1867	43,88	3,7858
1868	43,88	3,7485
1869	44,91	3,9498
1870	43,88	4,5081
1871	42,03	4,6789
1872	42,46	4,6952
1873	42,46	4,7060
1874	42,46	4,7949
1875	43,43	4,5715
1876	42,03	4,7176
1877	42,03	5,0285
1878	42,98	5,2339
1879	42,98	5,2941

Ano	ñ	US$/F
1880	42,46	5,3021
1881	42,98	5,3144
1882	42,98	5,2561
1883	42,03	5,2830
1884	42,03	5,2749
1885	42,98	5,2757
1886	42,98	5,2693
1887	43,43	5,2970
1888	42,98	5,2738
1889	43,43	5,2584
1890	43,43	5,2699
1891	42,98	5,2708
1892	43,43	5,2454
1893	43,88	5,2584
1894	43,43	5,2332
1895	43,88	5,2326
1896	43,88	5,2497
1897	44,91	5,2526
1898	44,34	5,2889
1899	44,34	5,2699

Ano	ñ	US$/F
1900	43,88	5,2423
1901	43,88	5,2468
1902	43,88	5,2424
1903	44,34	5,2539
1904	44,34	5,2461
1905	44,34	5,2417
1906	43,88	5,2691
1907	43,43	5,2596
1908	42,98	5,2388
1909	42,98	5,2211
1910	42,46	5,2297
1911	40,81	5,2385
1912	40,81	5,2290
1913	40,81	5,2247
1914	39,95	5,2079

Obs.: as taxas de câmbio são médias anuais

A I Guerra Mundial e primeiros anos do pós-guerra (1914-1920)

A maior parte do exército alemão invadiu o norte da França através da Bélgica no primeiro mês da Primeira Guerra Mundial e capturou rapidamente cerca de 40% da indústria pesada francesa, mas seu avanço foi detido a 70 quilômetros de Paris. Por três anos, a frente de batalha imobilizou-se numa guerra de trincheiras sem ganhos significativos de terreno para qualquer dos lados, mas com enormes perdas em vidas. Só em 1917 a entrada dos EUA na guerra, com tropas frescas e motivadas, rompeu o impasse às custas da Alemanha. Nesse período, mesmo com a ajuda da força expedicionária britânica, a França arcou com um dos mais altos custos humanos da I Guerra Mundial, tanto em números absolutos quanto em porcentagem da população.

A convertibilidade do franco em ouro foi suspensa a partir de 4 de agosto de 1914. Cerca de 54% das despesas de guerra francesas foram atendidas por empréstimos internos, 18 por cento por tributação, 16 por cento por empréstimos estrangeiros e 12 por cento por adiantamentos do Banco da França (emissões sem lastro). As moedas de ouro saíram de circulação e as de prata e bronze foram em grande parte entesouradas. Para suprir a falta de troco, foram emitidas moedas de cuproníquel de menor tamanho e Câmaras de Comércio e municípios foram autorizados a criar moedas de necessidade ou "bônus" na forma de cédulas ou fichas. A prática não tomou proporções comparáveis às da Alemanha, visto que a França, por ter acesso às colônias e ao comércio marítimo, não sofreu tanta escassez de metais.

A partir de 1915, para preparar as condições para restaurar após a guerra o padrão ouro, uma campanha pelo "ouro da vitória", que incentivou o público a trocar suas moedas por notas de banco, conseguiu coletar cerca de metade do ouro em circulação. Esses cidadãos foram assegurados de que não sofreriam perdas após a guerra, porém esta se prolongou mais e foi mais dispendiosa do que o previsto, levando a perdas jamais compensadas.

De 1914 a 1919, a base monetária havia aumentado de seis bilhões para 30 bilhões de francos, e os preços triplicaram. O Banco da França pressionou o Estado para cortar despesas e reduzir a moeda em circulação a fim de reverter a inflação gerada durante a guerra e retornar ao padrão-ouro de 1914, mas uma política de austeridade nessa escala era politicamente inviável. Conseguiu que o Estado aceitasse pagar os adiantamentos do banco à razão de pelo menos 2 bilhões de francos por ano, e um reembolso foi feito em dezembro de 1921, mas essa política não foi continuada nos anos seguintes, pelo receio de que a contração monetária necessária para tanto prejudicasse a recuperação da economia. Para os funcionários do Tesouro e os principais economistas franceses, o custo econômico de restaurar a paridade pré-guerra seria alto demais.

Moedas da França (1914-1920)

Denominação	Valor em francos	Peso em gramas	Valor em ñ (1917)
Papel-moeda			
5.000 francos	5.000,00	–	100.000
1.000 francos	1.000,00	–	20.000
500 francos	500,00	–	10.000
200 francos	200,00	–	4.000
100 francos	100,00	–	2.000
50 francos	50,00	–	1.000
20 francos	20,00	–	400
10 francos	10,00	–	200
5 francos	5,00	–	100
Moedas de prata 83,5%			
2 francos	2,00	10,0	40
1 franco	1,00	5,0	20
50 cêntimos	0,50	2,5	10
Moedas de níquel			
25 cêntimos (1903-1914)	0,25	7,0	5
Moedas de cupro-níquel			
25 cêntimos	0,25	5,0	5
10 cêntimos	0,10	4,0	2
5 cêntimos	0,05	3,0	1
Moedas de bronze			
10 cêntimos = 2 sous	0,10	10,0	2
5 cêntimos = 1 sou	0,05	5,0	1
2 cêntimos	0,02	2,0	0,4
1 cêntimo	0,01	1,0	0,2

O franco Poincaré e a crise do padrão-ouro (1920-1939)

As dificuldades da guerra se somaram ao espírito de revanche alimentado desde a derrota de 1871 para deixar a opinião pública e o governo franceses especialmente impiedosos em relação à Alemanha vencida. Além de entregar territórios e colônias, o governo de Berlim teve de se comprometer provisoriamente com uma indenização de 20 bilhões de marcos-ouro em 1919, dos quais 9 bilhões foram pagos até 1921. Os aliados chegaram a exigir 226 bilhões, mas o acordo definitivo de 1921 fixou o valor total em 50 bilhões (3 trilhões de ñ a preços da época), 52% dos quais para a França. Oficialmente seriam 132 bilhões, mas 82 bilhões eram títulos sem prazo nem juros, criados apenas para iludir a opinião pública francesa e britânica sobre o valor real.

Os 50 bilhões, em termos de ouro, eram mais de doze vezes mais que a indenização imposta à França pela Alemanha em 1871, ou 7,4 vezes mais em termos per capita, visto que a Alemanha tinha então 60,3 milhões de habitantes. Os esforços da França para obrigar a Alemanha a pagar essa dívida reconhecidamente excessiva – chegando à invasão e ocupação da bacia do Ruhr pelo governo francês de Raymond Poincaré, em janeiro de 1923, para apoderar-se de sua produção de carvão – criaram ressentimento entre os alemães, levaram à crise hiperinflacionária desse ano e impulsionaram a ascensão do nazismo nos anos seguintes, sem que os franceses conseguissem receber a maior parte do dinheiro ou resolver seus problemas financeiros.

O agravamento da inflação fez desaparecer as moedas verdadeiras e aumentar a produção de moedas de necessidade. De 1920 a 1924, fichas de 5, 10, 15 e 25 cêntimos foram produzidas com um pequeno disco de estanho ou alumínio sobre o qual se colava um selo de correio desse valor e se fechava com um círculo transparente de mica, celofane ou acetato de celulose. No verso, constava a marca da empresa emissora, estampada em relevo ou a cores, que as produzia para facilitar o troco e como veículo de propaganda. Conhecem-se cerca de 600 variedades, apelidadas pelo inventor de *fallait-y-penser* ("devíamos ter pensado") ou FYP.

Fichas mais convencionais, de 5 cêntimos, 10 cêntimos (a mais comum) e de 20, 25 e 50 cêntimos e, mais raramente, de 1 ou 2 francos, foram também cunhadas por empresas e organizações de comerciantes, geralmente em alumínio, mas às vezes também zinco, bronze, níquel ou ferro. Câmaras de comércio locais foram autorizadas a emitir títulos impressos, as notas de necessidade, para valores de 1, 2, 5 e 10 francos, raramente mais. O próprio governo, de 1920 a 1927, cunhou fichas de bronze-alumínio com a inscrição "*bon pour*" ("vale") 50 cêntimos, 1 franco e 2 francos em nome das "Câmaras de Comércio da França" e não da "República Francesa", pois esta ainda estava legalmente obrigada a cunhar moedas desses valores em prata, conforme o tratado da União Latina .

Em abril de 1925 – ao não conseguir, apesar de suas chantagens, as medidas que desejava do governo de esquerda do premier Édouard Herriot, que governava desde junho de 1924 –, o Banco da França retaliou com a publicação do verdadeiro montante de notas em circulação, oculto desde o governo conservador de Poincaré, em março de 1924. A revelação da verdadeira extensão dos problemas financeiros abalou o franco no mercado internacional, derrubou o governo de esquerda e pôs Poincaré de novo no poder em julho de 1926. O retorno dos conservadores restaurou a confiança do mercado cambial na moeda francesa. E, apesar de continuar a insistir no padrão-ouro, o Banco da França, com seu poder de chantagem esgotado, desistiu de restaurar a paridade anterior à guerra.

A União Latina, que deixara na prática de funcionar desde o início da I Guerra Mundial, foi formalmente extinta em 1927. Dos países que tinham criado a União Latina, apenas a Suíça ainda manteve de acordo com os padrões anteriores à guerra a paridade com o ouro (que continuaria até 1936) e a cunhagem de moedas de prata (que seguiu até 1967). Entretanto, o franco-ouro "germinal" continuou a ser usado como moeda de referência pela União Postal Universal até 1979, quando foi substituído pelo Direito Especial de Saque ou DES (*Special Drawing Right*, SDR) criado pelo FMI em 1969, à razão de 3,061 francos por DES, e pela União Internacional de Telecomunicações até 1982, antes de também ser substituído pelo DES. O Banco de Compensações Internacionais (*Bank for International Settlements – BIS*), fundado em maio de 1930 para coordenar o pagamento da dívida de guerra alemã e intermediar transações internacionais entre os bancos centrais que subscreveram seu capital (originalmente Alemanha, Bélgica, França, Reino Unido, Itália, Japão, EUA e Suíça), com sede em Basileia, na Suíça, também adotou o franco-ouro como moeda contábil de suas compensações internacionais até 2003, quando foi substituído pelo DES[20].

Em junho de 1928, com a cotação internacional do franco estabilizada desde dezembro de 1926, o governo francês adotou formalmente um novo padrão-ouro, conhecido informalmente como "**franco Poincaré**", equivalente a 65,5 miligramas de ouro 90% ou um quinto do franco germinal. O papel-moeda teria 35% de seu valor lastreado em ouro. O franco Poincaré serviu também de moeda contábil internacional à Convenção de Varsóvia de 1929 sobre tarifas de transporte aéreo e à convenção CLC de 1969 sobre indenizações por danos causados por vazamentos de petroleiros. Nestes usos, foi substituído pelo DES em 1975 e 1976, respectivamente.

Enquanto o Reino Unido, por insistir em retornar à paridade anterior à guerra, retornara em 1925 a um padrão-ouro que supervalorizava sua libra em relação ao poder aquisitivo real, o que prejudicava suas exportações, a França fez o contrário, de modo a deixar sua moeda subvalorizada em relação ao mercado internacional e favorecer o acúmulo de libras e dólares, que o Banco da França era obrigado a converter em ouro pela lei monetária de 1928. Ao mesmo tempo, o governo francês voltava a ser superavitário e a pagar os adiantamentos do banco central, de modo a retirar dinheiro do mercado interno, promover deflação e aumentar ainda mais o superávit comercial.

As reservas francesas de ouro subiram de 7% do total mundial em 1926 para 11,6% em 1928 e 28,3% em 1932, quando atingiram um nível pouco inferior ao dos EUA, embora sua economia tivesse apenas um quarto de seu tamanho. França e EUA juntos somavam mais de 60% das reservas mundiais. Drenaram o ouro do mundo (numa proporção de 40%/60%) para seus bancos centrais e evitaram emitir papel-moeda, de modo a evitar o aumento de preços nos respectivos países. Assim, em 1932 as reservas francesas equivaliam a 80% do valor do seu papel-moeda e as dos EUA a mais de 60%.

Os demais países que aderiam ao padrão-ouro sofreram uma drástica escassez de metal precioso e precisaram diminuir proporcionalmente o montante de papel-moeda lastreado, submeter-se à deflação e reduzir sua atividade econômica. Isso desencadeou uma série de crises e quebras, as quais, a partir da falência do banco

20 De 1979 a 2003, para fins contábeis, o franco-ouro do BIS foi considerado igual a US$ 1,94149, com base no preço de US$ 208 por onça de ouro do final de 1979.

austríaco Credit-Anstalt em maio de 1931, levaram ao desmoronamento do padrão-ouro na maior parte da Europa, inclusive a Alemanha e o Reino Unido, até o fim do ano. Isto provocou uma severa contração do comércio internacional e agravamento da deflação, que atingiu também a França. Em vez de proporcionar segurança, a acumulação de ouro pela França nesses anos críticos causou instabilidade em todo o mundo e foi uma das causas do desmoronamento da ordem liberal, da Grande Depressão, da ascensão do nacionalismo e do nazismo e da II Guerra Mundial. Em 1936, a própria França foi forçada a romper com o padrão-ouro, assim como os últimos países europeus que ainda o mantinham.

Embora o impacto da Grande Depressão tenha sido menor na França que na maioria das nações industrializadas, teve um grande impacto político e levou a Frente Popular ao governo em 1936, sob a liderança do socialista Léon Blum. O governo de esquerda realizou reformas sociais e trabalhistas, mas promoveu uma política inflacionária sem conseguir reverter o desemprego. Em 1938, foi eleito o governo centrista de Édouard Daladier, durante o qual iniciou-se a II Guerra Mundial. Apesar de seus esforços iniciais, foi responsabilizado pela fraqueza militar da França e substituído por Paul Reynaud em março de 1940. Dois meses depois, o III Reich lançou sua ofensiva contra a França, que capitulou em 40 dias.

Moedas da França (1920-1939)

Denominação	Valor em francos	Peso em gramas	Valor em ñ (1933)
Papel-moeda			
5.000 francos	5.000,00	–	40.000
1.000 francos	1.000,00	–	8.000
500 francos	500,00	–	4.000
100 francos	100,00	–	800
50 francos	50,00	–	400
20 francos	20,00	–	160
10 francos	10,00	–	80
5 francos	5,00	–	40
Moedas de ouro 90%			
100 francos (1929-1936)	100,00	6,55	800

Moedas de prata 68%			
20 francos (1929)	20,00	20,0	160
10 francos (1929)	10,00	10,0	80
Moedas de níquel			
5 francos (1933)	5,00	12,0	40
Moedas de bronze-alumínio			
2 francos (*)	2,00	8,0	16
1 franco (*)	1,00	4,0	8
50 cêntimos (*)	0,50	2,0	4
Moedas de cupro-níquel			
25 cêntimos (1917-1938)	0,25	5,0	2
10 cêntimos = 2 sous (1917-1938)	0,10	4,0	0,8
5 cêntimos = 1 sou (1917-1938)	0,05	2,0	0,4

(*) de 1920 a 1927, cunhadas como "vales das Câmaras de Comércio" e a partir de 1931, como moedas regulares

A França de Vichy (1940-1944)

Em junho de 1940, o governo francês foi assumido pelo Marechal Phillipe Pétain, vice de Reynaud. Pétain aceitou entregar à ocupação militar nazista 60% do território francês – todo o Norte, inclusive Paris, e o litoral atlântico – e declarar a França oficialmente neutra (embora colaborasse, na prática, com os alemães). No mês seguinte, Pétain declarou extinta a III República e fundou o regime fascista denominado "Estado Francês", com sede em Vichy, liderado por ele e pelo primeiro ministro Pierre Laval, que substituiu o lema "Liberdade, Igualdade e Fraternidade" por "Trabalho, Pátria e Família".

Os alemães impuseram um aumento do câmbio do Reichsmark de 15 para 20 francos, que se manteve durante todo o governo de Pétain, e a França comprometeu-se a pagar 20 milhões de Reichsmark (400 milhões de francos) por dia à Alemanha. Esse valor foi reduzido para 15 milhões de Reichsmark em maio de 1941, mas novamente aumentado para 25 milhões em dezembro de 1942. Até o fim da guerra, a França pagaria 862 milhões de francos (2,3 trilhões de ñ a preços franceses, 1,7 trilhão a preços alemães), o que constituiu 60% de seu gasto público e um quarto de seu PIB

(66% e 33%, respectivamente, em 1943-1944). Controles de preços e salários e racionamento de bens de consumo não puderam conter inteiramente a inflação provocada pelos gastos forçados, e o que pôde ser represado durante o regime autoritário viria a explodir depois da libertação.

O ônus sobre a economia francesa foi agravado com requisições de trabalho forçado para a indústria de guerra alemã (1,1, milhão de jovens, 3% da população, sem contar 870 mil prisioneiros de guerra forçados ao trabalho) e de minério de ferro e produtos industriais (inclusive 99% do cimento, 92% dos caminhões e 76% das locomotivas). Devido às requisições alemãs de cobre e níquel, as moedas de Vichy foram cunhadas em zinco e alumínio.

O general Charles de Gaulle, ex-secretário da Defesa de Reynaud, não aceitou a rendição e refugiou-se na Inglaterra, onde proclamou o governo rival da "França Livre". Alguns meses depois, conseguiu a adesão de governadores de colônias francesas na África Equatorial e Oceania e começou a formar um exército com tropas coloniais. Em novembro de 1942, a invasão aliada da África do Norte permitiu a De Gaulle instalar-se em Argel. O Eixo reagiu com a ocupação militar de toda a França pela Alemanha e Itália e o governo de Vichy perdeu seus últimos resíduos de independência, mas Pétain e Laval continuaram a colaborar com Hitler (embora recusassem declarar guerra ao Reino Unido) e a gerir a administração civil até o desembarque de 6 de junho de 1944 na Normandia e a libertação de Paris em 25 de agosto, da qual De Gaulle participou com uma força de 550 mil homens, dois terços árabe e africana e o restante principalmente *pieds noirs*, colonos brancos da Argélia.

O recrutamento de tropas na metrópole nos meses seguintes e a incorporação dos *maquis* – a guerrilha na maior parte comunista da Resistência, iniciada por jovens que recusaram o trabalho forçado nas fábricas alemãs –, permitiu a De Gaulle chegar ao fim da guerra com um exército de mais de 1,5 milhão. O *maquis* crescera de 20 mil militantes em outubro de 1943 para 100 mil em junho de 1944 e chegaria a 300 mil no fim do ano.

O governo rebelde gaullista emitiu cédulas próprias (impressas em Londres em nome do "Tesouro Central" e não do colaboracionista "Banco da França") de 100, 500 e 5 mil francos, que circularam na Córsega, tomada pelos aliados em setembro de 1943, a partir de outubro do mesmo ano. Ao desembarcar na Normandia, os EUA, que não reconheciam o governo gaullista, tentaram impor moedas de 2 francos e cédulas de 2, 5, 10 francos (meio tamanho, chamadas *billets drapeaux* ou "notas-bandeiras" pela estampa da bandeira francesa) e 50, 100, 500, 1.000 e 5.000 francos (tamanho normal) e com isso criaram um atrito com De Gaulle, que as considerou "dinheiro falso" e exigiu sua retirada da circulação.

Seu ministro da Economia Pierre Mendès France quis a troca da moeda de Vichy pela nova à razão de 2 por 1, congelamento de contas bancárias e de preços e salários e um imposto sobre o capital para equilibrar as contas públicas e deter a inflação. Renunciou quando De Gaulle rejeitou sua recomendação e decidiu fazer a conversão 1 por 1. A partir de 4 de junho, com prazo de 12 dias, as notas de Vichy de 50 francos ou mais e as notas-bandeiras dos EUA foram trocadas por notas novas de 300 e 5.000 francos. Esta última tinha o rosto de uma francesa dominando um sudanês, um asiático e um berbere, ilustrando o projeto gaullista de uma "União Francesa" com as colônias. A taxa de câmbio, por acordo com os aliados, foi fixada em 200 francos por libra ou 49,625 por dólar.

Embora os britânicos tivessem apoiado De Gaulle desde o início, só em outubro de 1944 seu governo foi formalmente reconhecido pelas potências aliadas. Sua presença na Conferência de Yalta de fevereiro de 1945 foi vetada pelos EUA, mas Roosevelt conseguiu de Stálin que a França fosse tratada como potência vitoriosa e não mero país libertado, que participasse da ocupação da Alemanha e da Áustria e se tornasse um dos membros permanentes do Conselho de Segurança da ONU. Mesmo assim, tropas francesas e estadunidenses quase entraram em choque em abril de 1945, por De Gaulle resistir a respeitar os acordos de Yalta e entregar aos EUA cidades tomadas por suas tropas.

Moedas da França de Vichy (1940-1944)

Denominação	Valor em francos	Peso em gramas	Valor em ñ (1942)
Papel-moeda			
5.000 francos	5.000,00	–	15.000
1.000 francos	1.000,00	–	3.000
500 francos	500,00	–	1.500
100 francos	100,00	–	300

50 francos	50,00	–	150
20 francos	20,00	–	60
10 francos	10,00	–	30
5 francos	5,00	–	15
Moedas de cuproníquel			
5 francos (*)	5,00	4,0	15
Moedas de alumínio			
2 francos	2,00	2,2	6
1 franco	1,00	1,6	3
50 cêntimos	0,50	0,8	1,5
Moedas de zinco			
20 cêntimos	0,20	3,5	0,6
10 cêntimos = 2 sous	0,10	2,5	0,3

(*) Cunhadas em 1941, foram derretidas sem chegar a circular para atender a requisições alemãs de níquel

A Quarta República (1946-1958)

A eleição de outubro de 1945 deu a comunistas e socialistas metade dos votos e 54% do Parlamento, enquanto os centristas da Resistência tiveram um quarto dos votos e 27% do Parlamento e os partidos de centro e direita que haviam apoiado Pétain ficaram com o restante. As três primeiras forças concordaram em formar um governo tripartite, mas a esquerda, em maioria, recusou a exigência de um governo presidencialista forte por De Gaulle, que renunciou em janeiro de 1946. O referendo da mesma data autorizou o Parlamento a redigir uma nova Constituição parlamentarista que, promulgada em outubro de 1946, marcou o início da Quarta República. Essa Constituição incluiu a criação da "União Francesa", que deu cidadania teórica aos nativos das colônias, mas não mudou sua realidade nem reduziu a aspiração pela independência. Seu único resultado prático foi facilitar a nomeação de nativos para cargos públicos e abrir caminho à formação de elites políticas locais.

No ano seguinte, o despertar da Guerra Fria entre os EUA e a URSS dividiu a política francesa. Os comunistas passaram à oposição, De Gaulle fundou um partido nacionalista e conservador e socialistas e centristas formaram um governo fraco pró-ocidental, mas também pró-trabalhista. Pressionada pelos EUA a aumentar despesas militares e pelos sindicalistas a permitir aumentos de salários, a Quarta República também não conseguiu da Alemanha as indenizações de guerra às quais julgava ter direito, pois os EUA queriam a reconstrução econômica e militar da Alemanha Ocidental para fazer frente à URSS. Pelo contrário, obtiveram que a exigência de indenização pela II Guerra Mundial fosse esquecida, 53% da dívida externa alemã (inclusive a indenização pela I Guerra Mundial) perdoada em 1953 e o restante pago em condições muito favoráveis.

Tudo isso contribuiu para uma inflação elevada, embora a França também tenha sido o segundo país mais beneficiado por US$ 2,3 bilhões do Plano Marshall de 1949 a 1951 e seu acesso a matérias-primas alemãs fosse garantido pela criação da Comunidade Europeia do Carvão e do Aço em 1952. Ao aderir ao acordo de Bretton Woods, em dezembro de 1945, a França fixou um câmbio de 119,107 francos por dólar, mas a inflação atingiu 63% em 1946 e 60% em 1947. Em janeiro de 1948, o governo impôs um imposto sobre ativos monetários que arrecadou 150 bilhões de francos, impôs controles de crédito, cortou despesas, confiscou todas as notas de 5 mil francos (1.500 ñ) para punir o mercado negro (num total de 300 bilhões de francos) e desvalorizou o franco para 214,392 por dólar, mas em outubro de 1948 foi introduzido um sistema de câmbio múltiplo. Dessa data até setembro de 1949 o câmbio livre comercial subiu gradualmente de 312,80 para 330,80 e a taxa de câmbio financeira, balizada pela média das taxas oficiais e comercial, de 263,60 para 273,70.

Pela fragilidade da moeda francesa, a moeda colonial foi separada da metropolitana. Na África francesa, passou a circular o franco CFA ("Colônias Francesas da África") e na Oceania o franco CFP ("Colônias Francesas do Pacífico") de modo a isolá-las da desvalorização e facilitar as exportações de produtos franceses. Em dezembro de 1945, o franco CFA passou a valer 1,70 franco francês (70 por dólar) e em outubro de 1948 subiu para 2 francos franceses (107 por dólar). O franco CFP manteve o câmbio fixo em relação à moeda dos EUA à taxa de 49,625 francos CFP por dólar, de modo que em dezembro de 1945 um franco CFP equivalia a 2,40 francos franceses e se valorizou até 5,50 francos em setembro de 1949, quando voltou a se vincular, a essa taxa, com a moeda francesa.

Também em setembro de 1949, o racionamento foi suprimido, as taxas de câmbio unificadas a uma taxa de 350 por dólar. A partir de 1950, graças à recuperação da economia e do turismo e ao enfraquecimento da libra esterlina, o franco recuperou a estabilidade e voltou a ser aceito em transações internacionais.

Entretanto, a resistência da França a se desfazer de seu império colonial acabou por levar a novo desequilíbrio financeiro e pôr fim à Quarta República. Com muita relutância, a França abriu mão da Indochina após oito anos de guerra e sua derrota pelos norte-vietnamitas em Dien Bien Phu, em 1954; aceitou a independência do Marrocos e Tunísia em 1956 e acatou a ordem dos EUA de se retirar de Suez, depois de ter tomado o canal com ajuda de britânicos e israelenses.

Não admitia, porém, negociar a independência da Argélia, anexada ao território francês desde 1848 e rebelada desde novembro de 1954. O serviço militar obrigatório foi estendido de um para três anos e a guerra tornou-se cada vez mais brutal e dispendiosa, sem que 470 mil soldados franceses conseguissem sufocar a insurreição liderada pela Frente de Libertação Nacional (FLN). Em agosto de 1957, nova desvalorização levou o câmbio a 420 por dólar.

Em 13 de maio de 1958, Jacques Soustelle, ex-governador gaullista da Argélia (1955-1956), convencido da necessidade de um governo autoritário e militarizado para vencer a guerra, organizou um golpe militar na Argélia. A junta militar formada em Argel exigiu que De Gaulle fosse investido de poderes de exceção – o que ele aceitou prontamente –, invadiu a Córsega e se dispôs a marchar até Paris. O governo se submeteu aos militares e entregou o poder a De Gaulle, que assumiu bradando um "Viva a Argélia francesa! ", redigiu uma constituição presidencialista como aquela que havia desejado em 1945 e a fez aprovar por referendo em setembro, encerrando a Quarta República.

O referendo também consultou as colônias africanas ainda dominadas pela França sobre a transformação da União Francesa em uma Comunidade Francesa, formada pela França (incluída a Argélia) e as colônias transformadas em estados federados ou territórios. Apenas a Guiné rejeitou a proposta e preferiu a independência total, concedida ao preço da retirada de toda a ajuda francesa.

Moedas da Quarta República (1946-1958)

Denominação	Valor em francos	Peso em gramas	Valor em ñ (1950)
Papel-moeda			
10.000 francos	10.000		2.000
5.000 francos	5.000	–	1.000
1.000 francos ("*sac*")	1.000	–	200
500 francos	500	–	100
300 francos (*)	300	–	60
100 francos	100	–	20
50 francos	50	–	10
Moedas de cuproníquel			
100 francos	100	6,0	20
Moedas de bronze-alumínio			
20 francos	20	4,0	4
10 francos	10	3,0	2
Moedas de alumínio			
5 francos	5	3,5	1
1 franco	1	1,3	0,2

(*) retirada gradualmente de circulação a partir de 1950, mas com valor legal até 1963

Valor do franco em ñ (1910-1959)

Ano	ñ	US$/F
1910	42,46	5,2297
1911	40,81	5,2385
1912	40,81	5,2290
1913	40,81	5,2247
1914	39,95	5,2079
1915	33,29	5,5579
1916	28,93	5,9421
1917	21,71	5,8172
1918	16,91	5,6634
1919	13,98	7,0700
1920	9,41	14,2828
1921	12,34	13,4799
1922	13,11	12,2487
1923	10,92	16,4877
1924	9,89	19,0813
1925	8,63	20,9764
1926	6,66	30,6689
1927	7,63	25,5672
1928	6,70	25,6117
1929	6,51	25,6631

Ano	ñ	US$/F
1930	6,15	25,6006
1931	7,16	25,5703
1932	7,91	25,3510
1933	7,77	20,5542
1934	8,63	15,3045
1935	9,20	15,2309
1936	7,49	16,4515
1937	6,06	24,7696
1938	5,38	34,6923
1939	4,87	39,7094
1940	4,16	45,6033
1941	3,54	47,0220
1942	2,88	47,0220
1943	2,21	47,0220
1944	1,84	47,0220
1945	1,14	50,5613
1946	0,65	119,5910
1947	0,42	119,6152
1948	0,29	210,7174
1949	0,29	292,9385

Ano	ñ	US$/F
1950	0,27	350,0015
1951	0,22	350,1015
1952	0,22	350,1015
1953	0,23	350,1015
1954	0,22	350,1015
1955	0,22	350,1015
1956	0,22	350,1015
1957	0,20	361,7048
1958	0,18	419,8217
1959	0,17	493,8431

Obs.: as taxas de câmbio são médias anuais

A Quinta República e o Franco Novo (1959-2003)

Já sob a nova constituição, De Gaulle foi eleito presidente por voto indireto em dezembro de 1958. Dias depois anunciou uma das primeiras medidas: a criação do "**franco novo**"[21], símbolo **NF**, com valor de 100 francos antigos e equivalente a 200 miligramas de ouro 90%, 62% do franco germinal de 1803. Isto equivalia a 4,93 francos por dólar, uma desvalorização de 15% em relação à paridade anterior de 420 francos antigos por dólar – útil para recuperar a competitividade das exportações – disfarçada em criação de uma moeda nova e prestigiosa, não só pelo valor nominal superior, como por ser teoricamente definida pelo peso em ouro e não pelo câmbio do dólar. A partir de julho de 1959, foram postas em circulação notas em francos antigos carimbadas com o valor em francos novos.

As moedas e notas denominadas em francos novos entraram em circulação a partir de janeiro de 1960, e a partir de 1963 a nova moeda passou a se chamar apenas "**franco**" (símbolo F). As notas e moedas em francos antigos perderam valor legal em 1º de abril de 1968. Essa reforma serviria de modelo ao "cruzeiro novo" brasileiro de 1967.

Para reafirmar a independência, De Gaulle iniciou em 1959 a retirada do país da OTAN. Completada em 1966, foi em parte uma farsa, pois acordos secretos, o país a cooperar com a organização no caso de uma guerra com o bloco soviético. Também exigiu a retirada das armas nucleares estrangeiras do território francês e criou sua bomba atômica, testada em fevereiro de 1960 no Saara argelino.

Entretanto, a guerra da Argélia, apesar da expectativa dos golpistas de 1958, não foi vencida e enfrentou cada vez mais oposição interna, tanto pelo número de jovens franceses mortos ou mutilados quanto pela revelação da prática de tortura e violência indiscriminada contra a população muçulmana. Em setembro de 1959, De Gaulle começou a falar de "autodeterminação" da Argélia. Sentindo-se traídos, colonos e militares armaram em janeiro de 1960 uma insurreição em Argel, apoiada por alguns políticos da metrópole, inclusive o deputado conservador Jean-Marie Le Pen, futuro líder da ultradireita, que fracassou.

---

21 Às vezes também chamado "franco Pinay" em alusão ao autor do plano, o ministro da Fazenda Antoine Pinay.

Enquanto isso a concepção original da Comunidade Francesa fracassava, e, ao longo de 1960, todas as ex-colônias que haviam optado pela federação se tornaram formalmente independentes. Muitas delas continuaram a ser, na prática, tuteladas pela França: de 1964 a 2011, tropas francesas intervieram pelo menos 16 vezes em ex-colônias (e outras seis vezes no Congo-Kinshasa e Ruanda, ex-colônias belgas) para sustentar governos ameaçados, combater rebeldes ou depor governantes indesejáveis. Além disso a maioria das ex-colônias manteve o franco CFA como moeda, de modo a preservar as relações comerciais privilegiadas entre a metrópole e as ex-colônias e constituir uma "zona do franco" cuja política monetária continuou a ser controlada pela metrópole. Constitui-se de duas moedas sem circulação comum, uma emitida pelo Banco Central da África Ocidental em Dacar, Senegal, outra pelo Banco dos Estados da África Central, em Iaundé, Camarões. A Guiné deixou o franco CFA em 1960 e a Mauritânia e Madagascar em 1973. O Mali o deixou em 1972, mas retornou em 1984. A Guiné Equatorial e a Guiné-Bissau, embora não tivessem sido colônias francesas, o adotaram em 1985 e 1997, respectivamente.

O franco CFA (sigla reinterpretada como "Comunidade Financeira Africana" na África Ocidental e "Cooperação Financeira na África Central" nesta região) não seguiu a conversão de 100 por 1 da metrópole e passou de 2 francos velhos a 2 cêntimos de franco novo. O mesmo se deu com o franco CFP (agora "Câmbio Franco do Pacífico") da Oceania, que passou a 5½ cêntimos de franco novo.

De Gaulle reorganizou o governo e o exército para afastar os ultradireitistas e colonialistas intransigentes. Em janeiro de 1961 aprovou em referendo o direito à autodeterminação da Argélia e, em março, iniciou negociações secretas com a FLN. Em abril, quatro generais da reserva, entre eles Salan, declararam De Gaulle traidor e se prepararam para tomar Paris, mas os conscritos ouviram as ordens do presidente pelo rádio e rebelaram-se contra os golpistas e os militares profissionais. Salan fugiu para criar a Organização do Exército Secreto (OAS, pela sigla em francês). Em junho de 1961, o Exército francês praticamente cessou suas operações contra a FLN. A OAS continuou a guerra por sua conta, além de cometer atentados terroristas contra o governo francês.

Em fevereiro de 1962, o acordo de independência foi assinado, e, em 5 de julho, proclamou-se a independência. Ao entrarem nas cidades, as tropas da FLN foram recebidas a bala por alguns colonos, e em Oran a multidão nativa, enfurecida, atacou o bairro francês e matou centenas. Cerca de 900 mil *pieds-noirs* (colonos franceses) apavorados fugiram para a metrópole, que nada fez para acolhê-los. Ali, viriam a se tornar a base da ultradireita francesa. Apesar da tentativa do governo francês de impedir-lhes a entrada, também fugiram 91 mil *harkis* (colaboradores nativos do Exército francês), que iniciaram a comunidade muçulmana da França, enquanto outros tantos eram massacrados pela FLN e seus partidários. Nos anos seguintes, militares treinados na repressão da Argélia, tanto leais quanto da OAS, ensinariam técnicas de tortura às ditaduras latino-americanas, inclusive a do Brasil.

Após sobreviver a um atentado da OAS em agosto, De Gaulle, livre da guerra, concentrou-se em recuperar a economia por meio de um dirigismo conservador, que incluiu projetos de infraestrutura e a expansão da indústria automobilística (Renault) e aeronáutica (Sud Aviation e Nord Aviation) estatais. O PIB francês ultrapassou o britânico pela primeira vez em cem anos e De Gaulle foi reeleito em 1965. Começou então a protestar contra o "exorbitante privilégio" concedido aos EUA pelos acordos de Bretton Woods e a cobrar a conversão de dólares em ouro. Entretanto, em maio de 1968, foi surpreendido por uma revolta estudantil e sindical contra seu autoritarismo conservador. Acuado, De Gaulle pediu socorro aos militares, que lhe garantiram apoio em troca de anistia para os integrantes da OAS, e obteve o fim das manifestações em troca de reformas no ensino, aumentos salariais de 10% e participação sindical na gestão de empresas. Ainda assim, sua popularidade ficou abalada, e ele renunciou em março de 1969, ao perder um referendo por uma reforma constitucional menor.

Dois meses depois, seu ex-premier Georges Pompidou (p. 1969-1974) foi eleito presidente. Ante o aumento da inflação e a perda de competitividade das exportações pelos acordos de maio de 1968, ele optou em agosto por desvalorizar o franco, de 180 para 160 miligramas de ouro puro ou 5,55 francos por dólar. Isso provocou uma reação em cadeia que acabou levando os EUA a dar fim à conversibilidade do dólar. Assim, o franco, tal como outras moedas, passou a flutuar de acordo com o mercado de câmbio. Um acordo com outros países europeus limitou em 1972 a variação a uma margem de 2,25% para cima ou para baixo, formando a chamada "serpente no túnel", mas foi abalado em 1973 pelo primeiro choque do petróleo, que elevou a inflação a dois dígitos e forçou a França a sair da "serpente" e deixar sua moeda se desvalorizar entre 1974 e 1975.

Nesse período, o país passou a ser governado por um centrista liberal, Valéry Giscard d'Estaing (p. 1974-1981). Em março de 1979, um novo acordo entre a França e a Alemanha criou o Sistema Monetário Europeu e uma moeda contábil, o ECU, baseada numa cesta de moedas, para regular as transações entre os bancos centrais europeus. No início dos anos 1980, o franco sofreu desvalorizações em relação ao ECU, em parte devido à inflação, em parte pela fuga de capital especulativo associada à eleição do socialista François Miterrand (p. 1981-1995), que iniciou o governo com aumentos de salários, aposentadorias e benefícios sociais. A partir de março de 1983, o governo deu uma "virada para a austeridade" para manter a França no SME e priorizar o controle da inflação. Críticas à cotação do franco CFA das ex-colônias francesas da África – que favorececeriam a importação de manufaturados pela elite urbana e prejudicariam as exportações dos agricultores – levaram à sua desvalorização de 0,02 para 0,01 franco francês em janeiro de 1994.

O franco se estabilizou e resistiu melhor que a maioria das moedas europeias à crise cambial associada ao colapso da URSS e à reunificação da Alemanha, que em 1992 a margem de flutuação da SME para 15% e forçou algumas moedas a sair do sistema, inclusive a libra britânica. Nesse ano, foi assinado o tratado de Maastricht, que dispôs a formação de uma união monetária em torno do euro, criado a partir do ECU e gerido por um Banco Central Europeu. Os conservadores gaullistas voltaram ao governo com Jacques Chirac (p. 1995-2007), ao qual coube implantar o euro, que passou a circular como moeda contábil em janeiro de 1999 e moeda física em janeiro de 2002. A antiga moeda francesa foi convertida em euros à taxa de 6,55957 francos por euro, com prazo até fevereiro de 2005 para as moedas e fevereiro de 2012 para as notas. Com a adoção do euro pela França, o franco CFA foi fixado à moeda da União Europeia, à razão de 655,957 por euro; o franco CFP (abandonado pelas Novas Hébridas, depois Vanuatu, em 1982) à taxa de 119,265 por euro.

Moedas da Quinta República (1965)

Denominação	Valor em francos	Peso em gramas	Valor em ñ (1965)
Papel-moeda			
500 francos	500	–	7.000
100 francos	100	–	1.400
50 francos	50	–	700
20 francos	20		280
10 francos	10		140
5 francos	5		70
Moedas de prata 90%			
10 francos (até 1973)	10,00	25,0	140
Moedas de prata 83,5%			
5 francos (até 1969)	5,00	12,0	70
Moedas de níquel			
1 franco	1,00	6,0	14
½ franco (1964)	0,50	4,5	7
Moedas de bronze-alumínio			
50 cêntimos (até 1964)	0,50	7,0	7
20 cêntimos	0,20	4,0	2,8
10 cêntimos	0,10	3,0	1,4
Moedas de aço inoxidável			
5 cêntimos	0,05	3,4	0,7
2 cêntimos (até 1961)	0,02	2,3	0,28
1 cêntimo	0,01	1,65	0,14

Moedas da Quinta República (1980)

Denominação	Valor em francos	Peso em gramas	Valor em ñ (1980)
Papel-moeda			
500 francos	500	–	2.000
100 francos	100	–	400
50 francos	50	–	200
20 francos	20		80
10 francos	10		40
Moedas de prata 90%			
50 francos (1974 a 1979)	50,00	30,0	200
Moedas de alpaca			
10 francos (desde 1974)	10,00	10,0	40
Moedas de cuproníquel			
5 francos (desde 1970)	5,00	10,0	20
Moedas de níquel			
2 francos (desde 1979)	2,00	7,52	8
1 franco	1,00	6,0	4
½ franco	0,50	4,5	2
Moedas de bronze-alumínio			
20 cêntimos	0,20	4,0	0,8
10 cêntimos	0,10	3,0	0,4
5 cêntimos	0,05	2,0	0,2
Moedas de aço inoxidável			
1 cêntimo	0,01	1,65	0,04

(*) cunhada de 1974 a 1979, saiu de circulação em 1980 devido à alta do preço da prata

Moedas da Quinta República (1993)

Denominação	Valor em francos	Peso em gramas	Valor em ñ (1993)
Papel-moeda			
500 francos	500	–	1.000
100 francos	100	–	200
50 francos	50	–	100
20 francos	20		40
Moedas de prata 90%			
100 francos (desde 1982)	100,00	15,0	200
Moedas bimetálicas, anel interior níquel, coroa e centro bronze-alumínio			
20 francos (desde 1992)	20,00	9,0	40
Moedas bimetálicas, centro níquel, coroa bronze-alumínio			
10 francos (desde 1988)	10,00	6,5	20
Moedas de cuproníquel			
5 francos	5,00	10,0	10
Moedas de níquel			
2 francos	2,00	7,5	4
1 franco	1,00	6,0	2
½ franco	0,50	4,5	1
Moedas de bronze-alumínio			
20 cêntimos	0,20	4,0	0,4
10 cêntimos	0,10	3,0	0,2
5 cêntimos	0,05	2,0	0,1
Moedas de aço inoxidável			
1 cêntimo	0,01	1,65	0,02

Obs.: em 1990-1995 foram cunhadas moedas comemorativas de francos/ECU com denominações de 10 francos/1,5 ECU e múltiplos. Em 1996-1997 moedas semelhantes foram cunhadas com denominações de 10 francos/1,5 euro e múltiplos. Moedas comemorativas de 1 ECU (=6,667 francos) foram cunhadas de 1981 a 1993 em vários metais. Moedas comemorativas de 6,55957 francos (= 1 euro) e múltiplos foram cunhadas de 1999 a 2001

Valor do franco em ñ ("franco novo" em 1960-1965)

Ano	ñ	US$/F	₠/F
1960	16,42	4,9384	
1961	15,81	4,9384	
1962	15,16	4,9384	
1963	14,44	4,9384	
1964	14,12	4,9384	
1965	13,73	4,9384	
1966	13,37	4,9384	
1967	12,94	4,9384	
1968	12,29	4,9384	
1969	11,59	5,1956	
1970	10,99	5,5557	
1971	10,57	5,5441	
1972	10,00	5,0485	
1973	9,02	4,4615	
1974	7,77	4,8202	
1975	7,00	4,2936	5,31924
1976	6,41	4,7864	5,34487
1977	5,90	4,9219	5,60608
1978	5,26	4,5197	5,73983
1979	4,58	4,2606	5,82948

Ano	ñ	US$/F	₠/F
1980	3,99	4,2324	5,86896
1981	3,61	5,4446	6,03993
1982	3,31	6,5853	6,43117
1983	3,04	7,6354	6,77078
1984	2,84	8,7545	6,87166
1985	2,67	8,9967	6,79503
1986	2,57	6,9375	6,79976
1987	2,47	6,0221	6,92910
1988	2,37	5,9696	7,03644
1989	2,28	6,3916	7,02387
1990	2,17	5,4537	6,91412
1991	2,12	5,6493	6,97332
1992	2,07	5,3031	6,84839
1993	2,02	5,6716	6,63368
1994	1,97	5,5393	6,58261
1995	1,93	4,9875	6,52506
1996	1,89	5,1112	6,49300
1997	1,89	5,8372	6,61260
1998	1,87	5,8884	6,60141
1999	1,82	6,1570	6,55957

Ano	ñ	US$/F	€/F
2000	1,77	7,1228	6,55957
2001	1,77	7,3213	6,55957

Obs.: taxas de câmbio médias anuais

Alemanha e Áustria

O Congresso de Viena, no qual as potências europeias redesenharam o mapa da Europa após a derrota de Napoleão e articularam uma Santa Aliança entre Prússia, Áustria e Rússia para garantir a ordem absolutista no continente, criou uma Confederação Germânica no lugar do desaparecido Sacro Império Romano-Germânico. As guerras revolucionárias e napoleônicas haviam feito desaparecer a maioria dos pequenos Estados, de modo que, embora o território fosse quase o mesmo (exceto pelos antigos Países-Baixos Austríacos, reunidos às antigas Províncias Unidas no novo Reino dos Países-Baixos), o número de integrantes da nova entidade foi reduzido de mais de 300 para 39, com os menores anexados aos médios e grandes. Consequentemente, houve também uma redução no número de barreiras alfandegárias e moedas, mas não o suficiente para as necessidades do comércio internacional vitalizado pela difusão do liberalismo econômico Europa.

Inflação na Áustria

A Áustria financiou seu envolvimento nas guerras napoleônicas em boa parte com emissão de papel-moeda e de moedas depreciadas de cobre no lugar das moedas de prata. Em 1811, na primeira tentativa de restauração da ordem monetária, as moedas de 15 e 30 Kreuzer da cunhagem inflacionada foram reavaliadas em 3 e 6 Kreuzer. Haviam sido emitidos 1,061 bilhão de Gulden em *Bancozettel* ("nota bancária"), papel-moeda inflacionado, cujo valor deteriorou-se de 500 para 1.100 Gulden por 100 Gulden de prata ao longo de 1810.

Em 1811, valia 1.690 Gulden por 100 Gulden de prata (ou seja, 1 Gulden de papel-moeda valia 0,059 Gulden de prata ou pouco mais de 3½ Kreuzer). Foi então trocado por 211 milhões em "notas de redenção" (*Einlösungsscheine*) à razão de 5 Gulden por 1, operação aplicável, porém, apenas a notas de 25 Gulden ou superiores, em prejuízo dos portadores (geralmente pobres) de notas de 1, 2 e 5 Gulden. A intenção era de que as novas notas circulassem pelo valor em prata, mas desde o início sofreram um desconto de 8%. "Notas de antecipação" (*Anticipationsschein*) foram então complementarmente emitidas usando aa arrecadação futura de impostos como lastro (daí o nome). Inicialmente estas foram emitidas em pequeno volume, mas a retomada das guerras napoleônicas levou à emissão em 1814-1815 de mais papel-moeda, de forma a expandir a base monetária para 638 milhões e reduzir o valor em prata do papel-moeda agora conhecido como *Wiener Währung* ("dinheiro vienense") para 20% do valor nominal.

Em 1816, foi criado o Banco Nacional da Áustria para monopolizar as emissões de papel-moeda e retirar gradualmente o excesso de circulação. Em 1820, começou a retirar *Wiener Währung* à razão de 1000 Gulden de papel para 420 Gulden de prata, proporção que se manteve até ser completada a retirada de circulação, em 1847. As novas notas circulavam por seu valor nominal.

A revolução de 1848 , da qual falaremos adiante, resultou em novo desequilíbrio financeiro e na emissão de papel-moeda de curso forçado pelo Estado (*Staatsnoten*), negociada com deságio. A moeda de prata chegou a valer 47% mais que o papel em 1854, durante a Guerra da Crimeia, mas o ágio voltou a se reduzir nos anos seguintes. A convertibilidade foi restaurada com a reforma monetária de 1858, mas voltou a se perder com a guerra, e o ágio da prata chegou a 53% em 1859.

A reforma monetária prussiana (1821)

Nessa nova Confederação, destacava-se a Prússia. Modelo de organização burocrática e militar e potência europeia vital para a restauração da ordem absolutista no continente, pretendia afirmar sua hegemonia sobre a Alemanha, contra a Áustria, também no plano econômico e monetário. Tinha sido fortalecida pela anexação de territórios da Renânia, tomados ao Império Francês, que antes haviam sido pequenos estados alemães. Começou pela racionalização da administração de seu território, eliminando as barreiras alfandegárias internas e racionalizando o sistema monetário.

Até meados do século XVIII, o *Reichsthaler* prussiano se dividira em 24 *Groschen* e 288 *Pfennige*, mas, para abastecer os cofres públicos durante as guerras napoleônicas, o *Groschen* foi depreciado para 1/36 do *Reichsthaler* (1808) e depois 1/42 (em 1811), enquanto os antigos *Groschen* de 24 por *Reichsthaler*, ainda usados em alguns Estados alemães, eram chamados ***Gute Groschen*** ("*Groschen* bons"). Embora a intenção inicial fosse adotar uma divisão em 30 *Groschen* e 300 *Pfennige*, em 1821 definiu-se um novo padrão de 30 *Groschen* e 360 *Pfennige* por *Reichsthaler*, sendo os *Groschen* assim redefinidos conhecidos como ***Silbergroschen***. Também durante as guerras napoleônicas, a Prússia começou a emitir papel-moeda.

O Zollverein e a Convenção de Dresden (1838)

Inicialmente, alguns dos Estados do sul e centro da Alemanha procuraram formar blocos neutros para preservar sua independência ante as duas potências alemãs. Baviera e Württemberg formaram em 1827 a *Süddeutsche Zollverein* (União Aduaneira Sul-Alemã), em 1828 Prússia e Hesse-Darmstadt formaram a *Preussisch-Hessischen Zollverein* (União Aduaneira Prussiano-Hessiana) e a maioria dos demais Estados, liderados pela Saxônia, criaram *Mitteldeutscher Handelsverein* (União Comercial da Alemanha Central), com apoio britânico e austríaco. Esta se mostrou, porém, pouco eficaz pela falta de tarifas comuns e pela dispersão dos territórios em três blocos, entre os quais o comércio só era possível através de território prussiano.

Somado às pressões políticas da Prússia, isso levou à criação em 1834 de uma união da Prússia com 25 outros estados da Alemanha, chamada *Deutsche Zollverein* (União Aduaneira Alemã), que reuniu as duas primeiras uniões aduaneiras e a maior parte da terceira. Outros oito Estados alemães incorporaram-se a ela de 1835 a 1852, deixando de fora a Áustria (que quis aderir, mas foi rejeitada pela Prússia) e seu satélite Liechtenstein, além das cidades-estados de Hamburgo e Bremen e dos Estados do Báltico, onde continuaram a circular moedas antigas, baseadas na tradição da Liga Hanseática:

o marco de Hamburgo e Lübeck, o Thaler de Bremen, o Thaler de Mecklemburg e o Schilling de Schleswig-Holstein.

A união aduaneira acelerou a unificação monetária em torno de um padrão duplo, consagrado pela Convenção de Cunhagem de Dresden, em 1838, pelos quais os Estados do Zollverein concordaram em usar um dos dois padrões, o prussiano ou o bávaro. No Norte, generalizou-se o ***Reichsthaler*** ou táler prussiano com variações locais em suas subdivisões. No Sul (Baviera, Baden, Württemberg, Nassau, Hesse-Darmstadt, Frankfurt e Hesse-Kassel) e em Hamburgo, usou-se o ***Gulden*** ou **florim**, com o valor de 0,57 táler, ou 1¾ por táler, adotado pelo Tratado Monetário de Munique em 1837. Um marco (233,86 gramas) de prata pura valia 14 táleres ou 24½ florins. Houve uma tentativa de unificar os dois padrões da Alemanha com uma moeda única de prata 90%, o ***Vereinsmünze*** (moeda da união) ou duplo táler, valendo 2 táleres ou 3,5 florins, 7 por marco; mas o projeto não foi além da cunhagem de moedas desse valor em alguns dos Estados alemães.

Neste período, deu-se na Europa a chamada "Primavera dos Povos", uma série de revoltas populares durante 1848 e 1849 contra a ordem absolutista e pela emancipação ou unificação de Estados nacionais. Na Alemanha, a revolta foi inspirada pela Revolução de Fevereiro, que derrubou a monarquia na França. Começou em março na Áustria, onde a insurreição resultou na renúncia e exílio do chanceler Metternich, arquiteto do Congresso de Viena e da Santa Aliança, e depois na abdicação do próprio imperador Fernando I em favor de seu sobrinho Francisco José I. Vários outros Estados alemães também tiveram revoltas aplacadas com reformas liberais, que na Prússia resultaram na criação de um Parlamento.

Na região do Palatinado (então pertencente à Baviera), a revolta contou com a participação de Karl Marx e Friedrich Engels, autores do *Manifesto Comunista* que, publicado em Londres dias antes do início da revolta na França, teve seu maior impacto inicial entre os trabalhadores da Alemanha. Quando a revolução do Palatinado foi esmagada por tropas prussianas, Marx e Engels refugiaram-se no Reino Unido, onde forjaram a teoria marxista e participaram da organização de um movimento internacional de trabalhadores. Muitos outros alemães anarquistas, comunistas ou liberal-democratas também tiveram de se exilar, ou se desiludiram com as possibilidades de democratização da Alemanha e emigraram para os Estados Unidos.

Um Congresso nacional foi criado em Frankfurt, capital da Confederação Germânica; fez uma tentativa de organizar um Estado federal alemão liderado pelo rei da Prússia como monarca constitucional, mas a Constituição liberal não foi aceita pelos grandes Estados alemães, o rei prussiano Frederico Guilherme sentiu-se insultado pela oferta de uma coroa imperial "vinda do esgoto e corrompida pelo fedor da revolução" e a Constituição ficou sem efeito. Entretanto, o movimento demonstrou a popularidade da proposta da unificação alemã e fortaleceu a liderança prussiana e o *Zollverein*.

Moedas prussianas (1821 a 1857)

Denominação	Valor em Pfennige	Peso em gramas	Valor em ñ c. 1848
Papel-moeda			
500 *Thaler*	180.000	–	180.000
100 *Thaler*	36.000	–	36.000
50 *Thaler*	18.000	–	18.000
5 *Thaler*	1.800	–	1.800
1 *Thaler*	360	–	360
Moedas de ouro 90,3%			
2 *Friedrichsdor*	3.600	13,364	3.600
Friedrichsdor ou pistola	1.800	6,682	1.800
1/2 *Friedrichsdor*	900	3,341	900
Moedas de prata 90%			
2 *Reichsthaler (Vereinsmünze)* (*)	720	37,119	720
Moedas de prata 75%			
Reichsthaler	360	22,272	360
Moedas de prata 52,1%			
1/6 *Reichsthaler* (5 *Groschen*)	60	5,345	60
Moedas de bolhão 37,5%			
2½ *Silbergroschen* (1/12 *Thaler*)	30	3,248	30
Moedas de bolhão 22,2%			
Silbergroschen	12	2,193	12
½ *Silbergroschen*	6	1,096	6
Moedas de cobre			
4 *Pfennige*	4	6,48	4
3 *Pfennige* (*Dreier* ou *Ternar*)	3	4,86	3
2 *Pfennige*	2	3,24	2
Pfennig	1	1,62	1

(*) a partir de 1839

Moedas bávaras (1810 a 1857)

Denominação	Valor em Pfennige	Peso em gramas	Valor em ñ c. 1848
Papel-moeda			
100 *Gulden*	24.000	–	20.000
10 *Gulden*	2.400	–	2.000
Moedas de ouro 93,7%			
Ducado	1.152	3,49	960
Moedas de ouro 77%			
Goldgulden	880	3,25	733
Moedas de prata 90%			
3½ *Gulden* (*Vereinsmünze*) (*)	840	37,12	700
2 *Gulden* (*)	480	21,21	400
1 *Gulden* (Florim) (*)	240	10,60	200
½ *Gulden* (*)	120	5,30	100
Moedas de prata 87,2%			
Kronenthaler	648	29,54	540
Moedas de prata 83,3%			
Conventionsthaler	576	28,06	480
Moedas de prata 58,3%			
20 *Kreuzer* (**)	80	6,68	67
Moedas de bolhão 33,3%			
6 *Kreuzer*	24	2,60	20
3 *Kreuzer*	12	1,30	10
Moedas de bolhão 18,7%			
Kreuzer	4	0,77	3,3
Moedas de cobre			
½ *Kreuzer*	2	2,48	1,7
Pfennig (Denarius)	1	1,24	0,8
Heller	½	0,62	0,4

(*) cunhada a partir de 1837

(**) cunhada até 1825

Moedas austríacas (1820 a 1857)

Denominação	Valor em Kreuzer	Peso em gramas	Valor em ñ c. 1848
Moeda de conta			
Reichsthaler	90	–	360
Papel-moeda (National Bank)			
1.000 *Gulden*	60.000	–	240.000
500 *Gulden*	30.000	–	120.000
100 *Gulden*	6.000	–	24.000
50 *Gulden*	3.000	–	12.000
25 *Gulden*	1.500	–	6.000
10 *Gulden*	600	–	2.400
5 *Gulden*	300	–	1.200
2 *Gulden* (**)	120	–	480
1 *Gulden* (**)	60	–	240
Papel-moeda (Wiener Währung) (*)			
1.000 *Gulden*	25.200	–	100.800
500 *Gulden*	12.600	–	50.400
100 *Gulden*	2.520	–	10.080
50 *Gulden*	1.260	–	5.040
25 *Gulden*	630	–	2.520
10 *Gulden*	252	–	1.008
5 *Gulden*	126	–	504
Moedas de ouro 98,3% (***)			
4 ducados	1.080	13,94	4.320
2 ducados	540	6,97	2.160
Ducado	270	3,49	1.080
Moedas de prata 83,3%			
Conventionsthaler	120	28,06	480
Gulden = ½ *Thaler*	60	14,03	240
Moedas de prata 58,3%			
20 *Kreuzer* (*Zwanziger*, em inglês *Copstuck*)	20	6,68	80
Moedas de prata 50%			
10 *Kreuzer*	10	3,89	40
Moedas de bolhão 42,8%			
6 *Kreuzer* (**)	6	2,23	24
5 *Kreuzer*	5	2,10	20
Moedas de bolhão 34,6%			
3 *Kreuzer* (*Groschen*)	3	1,70	12
Moedas de cobre			
2 *Kreuzer* (**)	2	18,48	8
Kreuzer	1	8,69	4
½ *Kreuzer*	½	4,38	2
¼ *Kreuzer* (*Pfennig* ou Denarius)	¼	2,19	1

(*) Negociado por 42% do valor nominal em prata, retirado de circulação até 1847

(**) Emitidos durante a revolução de 1848-1849. Houve também cédulas de 6 Kreuzer e 10 Kreuzer.

(***) Ducados cunhados na Hungria tinham 98,6% de ouro e eram cotados a 272 Kreuzer (1.088 ñ)

Poder aquisitivo em ñ das moedas alemãs (1820-1856)

Ano	Táler prussiano	Gulden austríaco	Gulden bávaro	Kreuzer bávaro	Kreuzer austríaco	Pfennig austríaco
1820	349,79	239,86	199,88	6,66	4,00	1,21
1821	405,27	277,90	231,58	7,72	4,63	1,41
1822	405,27	277,90	231,58	7,72	4,63	1,41
1823	384,45	263,62	219,69	7,32	4,39	1,33
1824	512,29	351,28	292,74	9,76	5,85	1,78
1825	530,45	363,73	303,11	10,10	6,06	1,84
1826	466,65	319,99	266,66	8,89	5,33	1,62
1827	394,59	270,57	225,48	7,52	4,51	1,37
1828	384,45	263,62	219,69	7,32	4,39	1,33
1829	384,45	263,62	219,69	7,32	4,39	1,33
1830	357,55	245,18	204,32	6,81	4,09	1,24
1831	307,67	210,98	175,81	5,86	3,52	1,07
1832	327,38	224,49	187,08	6,24	3,74	1,14
1833	349,79	239,86	199,88	6,66	4,00	1,21
1834	415,73	285,07	237,56	7,92	4,75	1,44
1835	405,27	277,90	231,58	7,72	4,63	1,41
1836	415,73	285,07	237,56	7,92	4,75	1,44
1837	405,27	277,90	231,58	7,72	4,63	1,41
1838	349,79	239,86	199,88	6,66	4,00	1,21
1839	334,71	229,51	191,26	6,38	3,83	0,93
1840	341,80	234,38	195,32	6,51	3,91	0,95
1841	357,55	245,18	204,32	6,81	4,09	0,99
1842	327,38	224,49	187,08	6,24	3,74	0,91
1843	314,13	215,40	179,50	5,98	3,59	0,87
1844	349,79	239,86	199,88	6,66	4,00	0,97
1845	314,13	215,40	179,50	5,98	3,59	0,87
1846	256,46	175,86	146,55	4,88	2,93	0,71
1847	216,68	148,58	123,82	4,13	2,48	0,60
1848	327,38	224,49	187,08	6,24	3,74	0,91
1849	375,49	257,48	214,57	7,15	4,29	1,04
1850	384,45	263,62	219,69	7,32	4,39	1,07
1851	327,38	224,49	187,08	6,24	3,74	0,91
1852	279,74	191,82	159,85	5,33	3,20	0,78
1853	252,14	172,89	144,08	4,80	2,88	0,70
1854	210,79	144,54	120,45	4,02	2,41	0,59
1855	197,67	135,54	112,95	3,77	2,26	0,55
1856	201,47	138,15	115,12	3,84	2,30	0,56

Obs.: com base no custo de vida na Prússia

O Tratado Monetário de Viena (1857)

Em 1857, foi celebrado em Viena um acordo monetário entre os Estados do Zollverein, a Áustria e o Liechtenstein que criou um novo padrão monetário, único para quase toda a Confederação Germânica. O tradicional marco de prata de 233,86 gramas foi abandonado como base do sistema de cunhagem em favor de uma libra métrica (*Zollpfund*) de 500 gramas, dividida em diferentes moedas para cada uma das três regiões monetárias:

Prússia e 17 Estados do Norte: libra dividida em 30 ***Vereinsthaler***

Baviera e 9 Estados do Sul: libra dividida em 52,5 ***Gulden*** ou florins

Áustria e Liechtenstein: libra dividida em 45 ***Gulden*** ou florins

Um ***Vereinsthaler*** equivalia, portanto, a exatamente 1,5 *Gulden* austríaco e 1,75 *Gulden* bávaro. Quantidade e diâmetro das peças de prata também foram regulamentados e moedas fora desse padrão foram proibidas, com exceção do *Maria-Theresien-Taler* da Áustria, moeda antiga também chamada *Levantiner Thaler* por ser recunhada para o comércio com o Império Otomano e os Bálcãs (Levante ou Oriente). Todas as moedas cunhadas de acordo com esse sistema poderiam circular em todos os Estados integrantes da convenção.

Na Áustria, a reforma significou também uma redução do conteúdo em prata do Gulden e a decimalização do Kreuzer, de modo que o Gulden anterior à reforma ou *Convention-Gulden,* dividido em 60 *Kreuzer*, passou a valer 1,05 Gulden do Tratado, *Vereinsgulden*, dividido em 100 *Neukreuzer* (novos *Kreuzer*). As moedas divisionárias antigas valiam 1,67 *Neukreuzer* por *Kreuzer* até serem tiradas de circulação. Para as moedas de ouro, o padrão foi a *Krone* (coroa) com 11,111 gramas de ouro a 90%, equivalente a 10 táleres prussianos, 15 florins austríacos ou 17,5 florins bávaros.

Em 1863, o rei Cristiano IX da Dinamarca promulgou uma Constituição com um Parlamento e uma lei de sucessão comuns para o reino e o ducado semialemão de Schleswig, uma anexação prática que contrariava o tratado de 1852 com a Áustria e a Prússia, pelo qual o ducado deveria permanecer independente. Prussianos e austríacos derrotaram os dinamarqueses, que foram obrigados a ceder seus três ducados alemães, Schleswig, Holstein e Lauenburg. Os vencedores se desentenderam, porém, sobre o futuro dos ducados, e o primeiro-ministro prussiano, Otto von Bismarck, viu no conflito uma oportunidade de estabelecer a hegemonia prussiana na Alemanha. Buscou uma aliança com a Itália e, quando a Áustria quis levar a disputa à Convenção Federal, invadiu o Holstein sob administração austríaca. A Guerra Austro-Prussiana durou sete semanas e apesar de os principais Estados alemães terem apoiado a Áustria, Prússia e Itália saíram vitoriosas.

Em consequência da guerra, a Confederação Germânica deixou de existir. A Prússia anexou os ducados disputados e vários dos Estados alemães que apoiaram a Áustria, formando um bloco territorial contínuo de leste a oeste com cerca de 80% da Alemanha ao norte do rio Meno. Todos os pequenos Estados ainda independentes na região passaram a ser pouco mais que enclaves e foram forçados a se tornar seus vassalos na Confederação da Alemanha do Norte, com 22 estados e uma Constituição parcialmente inspirada naquela dos rebeldes de 1848, com a qual conquistou apoio popular. Limburgo, que fora parte da Confederação Germânica, mas governada pelo rei dos Países-Baixos, foi por estes anexado. Por pressão da França, o Luxemburgo e quatro Estados do Sul, Baden, Hesse-Darmstadt, Württemberg e Baviera, permaneceram independentes, embora continuassem a pertencer à *Zollverein*. Permaneceu em uso nesses Estados o sistema duplo da *Zollverein*: moeda baseada no *Vereinsthaler* na maior parte da Alemanha do Norte e no *Gulden* em alguns desses Estados, e também naqueles do Sul que permaneceram independentes. A cidade de Hamburgo e Lübeck, mesmo integradas na Confederação, continuaram com sistemas próprios, baseado em um marco de 16 *Schillings* e 192 *Pfennige,* avaliado a 17 marcos por 7 *Reichsthaler* (0,41176 *Reichsthaler*, 99 ñ) e a cidade de Bremen com um *Thaler* próprio, dividido em 72 *Grote* ou 360 *Schwaren,* avaliado a 112 táleres de Bremen por 100 *Reichsthaler* (1,12 *Reichsthaler*, 269 ñ).

Moedas prussianas (1857 a 1871)

Denominação	Valor em Pfennige	Peso em gramas	Valor em ñ c. 1860
Papel-moeda			
500 *Thaler*	180.000	–	120.000
100 *Thaler*	36.000	–	24.000
50 *Thaler*	18.000	–	12.000
25 *Thaler*	9.000		6.000
10 *Thaler*	3.600	–	2.400
Moedas de ouro 90,3% (*)			
2 *Friedrichsdor*	4.080	13,364	2.720
Friedrichsdor ou pistola	2.040	6,682	1.360
1/2 *Friedrichsdor*	1.020	3,341	680
Moedas de ouro 90%			
Krone	3.360	11,111	2.240
1/2 *Krone*	1.680	5,556	1.120
Moedas de prata 90%			
2 *Vereinsthaler*	720	37,037	480
Vereinsthaler	360	18,519	240
Moedas de prata 52,1%			
1/6 *Vereinsthaler* (5 *Groschen*)	60	5,345	40
Moedas de bolhão 37,5%			
2½ *Silbergroschen* (1/12 *Thaler*)	30	3,248	20
Moedas de bolhão 22,2%			
Silbergroschen	12	2,193	8
½ *Silbergroschen*	6	1,096	4
Moedas de cobre			
4 *Pfennige*	4	5,92	2,67
3 *Pfennige* (*Dreier* ou *Ternar*)	3	4,44	2
2 *Pfennige*	2	2,96	1,33
Pfennig	1	1,48	0,67

(*) moedas anteriores a 1857 ainda em circulação

Moedas bávaras (1857 a 1871)

Denominação	Valor em Pfennige	Peso em gramas	Valor em ñ c. 1860
Papel-moeda			
100 *Gulden*	24.000	–	13.714
50 *Gulden*	12.000	–	6.857
10 *Gulden*	2.400	–	1.371
5 *Gulden*	1.200	–	686
2 *Gulden*	480	–	274
Moedas de ouro 93,7% (*)			
Ducado	1.320	3,49	754
Moedas de ouro 90%			
Krone	3.840	11,111	2.194
1/2 *Krone*	1.920	5,556	1.097
Moedas de prata 90%			
2 *Vereinsthaler* / 3½ *Gulden*	840	37,04	480
1 *Vereinsthaler*	420	18,52	240
1 *Gulden* (Florim)	240	10,60	137
½ *Gulden*	120	5,30	69
Moedas de bolhão 35%			
6 *Kreuzer*	24	2,46	14
3 *Kreuzer*	12	1,23	7
Moedas de bolhão 16,7%			
Kreuzer	4	0,84	2
Moedas de cobre			
½ *Kreuzer*	2	2,48	1,1
Pfennig (Denarius)	1	1,24	0,6
Heller	½	0,62	0,3

(*) moeda anterior a 1857 ainda em circulação

Moedas austríacas (1857 a 1892)

Denominação	**Valor em Neukreuzer**	**Peso em gramas**	**Valor em ñ c. 1860**
Papel-moeda			
1.000 *Gulden*	100.000	–	160.000
500 *Gulden*	50.000	–	80.000
100 *Gulden*	10.000	–	16.000
50 *Gulden*	5.000	–	8.000
25 *Gulden*	2.500	–	4.000
10 *Gulden*	1.000	–	1.600
5 *Gulden*	500	–	800
Moedas de ouro 98,3%			
4 ducados	1.900	13,94	3.040
Ducado	475	3,49	760
Moedas de ouro 90%			
Krone (1858-1866)	1.366	11,111	2.186
8 *Gulden* / 20 francos (1870-1892)	800	6,46	952
1/2 *Krone* (1858-1865)	683	5,556	1.093
4 *Gulden* / 10 francos (1870-1892)	400	3,23	476
Moedas de prata 90%			
2 *Vereinsthaler*	300	37,04	480
2 *Gulden*	200	24,69	320
Vereinsthaler	150	18,52	240
Gulden	100	12,34	160
Moedas de prata 83,3%			
Conventionsthaler, Levantiner Thaler ou *Maria-Theresia-Thaler*	210	28,06	336
Moedas de prata 52%			
¼ *Gulden*	25	5,35	40
Moedas de prata 50%			
20 *Neukreuzer*	20	2,70	32
Moedas de prata 40%			
10 *Neukreuzer*	10	1,67	16
Moedas de bolhão 37,5%			
5 *Neukreuzer*	5	1,33	8
Moedas de cobre			
4 *Neukreuzer*	4	13,20	6,4
Neukreuzer	1	3,15	1,6
5/10 *Neukreuzer*	½	1,67	0,8

Poder aquisitivo em ñ das moedas alemãs (1857-1872)

Ano	Táler prussiano	Gulden austríaco	Gulden bávaro	Kreuzer bávaro	Kreuzer austríaco	Pfennig austríaco
1857	249,44	166,29	142,53	4,75	1,66	0,69
1858	261,91	174,60	149,66	4,99	1,75	0,73
1859	261,91	174,60	149,66	4,99	1,75	0,73
1860	243,63	162,42	139,22	4,64	1,62	0,68
1861	232,81	155,20	133,03	4,43	1,55	0,65
1862	232,81	155,20	133,03	4,43	1,55	0,65
1863	255,52	170,35	146,01	4,87	1,70	0,71
1864	232,81	155,20	133,03	4,43	1,55	0,65
1865	265,22	176,82	151,56	5,05	1,77	0,74
1866	243,63	162,42	139,22	4,64	1,62	0,68
1867	201,47	134,31	115,12	3,84	1,34	0,56
1868	201,47	134,31	115,12	3,84	1,34	0,56
1869	222,90	148,60	127,37	4,25	1,49	0,62
1870	220,55	147,04	126,03	4,20	1,47	0,61
1871	201,47	134,31	115,12	3,84	1,34	0,56
1872	194,01	129,34	110,86	3,70	1,29	0,54

Obs.: com base no custo de vida na Prússia

Império Alemão (1871-1918)

Em 1870, percebendo a oportunidade de estender o poder da Prússia ao sul da Alemanha, Otto von Bismarck provocou uma guerra com a França ao passar à imprensa uma versão desaforada de um encontro entre o embaixador francês e o rei da Prússia, no qual evidenciava as pressões do primeiro para que a dinastia prussiana não disputasse a herança do trono espanhol. Após nove meses de guerra, a França capitulou, entregou à Prússia a região da Alsácia-Lorena e se comprometeu com uma indenização de cinco bilhões de francos (210 bilhões de ñ), que foi paga até 1873. Esperava-se na época que a economia francesa ficasse abalada por três ou quatro décadas, mas ela recuperou-se rapidamente.

A vitória na guerra permitiu à Prússia reunir os Estados do sul da Alemanha à Confederação da Alemanha do Norte em um *Deutsches*

Reich ou Império Alemão que realizava parcialmente (sem a Áustria) o projeto de unificação dos revolucionários de 1848.

Em 1869, o economista Adolf Soetbeer propusera como moeda única da Confederação da Alemanha do Norte um marco de 100 *Pfennige* dentro do padrão da União Monetária Latina, ou seja, equivalente ao franco francês. A ideia foi retomada com a fundação do Império Alemão. A oportunidade da unificação política e a abundância de ouro proveniente da indenização francesa favoreceu a introdução de um padrão monetário único e, ao mesmo tempo, a troca da prata pelo ouro como padrão monetário. A moeda única baseou-se na proposta de Adolf Soetbeer de 1869, mas, em vez de tomar como modelo a moeda francesa, preferiu-se um padrão que tivesse uma relação simples com as moedas alemãs existentes, principalmente o táler prussiano. Decidiu-se por um **marco-ouro** ou ***Goldmark*** (símbolo *M*) equivalente a um terço do *Vereinsthaler* (símbolo Rthl.), 1/90 de libra métrica ou 5,556 gramas de prata pura, mas definido como 0,35842 grama de ouro à razão prata/ouro então corrente de 1:15,5. A tabela abaixo mostra a relação do marco, lançado em 1873, com as moedas alemãs anteriores e as moedas da França, Áustria e Reino Unido:

Moedas	Valor das moedas em							
	Marco-Ouro	Táler Prussiano	Gulden Bávaro	Marco de Hamburgo	Thaler de Bremen	Gulden Austríaco	Franco Francês	Libra Esterlina
Marco-Ouro	1	0,333333333	0,583333333	0,833333333	0,301075269	0,49382716	1,234567901	0,048948559
Thaler Prussiano	3	1	1,75	2,5	0,903225806	1,481481481	3,703703704	0,146845678
Gulden Bávaro	1,714285714	0,571428571	1	1,428571429	0,516129032	0,846560847	2,116402116	0,083911816
Marco de Hamburgo	1,2	0,4	0,7	1	0,361290323	0,592592593	1,481481481	0,058738271
Táler de Bremen	3,321428571	1,107142857	1,9375	2,767857143	1	1,64021164	4,100529101	0,162579143
Gulden Austríaco	2,025	0,675	1,18125	1,6875	0,609677419	1	2,5	0,099120832
Franco Francês	0,81	0,27	0,4725	0,675	0,243870968	0,4	1	0,039648333
Libra Esterlina	20,42961051	6,809870171	11,9172728	17,02467543	6,150850477	10,08869655	25,22174137	1

A criação do marco-ouro teve um efeito inesperado e catastrófico sobre as moedas e as finanças mundiais. O equilíbrio até então mantido entre o ouro e a prata foi drasticamente alterado. França e Bélgica suspenderam a cunhagem de moedas de prata para não serem inundadas por táleres de prata desmonetizados e logo os EUA e outros países as seguiram, de modo a forçar a adoção do padrão-ouro em todos os países com reservas suficientes para isso. O aumento repentino da demanda por ouro escasso fez subir seu poder aquisitivo por unidade, de modo a provocar uma queda generalizada de preços, retração do comércio e escassez de dinheiro, por causa das exigências de lastro em ouro para o papel-moeda. Ao mesmo tempo, o excesso de prata a desvalorizou drasticamente, criando crises financeiras nos países cuja moeda continuou baseada nesse metal. Em combinação com a restrição monetária adotada nos EUA para reverter a inflação da recente Guerra da Secessão, isso causou a primeira grande crise financeira internacional. A Áustria e a própria Alemanha foram afetadas, quando o fim do pagamento da indenização pela França encerrou a bolha especulativa criada pelo fluxo de ouro, mas recuperaram-se com relativa rapidez.

Também no quadro da unificação, o Banco da Prússia foi convertido em 1876 no Reichsbank, passando a atuar como banco central de todo o Império Alemão. Como a maioria dos bancos centrais da época, era privado (6.140 sócios alemães e 1.462 estrangeiros em 1884), mas sujeito a controle estatal mais estrito que seus similares do Reino Unido e França. Havia então 32 *Notenbank,* bancos autorizados a emitir papel-moeda privados, reduzidos a 13 em 1889 e quatro em 1906: os bancos de Baden, Baviera, Saxônia e Württemberg, que retiveram o privilégio até 1935. O Reichsbank tinha a obrigação de manter reservas em moedas, barras de ouro ou notas do Tesouro (baseadas em créditos do Estado e não do Reichsbank) equivalentes a um terço do papel-moeda em circulação.

A criação do Império Alemão também desequilibrou a balança geopolítica. Era uma inovação drástica no cenário europeu. Desde a desintegração do Império Carolíngio, a Alemanha sempre fora um conglomerado de pequenos e médios Estados, rivais entre si e manipulados e devastados por guerras movidas por outras potências. Agora surgia como uma potência comparável ao Reino Unido em poder industrial, econômico e científico e que apesar de ainda não ter uma grande frota ou um império colonial, tinha um dos mais poderosos exércitos europeus.

Uma nova elite alemã sedenta de poder aspirava a fazer do país a potência dominante da Europa e do mundo, com espírito de revanche, agressividade e pressa. Para acelerar o crescimento econômico, aceitou a liderança autoritária da Prússia e o modelo mais tarde chamado "capitalismo de Estado" ou "ordoliberalismo", no qual o Estado intermedia conflitos concorrenciais e de classe, planeja e protege oligopólios privados e oferece um mínimo de garantias e bem-estar social aos trabalhadores em troca de disciplina e produtividade. O apelo ao patriotismo e à construção nacional também empolgou boa parte do meio intelectual, favorecendo o culto à tecnologia e ideias ultranacionalistas e racistas para justificar a ascensão da Alemanha por quaisquer meios. O antissemitismo moderno, baseado em suposta raça e não em religião, surgiu nesse contexto.

A Alemanha iniciou a construção de uma Marinha poderosa e irrompeu no cenário mundial com a exigência de partilhar as conquistas do imperialismo, mas chegou tarde demais para conseguir mais que uma pequena fatia, muito inferior às suas ambições. Além disso, para obter a hegemonia na Europa, a Alemanha teria de eliminar como potência rival a França e prevenir o despertar russo, pois se a ainda atrasada Rússia, muito maior e com mais recursos naturais, se industrializasse, seria invencível. Essa atitude foi o principal motor da I Guerra Mundial, deflagrada em 1914 com o pretexto do assassinato do herdeiro do trono da Áustria-Hungria por um radical sérvio.

Moedas alemãs (1873 a 1914)

Denominação	Valor em ℳ	Peso em gramas	Valor em ñ c. 1900
Papel-moeda (Reichsbank)			
1.000 marcos	1.000,00	–	60.000
100 marcos	100,00	–	6.000
50 marcos	50,00	–	3.000
20 marcos	20,00	–	1.200
papel-moeda (tesouro)			
50 marcos	50,00	–	3.000
20 marcos	20,00	–	1.200
10 marcos	10,00	–	600
5 marcos	5,00	–	300

papel-moeda (dívida pública) (*)			
50 marcos	50,00	–	3.000
20 marcos	20,00	–	1.200
10 marcos	10,00	–	600
5 marcos	5,00	–	300
2 marcos	2,00	–	120
1 marco	1,00	–	60
Moedas de ouro 90%			
20 marcos	20,00	7,9650	1.200
10 marcos	10,00	3,9825	600
5 marcos (até 1878)	5,00	1,9912	300
Moedas de prata 90%			
5 marcos	5,00	27,778	300
3 marcos (Thaler) (**)	3,00	16,667	180
2 marcos	2,00	11,111	120
1 marco	1,00	5,556	60
50 *Pfennig*	0,50	2,778	30
20 *Pfennig* (até 1878)	0,20	1,111	12
Moedas de níquel			
25 *Pfennig* (a partir de 1909)	0,25	4,02	15
Moedas de cupro-niquel			
20 *Pfennig* (a partir de 1887)	0,20	6,25	12
10 *Pfennig*	0,10	4,00	6
5 *Pfennig*	0,05	2,49	3
Moedas de bronze			
2 *Pfennig*	0,02	3,33	1,2
Moedas de cobre			
Pfennig	0,01	2,00	0,6

(*) Notas de curso forçado, emitidas durante e depois da I Guerra Mundial a partir de agosto de 1914

(**) Vereinsthaler ainda em circulação, a partir de 1908 cunhado como moeda nova

Poder aquisitivo em ñ do marco alemão (1873-1913)

Ano	ñ	US$/ℳ
1870		
1871	67,16	3,7531
1872	64,67	3,7759
1873	58,20	3,6713
1874	55,87	3,7861
1875	61,26	3,6905
1876	66,52	3,7996
1877	60,21	4,0560
1878	63,49	4,2126
1879	64,67	4,2456
1880	61,26	4,2522
1881	60,21	4,2678
1882	61,81	4,2304
1883	61,81	4,2474
1884	64,67	4,2474
1885	66,52	4,2348
1886	68,47	4,2327
1887	68,47	4,2381
1888	66,52	4,2221
1889	63,49	4,2277
1890	61,81	4,2316
1891	60,21	4,2237
1892	61,26	4,2203
1893	61,81	4,2294
1894	62,92	4,2127
1895	63,49	4,2119
1896	64,67	4,2226
1897	62,92	4,2243
1898	61,26	4,2465
1899	61,26	4,2410
1900	60,21	4,2360
1901	59,69	4,2264
1902	59,69	4,2315
1903	59,69	4,2368
1904	58,69	4,2253
1905	56,78	4,2306
1906	53,31	4,2550
1907	52,91	4,2488
1908	52,91	4,2281
1909	51,73	4,2109
1910	50,61	4,2109
1911	48,84	4,2132
1912	46,56	4,2123
1913	47,84	4,2042
1914	42,33	4,2935

Obs.: as taxas de câmbio são médias anuais

Império Austro-Húngaro (1892-1918)

Com a derrota na guerra austro-prussiana de 1866, a Áustria perdeu Veneza e o Vêneto para a Itália e toda a sua influência sobre a Alemanha, além de mergulhar numa profunda crise financeira. Para evitar o colapso do Império Austríaco, foi preciso ceder aos nacionalistas húngaros esmagados em 1848-1849 e restaurar a Hungria como reino semi-independente, com soberania sobre aproximadamente a metade do Império e com Parlamento e governo próprios, embora sujeito à liderança austríaca em assuntos militares e diplomáticos, passando o imperador austríaco a usar também o título de rei da Hungria. Surgiu assim o Império Austro-Húngaro.

Isso satisfez os húngaros, transformados em sócios do governo imperial, mas não as minorias sob o domínio do império, tanto na metade austríaca (tchecos, poloneses, ucranianos, italianos, croatas e bósnios) quanto na húngara (eslovacos, romenos e croatas). Pelo contrário, a ascensão do nacionalismo germânico e húngaro os marginalizou ainda mais. A tensão étnica com os eslavos serviria de estopim à I Guerra Mundial e, após a derrota austríaca em 1918, desintegraria o Império.

Acompanhado pelo satélite Liechtenstein, o Império Austro-Húngaro abandonou o *Zollverein* e seu sistema monetário e fez um acordo com a França pela qual adotou seu padrão para moedas de ouro e se associou parcialmente à União Monetária Latina, liderada pelos franceses. O *Gulden* ou florim austríaco passou a ser equivalente a 2,50 francos e a partir de 1870 foram cunhadas moedas de ouro de 4 *Gulden* ou 10 francos e de 8 *Gulden* ou 20 francos.

O ágio das moedas de prata em relação ao papel-moeda, que voltara a subir com a derrota militar e a crise financeira, caiu gradualmente nos anos seguintes, passando a zero em 1878-1879. Entretanto, a crise internacional desencadeada em 1873 pela adoção do padrão-ouro pela Alemanha resultou na desvalorização relativa da moeda austríaca, que permanecia vinculada à prata. O ágio das moedas de ouro, que era de zero em 1866, subiu para 5% em 1873-1874 e 20% em 1879. Nesse ano, a cunhagem de moedas de prata a pedido de particulares foi suspensa, tornando a moeda fiduciária na prática. A emissão foi controlada pelo governo de modo a prevenir uma explosão inflacionária, mas as condições da época exigiam a vinculação da moeda ao ouro para inspirar confiança a longo prazo.

O padrão-ouro veio a ser implantado em 1892 com a criação de uma nova moeda, a **coroa** (***Krone*** em alemão, ***korona*** em húngaro), dividida em 100 ***Heller*** (***fillér*** em húngaro, derivado do alemão *Vierer*), definida como 0,304878 gramas de ouro puro. As moedas de prata, bolhão e cobre cunhadas segundo o padrão de 1857 continuaram a circular até 1900, com o valor de duas coroas por florim ou dois *Heller* por *Kreuzer* e foram cunhadas novas moedas de ouro e prata, além dos ducados e táleres tradicionais ainda usados no comércio exterior. O papel-moeda também foi substituído à razão de duas coroas por florim. Entretanto, as moedas de ouro foram valorizadas a 2,381 florins de ouro por coroa, ou uma coroa a 0,42 florim de ouro. A diferença corresponde à valorização de 19% do ouro em relação à prata no período na média dos 13 anos anteriores à reforma monetária, razão pela qual o florim de 1870 era cambiado a 2,5 francos ou 2,025 marcos, mas duas coroas de 1892 valiam 2,10 francos ou 1,70 marco. Moedas de prata, não sendo mais consideradas um padrão monetário, só teriam aceitação obrigatória até o valor de 50 coroas.

Império Austro-Húngaro (1892 a 1914)

Denominação	Valor em Krone	Peso em gramas	Valor em ñ c. 1900
Papel-moeda			
1.000 *Kronen*	1.000,00	–	50.000
100 *Kronen*	100,00	–	5.000
50 *Kronen*	50,00	–	2.500
20 *Kronen*	20,00	–	1.000
10 *Kronen*	10,00	–	500
Moedas de ouro 98,6%			
4 ducados	45,16	13,96	2.258
Ducado	11,29	3,49	565
Moedas de ouro 90%			
100 *Kronen* (a partir de 1908)	100,00	33,88	5.000
20 *Kronen*	20,00	6,78	1.000
8 *Gulden* / 20 francos (*)	19,04	6,46	952
10 *Kronen*	10,00	3,39	500
4 *Gulden* / 10 francos (*)	9,52	3,23	476

Moedas de prata 90%			
5 *Kronen* (a partir de 1900)	5,00	25,00	250
2 *Gulden* (até 1900)	4,00	24,69	200
Gulden (até 1900)	2,00	12,34	100
Moedas de prata 83,5%			
Krone	1,00	5,00	50
Moedas de prata 83,3%			
Conventionsthaler, Levantiner Thaler ou *Maria-Theresia-Thaler*	(**)	28,06	(**)
Moedas de prata 52%			
¼ *Gulden* (até 1900)	0,50	5,35	25
Moedas de níquel			
20 *Heller*	0,20	4,00	10
10 *Heller*	0,10	3,00	5
Moedas de bronze			
2 *Heller*	0,02	3,33	1
Heller	0,01	1,67	0,5

(*) Moedas cunhadas em 1870-1892 ainda em circulação

(**) Teoricamente 4,20 *Krone* (210 ñ), mas era cunhado apenas para exportação, ao preço do seu conteúdo em prata: 3,39 *Krone* (177 ñ) em 1892, 2,40 *Krone* (120 ñ) em 1900, 2,35 *Krone* (95 ñ) em 1913.

Da guerra à hiperinflação (1914-1923)

A Alemanha iniciou a guerra com a expectativa de que uma vitória rápida sobre a França lhe permitisse voltar em seguida todo o seu poderio militar para a Rússia, mas seu avanço sobre Paris foi logo detido e transformado pela guerra de trincheiras num longo impasse, enquanto seus aliados austro-húngaros se mostravam fracos demais para deter os russos sem ajuda. Enquanto isso, a marinha britânica fechava o acesso da Alemanha às colônias e ao comércio exterior e deixava o pais com falta de combustíveis e matérias-primas estratégicas. O cobre, necessário para o esforço de guerra, tornou-se particularmente escasso; uma das primeiras consequências da guerra foi a substituição do cobre e cuproníquel por alumínio, ferro e zinco nas moedas de pequeno valor. A Alemanha retaliou com sucesso parcial ao fazer seus submarinos afundar navios mercantes que abasteciam os aliados, mas à custa de pôr contra si a opinião pública de países inicialmente neutros, inclusive os EUA, e favorecer a sua entrada na guerra contra os alemães.

A Alemanha endividou-se pesadamente para pagar as despesas militares, contando com que a vitória lhe permitiria obrigar o inimigo a cobri-las, e também emitiu papel-moeda. Outros países em guerra fizeram o mesmo, para evitar um aumento brutal e explícito de impostos, mas o II Reich foi forçado a recorrer a esses expedientes em maior escala porque sua estrutura federal dificultava aumentar e arrecadar impostos e também porque precisava financiar seus aliados, a Áustria-Hungria e o Império Otomano. Até o fim da guerra, a dívida do governo central subiu de 4,9 bilhões para 135 bilhões e o volume de papel-moeda do Reichsbank em circulação aumentou de 4 bilhões para 29 bilhões, nada menos de 599%. Graças ao controle de preços e à restrição da demanda pelo racionamento de bens de consumo, bem como à retirada de milhões de consumidores potenciais do mercado para a frente de batalha, o custo de vida subiu bem menos, 105%, e os preços no atacado, 204%.

Ainda assim, a alta de preços e a escassez levaram ao entesouramento de moedas de ouro e prata pelas famílias, pois o metal contido valia mais que seu poder aquisitivo. Ante a falta de metal nobre e de moedas, municípios, distritos e empresas privadas emitiram dinheiro de emergência (em alemão, *Notgeld,* "dinheiro de necessidade"), na forma de fichas de metal barato ou porcelana ou de pequenas cédulas. Empresas e governos locais da Áustria-Hungria recorreram ao mesmo expediente.

Em 1917, a Revolução Russa reduziu a pressão na frente oriental, e em março de 1918 o governo soviético aceitou uma paz em separado, favorável aos alemães. Entretanto, a entrada dos EUA na guerra contra a Alemanha desequilibrou a frente ocidental e rompeu o longo impasse nas trincheiras. Ao mesmo tempo, soldados e civis exaustos pela guerra e inspirados pelos revolucionários da Rússia começavam a se amotinar de ambos os lados. Em outubro, os alemães se retiravam para sua fronteira. Os comandantes haviam dado a guerra por perdida quando, no final do mês, os trabalhadores e marinheiros de Kiel deram início a uma revolução contra a monarquia. Ao mesmo tempo, o Império Otomano se rendia e o Império Austro-Húngaro se desintegrava, com a proclamação de independência da Hungria, Tchecoslováquia e do Estado Esloveno-Croata-Sérvio, que em seguida se fundiria com os reinos da Sérvia e Montenegro para formar a Iugoslávia.

Em novembro, o Kaiser foi deposto e proclamou-se a chamada República de Weimar, que em seguida aceitou a capitulação ante os aliados enquanto combatia os esforços dos comunistas por radicalizar a revolução. A Alemanha teve de entregar suas colônias e parte de seus territórios, reduzir as forças armadas a um mínimo, aceitar a ocupação militar temporária da Renânia pelos aliados até 1935 e desmilitarizar a região da fronteira, mas a condição mais dura e humilhante imposta pelos aliados foi a indenização financeira, exigida principalmente pela França. A dívida de guerra foi teoricamente definida em 1921 como 132 bilhões de marcos-ouro (*Goldmark*) e dividida em duas partes: 1) títulos A e B, com juros de 5%, a serem pagos em determinados prazos, num total de 50 bilhões (3 trilhões de ñ a preços de 1921)[22] a serem pagos em ouro, divisas, mercadorias ou território em até 100 anos e 2) títulos C, num valor de 82 bilhões (4,92 bilhões de ñ), sem juros ou cronograma de pagamento, mera ficção política para satisfazer a ânsia punitiva da opinião pública francesa. Entretanto, mesmo os 50 bilhões da dívida real, 67% do PIB, eram excessivos e se somavam a uma dívida interna de 135 bilhões. O economista britânico John Maynard Keynes criticou o acordo e previu o desastre que se seguiria em um tratado intitulado *As Consequências Econômicas da Paz*.

De 1919 a 1921, a Alemanha pagara 9 bilhões. Comprometeu-se a pagar 2 bilhões anuais de juros sobre os 41 bilhões restantes – cerca de 10% do PIB – nos anos seguintes, principalmente na forma de carvão produzido na região industrial do vale do Ruhr, pois o que sobrara das reservas de ouro havia se exaurido numa tentativa inútil de sustentar o câmbio do **marco-papel** (***Papiermark***). O governo também arcava com pensões a veteranos de guerra e às famílias de soldados mortos em combate e, ainda, com juros sobre a dívida interna acumulada durante a guerra, somando mais 25% do PIB. A falta de divisas fez subir a demanda e a cotação de moedas estrangeiras, desvalorizar o marco-papel e aumentar os preços dos produtos importados. Isto pôs em movimento o dinheiro criado e represado durante a guerra, de modo que até fevereiro de 1920 os preços haviam subido 400% desde o armistício, embora a base monetária houvesse crescido só 100%.

---

22 Os aliados chegaram a discutir indenizações de 500 bilhões a 800 bilhões de marcos, correspondentes ao custo total da guerra, reduzidos para 269 bilhões em junho de 1920 e 248 bilhões em janeiro de 1921. Do valor final de 50 bilhões, 52% seriam para a França, 22% para o Império Britânico, 10% para a Itália, 8% para a Bélgica, 0,75% para Portugal, 0,75% para o Japão e 6,5% para a Grécia, Romênia e Iugoslávia.

Ao mesmo tempo, sucediam-se insurreições operárias comunistas inspiradas pela Liga Espartaquista e chegou a ser proclamada uma república soviética na Baviera. Essas revoltas foram esmagadas pelos *Freikorps*, forças paramilitares de extrema-direita formadas por soldados desmobilizados e apoiadas pelo governo socialdemocrata. O partido nazista surgiu de um desses grupos em 5 de janeiro de 1919 – no dia seguinte à rebelião espartaquista de Berlim, que acabaria dez dias depois com a execução de Rosa Luxemburg e Karl Liebknecht pelos *Freikorps* –, e Adolf Hitler filiou-se em setembro.

Enquanto a demanda por dinheiro crescia, a cunhagem de moedas oficiais ficou inviável, de modo a aumentar ainda mais a necessidade de *Notgeld* e criar uma enorme variedade de fichas e notas de emissão privada ou municipal. Mais tarde, essas emissões informais se tornariam muito populares entre colecionadores pela variedade e pelo aspecto atraente ou inusitado de muitas peças, que além de cédulas artísticas e coloridas, incluíram fichas de porcelana e carvão comprimido.

De fevereiro de 1920 e maio de 1921, os preços permaneceram relativamente estáveis, mas a partir de maio de 1921 voltaram a subir aceleradamente, mais de 700% até julho de 1922, quando o ministro das Relações Exteriores, Walter Rathenau, foi assassinado por *Freikorps* e os bancos internacionais suspenderam o crédito ao governo alemão. Impossibilitado de impor um imposto da ordem de 35% do PIB a uma população empobrecida, o Estado foi forçado a endividar-se no mercado interno para cobrir um déficit da ordem de 50% das despesas, iniciando a fase de hiperinflação.

A situação agravou-se quando, pela falta de carvão no mercado interno, o governo alemão suspendeu as remessas à França em 1922. Esta retaliou em janeiro de 1923 ocupando o vale do Ruhr para se apoderar diretamente do carvão. Dois milhões de trabalhadores da região entraram em greve, e o governo alemão continuou a pagar seus salários (em parte para prevenir uma insurreição comunista, como de fato houve em outubro na Saxônia, Turíngia, Palatinado e Renânia), enquanto indústrias alemãs eram forçadas a importar carvão para continuar a funcionar e a produção e arrecadação caíam. O déficit aumentou ainda mais e a hiperinflação se acelerou.

A noção popular de que "o governo imprimia papel-moeda para pagar suas dívidas" é uma simplificação enganosa. O Estado e grandes grupos privados emitiam títulos de dívida de curto prazo e estes eram comprados pelo Reichsbank, instituição privada autônoma desde o fim da monarquia, que para isso emitia papel-moeda. Este era posto em circulação pelo governo e ditos grupos ao pagar por seus compromissos e necessidades no mercado interno. A participação dos títulos privados foi pequena até junho de 1922, mas tornou-se expressiva durante a hiperinflação: subiu de 4% em julho para 33% no final do ano e foi de 39% na média de janeiro a novembro de 1923.

O resultado foi o crescimento explosivo da quantidade de moeda em circulação. Como o Reichsbank aceitava títulos de dívida com uma taxa de desconto muito inferior à inflação real (5% ao ano de 1919 a julho de 1922, subindo gradualmente para 12% no janeiro de 1923, 30% em agosto e 90% em setembro), Estado e empresas procuravam emiti-los nas maiores quantidades possíveis. Criou-se um jogo de batata-quente entre o governo, empresas e o público, no qual os primeiros procuravam pagar suas despesas antes que o público também pudesse gastar o dinheiro. Com o aumento da velocidade de circulação, a inflação acelerou-se ainda mais que o volume de moeda. O marco foi rejeitado no mercado cambial, e a taxa de câmbio e o preço das mercadorias importadas subiram ainda mais rapidamente que a inflação geral.

Para complementar o fornecimento de dinheiro pelo Reichsbank, *Notgeld* foi emitido também em vastas quantidades, em cédulas ou fichas de milhares, milhões, bilhões e trilhões de *Papiermarks*. Houve também notas e fichas conhecidas como *Wertbeständige*, "valor fixo", expresso em *commodities* como açúcar, carvão, madeira, gás natural, eletricidade, trigo ou centeio ("dez libras[23] de centeio", por exemplo), ou em ouro e dólares ("0,42 marco-ouro = um décimo de dólar" a "21 marcos-ouro = 5 dólares", em uma série de notas emitida pela rede ferroviária nacional).

No auge da hiperinflação, os preços e salários subiam mais de 20% ao dia. Uma família vendeu a casa para emigrar para os EUA, mas ao chegar no porto o dinheiro que levara não pagava sequer a viagem de volta para sua vila. Um escritor foi a um café tomar uma xícara e ao chegar viu que o preço era 5 mil marcos, quase o que tinha no bolso. Sentou-se, leu o jornal, tomou o café, passou cerca de uma hora e pediu a conta: 8 mil marcos. O marco havia caído nesse meio período. Ele deu todo o dinheiro que tinha ao garçom, que o aceitou. Por outro lado, um fazendeiro pediu um empréstimo para comprar um rebanho e, quando a dívida venceu, pôde pagá-la vendendo apenas uma vaca.

23 10 libras métricas, ou seja, 5 kg.

O salário era pago diariamente, quando não duas vezes por dia. Segundo o então estudante Willy Derkow, às 11 da manhã, uma sirene soava, e todos se reuniam no pátio da fábrica, onde estacionava um caminhão de cinco toneladas carregado com papel-moeda. O caixeiro e seus assistentes subiam no topo, liam os nomes e jogavam os pacotes de notas. Assim que cada um recebia, corria para a loja mais próxima e comprava qualquer coisa. Qualquer mercadoria, mesmo desnecessária, era preferível a guardar o dinheiro, pois poderia servir ao escambo. Trocava-se um par de sapatos por uma camisa, ou um par de meias por um saco de batatas; ou talheres ou louças, por exemplo, por chá, café ou manteiga, repetindo-se o processo até se conseguir o que se queria.

Pensões e aposentadorias perderam o valor e credores e poupadores perderam tudo, enquanto devedores foram relativamente beneficiados. O desemprego, que havia caído para menos de 1% pela abundância de dinheiro e necessidade urgente de ocupação no período de inflação acelerada de 1922, voltou a crescer com a hiperinflação porque a produção diminuía ou se paralisava pela desorganização. Pequenos empresários abandonavam atividades produtivas para especular com quaisquer mercadorias que pudessem obter e agricultores tinham as propriedades saqueadas. Alguns culpam essa experiência histórica pela fobia de inflação demonstrada pelas autoridades monetárias alemãs ainda no século XXI, que se tornou causa de tensão com outros governos europeus após a adoção do euro como moeda comum.

Uma das soluções propostas foi criar um marco-centeio ou *Roggenmark*. Em vez disso, optou-se por uma moeda indexada ao ouro, porém não conversível, que veio a se chamar **marco-renda** ou ***Rentenmark***. Com base numa lei de emergência aprovada em 13 de outubro que autorizou o governo a emitir decretos em assuntos econômicos e financeiros, o plano de estabilização entrou em vigor no dia 15. Criou-se uma instituição chamada Rentenbank, capitalizada com títulos hipotecários sobre imóveis industriais e agrícolas no valor de 3,2 bilhões de marcos-ouro, com amortizações e juros indexados ao preço do ouro, chamados *Rentenbriefes*. Esse banco emitiu 2,4 bilhões de *Rentenmarks* para financiar o governo e o setor privado, conversíveis não em ouro, mas em *Rentenbriefes*. Ou seja, era uma moeda baseada em ouro fictício. No primeiro dia, o *Rentenmark* (RM) equivalia a 600 bilhões de *Papiermarks* (ℳ) e o câmbio era de 2,252 *Rentenmarks* (*RM*) por dólar e 12 por libra esterlina, mas cinco dias depois fixou-se em definitivo a taxa de conversão a um trilhão de *Papiermarks* e o câmbio em 4,20 *Rentenmark* por dólar, igual ao do *Goldmark* de antes da guerra, ou 18 por libra.

A possibilidade de se converter os *Papiermarks* em uma moeda tida como estável restaurou a confiança do público no dinheiro e acabou com a fuga para moedas estrangeiras e o escambo. O fator psicológico foi crítico, pois, se o público entesourasse ou convertesse os Rentenmarks, o plano fracassaria. A velocidade da circulação caiu, a hiperinflação cessou e o governo e as empresas puderam voltar a buscar crédito no mercado internacional, ainda que a base monetária tenha crescido. Em 15 de novembro, havia 93 quintilhões de *Papiermarks* do Reichsbank em circulação, que aumentaram para 400,3 quintilhões no fim do mês[24], mais 500 milhões de *Rentenmarks* – ou seja, o papel-moeda quase decuplicou em quinze dias. Em julho de 1924 havia 1,211 sextilhão de *Papiermarks* do Reichsbank e 1,8 bilhão de *Rentenmarks*, mais que triplicando em oito meses.

Para acabar com a especulação sobre o retorno da inflação, o Reichsbank cortou o fornecimento de crédito para o governo em novembro de 1923 e para as empresas em meados de 1924. Isso obrigou o governo e em seguida as empresas a equilibrar o orçamento com cortes drásticos de despesas e atividade, a começar pelo fim dos pagamentos aos grevistas do Ruhr, enquanto os impostos eram aumentados. A produção caiu ainda mais, o desemprego explodiu e as conquistas sociais e trabalhistas de 1918-1919 foram em grande parte revertidas. Em 1924, a jornada de trabalho anterior à guerra, doze horas nas fábricas e oito horas e meia nas minas, foi restabelecida. Os empregadores ganharam maior liberdade para despedir os trabalhadores à vontade e ignorar a representação sindical no local de trabalho.

24 A isso se somavam 70,7 quintilhões em notas de quatro bancos regionais autorizados, 114,8 quintilhões em *Notgeld* da rede ferroviária nacional e 3,4 quintilhões em outras formas autorizadas de *Notgeld*, num total de 518,5 quintilhões. Estima-se que circulavam ainda cerca de 900 quintilhões em *Notgeld* não autorizado e o equivalente a dois sextilhões em moedas estrangeiras.

Renda real da população industrial

Ano	Renda real da população industrial (1914=100)	
	Estimativa mínima	Estimativa máxima
1920	60	85
1921	75	105
1922	70	90
jan-ago/1923	58	76
nov/1923	36	47

Fonte: Peter Fortune. "The Weimar Hyperinflation: Germany after World War I".

Desemprego e emprego parcial entre trabalhadores sindicalizados

Ano	mês	desemprego	Emprego parcial
1921	média	2,8%	5,4%
1922	jan	3,3%	1,6%
	abr	0,9%	0,6%
	jul	0,6%	0,8%
	out	1,4%	4,7%
1923	jan	4,2%	12,6%
	abr	7,0%	28,5%
	jul	3,5%	14,5%
	ago	6,3%	26,0%
	set	9,9%	39,7%
	out	19,1%	47,3%
	nov	23,4%	47,3%
	dez	28,2%	42,0%

Fonte: Peter Fortune. "The Weimar Hyperinflation: Germany after World War I".

Moedas e notas alemãs, 1919-1922

Denominação	Valor em ℳ	Peso em gramas	Valor em ñ c. 1920
Papel-moeda (Reichsbank)			
100 marcos	100,00	–	300
50 marcos	50,00	–	150
20 marcos	20,00	–	60
10 marcos	10,00	–	30
Papel-moeda (Dívida Pública)			
2 marcos	2,00		6
1 marco	1,00		3
Alumínio			
50 *Pfennige*	0,50	1,65	1,5
Zinco			
10 *Pfennige*	0,10	3,23	0,3
Ferro zincado			
10 *Pfennige*	0,10	3,60	0,3
5 *Pfennige*	0,05	2,50	0,15

Moedas e notas alemãs, 1º semestre de 1922

Denominação	Valor em ℳ	Peso em gramas	Valor em ñ c. 1920
Papel-moeda (Reichsbank)			
10.000 marcos	10.000	–	10.000
500 marcos	500	–	500
100 marcos	100	–	100
50 marcos	50	–	50
20 marcos	20	–	20
10 marcos	10	–	10
Papel-moeda (Dívida Pública)			
2 marcos	2	–	2
1 marco	1	–	1
Alumínio			
3 marcos	3	2,00	3
50 *Pfennige*	½	1,65	0,5

Moedas e notas alemãs, fevereiro de 1923

Denominação	Valor em $\mathcal{M}$	Peso em gramas	Valor em ñ Fev/1923
Papel-moeda (Reichsbank)			
100.000 marcos	100.000	–	1.000
50.000 marcos	50.000	–	500
10.000 marcos	10.000	–	100
5.000 marcos	5.000	–	50
1.000 marcos	1.000	–	10
500 marcos	500	–	5
Alumínio			
500 marcos	500	1,67	5
200 marcos	200	1,00	2

Moedas e notas alemãs, julho de 1923

Denominação	Valor em $\mathcal{M}$	Peso em gramas	Valor em ñ Jul/1923
Papel-moeda (Reichsbank)			
50 milhões de marcos	50.000.000	–	25.000
20 milhões de marcos	20.000.000	–	10.000
10 milhões de marcos	10.000.000	–	5.000
5 milhões de marcos	5.000.000	–	2.500
1 milhão de marcos	1.000.000	–	500
500.000 marcos	500.000	–	250
100.000 marcos	100.000	–	50
50.000 marcos	50.000	–	25
10.000 marcos	10.000	–	5
5.000 marcos	5.000	–	2,5
1.000 marcos	1.000	–	0,5

Moedas e notas alemãs, setembro de 1923

Denominação	Valor em ℳ	Peso em gramas	Valor em ñ 11/9/1923
Papel-moeda (Reichsbank)			
10 bilhões de marcos	10.000.000.000	–	40.000
5 bilhões de marcos	5.000.000.000	–	20.000
1 bilhão de marcos	1.000.000.000	–	4.000
500 milhões de marcos	500.000.000	–	2.000
100 milhões de marcos	100.000.000	–	400
50 milhões de marcos	50.000.000	–	200
20 milhões de marcos	20.000.000	–	80
10 milhões de marcos	10.000.000	–	40
5 milhões de marcos	5.000.000	–	20
1 milhão de marcos	1.000.000	–	4
500.000 marcos	500.000	–	2
100.000 marcos	100.000	–	0,4

Obs: "bilhão" em alemão é *Milliarde* e "trilhão" é *Billion*

Alguns preços no fim de novembro de 1923

Produto	quantidade	marcos	ñ
Stüttgart			
carne bovina	1 kg	2.600.000.000.000	87
banha de porco	1 kg	3.500.000.000.000	118
manteiga	1 kg	6.000.000.000.000	202
ovos	dezena	3.000.000.000.000	101
leite	1 litro	340.000.000.000	11
batatas	50 kg	6.000.000.000.000	202
farinha de trigo	1 kg	470.000.000.000	16
café	1 kg	8.000.000.000.000	269
açúcar	1 kg	1.300.000.000.000	44
sabão em barra	1 kg	2.280.000.000.000	77
carvão de uso doméstico	50 kg	3.000.000.000.000	101
botas masculinas	par	25.000.000.000.000	841
terno masculino	conjunto	61.000.000.000.000	2.051
camisa masculina	unidade	8.500.000.000.000	286
Lüneburg			
cigarro	unidade	50.000.000.000	1,7
fumo de corda	rolo	240.000.000.000	8,1
calendário	unidade	500.000.000.000	17
Fulda			
jornal (*Fuldaer Zeitung*)	unidade	70.000.000.000	2,4

Moedas e notas alemãs, dezembro de 1923 a setembro de 1924

Denominação	Valor em $\mathcal{M}$	Peso em gramas	Valor em ñ 31/12/1924
Papel-moeda (Rentenbank)			
1.000 *Rentenmark* (*)	1.000.000.000.000.000	–	40.000
500 *Rentenmark* (*)	500.000.000.000.000	–	20.000
100 *Rentenmark* (*)	100.000.000.000.000	–	4.000
50 *Rentenmark* (*)	50.000.000.000.000	–	2.000
10 *Rentenmark* (*)	10.000.000.000.000	–	400
5 *Rentenmark* (*)	5.000.000.000.000	–	200
2 *Rentenmark* (*)	2.000.000.000.000	–	80
1 *Rentenmark* (*)	1.000.000.000.000	–	40
Papel-moeda (Reichsbank)			
100 trilhões de marcos	100.000.000.000.000	–	4.000
50 trilhões de marcos (*)	50.000.000.000.000	–	2.000
20 trilhões de marcos (*)	20.000.000.000.000	–	800
10 trilhões de marcos	10.000.000.000.000	–	400
5 trilhões de marcos	5.000.000.000.000	–	200
2 trilhões de marcos	2.000.000.000.000	–	80
1 trilhão de marcos	1.000.000.000.000	–	40
500 bilhões de marcos	500.000.000.000	–	20
200 bilhões de marcos	200.000.000.000	–	8
100 bilhões de marcos	100.000.000.000	–	4
50 bilhões de marcos	50.000.000.000	–	2
20 bilhões de marcos	20.000.000.000	–	0,8
10 bilhões de marcos	10.000.000.000	–	0,4
5 bilhões de marcos	5.000.000.000	–	0,2
1 bilhão de marcos	1.000.000.000	–	0,04
Bronze-alumínio			
50 *Rentenpfennig* (*)	500.000.000.000	5,17	20
10 *Rentenpfennig* (*)	100.000.000.000	3,92	4
5 *Rentenpfennig* (*)	50.000.000.000	2,52	2
Bronze			
2 *Rentenpfennig* (*)	20.000.000.000	3,33	0,8
1 *Rentenpfennig* (*)	10.000.000.000	2,00	0,4

(*) emissões posteriores ao fim da hiperinflação

Obs: na denominação das cédulas, "bilhão" em alemão é *Milliarde* (pl. *Milliarden*) e "trilhão" é *Billion* (pl. *Billionen*)

Como as notas não eram oficialmente retiradas de circulação durante a hiperinflação, mesmo notas de um marco ainda tinham, teoricamente, valor legal. Entretanto, no final do período, mesmo notas de um milhão de marcos (0,00004 ñ) eram tão insignificantes que estavam sendo grampeadas para serem usadas como bloco de anotações, pois eram impressas só de um lado e um bloco novo custava bilhões. A menor nota impressa em outubro foi de 10 bilhões e em novembro, de 1 trilhão. Após a estabilização, valores menores que 10 bilhões (1 *Rentenpfennig*) foram desprezados, mas as notas da hiperinflação continuaram a circular até 6 de julho de 1925.

Evolução do meio circulante, índice de preços e câmbio, 1913-1923

Ano	mês	meio circulante	preços no atacado	taxa de câmbio	poder aquisitivo do marco	dólar
		1913=1,00	1913=1,00	1913=1,00	ñ	ℳ
1913	média	1,00	1,00	1,00	47,84	4,20
1914	média	1,16	1,05	1,02	45,56	4,28
1915	média	1,47	1,42	1,16	33,69	4,87
1916	média	1,72	1,53	1,32	31,27	5,54
1917	média	2,45	1,79	1,57	26,72	6,59
1918	média	3,75	2,17	1,43	22,04	6,01
1919	mar	6,14	2,74	2,48	17,46	10,42
	jun	7,04	3,08	3,34	15,53	14,03
	set	6,97	4,93	5,73	9,70	24,07
	dez	8,27	8,03	11,14	5,96	46,79
1920	mar	9,80	17,10	20,00	2,80	84,00
	jun	11,30	13,80	9,30	3,47	39,06
	set	12,50	15,00	16,20	3,19	68,04
	dez	13,50	14,40	17,40	3,32	73,08
1921	mar	13,30	13,40	14,90	3,57	62,58
	jun	14,00	13,70	18,30	3,49	76,86
	set	15,60	20,70	25,00	2,31	105,00
	dez	20,30	34,90	45,70	1,37	191,94
1922	mar	23,20	54,30	67,70	0,88	284,34
	jun	29,80	70,30	75,60	0,68	317,52
	set	54,80	287	349,20	0,167	1.466,64
	dez	213,40	1.475	1.808	0,0324	7.594
1923	mar	915,70	4.888	5.048	0,0098	21.202
	jun	2.867,00	24.618	27.215	0,0019	114.303
	set	4.720.487	36.223.771	28.823.000	1,321E-06	121.056.600
	out	854.402.000	18.700.000.000	15.483.564.000	2,558E-09	65.030.968.800
	6/nov	n/d	129.000.000.000	100.000.000.000	3,708E-10	420.000.000.000
	13/nov	n/d	265.600.000.000	200.000.000.000	1,801E-10	840.000.000.000
	20/nov	n/d	1.413.400.000.000	1.000.000.000.000	3,385E-11	4.200.000.000.000
	27/nov	245.107.000.000	1.422.900.000.000	1.000.000.000.000	3,362E-11	4.200.000.000.000
	dez	374.563.000.000	1.200.400.000.000	1.000.000.000.000	3,985E-11	4.200.000.000.000

Fonte: Frank D. Graham. *Exchange, Prices, and Production in Hyper-Inflation: Germany, 1920-1923*

Áustria (1918-1938)

O que restou do Império Austríaco após a separação da Hungria e das regiões eslavas foi apenas o núcleo de língua alemã, com cerca de um quarto do território e da população original e com um terço dessa população em Viena, criando sérios problemas de abastecimento na capital.

A nova República da Áustria foi proibida pelos aliados de se unir à Alemanha. Entretanto, a necessidade de importar alimentos e atender às necessidades sociais resultantes da guerra criou um déficit orçamentário como o do país vizinho, que, igualmente, foi em grande parte financiado pela emissão de papel-moeda. O país, que já enfrentara uma inflação elevada durante a guerra, caiu numa espiral inflacionária, embora não tão grave quanto a alemã: o índice de preços, de uma base 100 em julho de 1914, subiu para 1.326 em novembro de 1918 e 1.127.100 em setembro de 1922 – ou seja, os preços aumentaram cerca de 10 mil vezes, ante um trilhão de vezes na Alemanha.

A Liga das Nações organizou um pacote de socorro financeiro que permitiu a estabilização da moeda. Além disso, as negociações sobre a indenização aos vencedores foram deixadas de lado e o país ficou isento, ao contrário da Alemanha e da vizinha Hungria, à qual foi imposta uma reparação de 200 milhões de *Koronas* (que não chegou a ser paga). Seguiu-se no início de 1924 um curto período de euforia especulativa, seguido de novas crises e falências. No final desse ano uma nova unidade monetária austríaca, o *Schilling* (Xelim) dividido em 100 *Groschen* e fixado em 0,21172086 grama de ouro puro, substituiu o antigo *Krone*.

Em 1931, a falência do banco Credit-Anstalt, em Viena, foi o estopim que provocou o colapso do padrão-ouro na Áustria, em seguida na Alemanha e depois em todo o mundo. Houve uma enorme escassez de dinheiro e, para socorrer o comércio local, recorreu-se em grande escala ao dinheiro de emergência ou *Notgeld* emitido por empresas e governos locais, que em alguns casos se prestaram a experiências inovadoras. Foi o caso da "moeda perecível" (*Schwundgeld*) ou "moeda livre" (*Freigeld*), concebida para perder valor a uma taxa prefixada, de forma a criar um imposto sobre a posse de dinheiro, evitar o entesouramento e estimular a atividade econômica como a inflação, mas sem implicar aumento de preços. Proposta pelo empresário e pensador anarquista germano-argentino Silvio Gesell, foi experimentada como moeda complementar em Wörgl, Áustria, em julho de 1932. A moeda tomava a forma de um certificado de no qual era preciso colar um selo de determinado valor por semana ou mês para voltar a usá-lo. Podia-se também depositar os certificados a juro zero no banco, que tinha todo o interesse em emprestá-lo para não arcar com o custo de manutenção. A proposta original de Gesell era de uma taxa semanal de 0,1% (5,2% anuais), mas em Wörgl usou-se uma taxa mensal de 1% (12% anuais), ou 1 *Groschen* para um certificado de 1 *Schilling*. A experiência foi encerrada em setembro de 1933 pelo banco central austríaco, mas foi imitada em alguns lugares dos EUA e Canadá e influenciou economistas como John Maynard Keynes e Irving Fisher.

A crise levou em maio de 1932 a um golpe de Estado liderado por Engelbert Dolfuss, um fascista aliado de Mussolini, mas contrário ao nazismo e à união com a Alemanha. Seu principal assessor econômico era o nobre judeu Ludwig von Mises, que viria a ser o principal inspirador do neoliberalismo e do libertarianismo do final do século XX. Dolfuss foi assassinado em julho de 1934, numa tentativa fracassada de golpe nazista, mas o regime sobreviveu sob a liderança de seu sucessor Kurt Schuschnigg até março de 1938, quando o país foi invadido e anexado pela Alemanha. A moeda austríaca foi então substituída pela alemã, à razão de 3 *Schilling* para 2 *Reichsmark*.

Moedas da Áustria (1924-1938)

Denominação	Valor em Schilling	Peso em gramas	Valor em ñ c. 1936
Papel-moeda			
1.000 *Schilling*	1.000,00	–	25.000
100 *Schilling*	100,00	–	2.500
50 *Schilling*	50,00	–	1.250
20 *Schilling*	20,00	–	500
10 *Schilling*	10,00	–	250
5 *Schilling*	5,00	–	125
Moedas de ouro 90%			
100 *Schilling* (*)	128,00	23,52	3.200
25 *Schilling* (*)	32,00	5,88	800
Moedas de prata 80%			
1 *Schilling* (1924)	1,00	7,00	25
Moedas de prata 64%			
2 *Schillings* (1928-36)	2,00	12,00	50
1 *Schilling* (1925-32)	1,00	6,00	25
50 *Groschen* (1924-26)	0,50	3,00	12,5

Moedas de cuproníquel			
1 *Schilling* (1934-35)	1,00	7,00	25
50 *Groschen* (1934-36)	0,50	5,50	12,5
10 *Groschen*	0,10	4,50	2,5
5 *Groschen*	0,05	3,00	1,25
Moedas de bronze			
2 *Groschen*	0,02	3,34	0,5
1 *Groschen*	0,01	1,6	0,25

(*) Até o fim do padrão-ouro, em 1931, circulavam ao valor nominal. Continuaram a ser cunhadas e usadas até 1938, mas com valor variável segundo a cotação do ouro. Em 1936, era de 128 *Schilling* para a peça de 100 *Schilling*.

Ascensão e queda do nazismo (1923-1945)

Ao contrário de uma noção muito difundida, a ascensão do nazismo não foi consequência direta da hiperinflação e sim da política de austeridade extrema implantada para combatê-la em 1924. Quando o país se recuperava, a depressão resultante do colapso do padrão-ouro em 1931 o mergulhou em outra crise catastrófica.

A primeira tentativa de Hitler de tomar o poder, o *Putsch* da cervejaria de Munique, deu-se em 8 de novembro de 1923, uma semana antes da estabilização, mas foi derrotada e seu líder preso. Os juízes, simpatizantes do nazismo, lhe permitiram fazer do julgamento um espetáculo de propaganda e deram-lhe uma sentença leve. Pagou uma multa de 500 *Rentenmark* e ficou apenas oito meses na cadeia, durante os quais recebeu visitas livremente, escreveu o *Mein Kampf*, ganhou popularidade, continuou a organizar seu partido e decidiu desistir do modelo golpista com o qual Benito Mussolini chegara ao poder em outubro de 1922 para seguir a via legal e eleitoral até a vitória de 1933.

Em agosto de 1924, o banqueiro e candidato a vice-presidente dos EUA Charles Dawes (eleito em novembro) apresentou um plano para normalizar as relações internacionais da Alemanha, pelo qual ganhou um Nobel da Paz. Os EUA emprestariam US$ 800 milhões (3,36 bilhões de marcos) para restaurar as reservas alemãs, o Ruhr e sua produção seriam devolvidos ao país e o pagamento das indenizações seria reduzido no período 1925-1929 a um bilhão de marcos-ouro por ano, com o compromisso de depois elevá-lo a 2,5 bilhões anuais até 1988. Esses valores seriam arrecadados por meio de impostos e o Reichsbank seria reorganizado sob supervisão dos aliados. Em outubro de 1924, foi emitido um novo ***Reichsmark*** (*RM*), papel-moeda com lastro de 30% em ouro real com o mesmo valor teórico de 0,35842 grama de ouro do *Goldmark*. Os *Papiermarks* foram convertidos à razão de um trilhão para um, com corte de doze zeros nos preços. As notas de *Papiermarks* em circulação foram retiradas até 6 de julho de 1925, mas os *Rentenmarks* continuaram a circular.

De 1925 a 1928, o desemprego caiu para 6,7% e a economia alemã recuperou-se, mas não o suficiente para viabilizar o plano Dawes. Este foi sucedido em 1929 por um novo plano proposto pelo industrial estadunidense Owen Young, da RCA. Os pagamentos futuros foram revisados para 2 bilhões, divididos em uma parte incondicional de um terço desse valor e uma parte diferida sobre a qual incorreriam juros e que seria financiada por um consórcio de bancos de investimentos dos EUA coordenado pela JP Morgan & Co. Entretanto, antes que o plano entrasse em vigor, deu-se nos EUA a crise financeira de 1929, seus bancos de investimento retiraram os recursos aplicados na Europa e o consórcio foi inviabilizado.

Em maio de 1931, ante a falência do banco austríaco Credit-Anstalt, a Áustria foi forçada a abandonar o padrão-ouro. O pânico financeiro afetou a Alemanha, onde metade dos depósitos eram detidos por estrangeiros. O ouro foi sacado a ponto de cair abaixo do lastro obrigatório, ameaçando a moeda com insolvência. O Fed dos EUA coordenou com o Banco da Inglaterra um socorro ao Reichsbank e propôs uma moratória da dívida alemã, à qual a França resistiu, exigindo que a Alemanha abandonasse seus planos de construção naval e de união alfandegária com a Áustria. Em 15 de julho, com as reservas de ouro abaixo do limite legal, a Alemanha foi forçada a suspender a conversibilidade do marco. Dada a importância de sua economia, isso desencadeou um efeito dominó que acabaria por provocar o colapso do padrão-ouro em todo o mundo, mas o efeito mais catastrófico, com falências e desemprego em massa, deu-se na Alemanha.

Por pressão dos EUA, os aliados aceitaram uma moratória da dívida alemã em julho de 1931, quando o desemprego alemão atingia 33,7% e o país era vítima de uma deflação de 9,3%, situação que inviabilizava a formação de um governo estável e favorecia a ascensão do partido nazista. Em julho de 1932, com o desemprego alemão chegando a 40%, os aliados aceitaram perdoar mais de 90% da dívida alemã se sua dívida com Washington fosse perdoada em igual proporção. À espera do acordo, em agosto a Alemanha suspendeu o pagamento das indenizações enquanto continuava a pagar normalmente outras dívidas externas, mas o Congresso dos EUA rejeitou a proposta em dezembro. A Alemanha não fez mais nenhum pagamento da indenização além dos 22,89 bilhões pagos até então.

Em 30 de janeiro de 1933, Hitler foi eleito chefe de governo da Alemanha por uma aliança entre o Partido Nazista e o partido conservador DNVP. Um mês depois, um atentado que incendiou o Parlamento alemão serviu de pretexto para se decretar um estado de emergência e dar poderes ditatoriais a Hitler, com apoio do Partido de Centro. Os partidos comunista e socialdemocrata foram postos fora da lei, os sindicatos fechados e seus líderes presos. Em junho de 1933, os próprios partidos aliados do nazismo foram dissolvidos e no final do mês, a chamada Noite das Facas Longas eliminou a maioria dos adversários de Hitler dentro e fora do nazismo.

Em maio, Hitler suspendera todos os pagamentos externos e impusera controles de capitais. Não era um caso isolado: o comércio internacional havia caído a um terço do que era antes da crise e muitos países faziam o mesmo. Até junho de 1934, todos os países, inclusive o Reino Unido e a França, suspenderiam o pagamento de suas dívidas com os EUA. O comércio internacional passava a ser regulado por acordos bilaterais e em grande parte realizado por meio de escambo.

Em 1937, o Reichsbank foi colocado sobre o controle direto de Hitler e em 1939 rebatizado Deutsche Reichsbank. Voltou a emitir moeda em grande escala para financiar as obras públicas, o rearmamento e a guerra, mas a inflação foi contida por severos controles de preços. "Inflação é falta de disciplina. Para isso servem as tropas de choque. A principal causa da estabilidade da moeda são os campos de concentração", dizia Hitler. Apesar de a base monetária crescer de 11 bilhões em 1936 para 73 bilhões em 1944, a inflação acumulada não passou de 14%. A taxa de câmbio do dólar, com a desvalorização deste em relação ao ouro pelo governo Roosevelt, passou de *RM* 4,20 em 1933 para *RM* 2,61 em 1934 e variou de *RM* 2,45 a *RM* 2,50 de 1935 a 1940. O poder aquisitivo do Reichsmark permaneceu relativamente estável até a derrota final.

Em março de 1938, a Alemanha invadiu e anexou a Áustria, criando o que a propaganda nazista chamou de *Grossdeutsches Reich*, "Império da Grande Alemanha", nome oficializado em 1943. Em outubro de 1938, após um acordo com o Reino Unido e a França celebrado em Munique, anexou os Sudetos, regiões de língua alemã da Tchecoslováquia. Em março de 1939 violou esses acordos ao ocupar todo o país, sem reação das potências ocidentais, que viam no regime nazista uma barreira contra a União Soviética. Entretanto, o pacto de 24 de agosto de 1939 entre Hitler e Stálin desfez essa ilusão. Uma semana depois, Hitler invadiu a Polônia; dois dias depois, França e Reino Unido lhe declararam guerra e teve início a II Guerra Mundial.

A economia alemã foi cada vez mais mobilizada em torno da guerra, e mais ainda depois que a derrota de Hitler em Stalingrado (fevereiro de 1943) virou a maré e a converteu num esforço desesperado pela sobrevivência. Em 1940, as forças armadas absorveram 40% do PIB alemão, e em 1943, 60%. Os países ocupados foram também forçados a colaborar com imposições em dinheiro (no caso da França, 50% da arrecadação e 20% do PIB em 1940-1942 e 66% e 33% em 1943-1944), com requisições de materiais e de trabalho forçado, principalmente para a indústria bélica (em 1940, as importações obtidas por esses meios representaram 7% do PIB, em 1943, 16%) e com trabalho forçado. Segundo John H. E. Fried (citado por Beyer e Schneider) os trabalhadores estrangeiros forçados na Alemanha foram 8,6 milhões no auge de janeiro de 1944, sendo 2,2 milhões prisioneiros de guerra (870 mil franceses e 200 mil de outros países ocidentais, teoricamente pagos, e 1,15 milhão do Leste, virtuais escravos) e 6,5 milhões, civis. Dos últimos, 2,2 milhões eram de países ocupados do Ocidente (1,1 milhão da França), que exerciam trabalho forçado assalariado (mediana de 700 marcos anuais, 26.100 ñ, 90 ñ por dia, fora impostos e deduções por comida e alojamento) e 4,2 milhões escravos ou quase-escravos de países do Leste (mediana de 15 marcos, 560 ñ, 2 ñ por dia). Os 8,6 milhões eram 12% da população e um quarto da força de trabalho e respondiam por 8% a 10% do PIB. Isso não inclui 1,3 milhão de escravos em campos de concentração fora da Alemanha, nem 87 mil voluntários estrangeiros de países do Eixo ou neutros (Suíça e Espanha, principalmente), nem prisioneiros de campos de concentração (224 mil em agosto de 1943, 525 mil em agosto de 1944 e 715 mil em janeiro de 1945).

As reservas do Deutsche Reichsbank foram fortemente engrossadas durante a guerra pela pilhagem dos países ocupados e o confisco das propriedades de judeus enviados para o extermínio até as últimas alianças e dentes de ouro, mas desapareceram ao final da guerra. O destino do tesouro nazista, que deve ter incluído pelo menos 550 toneladas de ouro, nunca foi esclarecido, mas provavelmente a maior parte foi lavada através de bancos suíços. O Deutsche Reichsbank foi extinto e seu presidente, Walther Funk, condenado em Nuremberg à prisão perpétua.

Moedas alemãs (1924 a 1948)

Denominação	Valor em *RM*	Peso em gramas	Valor em ñ c. 1936
Papel-moeda (Reichsbank)			
1.000 *Reichsmark*	1.000,00	–	40.000
100 *Reichsmark*	100,00	–	4.000
50 *Reichsmark*	50,00	–	2.000
20 *Reichsmark*	20,00	–	800
10 *Reichsmark*	10,00	–	400
5 *Reichsmark* (a partir de 1942)	5,00	–	200
Moedas de prata 90%			
5 *Reichsmark* (1933-39)	5,00	13,88	200
Moedas de prata 62,5%			
2 *Reichsmark* (1933-39)	2,00	8,00	80
Moedas de prata 50%			
5 *Reichsmark* (1925-32)	5,00	25,00	200
3 *Reichsmark* (1924-32)	3,00	15,00	120
2 *Reichsmark* (1925-31)	2,00	10,00	80
1 *Reichsmark* (1924-27)	1,00	5,00	40
Moedas de níquel			
1 *Reichsmark* (1933-39)	1,00	4,85	40
50 *Reichspfennig* (1927-38) (*)	0,50	3,51	20
Moedas de bronze-alumínio			
50 *Reichspfennig* (1924-25)	0,50	5,17	20
10 *Reichspfennig* (**)	0,10	4,03	4
5 *Reichspfennig* (**)	0,05	2,53	2
Moedas de bronze			
4 *Reichspfennig* (***)	0,04	5,00	1,6
2 *Reichspfennig* (1923-40)	0,02	3,34	0,8
Reichspfennig (**)	0,01	2,01	0,4

(*) Cunhada em alumínio em 1939-44

(**) Cunhada em zinco em 1940-48

(***) Cunhada apenas em 1932, foi uma tentativa do primeiro-ministro Heinrich Brüning de reduzir preços numa época de austeridade e cortes de empregos e salários promovendo seu uso no lugar de moedas de 5. Previsivelmente, não funcionou. Foi apelidada *Armer Heinrich* ("pobre Henrich") e *Brüning-Taler* ("táler de Brüning") e retirada de circulação em 1º de outubro de 1933.

Poder aquisitivo do marco alemão (1923-1948)

Ano	ñ	US$/RM
1923	39,85	4,2000
1924	38,84	4,2631
1925	37,25	4,2064
1926	36,45	4,2085
1927	34,76	4,2156
1928	34,44	4,1982
1929	34,47	4,2080
1930	37,15	4,2006
1931	40,21	4,2202
1932	44,49	4,1879
1933	43,62	3,3720
1934	43,03	2,5384
1935	42,61	2,4831
1936	42,30	2,4812
1937	42,15	2,4878
1938	41,95	2,4888
1939	41,60	2,4924
1940	40,23	2,4975
1941	39,53	2,5002
1942	38,72	2,5002
1943	37,98	2,5002
1944	37,29	2,5002
1945	35,62	10,0000
1946	32,29	10,0000
1947	31,42	10,0000

Obs.: taxas de câmbio são médias anuais.

Alemanha Ocidental (1948-1989)

Após o colapso final do III Reich, estimava-se haver na Alemanha 300 bilhões de marcos de papel-moeda, grande parte dos quais entesourados nas mãos de antigos membros e colaboradores do regime nazista, enquanto a economia destroçada não produzia mais de 50 bilhões de marcos por ano. Dada a inflação reprimida e a permanência dos cartões de racionamento e dos controles de preços sob a ocupação aliada, tornou-se praticamente impossível encontrar produtos fora do mercado negro, movimentado em grande parte por meio de cigarros. A taxa de câmbio militar da ocupação aliada era de dez marcos por dólar e 40 marcos por libra.

Inicialmente, não havia acordo entre os aliados sobre o futuro da Alemanha, muito menos sobre a política econômica e monetária. Cada um dos quatro ocupantes, Estados Unidos, Reino Unido, França e União Soviética, administrou sua zona de ocupação à sua maneira, emitiu seus próprios *Reichsmarks* e implementou uma política de desmantelamento da indústria. Entretanto, com a crescente hostilidade entre os aliados ocidentais e a União Soviética e a agitação comunista na Europa, os EUA consideraram perigoso impor humilhações adicionais aos alemães. Em nome da luta contra o comunismo, as rivalidades entre os europeus ocidentais precisavam ser esquecidas e, apesar dos receios da França, a Alemanha deveria ser reconstruída como um país industrial viável.

Em março de 1948, havia sido criado o Bank deutscher Länder (Banco das Terras Alemãs) para centralizar a emissão de *Reichsmarks* (*RM*) nas zonas estadunidense e britânica. Para normalizar o funcionamento do mercado sem causar inflação nem premiar os detentores de dinheiro entesourado, os aliados ocidentais, EUA, Reino Unido e França decidiram em segredo substituir a moeda alemã. O plano coordenado pelo diretor econômico alemão das zonas dos EUA e Reino Unido Ludwig Erhard e pelo funcionário estadunidense Edward A. Tenenbaum, assistente do assessor financeiro do governador militar Lucius D. Clay, foi negociado e preparado entre 21 de abril e 6 de junho. Em 21 de junho de 1948, o *Reichsmark* (*RM*) deixou de ter valor e foi colocado em circulação nas três zonas uma nova moeda emitida pelo Bank deutscher Länder, chamada *Deutschemark* (**DM**), "marco alemão". Ao mesmo tempo, Erhard aboliu os controles de preços e produção mantidos pelos aliados, que, apesar de não o terem autorizado, aceitaram o fato consumado.

Cada pessoa física, homem, mulher ou criança, recebeu em vez dos cupons de racionamento um adiantamento de 40 *Deutschemark* (DM) de imediato e DM 20 dois meses depois (um total de 1.580 ñ) e cada empresa, DM 60 por empregado. Preços contratados, salários, pensões e aluguéis mantiveram o valor nominal na nova moeda. O dinheiro em *Reichsmarks* (e *Rentenmarks*), exceto moedas e notas de até um marco, foi recolhido até 26 de junho em contas de liquidação, para ser convertido à razão de *RM* 100 para DM 10, razão pela qual também foram convertidos os preços de ações e títulos. Metade do dinheiro convertido ficou inicialmente bloqueado e em outubro, para conter a inflação resultante do fim dos controles de preços, as autoridades aliadas decidiram extinguir 70% desse montante. Assim, a conversão foi na prática de *RM* 100 para DM 6,50.

O total de *RM* 145 bilhões recolhidos às contas de liquidação foi convertido em DM 9,4 bilhões, que, com os DM 4,4 bilhões inicialmente adiantados a pessoas e empresas, formaram uma base monetária de DM 13,8 bilhões. Mesmo assim, os preços liberados de controle subiram mais do que os salários. Em novembro, os sindicatos deflagraram uma greve geral, sem conseguir que suas reivindicações fossem atendidas.

Em maio de 1949, os três aliados ocidentais promulgaram uma Constituição para a República Federal Alemã (RFA), informalmente

"Alemanha Ocidental", em suas zonas. O primeiro governo federal tomou posse em setembro, aderindo ao tratado de Bretton Woods com um Deutsche Mark fixado à taxa de 4,20 por dólar, uma desvalorização de 20,7%. Combinada ao Plano Marshall, que começava a ser implantado pelos EUA para recuperar o conjunto da economia europeia, essa desvalorização tornou a produção alemã especialmente competitiva. Depois do Reino Unido e França, a Alemanha Ocidental foi o terceiro país mais beneficiado (1,45 bilhão de dólares de um total de 12,7 bilhões de 1948 a 1951) e, por estar reconstruindo sua economia quase do zero, acabou com uma indústria mais moderna e eficiente que a de seus ex-inimigos. Os investimentos cresceram e o poder aquisitivo dos salários alemães começou a ser gradualmente recuperado.

Os receios da França em relação à ressurreição do poderio industrial alemão e sua insistência na ocupação do Ruhr foram superados em 1951 com a criação da Comunidade Europeia do Carvão e do Aço (CECA), precursora da União Europeia, que colocou a produção desses produtos estratégicos nos dois países, mais o Benelux e a Itália, sob uma autoridade comum que garantia sua livre circulação. Em fevereiro de 1953, a Alemanha Ocidental recebeu como favor adicional o perdão de mais da metade de sua dívida externa e o pagamento do restante em condições excepcionalmente favoráveis. De 16 bilhões de marcos da dívida não paga da I Guerra Mundial e mais 16 bilhões de empréstimos dos EUA no pós-guerra, a Alemanha teria de pagar apenas 15 bilhões em 30 anos, e isso apenas quando gerasse um superávit comercial, com reembolsos limitados a 3% dos ganhos de exportação. Isso deu aos credores um forte incentivo para importar bens alemães, favorecendo ainda mais a reconstrução – e também acostumou o país a considerar grandes superávits comerciais como normais, o que criaria um problema de desequilíbrio internacional a longo prazo.

A Constituição previu a criação de um banco federal que veio a ser o Bundesbank, formado em 1957 pela fusão do Bank deutscher Länder com os bancos regionais de emissão. Os traumas da hiperinflação de 1929 e da reforma monetária de 1948 fizeram do novo governo alemão ocidental um dos mais conservadores da Europa em termos de administração monetária. Desde 1948, a inflação do *Deutschemark* foi uma das mais baixas entre os países ocidentais. Consequentemente, o marco, em vez de cair em relação ao dólar, como ocorreu com quase todas as moedas europeias e ocidentais, tendeu a se valorizar. De 4,20 por dólar em 1949, passou para 4,00 por dólar de 1960 e 3,66 marcos por dólar em 1969, mas em maio de 1971 a Alemanha Ocidental recusou nova revalorização, contrariando os acordos de Bretton Woods. Isso desencadeou uma corrida ao ouro dos EUA, que, em agosto do mesmo ano, suspenderam a conversibilidade do dólar em ouro.

Com o colapso do sistema de Bretton Woods, a importância do comércio exterior alemão e a relativa estabilidade de sua moeda, mesmo após os choques do petróleo acelerarem a inflação nos EUA e na maioria dos países do Ocidente, fizeram do marco (juntamente com o iene japonês) uma das principais alternativas ao dólar, que por algum tempo pareceu a caminho de perder a hegemonia no mercado financeiro internacional. A cotação do dólar caiu a DM 3,65 em 1970, DM 2,65 em 1978 e DM 1,82 em 1981. Nesse ano, o choque da elevação dos juros por Volcker reduziu a inflação nos EUA, tornou atraentes os investimentos no país e o dólar chegou a DM 2,94 em 1985. Nos anos seguintes, com a queda dos preços do petróleo e a acumulação de superávits crescentes pela Alemanha, o marco voltou a subir. Às vésperas da reunificação, valia DM 1,89 por dólar.

Moedas alemãs ocidentais e pós-unificação (1948 a 2001)

Denominação	Valor em Deutschemark	Peso em gramas	Valor em ñ c. 1963
Papel-moeda (Bundesbank)			
1.000 *Deutschemark*	1.000,00	–	20.000
500 *Deutschemark*	500,00	–	10.000
200 *Deutschemark*	200,00	–	4.000
100 *Deutschemark*	100,00	–	2.000
50 *Deutschemark*	50,00	–	1.000
20 *Deutschemark*	20,00	–	400
10 *Deutschemark*	10,00	–	200
5 *Deutschemark*	5,00	–	100
Moedas de prata 92,5%			
10 *Deutschemark* (1998-2001)	5,00	15,50	–
Moedas de prata 62,5%			
10 *Deutschemark* (1972-1997)	10,00	15,50	–
5 *Deutschemark* (1955-1979)	5,00	11,20	100
Moedas de cuproníquel			
5 *Deutschemark* (1979-1986) (*)	5,00	10,00	–
2 *Deutschemark* (*)	2,00	7,00	40
1 *Deutschemark*	1,00	5,50	20
50 *Pfennig*	0,50	3,50	10

Moedas de aço revestido de latão			
10 *Pfennig*	0,10	4,00	2
5 *Pfennig*	0,05	3,00	1
Moedas de bronze			
2 *Pfennig* (1950-1969)	0,02	3,25	0,4
Moedas de aço cobreado			
2 *Pfennig* (1967-2001)	0,02	2,90	–
Pfennig	0,01	2,00	0,2

(*) revestido de níquel nas moedas comemorativas a partir de 1969

Alemanha Oriental (1948-1990)

A decisão unilateral dos aliados ocidentais de criar o Deutschemark agravou a ruptura com a União Soviética e a nascente Guerra Fria. O governo de ocupação soviético na Alemanha não fora avisado e os *Reichsmarks* sem valor no Ocidente fluíram para a sua zona. Isso o forçou a criar na sua zona seu próprio **Deutsche Mark,** conhecido informalmente no Ocidente como Östmark (**marco oriental**), inicialmente na forma de revalidação de notas de *Reichsmarks* com um selo especial e depois como novas emissões. A taxa de conversão foi igualmente de ℛℳ 1 para DM 1 em contas estatais e contas privadas até 100 marcos, ℛℳ 5 para DM 1 de 100 a 500 marcos e ℛℳ 10 para DM 1 em valores superiores, sendo necessário comprovar a origem de quantias superiores a ℛℳ 5.000 (130.000 ñ), sob pena de confisco. Os soviéticos cortaram os transportes entre as duas regiões, bloquearam Berlim Ocidental de junho de 1948 a maio de 1949 e em outubro desse ano criaram a República Democrática Alemã (RDA) ou "Alemanha Oriental".

Em 13 de outubro de 1957, para trazer de volta dinheiro enviado ilegalmente ao exterior, principalmente a Berlim Ocidental, o governo alemão oriental impôs nova substituição do dinheiro. Notas velhas foram convertidas em notas novas à razão de 1 para 1 até o valor de DM 300 (7.000 ñ) e valores superiores convertidos em contas bancárias que puderam ser sacadas mais tarde, a menos que houvesse suspeita de origem ilegal ou especulativa, investigada por comitês locais.

De junho a novembro de 1961, com o aumento da tensão entre os EUA e a União Soviética e das fugas de alemães orientais para o Ocidente, que chegou a 20% da população da zona oriental, um novo bloqueio foi imposto a Berlim Ocidental, com a intenção de forçar a retirada das forças de ocupação ocidental e fazer de Berlim uma cidade livre e neutra. Os EUA recusaram-se a ceder e os soviéticos optaram pela construção do Muro de Berlim, iniciada em agosto. Apesar de contrária ao tratado de paz, a solução foi aceita pelos aliados ocidentais para evitar um confronto.

Em agosto de 1964, o governo alemão emitiu uma nova série de notas e moedas, com prazo de substituição até novembro de 1965. Além da necessidade de substituição de notas velhas e gastas, a troca expressava uma mudança política: pela coexistência pacífica, o governo abandonava a ideia de reunificação e o nome de *Deutsche Mark*. Sem mudar de valor, a moeda passava a se denominar ***Mark der Deutschen Notenbank*** e a ser representada por **MDN** em vez de DM.

Em 1968, o sistema bancário foi reformado e o Deutsche Notenbank foi absorvido, juntamente com outras instituições, pelo Staatsbank der DDR (Banco Estatal da RDA). A moeda passou a se chamar ***Mark der Deutschen Demokratischen Republik*** e representada simplesmente como **M**. Entretanto, os marcos emitidos pelo Deutsche Notenbank continuaram a circular até 1982.

Durante a existência das duas Alemanhas, a taxa de câmbio entre os dois marcos às quais os turistas do Ocidente tinham de converter sua moeda (pelo menos 25 marcos, 250 ñ, por dia de estada nos anos 1980) era oficialmente de 1 para 1. Essa proporção era aproximadamente realista para as mercadorias disponíveis no Leste (e produtos de primeira necessidade foram congelados nos níveis anteriores à II Guerra Mundial), mas no mercado negro a taxa variou, e um marco ocidental valia cerca de 5 marcos orientais durante os anos 1980, visto que o marco ocidental podia ser usado para comparar objetos de desejo não disponíveis do lado oriental. A taxa oficial de conversão para o rublo transferível usado como moeda contábil no comércio dentro do bloco soviético era de 4,67 marcos por rublo (baseada na taxa original de 4,20 marcos por dólar e na cotação oficial do rublo, de 1,11 dólar), mas turistas soviéticos trocavam 3 marcos por rublo nos anos 1980.

Moedas alemãs orientais (1948 a 1990)

Denominação	Valor em Mark	Peso em gramas	Valor em ñ c. 1963
Papel-moeda (*)			
100 marcos	100,00	–	2.000
50 marcos	50,00	–	1.000
20 marcos	20,00	–	400
10 marcos	10,00	–	200
5 marcos	5,00	–	100
Moedas de bronze-alumínio			
50 *Pfennig* (1949-1950)	0,50	3,38	10
Moedas de latão			
20 *Pfennig*	0,20	5,40	4
Moedas de alumínio			
2 marcos (1957)	2,00	3,00	80
2 marcos (1972-1990)	2,00	3,00	–
1 marco (1956-1963)	1,00	2,50	40
1 marco (1972-1990)	1,00	2,40	–
50 *Pfennig* (1958-1990)	0,50	2,00	10
10 *Pfennig*	0,10	1,50	2
5 *Pfennig*	0,05	1,10	1
Pfennig	0,01	0,75	0,2

(*) as emissões de 1948, recolhidas em 1957, incluíram também notas de 50 *Pfennig* e de 1 e 2 *Deutschemark*.

Obs.: de 1968 a 1990, foram cunhadas moedas comemorativas de prata de 10 e 20 marcos, e também de cuproníquel nesses valores e no de 5 marcos

Poder aquisitivo do marco alemão (1948-2001)

Ano	ñ	US$/DM
1948	26,35	3,3333
1949	28,37	4,1950
1950	29,31	4,2104
1951	26,00	4,2104
1952	24,82	4,2096
1953	25,52	4,1989
1954	24,82	4,1865
1955	24,49	4,2012
1956	24,09	4,1918
1957	23,60	4,2004
1958	23,34	4,1932
1959	22,84	4,1865
1960	22,65	4,1827

Ano	ñ	US$/DM	₠ /DM €/DM
1975	12,71	2,4631	3,04940
1976	12,46	2,5204	2,81546
1977	12,03	2,3247	2,64832
1978	11,39	2,0103	2,55608
1979	10,55	1,8345	2,51095
1980	9,78	1,8195	2,52421
1981	9,41	2,2628	2,51390
1982	9,19	2,4300	2,37599
1983	8,91	2,5565	2,27053
1984	8,72	2,8492	2,23811
1985	8,48	2,9460	2,22632
1986	8,31	2,1738	2,12819
1987	8,05	1,7997	2,07153

1961	22,05	4,0432	1988	7,86	1,7589	2,07440
1962	21,43	4,0193	1989	7,62	1,8822	2,07015
1963	20,73	3,9823	1990	7,23	1,6172	2,05209
1964	20,30	3,9984	1991	7,02	1,6606	2,05076
1965	19,53	4,0131	1992	6,66	1,5635	2,02031
1966	18,97	4,0111	1993	6,40	1,6548	1,93639
1967	18,87	4,0025	1994	6,20	1,6195	1,92452
1968	18,45	4,0031	1995	6,06	1,4318	1,87375
1969	18,08	3,9294	1996	5,96	1,5028	1,90954
1970	17,38	3,6588	1997	5,88	1,7339	1,96438
1971	16,49	3,4897	1998	5,80	1,7564	1,96913
1972	15,85	3,1893	1999	5,66	1,8358	1,95583
1973	14,57	2,6732	2000	5,52	2,1238	1,95583
1974	13,15	2,5895	2001	5,46	2,1830	1,95583

Obs: Até 1989, apenas Alemanha Ocidental

A reunificação alemã (1990-2001)

Em 1988, a decisão do presidente Mikhail Gorbachev, da URSS, de deixar de apoiar e supervisionar os governos dos países do Comecon e liquidar o sistema de comércio a preços fixos em rublos transferíveis – que, estimava-se, custava à União Soviética cerca de 2% do PIB em subsídios ao preço do gás e petróleo – levou à desagregação do bloco soviético e desestabilização de seus governos.

Em maio de 1989, a Hungria removeu as cercas da fronteira com a Áustria, e milhares de alemães orientais fugiram para a Alemanha Ocidental por essa rota. Em novembro de 1989, o Muro de Berlim foi oficialmente aberto (mas não imediatamente demolido, o que só aconteceria de junho de 1990 a 1992) e duas semanas depois iniciaram-se as negociações para a reunificação.

Receosas da hegemonia de uma Alemanha unificada sobre uma Europa não mais dividida pela "Cortina de Ferro", a França e o Reino Unido opuseram-se à reunificação e tentaram influenciar a União Soviética para detê-la, mas era tarde demais. Entretanto, em troca de seu apoio, no final de 1989, a França conseguiu da Alemanha o compromisso de apoiar a transformação da Comunidade Econômica Europeia em uma entidade política mais sólida – a União Europeia, o que entraria em vigor em novembro de 1993 –, e a união monetária, que se realizaria em janeiro de 1999 com o euro.

A viabilização da tão longamente desejada reunificação colocou à RFA um sério problema: o que fazer com a moeda oriental? Nominalmente, valia o mesmo que a ocidental. Salários nominais e preços de produtos básicos eram comparáveis dos dois lados, e os aluguéis e serviços públicos eram bem mais baratos do lado oriental. Porém a maior parte das ultrapassadas mercadorias industriais produzidas na antiga RDA não tinha valor no Ocidente, enquanto as mercadorias ocidentais tinham uma enorme procura do lado oriental. O resultado é que, após a abertura do muro, um marco ocidental passou a valer 4,4 marcos orientais no câmbio oficial e 10 marcos no câmbio negro.

Economistas liberais e o Bundesbank aconselharam o governo da RFA a fazer a conversão à razão de 4,4 marcos orientais por DM. Porém teria sido social e politicamente desastroso trazer os alemães orientais de volta a uma pátria reunificada, mas com suas economias e salários reduzidos em 78%. O governo da RFA acabou decidindo fazer uma conversão comparável à de 1948, numa razão mais próxima de 1 para 1. Em 18 de maio de 1990 foi assinado o tratado de reunificação e, em 1º de julho de 1990, os alemães orientais começaram a receber salários em DMs iguais aos que haviam sido pagos em marcos orientais. As dívidas pessoais foram, porém, convertidas à razão de M 2 para 1 DM. As poupanças pessoais puderam ser convertidas à razão de 1 para 1 até 2.000 marcos orientais para crianças com menos de 15 anos, 4.000 para adultos com menos de sessenta e 6.000 para os mais idosos. A partir desses limites, a conversão teve de ser feita à razão de 2 para 1.

Esse plano inicialmente pareceu vantajoso para os alemães orientais, que passaram a ter pleno acesso às tão ansiadas mercadorias ocidentais por 22% do preço anterior. Porém a unificação também implicou na redução do déficit orçamentário da Alemanha Oriental através da eliminação dos subsídios estatais socialistas aos serviços e produtos básicos. Sem esses subsídios, os preços desses itens dobraram ou triplicaram. Ao mesmo tempo, os alemães orientais também passaram a pagar imposto de renda e contribuições previdenciárias segundo os padrões ocidentais. O resultado final foi uma redução da renda real disponível para consumo. Além disso, a maioria dos alemães orientais teve uma perda em sua riqueza líquida: como a maior parte das famílias tinha economias elevadas, a taxa média de conversão das poupanças foi de aproximadamente 1,8 marcos orientais para 1 DM: 44% das poupanças pessoais evaporou-se.

Muito mais graves, porém, foram os efeitos dessa conversão para a competitividade da indústria alemã oriental. As empresas alemãs orientais, todas estatais, tiveram seus ativos convertidos à razão de M 2 para 1 DM, enquanto suas dívidas foram convertidas à razão de 1 para 1. A esse desequilíbrio financeiro somaram-se os efeitos de uma tecnologia defasada e de uma produtividade três vezes menor que a ocidental, que mesmo em condições mais favoráveis as tornaria totalmente incapazes de competir pagando salários equiparados aos ocidentais. Como se isso não bastasse, as indústrias ocidentais pressionaram os varejistas orientais a vender apenas seus produtos.

Na realidade, a conversão parece ter sido concebida principalmente como uma estratégia para acelerar a destruição da economia oriental e facilitar sua privatização. Uma empresa de participações (*holding*) chamada Treuhand foi criada para administrá-las e privatizá-las o mais rápido possível, através de um sistema fechado de leilões que permitiu às empresas ocidentais adquirir as melhores empresas orientais por preços atraentes – muitas vezes apenas para fechá-las em seguida, garantindo que jamais se tornariam novas concorrentes. Aquelas que não puderam ser privatizadas foram simplesmente dissolvidas.

Junto com o encolhimento do antigo aparelho de Estado oriental, o resultado foi uma queda de 50% no PIB da antiga Alemanha Oriental de 1989 a 1991 e um elevado desemprego, que anulou qualquer vantagem econômica que os alemães orientais pudessem ter obtido com a unificação. A própria Alemanha Ocidental também foi abalada: o governo federal criou um imposto de renda extra de 7,5% para financiar os subsídios à Alemanha Oriental e endividou-se, o que elevou a cotação do marco de DM 1,88 por dólar em 1989 para DM 1,43 em 1994 e causou uma recessão que repercutiu sobre toda a Europa.

Isso contribuiu para o adiamento da unificação monetária europeia que no ano seguinte seria negociada em Maastricht, mas ainda assim, a partir de 1999, o marco passou a ser fixado em relação à nova moeda da União Europeia, o euro, numa relação de 1,95583 marco para 1 euro.

Mesmo após a criação do euro e da União Europeia, que trouxeram um novo surto de prosperidade à Alemanha, a região oriental continuou relativamente subdesenvolvida. Mesmo em 2016, a antiga RDA tem PIB per capita 30% inferior e taxa de desemprego duas vezes superior à antiga RFA. Recebe mais de cem bilhões de euros por ano em transferências da zona ocidental (4% do PIB nacional e mais de um quarto do regional), um total de mais de dois trilhões desde a reunificação. Embora a própria Angela Merkel seja originária da Alemanha Oriental, o persistente atraso e desemprego fez da região um foco de insatisfação e radicalização nacionalista, xenófoba e direitista, tendência agravada após a crise financeira de 2008. Esses alemães orientais repudiam a imigração e a abertura aos demais integrantes da União Europeia para reivindicar uma solidariedade puramente étnica pela qual, a seu ver, mereceriam melhor tratamento por parte do governo alemão.

Áustria (1945-2001)

Em 27 de abril de 1945, duas semanas antes da rendição dos nazistas em Berlim, o líder social-democrata austríaco, ex-primeiro-ministro e ex-presidente do Parlamento Karl Renner, afastado da política desde o início da guerra, proclamou a independência da Áustria e criou um governo provisório em Viena com apoio dos soviéticos. Isso facilitou aos aliados, que já haviam declarado nula a anexação de 1938, tratar a Áustria como país libertado e não derrotado, embora tivesse sido parte da "Grande Alemanha" durante toda a guerra e muitos dos líderes nazistas e dos piores criminosos de guerra, inclusive o próprio Adolf Hitler, fossem austríacos. De 1945 a 1955, o país foi dividido em zonas de ocupação pelos aliados, mas o governo de Viena pôde funcionar e gradualmente livrar-se da tutela e ser reconhecido como país independente e neutro durante a Guerra Fria.

Em 30 novembro de 1945, o **Schilling** voltou a ser a moeda austríaca. Os aliados emitiram notas de 50 *Groschen* e 1 *Schilling* e os austríacos puderam trocar seus *Reichsmarks* à razão de 1:1 até o limite de 150 *Schillings* por pessoa. Em 21 de novembro de 1947, foi imposta mais uma reforma monetária, com a emissão de novas cédulas. As notas anteriores foram trocadas por novas notas a par para os primeiros 150 *Schilling* e a uma taxa de 1 novo *Schilling* por 3 *Schilling* antigos a partir desse limite.

Ao contrário da Alemanha, a Áustria sofreu uma inflação considerável durante a ocupação aliada. O câmbio chegou a 20 *Schilling* por dólar em 1950 e só se estabilizou em 1954, quando o país aderiu aos acordos de Bretton Woods com um câmbio fixo de 26 Schillings por dólar. O poder aquisitivo do *Schilling* era de 4,6 ñ em 1955, 4,1 ñ em 1960, 3,7 ñ em 1963, 3,4 ñ em 1965 e 2,8 ñ em 1970, quando o câmbio ainda se mantinha em 26 por 1.

Após o colapso do sistema de Bretton Woods em 1971, o *Schilling* foi vinculado a uma cesta de moedas e, em julho de 1976, ao marco alemão numa proporção de aproximadamente 7 *Schillings* por marco (16,52 *Schillings* por dólar em 1977). Passou a acompanhar o marco em sua valorização em relação ao dólar, chegando a 10,08 *Schillings* por dólar em 1995.

A neutralidade da Áustria, mantida até o desaparecimento da União Soviética, impediu-a de se juntar à Comunidade Econômica Europeia, mas a partir de 1960 integrou a Associação Europeia de Livre Comércio (EFTA, pela sigla em inglês), juntamente com outros países então não ligados à CEE, como o Reino Unido, a Suíça, Portugal e a Suécia. A Áustria entrou na União Europeia em 1995, e em 1999 o *Schilling* foi fixado ao euro à razão de 1 euro = 13,7603 *Schilling*. O poder aquisitivo do *Schilling* foi de 1,5 ñ em 1980, 1,1 ñ em 1990 e 0,9 ñ em 1999.

Moedas austríacas, anos 1960

Denominação	Valor em Schilling	Peso em gramas	Valor em ñ c. 1963
Papel-moeda			
1.000 *Schilling*	1.000,00	–	4.000
500 *Schilling*	500,00	–	2.000
100 *Schilling*	100,00	–	400
50 *Schilling*	50,00	–	200
20 *Schilling*	20,00	–	80
10 *Schilling*	10,00	–	40
Moedas de prata 90%			
50 *Schilling* (1959-1973)	50,00	20,00	200
Moedas de prata 80%			
25 *Schilling* (1955-1973)	25,00	13,00	100
Moedas de prata 64%			
10 *Schilling* (1957-1973)	10,00	7,50	40
5 *Schilling* (1960-1968)	5,00	5,20	20
Moedas de bronze-alumínio			
1 *Schilling* (1959-2001)	1,00	4,20	4
50 *Groschen* (1959-2001)	0,50	3,00	2
Moedas de alumínio			
10 *Groschen*	0,10	1,10	0,4
2 *Groschen*	0,02	0,90	0,08
Moedas de zinco			
5 *Groschen*	0,05	2,50	0,2
Groschen (1947)	0,01	1,80	0,04

Obs.: listadas apenas as moedas e notas emitidas e ainda em circulação em 1963. Dos anos 1970 aos 1990, foram cunhadas moedas comemorativas de 100, 200, 500, 1.000 e 2.000 *Schillings* e emitidas notas de 5.000 *Schillings*.

Comunidade Econômica Europeia e União Europeia

Em 1957, o Tratado de Roma reuniu França, Itália, Alemanha Ocidental, Bélgica, Holanda e Luxemburgo na Comunidade Econômica Europeia (CEE), com sede em Bruxelas. O tratado criava um mercado e tarifas externas comuns e uma política conjunta para a agricultura, migração de mão de obra e transportes, além de instituições comuns para o desenvolvimento econômico, inclusive o Banco Europeu de Investimento (BEI). Em 1965, essas instituições absorveram as da Comunidade Europeia do Carvão e do Aço (CECA) e as da Comunidade Europeia da Energia Atômica (Euratom).

As origens da Unidade Monetária Europeia (ECU)

Na cúpula de Haia de 1969, decidiu-se preparar uma união econômica e monetária até o final da década de 1970. Com base em propostas anteriores, um grupo de peritos presidido pelo primeiro-ministro do Luxemburgo, Pierre Werner, apresentou em outubro de 1970 um plano em três etapas. Como um dos primeiros passos, em dezembro de 1970, uma **Unidade Monetária Europeia** (***European Currency Unit - ECU*** ou ***European Monetary Unit – EMU***), com valor igual ao dólar, foi criada para a emissão de um título de dívida da CECA. Desde 1962, a política agrária comum também usava uma unidade de conta comum com o mesmo valor.

O plano de Werner acabou inviabilizado pelo colapso do sistema de Bretton Woods em agosto de 1971, quando os EUA suspenderam unilateralmente a conversibilidade do dólar. Em dezembro, os onze principais países desenvolvidos do Ocidente entraram em acordo para desvalorizar o dólar de 35 dólares para um valor de referência de 38,02 dólares por onça e manter as flutuações das respectivas moedas em relação ao dólar dentro de um limite de 2,25% para mais ou para menos. Esse sistema foi apelidado de "serpente no túnel", pelos movimentos encadeados e limitados. Em outubro de 1972, foi criado um Fundo Europeu de Cooperação Monetária para ajudar os países europeus a manterem essas moedas dentro desses limites.

Os EUA não conseguiram sustentar o acordo e, em fevereiro de 1973, voltaram a desvalorizar o dólar para 42,22. Em março, os demais países resolveram deixar flutuar livremente suas moedas. Isso era especialmente perturbador para a CEE, pois o planejamento de sistemas de produção europeus integrados seria praticamente impossível se as variações cambiais entre suas moedas fossem grandes e imprevistas. O quadro se complicou ainda mais com a adesão do Reino Unido, Irlanda e Dinamarca à CEE e o choque do petróleo no final do ano, que afetou diferentemente cada país.

Para amenizar o problema, já em 1973 os então nove países da CEE decidiram criar uma **Unidade Composta Europeia** (***European Composite Unit – EURCO***), baseada numa cesta (ou "cabaz", como se diz em Portugal) formada pelas nove moedas proporcionalmente ao peso ao de seu país na produção e comércio internacional europeus, para servir de referência a títulos do BEI, originalmente baseados no dólar-ouro. A composição foi DM 0,9 (Alemanha Ocidental) + FF 1,2 (França) + £ 0,075 (Reino Unido) + £ 80 (Itália) + f 0,35 (Países-Baixos) + BF 4,5 (Bélgica) + DKr 0,2 (Dinamarca) + £IR 0,005 (Irlanda) + LF 0,05 (Luxemburgo). Entretanto, a Unidade Monetária Europeia baseada no ouro continuou em uso nos títulos da CECA e na política agrícola.

O FMI adotou solução análoga. Em 1969, o FMI havia criado um ativo financeiro em parte inspirado na moeda internacional proposta por John Maynard Keynes à conferência de Bretton Woods, o **Direito Especial de Saque** (em inglês, ***Special Drawing Right* – SDR**). Permitiria a países menores, na falta de ouro ou dólares, usar suas quotas para formar reservas e comprar e vender suas moedas para sustentar sua paridade. Seu valor fora fixado em um dólar ou o equivalente em ouro à paridade oficial então vigente, de 35 dólares por onça. Após o colapso do sistema de Bretton Woods, o valor do SDR foi inicialmente redefinido como 0,88867 grama de ouro, ou

US$ 1,20635, pela paridade fictícia de 42,22 dólares por onça. A partir de 28 de junho de 1974, substituiu-se a referência do ouro por uma cesta de 16 moedas[25], na qual, de início, o dólar tinha um peso de 33% e sete moedas da CEE somavam 44,5%, a saber 1 SDR = US$ 0,40 (EUA) + DM 0,38 (Alemanha Ocidental) + £ 0,045 (Reino Unido) + FF 0,44 (França) + ¥ 26 (Japão) + C$ 0,071 (Canadá) + ₤ 47 (Itália) + f 0,14 (Países-Baixos) + BF 1,6 (Bélgica) + SKr (Suécia) 0,13 + A$ (Austrália) 0,012 + DKr 0,11(Dinamarca) + NKr 0,099 (Noruega) + Pta 1,1 (Espanha) + S 0,22 (Áustria) + R 0,0082 (África do Sul).

Em março de 1975, o EURCO e a Unidade Monetária Europeia foram substituídos pela **Unidade de Conta Europeia** (***European Unit of Account*** **– EUA**), que igualmente partiu do valor inicial de US$ 1,20635 em 28 de junho, mas foi valorizado desde então conforme uma cesta europeia definida como 1 EUA = DM 0,828 + FF 1,15 + £ 0,0885 + ₤ 109 + f 0,286 + BF 3,66 + DKr 0,217 + £IR 0,00759 + LF 0,14. Em 12 de fevereiro de 1975, a EUA valia US$ 1,289, enquanto o SDR do FMI valia US$ 1,239. Essa unidade passou a servir de referência a todas as políticas europeias.

Em março de 1979, os países da CEE, exceto o Reino Unido, concordaram em formar um Sistema Monetário Europeu (SME) e ligar as suas moedas de forma a evitar grandes flutuações de taxa de câmbio. O sistema era semelhante à "serpente no túnel" de 1971-1973 e com o mesmo limite de flutuação de 2,25% e por isso conhecido como "serpente europeia". No entanto, era limitado a moedas europeias e tinha como referência não o dólar, e sim a unidade de conta comum então denominada **Unidade Monetária Europeia** (***European Currency Unit – ECU,*** também simbolizada por ₠).

O sistema permitia inicialmente um ajuste periódico das taxas de câmbio fora da faixa para dar conta do fortalecimento ou enfraquecimento relativo das moedas, mas após 1986 passou-se a exigir ajustes das taxas de juro internas para manter as taxas dentro da margem de flutuação autorizada. Nesse período, a Grécia (em 1981) e Portugal e Espanha (em 1986), cujos regimes ditatoriais haviam caído na década anterior, foram aceitos na CEE.

O sistema funcionou satisfatoriamente até 1990. Em julho desse ano, ocorreu a reunificação da Alemanha, que exigiu vastos

25 Em 1981, essas moedas foram reduzidas a cinco: dólar, marco, franco, libra e iene. Marco e franco foram substituídos pelo euro em 1999 e em 2016 o yuan chinês também entrou na cesta.

subsídios do governo federal à região oriental e desequilibrou o orçamento. O bloco soviético entrou em colapso, provocando queda de preços de commodities e instabilidade internacional. E, em outubro, o Reino Unido decidiu entrar no Sistema Monetário Europeu, apesar de não ter condições cambiais e financeiras ideais, nem um consenso político interno favorável à integração europeia.

O Tratado de Maastricht

Apesar dessas fragilidades, em fevereiro de 1992 as negociações europeias levaram ao Tratado de Maastricht, pelo qual a CEE se transformaria numa União Europeia. Esta proporcionaria uma cidadania europeia comum a todos os seus cidadãos e adotaria uma moeda comum baseada na ECU que seria obrigatória para todos os integrantes, exceto Reino Unido e Dinamarca, aos quais foi dada a opção de se manterem fora da união monetária. Além de eliminar definitivamente o risco das variações cambiais e os custos de compra e venda de moedas no mercado europeu, esperava-se reduzir o custo do capital dentro da União Europeia, na medida em que a solidez da moeda comum, bancada pelo conjunto e por seus países mais fortes, permitiria que todos, principalmente os menores e mais pobres ou financeiramente frágeis, captassem empréstimos com juros mais baixos. A moeda comum também permitiria recapturar parte das vantagens de senhoriagem e custo de capital conquistadas pelo dólar nos acordos de Bretton Woods, e mais ainda se tomasse espaço à moeda estadunidense como moeda de reserva internacional em terceiros países.

Em tese, os países da união monetária se comprometeram com uma convergência de suas políticas fiscais e monetárias, que incluía participação no Sistema Monetário Europeu sem desvalorizações por pelo menos dois anos; taxas de inflação no máximo 1,5% superior à média dos três países de inflação mais baixa e juro básico no máximo 2% superior ao desses mesmos países; déficit público não superior a 3% do PIB e dívida pública não superior a 60% do PIB – este último raramente respeitado na prática. Contanto que os números parecessem se mover na direção desejada, houve uma ampla tolerância, condicionada ao interesse político dos países líderes.

Entretanto, o tratado foi inicialmente rejeitado em referendo na Dinamarca, aprovado com muita dificuldade na França e motivo de muita polêmica no Reino Unido. Grandes fundos especulativos internacionais liderados por George Soros perceberam a vulnerabilidade do sistema e apostaram na sua ruptura, principalmente no Reino Unido, elo politicamente mais frágil. Em setembro de 1992, esse país e a Itália, sem reservas suficientes para cobrir os ataques dos fundos especulativos, foram obrigados a sair do sistema. Em 1993, também a França foi atacada pela especulação e decidiu-se alargar a margem de flutuação para 15%, o que praticamente suspendeu a convergência.

O nome de "**euro**" para a nova moeda foi sugerido pelo historiador e esperantista belga Germain Pirlot em agosto de 1995 e oficialmente adotado em dezembro. O nome ECU, previsto em Maastricht, era popular na França, por lembrar a antiga moeda de 5 francos, o écu (escudo), inclusive com um valor nominal não muito diferente, mas soava mal em outros países. Ainda em 1995, aderiram à União Europeia a Áustria, a Finlândia e a Suécia, esta última com a opção de permanecer fora da união monetária. Em dezembro de 1996, a Comissão Europeia adotou o símbolo €.

Em maio de 1998, com o mercado cambial já recuperado da instabilidade do início da década, os países comprometidos com o euro – exceto a Grécia, ainda demasiado distante dos critérios de Maastricht – concordaram em fixar permanentemente suas taxas de câmbio. Em junho, foi criado o Banco Central Europeu (BCE), com sede em Frankfurt, para administrar o euro. As taxas de mercado vigentes em 31 de dezembro foram congeladas e a partir de 1º de janeiro de 1999 o euro passou a ser a moeda oficial de todos esses países. Embora continuassem a circular fisicamente, as moedas nacionais com taxas fixas de conversão passaram a ser consideradas meras frações ou múltiplos do euro, no qual passou a ser denominada toda a moeda escritural, inclusive contas bancárias, transferências eletrônicas e cheques de viagem.

A inflação da Grécia caiu para níveis aceitáveis em 2000, o que viabilizou politicamente a adesão em junho e o início da circulação do euro em janeiro de 2001. Como se soube mais tarde, de 1997 a 2002 os demais números da Grécia e Itália foram maquiados com a cumplicidade das autoridades europeias e a assessoria dos bancos Goldman Sachs (do qual era vice-presidente na Europa Mario Draghi, futuro diretor do BCE) e JP Morgan. O PIB foi inflado com truques estatísticos como a venda de receitas futuras de aeroportos, pedágios e loterias (equivalente a contrair dívida sem contabilizá-la), a avaliação de dívidas em dólares e ienes a taxas de câmbio fictícias (por operações de troca cambial) e a antecipação do recebimento de emissões de dívida (disfarçando o déficit).

O euro em funcionamento

O euro como moeda física foi lançado em janeiro de 2002. O prazo para substituição das moedas nacionais foi de dois meses, mas a maioria dos bancos centrais nacionais (exceto Alemanha) deram um prazo de vários anos para a troca de notas e moedas em seus escritórios (até 2022, no caso de Portugal). Para abranger toda a gama de valores das moedas e notas preexistentes, foram lançadas desde moedas de 1 cent até notas de 500 euros, estas aproximadamente do mesmo valor das anteriores notas de 1.000 marcos, como também daquelas de 1.000 guldens ou florins dos Países-Baixos. Este ponto mostrou-se, depois, um erro, pois, em países com menos tradição de respeito à autoridade, como a Itália e Espanha, essas notas de alto valor tornaram-se um instrumento valioso para o crime organizado, a sonegação, a lavagem de dinheiro e o tráfico de drogas. Em 2010, as casas de câmbio do Reino Unido deixaram de vendê-las. Em maio de 2016, o Banco Central Europeu anunciou que a nota de 500 euros será retirada até o final de 2018.

Apesar do ceticismo dos economistas estadunidenses, a nova moeda foi bem-sucedida nos seus primeiros anos e se tornou a segunda moeda internacionais em importância. O acesso a crédito mais barato impulsionou o crescimento econômico dos países periféricos e relativamente frágeis da Europa – Irlanda, Portugal, Espanha, Itália e Grécia –, também favorecidos pelo crescimento do turismo nos países mediterrâneos e pela desregulamentação financeira e instalação de bancos e transnacionais na Irlanda. Para os países mais competitivos, principalmente a Alemanha, também pareceu um bom negócio, pois o câmbio do euro passou a ser condicionado pela competitividade média da União Europeia, o que permitiu a suas exportações se tornarem mais baratas para os mercados de fora do que seriam se mantivesse a moeda nacional. Ao mesmo tempo, os países mais fracos de dentro da União, ao contar com uma moeda mais forte e crédito mais barato, puderam importar mais produtos alemães. Por alguns anos, a expectativa de que a moeda comum acelerasse a convergência dos padrões de desenvolvimento e renda pareceu justificada.

Os riscos apontados por economistas de fora se evidenciaram, porém, quando a União Europeia enfrentou sua primeira crise financeira séria, em 2008. Incentivados pelo afrouxamento internacional dos padrões de regulamentação bancária desde os anos 1980, grandes bancos envolveram-se em operações especulativas arriscadas, e isso os pôs em apuros com o colapso do mercado *subprime* (de derivativos de hipotecas de risco) dos EUA em 2007. A facilidade de crédito desapareceu de repente e, para impedir a falência em massa do sistema financeiro, os governos europeus, assim como o dos EUA, os socorreram com operações de financiamento e capitalização. Para isso, se endividaram pesadamente. O fluxo de recursos para os países periféricos cessou, o desemprego explodiu e mesmo aqueles que até então tinham cumprido os critérios de Maastricht, como a Espanha, viram-se com dívida e déficit públicos muito acima dos padrões da Zona do Euro e em risco de colapso.

Para aqueles que já eram financeiramente problemáticos, principalmente a Grécia, o quadro ficou ainda mais perigoso. A precariedade de suas contas começou a vir à luz em abril de 2010, quando a publicação de dados desfavoráveis sobre a economia da Grécia fechou seu acesso ao mercado de crédito. Impossibilitado de renovar sua dívida normalmente, seu governo precisou pedir socorro à União Europeia, revelando-se então a extensão das fraudes estatísticas dos anos anteriores. O novo governo de George Papandreou revisou o déficit de 2009 de estimados 6% a 8% do PIB para 15,7%.

Evidenciaram-se então os aspectos negativos da moeda única. Quando cada país tinha sua própria moeda, desvalorizá-la permitia recuperar competitividade, ajustar a balança comercial e voltar a atrair capitais, o que tem um impacto inflacionário, mas ameniza o impacto da crise na renda e no emprego. Com a rigidez imposta pela moeda única, o ajuste exige cortes fortes nos salários e nos gastos públicos nominais, e a rolagem da dívida, até a normalização, passa a depender da boa vontade de autoridades internacionais. Entretanto, os cortes enfrentaram resistência política dos países endividados e a necessidade de socorrê-los foi mal recebida pelas elites financeiras e empresariais dos mais fortes, principalmente, a Alemanha. De ambos os lados surgiram expressões de xenofobia e descontentamento com a União Europeia.

Em novembro de 2011, a chamada "troika" formada por União Europeia, BCE e FMI para dirigir o resgate dos países endividados recorreu ao que, na prática, foi a nomeação de tecnocratas da burocracia europeia para governar a Itália e a Grécia como virtuais interventores: o ex-vice-presidente do BCE Lucas Papademos para a Grécia, no lugar de Papandreou até 2012, e o ex-comissário europeu Mario Monti para primeiro-ministro da Itália, no lugar de Silvio Berlusconi, até 2013.

Estes deram alguns dos passos para os ajustes exigidos pelas autoridades europeias, mas reforçaram a percepção de que as autoridades europeias – em tese escolhidas de maneira indireta pelo consenso de governos democraticamente eleitos, mas na prática influenciadas mais pelas pressões de grandes empresas e bancos do que pelo voto popular – são incompatíveis com a democracia. O atual arranjo é confortável para as elites empresariais e financeiras e se assemelha em alguns aspectos à proposta de Friedrich Hayek, discípulo de Ludwig von Mises, de uma "demarquia": um regime de constituição rígida no qual os princípios liberais são intocáveis e limitam severamente o poder das autoridades eleitas, mas que mina a legitimidade das instituições europeias aos olhos das maiorias.

Os países mais afetados empobreceram consideravelmente, a convergência econômica iniciada nos anos 1990 se reverteu e movimentos neofascistas e de ultraesquerda ganharam espaço. A isso se somou o êxodo de refugiados das guerras civis na Líbia e Síria, resultantes de intervenções diretas ou por meio de auxílio a rebeldes por parte dos EUA, França e Reino Unido a partir de 2011, para alimentar a xenofobia e a má vontade para com as exigências de solidariedade econômica e o livre trânsito de pessoas dentro da União Europeia. Hungria e depois Polônia elegeram governos de direita nacionalista, autoritários e hostis às normas europeias.

O risco de desintegração acentuou-se em 2015, quando o governo de esquerda de Alexis Tsipras tentou desafiar as autoridades de Bruxelas e Frankfurt, recuando no último momento ante o movimento para expulsão da Grécia articulado pelo ministro da Fazenda alemão, Wolfgang Schäuble. Foi de novo posto em pauta pelo referendo britânico de junho de 2016, que decidiu pelo *Brexit*, ou seja, a saída do Reino Unido da União Europeia.

Nos meses seguintes, pareceu possível a eleição de governos dispostos a romper com Bruxelas na Holanda, França, Itália e Espanha.

Entretanto, a consciência do risco real de desintegração provocou certo recuo no apoio popular aos nacionalistas e favoreceu a eleição na França do presidente Emmanuel Macron, um entusiasta da unificação europeia. Ao lado de reformas neoliberais para a França, a proposta inclui algo semelhante a um governo federal para a Zona do Euro, com ministro da Fazenda, Parlamento e orçamento comuns. Entretanto, qualquer cessão adicional de soberania a autoridades comuns enfrenta resistência em vários países europeus, mais decisivamente na Alemanha, e mesmo esse passo pode não ser suficiente para consolidar a integração a longo prazo.

Historicamente, todas as uniões monetárias entre países independentes romperam-se, mais cedo ou mais tarde, devido à inevitável divergência de condições sociais e econômicas entre países com diferentes políticas soberanas. Apenas se consolidaram aquelas que foram acompanhadas de união política real e irreversível, como as resultantes das unificações da Alemanha e Itália no século XIX. Só um governo central legítimo aos olhos do povo e das elites e respaldado por um senso de comunidade histórica tem autoridade para tomar as medidas necessárias a contrabalançar os desequilíbrios regionais. A proposta de um verdadeiro Estado federal europeu ainda não é tida como realista, mas sem isso dificilmente será possível sustentar uma moeda comum.

A essa dificuldade comum a todas as experiências do gênero soma-se o fato de a união monetária ter sido dominada pelo poder econômico e financeiro da Alemanha, que favorece, por razões históricas, uma política monetária extremamente conservadora, avessa à inflação e à flexibilidade monetária. Longe de se aproximar de uma média das atitudes europeias, é uma concepção extrema que, embora vista com simpatia pelo setor financeiro e por neoliberais ortodoxos, é cada vez mais difícil de impor a outras culturas políticas e econômicas da Europa. A posição da Alemanha também é extrema quanto à competitividade e eficiência da economia, de modo que políticas concebidas para manter a estabilidade de preços em seu território resultam em deflação e contração econômica nos países mais fracos, praticamente todos os demais. A isto se soma a propensão da Alemanha à acumulação de superávits comerciais; isso faz sentido para um país isolado e endividado, mas se torna perigoso no comando de uma união monetária que responde por mais de um sexto da produção e do comércio mundiais, pois depende de impor déficits a terceiros.

Moedas da União Europeia (2010)

Denominação	Valor em euros	Peso em gramas	Valor em ñ 2010
Papel-moeda			
500 euros	500,00	-	5.000
200 euros	200,00	-	2.000
100 euros	100,00	-	1.000
50 euros	50,00	-	500
20 euros	20,00	-	200
10 euros	10,00	-	100
5 euros	5,00	-	50
Moeda bimetálica, núcleo de latão, coroa de níquel revestido de cuproníquel			
2 euros	2,00	8,50	20
Moeda bimetálica, núcleo de níquel revestido de cuproníquel, coroa de latão			
1 euro	1,00	7,50	10
Moedas de latão aluminado ("ouro nórdico")			
50 cents	0,50	7,80	5
20 cents	0,20	5,74	2
10 cents	0,10	4,10	1
Moedas de aço revestido de cobre			
5 cents	0,05	3,92	0,5
2 cents	0,02	3,06	0,2
1 cent	0,01	2,30	0,1

Obs: existem moedas comemorativas de prata e ouro, cujos valores nominais variam de ¼ euro a 100.000 euros, esta última uma cunhagem austríaca de 31,1 quilos. A moeda comemorativa mais curiosa talvez seja, porém, uma moeda de latão de 2,5 euros (11,5 gramas) cunhada pela Bélgica em 2015 para comemorar os 200 anos da batalha de Waterloo, após a França vetar uma moeda de 2 euros para a mesma finalidade. Por estar fora das especificações europeias, contornou o veto francês, mas só tem curso legal na Bélgica.

Taxas e datas de conversão das moedas nacionais

País	Antiga moeda	Taxa de Câmbio	Data de fixação	Entrada na Eurozona
Alemanha	marco alemão	1,95583	31 de dezembro de 1998	1º de janeiro de 1999
Áustria	xelim austríaco	13,7603	31 de dezembro de 1998	1º de janeiro de 1999
Bélgica	franco belga	40,3399	31 de dezembro de 1998	1º de janeiro de 1999
Espanha	peseta espanhola	166,386	31 de dezembro de 1998	1º de janeiro de 1999
Finlândia	marco finlandês	5,94573	31 de dezembro de 1998	1º de janeiro de 1999
França	franco francês	6,55957	31 de dezembro de 1998	1º de janeiro de 1999
Irlanda	libra irlandesa	0,787564	31 de dezembro de 1998	1º de janeiro de 1999
Itália	lira italiana	1.936,27	31 de dezembro de 1998	1º de janeiro de 1999
Luxemburgo	franco luxemburguês	40,3399	31 de dezembro de 1998	1º de janeiro de 1999
Países-Baixos	florim neerlandês	2,20371	31 de dezembro de 1998	1º de janeiro de 1999
Portugal	escudo português	200,482	31 de dezembro de 1998	1º de janeiro de 1999
Grécia	dracma grego	340,750	19 de junho de 2000	1º de janeiro de 2001
Eslovênia	tólar esloveno	239,640	11 de julho de 2006	1º de janeiro de 2007
Chipre	libra cipriota	0,585274	10 de julho de 2007	1º de janeiro de 2008
Malta	lira maltesa	0,429300	10 de julho de 2007	1º de janeiro de 2008
Eslováquia	coroa eslovaca	30,1260	8 de julho de 2008	1º de janeiro de 2009
Estônia	coroa estoniana	15,6466	13 de julho de 2010	1º de janeiro de 2011
Letônia	lats letão	0,702804	9 de julho de 2013	1º de janeiro de 2014
Lituânia	lita lituana	3,4528	23 de julho de 2014	1º de janeiro de 2015

Valor do ECU e do euro, 1975-2016

Período	Ano	ñ	€ / US$
Unidade de Conta Europeia (EUA)	1975	43,80	
	1976	39,25	
	1977	36,46	
	1978	33,88	
Unidade Monetária Europeia (ECU)	1979	31,27	
	1980	28,85	
	1981	26,66	
	1982	24,51	
	1983	23,00	
	1984	21,95	
	1985	21,22	
	1986	19,85	
	1987	18,99	
	1988	18,45	
	1989	17,93	
	1990	17,16	
	1991	16,37	
	1992	15,67	
	1993	14,32	
	1994	13,72	
	1995	13,01	
	1996	12,90	
	1997	13,07	
	1998	12,93	
Euro como moeda virtual	1999	12,63	1,0661
	2000	12,31	0,9235
	2001	12,07	0,8960

Euro como moeda real	2002	11,80	0,9425
	2003	11,57	1,1341
	2004	11,31	1,2441
	2005	11,06	1,2464
	2006	10,82	1,2563
	2007	10,60	1,3704
	2008	10,26	1,4714
	2009	10,23	1,3945
	2010	10,07	1,3274
	2011	9,80	1,3927
	2012	9,56	1,2857
	2013	9,43	1,3285
	2014	9,39	1,3292
	2015	9,39	1,1097
	2016	9,37	1,1066
	2017	9,23	1,1301
	2018	9,08	1,1810
	2019	8,96	1,1093

Obs.: câmbio em 31 de dezembro de cada ano

Brasil

Visão geral

A experiência monetária do Brasil foi peculiar. Pela definição clássica de hiperinflação, formulada por Philip Cagan em 1956 – aumento do custo de vida superior a 50% ao mês –, o país só a enfrentou por um curto período, de dezembro de 1989 a março de 1990. Entretanto, sofreu alta instabilidade cambial durante quase toda a sua história independente e inflação muito alta dos anos 1940 aos 1990, quase sempre superior a 10% anuais e frequentemente acima de 10% mensais. Para manter os preços e salários em números manejáveis, a unidade monetária foi substituída sete vezes de 1942 a 1994. Em termos nominais, um real de hoje vale 2,75 quintilhões ($2{,}75 \times 10^{18}$) de réis de 1942.

Moedas brasileiras

moeda vigente	símbolo monetário	vigência	fundamento legal	equivalência	valor nominal em réis	planos econômicos
real	Rs	1473 (*) a 8/10/1833	Cortes de Coimbra e Évora de 1473 (*)	35 libras portuguesas	1	–
mil-réis (**)	1$000	8/10/1833 a 31/10/1942	lei 59, de 08/10/1833	1.000 réis	1$000	–
cruzeiro	Cr$	01/11/1942 a 30/11/1964	decreto lei 4791, de 05/10/1942	Cr$ 1,00 = 1$000 (um mil-réis torna-se um cruzeiro)	1$000	–
cruzeiro (fim dos centavos)	Cr$	01/12/1964 a 12/02/1967	lei 4511, de 01/12/1964	Cr$ 1 = Cr$ 1,00	1$000	–
cruzeiro novo	NCr$	13/02/1967 a 14/05/1970	decreto-lei 1 de 13/11/1965	NCr$ 1,00 = Cr$ 1.000	1:000$000 (um milhão de réis ou um conto de réis)	–
cruzeiro	Cr$	15/05/1970 a 14/08/1984	resolução do Banco Central 144, de 31/03/1970	Cr$ 1,00 = NCr$ 1,00	1:000$000	–
cruzeiro (fim dos centavos)	Cr$	15/08/1984 a 27/02/1986	lei 7214, de 15/08/1984	Cr$ 1 = Cr$ 1,00	1:000$000	–
cruzado	Cz$	28/02/1986 a 15/01/1989	decreto-lei 2283, de 27/02/1986	Cz$ 1,00 = Cr$ 1.000	1.000:000$000 (um bilhão de réis)	Cruzado I – 02/1986 Cruzado II – 11/1986 Bresser – 06/1987
cruzado novo	NCz$	16/01/1989 a 15/03/1990	medida provisória 32, de 15/01/1989, lei 7730, de 31/01/1989	NCz$ 1,00 = Cz$ 1.000,00	1.000.000:000$000 (um trilhão de réis)	Verão I – 01/1989 Verão II – 05/1989
cruzeiro	Cr$	16/03/1990 a 31/07/1993	medida provisória 168, de 15/03/1990, lei 8024, de 12/04/1990	Cr$ 1,00 = NCz$ 1,00	1.000.000:000$000 (um trilhão de réis)	Collor I – 03/1990 Collor II – 01/1991
cruzeiro real	CR$	01/08/1993 a 30/06/1994	medida provisória 336, de 28/07/1993, lei 8697, de 27/08/1993, res. BACEN 2010, de 28/07/1993	CR$ 1,00 = Cr$ 1.000,00	1.000.000.000:000$000 (um quatrilhão de réis)	Real – 08/1993
real	R$	Desde 01/07/1994	leis 8880, de 27/05/1994 e 9069, de 29/06/1995	R$ 1,00 = CR$ 2.750,00	2.750.000.000.000:000$000 (2,75 quintilhões de réis)	Real – 07/1994

(*) O real branco começou a ser cunhado em 1415, mas só em 1473 foi definitivamente abolida a contabilidade em libras. O plural "réis" (em vez de reais) foi usado em documentos a partir de 1575 e oficializado em 1654.

(**) A lei não explicitou a transformação dos "mil réis" em unidade, mas as notas do Tesouro de 1833, ao usar a expressão "hum mil réis" e o algarismo "1" para esse valor consagraram seu uso na prática.

De 1822 até meados do século XX, um problema estrutural persistente foi a dependência do Brasil da exportação de praticamente uma só mercadoria, o café (reforçado de 1879 a 1912 pelo breve ciclo da borracha). Isso significa que a oferta de divisas estrangeiras – principalmente na forma da libra esterlina, principal moeda internacional do período – e consequentemente a taxa de câmbio variava brutalmente em função das oscilações da cotação do café na Bolsa de Londres. O governo brasileiro esforçou-se por amenizar essas flutuações, recorrendo por vezes à retenção e mesmo destruição de parte da produção, mas nem sempre o conseguiu. Por isso, as tentativas de fixar a taxa de câmbio e atrelar a moeda ao padrão-ouro foram precárias e de curta duração.

Ao par disso, o governo teve uma dificuldade crônica para arrecadar receitas proporcionais às despesas. A indenização exigida por Portugal pelo reconhecimento da independência, a guerra do Paraguai, a interrupção do comércio exterior pelas duas guerras mundiais e os investimentos estatais em desenvolvimento e implantação de saúde, educação e previdência pública dos anos 1930 em diante (inclusive a construção de Brasília) exigiram recursos crescentes, mas as elites brasileiras mostraram-se particularmente resistentes a taxações e propensas à sonegação. Todos os governos acabaram por recorrer, em maior ou menor medida, ao imposto inflacionário para cobrir seus déficits com a emissão de papel-moeda e de dívida pública.

A prática foi comum, inclusive em países ricos em tempos de guerra ou instabilidade e mais ainda em países pobres, mas no Brasil tornou-se especialmente sistemática a partir da ditadura militar, quando foram criados múltiplos mecanismos oficiais de correção monetária para compatibilizar a inflação alta com a manutenção de um projeto de crescimento econômico e de ampliação e modernização do sistema bancário. Contratos, salários, tarifas públicas e contas bancárias passaram a ser corrigidos periodicamente de forma automática por índices aprovados pelo governo, de modo a proporcionar confiança no sistema financeiro, evitar a dolarização dos preços e o entesouramento de moeda estrangeira e possibilitar investimentos de longo prazo. Entretanto, ao oficializar e consolidar uma expectativa de inflação, esses mecanismos também criaram uma inércia inflacionária difícil de deter. Empresas faziam seus planos e reajustavam seus preços com base em projeções de inflação, profecias que se realizavam a si mesmas. Os bancos tomavam dinheiro a juros reais baixos ou negativos, mas que, inflados pela ilusão monetária, satisfaziam a investidores e correntistas com a aparência de rendimentos altos. Ao mesmo tempo, emprestavam a juros reais muito altos, mas que ante a inflação elevada davam a impressão de não ser tão pesados assim.

Implantado em 1965, o sistema funcionou satisfatoriamente até o início dos anos 1970, quando a economia crescia aceleradamente e o déficit público estava relativamente controlado. A inflação, embora alta, estava sendo lentamente freada, e havia a expectativa de que eventualmente se reduziria a um ritmo comparável ao de países desenvolvidos. Entretanto, os choques do petróleo de 1973 e 1979 desequilibraram a balança comercial e aumentaram subitamente os custos externos e internos. Promoveu-se a redução do consumo de derivados de petróleo e a substituição de importações, mas a inflação voltou gradualmente a se acelerar.

O golpe de misericórdia foi o "choque de Volcker" de março de 1980, quando o banco central dos EUA, para restaurar a estabilidade e a supremacia internacional do dólar, provocou um aumento brutal do juro básico. Nos anos anteriores, governo e empresas haviam feito grandes dívidas externas em dólares para financiar despesas e investimentos com juros flutuantes, ou seja, baseados na taxa básica do Fed ou noutras correlacionadas. Do dia para noite os juros subiram a ponto de estrangular a produção e implodiram o projeto de desenvolvimento e a política econômica da ditadura. Ante a crise, os militares encaminharam uma devolução negociada do poder aos civis, mas esta não solucionou o problema econômico. Os déficits público e da balança de pagamentos continuaram a se ampliar e a inflação a se acelerar. Oito planos econômicos tentaram conter a inflação em disparada de 1986 a 1994, com um episódio de hiperinflação e cinco trocas de unidade monetária. Apenas o último desses planos, o Plano Real, teve sucesso duradouro em conter a inflação. Sua concepção não foi tecnicamente tão inovadora, mas a articulação política mostrou-se mais consistente e pôde respaldar a desindexação (retirada progressiva dos mecanismos de correção monetária) e viabilizar os ajustes no orçamento, impostos e câmbio necessários à estabilização.

A tentativa de ancorar a paridade da nova moeda ao dólar, prolongada artificialmente por razões eleitorais, mostrou-se insustentável.

Em 1999 perdeu-se o controle da taxa de câmbio, que subiu em disparada e depois tornou-se flutuante. Apesar disso e da crise de abastecimento de energia em 2001 e 2002, a alta de preços continuou moderada, e a extinção dos indexadores foi completada. Ainda que com altos e baixos, na economia e da política, ao longo dos anos seguintes, a inflação continuou a se manter em patamares normais para um país em desenvolvimento. Retórica política à parte, em nenhum momento o risco de hiperinflação voltou a se manifestar. Entretanto, nem o Plano Real, nem os governos subsequentes conseguiram eliminar outra herança da economia da ditadura: o poder do setor financeiro privado sobre a política monetária continuou intocado e os juros absurdamente altos para um país de economia relativamente estável.

Os réis do primeiro reinado (1822-1831)

O primeiro Banco do Brasil, criado por D. João VI em 1808, começara a emitir bilhetes com valores de 30$000 (12.000 ñ) em 1810, e, em 1814, também a partir de 4$000 (1.600 ñ). Usados no pagamento do funcionalismo e dos impostos, tornaram-se o principal componente do meio circulante na capital. Embora fossem abertas filiais em Salvador e São Paulo, 90% do papel-moeda circulava no Rio de Janeiro. De 1814 a 1821, as cédulas do Banco do Brasil em circulação cresceram de 1.042 para 8.872 contos de réis, enquanto a reserva do Banco do Brasil era de 1.315 contos. A desproporção foi agravada pelo retorno de D. João VI a Portugal em abril de 1821, pois ele levou consigo joias e metais preciosos do tesouro nacional. Em 28 de julho de 1821, pela impossibilidade de garanti-la com as reservas restantes, a conversibilidade do papel-moeda em ouro foi suspensa.

A partir de 7 de setembro de 1822, o conflito pela independência separou os dois sistemas monetários e provocou crises inflacionárias tanto no Brasil quanto em Portugal. O confronto militar encerrou-se com a expulsão das tropas portuguesas do Grão-Pará em 12 de outubro de 1823, mas o tratado de reconhecimento da soberania do Brasil por Portugal de 29 de agosto de 1825 exigiu a mediação britânica e uma indenização de dois milhões de libras esterlinas.

Para pagá-la, foi preciso contratar uma dívida do mesmo valor com o Reino Unido. Desde então, o endividamento externo tornou-se um problema crônico e onerou as contas públicas. O governo imperial também teve de lidar com os custos do conflito com a Argentina pela Província Cisplatina, afinal emancipada como a república do Uruguai.

Esse era um ônus considerável para um país de economia frágil. Na década de 1820, o ciclo do ouro estava encerrado, e os principais produtos de exportação eram o açúcar (30,1%) e o algodão (20,6%), mas sua rentabilidade caíra devido à concorrência crescente das colônias europeias do Caribe (açúcar) e do sul dos EUA (algodão) e não proporcionavam a mesma prosperidade relativa do tempo da colônia. O café era uma cultura em ascensão, mas ainda praticamente limitada ao litoral da cidade do Rio de Janeiro a São Sebastião na província de São Paulo, e a 18,4% do valor das exportações, seguida pelo couro, com 13,6%. A soma de todas as exportações era cerca de 3,9 milhões de libras esterlinas anuais.

A emissão de papel-moeda pelo Banco do Brasil, para ajudar a cobrir as despesas, implicou sua desvalorização crescente em relação à moeda metálica. Em 1827, o Tesouro Nacional começou a emitir cédulas de mil a 100 mil réis para substituir moedas de cobre falsificadas em grande quantidade na Bahia. O meio circulante saltou então para mais de vinte mil contos de réis.

Em 1828, Dom Pedro I estendeu a taxa alfandegária de 15%, exclusiva para os ingleses desde a abertura dos portos por D. João VI e 1810, às demais nações do mundo, que até então pagavam 24%. A Inglaterra não oferecia reciprocidade: taxava em 180% o açúcar e em 300% o café do Brasil.

Essa política de livre comércio tornou-se mais um empecilho à modernização e industrialização, obrigando o país a contrair novos empréstimos para suprir a demanda por produtos industrializados. Em 1829, o Banco do Brasil, responsabilizado pela inflação e consequente desvalorização cambial, foi fechado pelo Parlamento e suas cédulas substituídas por notas do Tesouro Nacional, mantendo-se o meio circulante em cerca de vinte mil contos.

Séries de 1805-1833

Denominação	Valor em réis	Peso em gramas	Valor em ñ 1821
Moeda de conta			
Conto de réis	1:000$000		500.000
Papel-moeda (cédulas do Banco do Brasil, até 1829)			
30 mil réis	30$000		15.000
10 mil réis	10$000		5.000
8 mil réis	8$000		4.000
6 mil réis	6$000		3.000
4 mil réis	4$000		2.000
Moedas de ouro 91,7% (*)			
Meia dobra ou meia onça	6$400	14,34	3.200
4 mil réis	4$000	8,96	2.000
Moedas de prata 91,7%			
960 réis (patacão)	$960	26,89	480
640 réis (pataca)	$640	17,93	320
320 réis (meia pataca)	$320	8,96	160
160 réis	$160	4,48	80
80 réis	$080	2,24	40
Moedas de bronze			
80 réis	$080	28,69	40
Dois vinténs de ouro (**)	$075	14,34	37,5
40 réis	$040	14,34	20
Vintém de ouro (**)	$037½	7,17	18,75
20 réis	$020	7,17	10
10 réis	$010	3,58	5

(*) Após julho de 1821, a conversibilidade foi suspensa e o valor das moedas de ouro passou a flutuar com o câmbio da libra

(**) destinadas ao resgate do ouro em pó em Minas Gerais, na proporção de 600 réis por ½ oitava ou 16 "vinténs de ouro".

O mil-réis no período regencial (1831-1840)

Com a abdicação e partida de D. Pedro I para intervir em Portugal em 1831, o governo do Brasil foi deixado a políticos com pouca ascendência sobre seus pares, que assumiram o papel de regentes e herdaram a crise financeira do governo imperial.

Neste período, o café ocupou o Vale do Paraíba, de Vassouras (RJ) a Jacareí (SP) e passou ao primeiro plano da economia, embora ainda não com o peso que teria mais tarde. As exportações de cerca de 974 mil sacas anuais responderam nessa década por 43,8% das vendas externas brasileiras, então da ordem de 4,9 milhões de libras anuais e deficitárias em relação às importações, de 5,4 milhões. Enquanto se acumulavam milhões de libras em dívida externa, a ascensão do café e a decadência do açúcar e do algodão alterava o equilíbrio econômico e político entre o Sudeste e o Nordeste (que ainda era a região mais populosa), criando tensões regionalistas. Sucederam-se rebeliões nas províncias, instabilidade política e conflitos civis, das quais a mais prolongada foi a Guerra dos Farrapos, de 1835 a 1845. Além disso, o receio permanente de uma grande rebelião de escravos como aquela que havia libertado o Haiti em 1791, já presente no primeiro reinado, acirrou-se com a tentativa de um haitiano de promover uma insurreição no Rio de Janeiro em 1831 e a revolta dos malês (escravos muçulmanos) de Salvador em 1835. Tudo isso convenceu as elites a antecipar para 1840 a maioridade de D. Pedro II e legitimar seu papel de moderação e mediação.

A libra esterlina, que valia 3$555 antes de 1822, foi temporariamente reestabilizada em 4$166 em Portugal a partir de 1826 (ou 1$875 por oitava de ouro) e oficialmente em 5$555 no Brasil a partir de 1833 (ou 2$500 por oitava de ouro). O valor nominal do mil-réis português passou a ser 1$333 brasileiros. As novas notas do Tesouro, ao usar a expressão "hum mil réis" e o algarismo "1" para esse valor, consagraram a transformação prática do mil-réis em unidade. Como todas as cédulas emitidas pelo Tesouro até 1961, estas continham as expressões "No Tesouro Nacional se pagará ao portador desta a quantia de (tantos mil-réis / cruzeiros) valor recebido " e isso deu a parte do público a impressão de que elas tinham um lastro em ouro que poderia ser resgatado, mas o valor era "recebido" apenas em títulos bancários (principalmente do Banco do Brasil) e o único pagamento efetuado no Tesouro era trocar cédulas velhas por novas.

Na prática, o câmbio da libra continuou a flutuar bem acima da paridade nominal e variou entre 6 mil e 8 mil réis até o fim da regência. Novas moedas de prata e cobre foram cunhadas de acordo com o novo padrão, mas o papel-moeda continuou a ser emitido e constituir uma parcela crescente do meio circulante, atingindo cerca de 40 mil contos em 1840, dos quais 50% eram cédulas, 45% moedas de cobre e o restante moedas de prata e ouro. O valor das moedas de ouro brasileiras e portuguesas remanescentes flutuava de acordo com o câmbio da libra esterlina.

A dependência crescente dos britânicos fizera D. Pedro I aceitar em 1826 um tratado no qual se comprometeu a abolir o tráfico de escravos em quatro anos. Em novembro de 1831, sete meses após sua abdicação, para atender às pressões de Londres, o governo regencial promulgou a chamada Lei Feijó, que proibia o tráfico de escravos, com multa de 200 mil réis (70.000 ñ) por indivíduo escravizado e recompensa de 30 mil (10.500 ñ) por cada um deles para quem denunciasse os infratores. Os africanos trazidos para o país deveriam ser libertados e embarcados de volta à África.

A lei foi, porém, burlada pelos senhores de escravos, e o governo por eles dominado não fez nenhum esforço para reprimir o tráfico, situação que deu origem à expressão "(lei) para inglês ver". Em poucos anos, o tráfico foi retomado com a mesma intensidade de antes. Além de usar navios menores e mais discretos, os negreiros deixaram de usar os portos e passaram a desembarcar os escravos em praias afastadas, como contrabando. A lei serviu, porém, como argumento aos abolicionistas dos anos 1880, pois implicava que todos os africanos trazidos pelos negreiros após 1831 e seus descendentes estavam em cativeiro ilegal, a ser combatido por todas as formas e anulado sem indenização. De 1831 ao fim efetivo do tráfico, chegaram 619 mil africanos ao Brasil, o equivalente a pelo menos 25% da população escrava em 1850.

Além das Caixas Econômicas fundadas no Rio de Janeiro em 1831 e em Salvador em 1834, surgiu em 1837 o primeiro banco privado, o Banco Commercial do Rio de Janeiro, embora sua carta-patente só tenha sido aprovada em 1842. O capital inicial do Banco foi fixado em mil contos de réis, divididos em ações de 500 mil réis cada uma. O banco não poderia emitir vales com prazos de resgate superiores a 10 dias, com valores inferiores a 500 réis e em proporção maior a um terço do capital, em tese para centralizar o poder emissor. Na prática, como raramente os vales eram trocados por moeda, acabaram desempenhando a função de papel-moeda e serviram de meio de pagamento ao comércio fluminense. Até 1839, foram emitidos 54 contos de réis em notas do Banco Commercial.

Séries de 1834-1848

Denominação	Valor em réis	Peso em gramas	Valor em ñ 1838
Moeda de conta			
Conto de réis	1:000$000		300.000
Papel-moeda (cédulas do Tesouro Nacional)			
500 mil-réis	500$000		150.000
200 mil-réis	200$000		60.000
100 mil-réis	100$000		30.000
50 mil-réis	50$000		15.000
20 mil-réis	20$000		6.000
10 mil-réis	10$000		3.000
5 mil-réis	5$000		1.500
2 mil-réis	2$000		600
1 mil-réis	1$000		300
500 réis	$500		150
Moedas de ouro 91,7%			
meia dobra ou meia onça (*)	14$000	14,34	4.200
Moedas de prata 91,7%			
três cruzados	1$200	26,89	360
dois cruzados	$800	17,93	240
Cruzado	$400	8,96	120
meio cruzado	$200	4,48	60
Tostão	$100	2,24	30
Moedas de bronze			
40 réis	$040	28,69	12
20 réis	$020	14,34	6
10 réis	$010	7,17	3
5 réis (Maranhão)	$005	7,17	1,5

(*) valor de 1840, variável conforme o câmbio da libra (a meia-dobra equivalia a 1,8 libra, ou 1 libra e 16 xelins)

O mil-réis no Segundo Reinado (1840-1889)

A revolta farroupilha foi derrotada em 1845, e as novas rebeliões dos anos 1840 e 1850 (revoltas liberais, Revolução Praieira, Ronco da Abelha) não tiveram a mesma gravidade.

A partir de 1846, com uma nova reforma monetária, a oitava de ouro passou a valer cerca de 4$000 e a libra esterlina 8$888 (27 *pence* por mil-réis). Com o forte crescimento da produção de café no Vale do Paraíba, a balança comercial voltou a se equilibrar e o Brasil entrou em um período de maior estabilidade, mas ficou cada vez mais dependente da monocultura do café, que cresceu de 41,4% das exportações nos anos 1840 para 61,5% nos 1880, enquanto o açúcar caía de 26,7% para 9,9% e o algodão de 7,5% para 4,2% (com um breve renascimento durante a Guerra da Secessão nos EUA),

Década	Exportações anuais (milhões de libras)	Café	Açúcar	Cacau	Mate	Fumo	Algodão	Borracha	Couros e peles	Outros
1821-1830	3,91	18,4%	30,1%	0,5%	0,0%	2,5%	20,6%	0,1%	13,6%	14,2%
1831-1840	4,92	43,8%	24,0%	0,6%	0,5%	1,9%	10,8%	0,3%	7,9%	10,2%
1841-1850	5,47	41,4%	26,7%	1,0%	0,9%	1,8%	7,5%	0,4%	8,5%	11,8%
1851-1860	10,19	48,8%	21,2%	1,0%	1,6%	2,6%	6,2%	2,3%	7,2%	9,1%
1861-1870	14,95	45,5%	12,3%	0,9%	1,2%	3,0%	18,3%	3,1%	6,0%	9,7%
1871-1880	19,96	56,6%	11,8%	1,2%	1,5%	3,4%	9,5%	5,5%	5,6%	4,9%
1881-1890	22,06	61,5%	9,9%	1,6%	1,2%	2,7%	4,2%	8,0%	3,2%	7,7%
1891-1900	29,13	64,5%	8,6%	1,5%	1,3%	2,2%	2,7%	15,0%	2,4%	1,8%

Em 1854, Portugal tornou-se o primeiro país, depois do Reino Unido, a adotar o padrão-ouro, à razão de mil réis por 1,62585 gramas de ouro puro, equivalente a cerca de 2$000 por oitava ou 4$500 por libra esterlina, de modo que o mil-réis português passou a ser nominalmente equivalente a 53 pence e 1/3 ou 1.975 réis brasileiros. Já no Brasil, como a disponibilidade de divisas variava conforme a safra e o preço internacional do café, a volatilidade do câmbio continuou alta em relação às moedas fortes da época e a adoção efetiva do padrão-ouro foi impraticável. Entretanto, a inflação foi moderada e a taxa efetiva de câmbio flutuou na maior parte do tempo próxima da paridade oficial, exceto durante a Guerra do Paraguai e na crise da abolição da escravatura, nos anos 1880.

A partir de 1849 foram cunhadas novas denominações com base no novo padrão, como tostões de 100 réis, moedas de mil-réis e peças de ouro de 10$000 e 20$000, estas com 8,9648 g e 17,9296 g de ouro de 22 quilates, respectivamente. Apesar do câmbio do papel-moeda continuar a se desvalorizar, essas moedas de ouro continuaram a ser cunhadas até 1922 – quando, em papel-moeda, o dólar já valia 7$740 e a libra 35$660.

Os negócios do Banco Commercial do Rio de Janeiro expandiram-se. Seu capital aumentou para 2.500 contos em 1842 e 4.000 contos em 1852, suas emissões de cédulas chegaram a 1.574 contos em 1853. Novos bancos privados foram fundados a partir da década de 1840: o Banco Commercial da Bahia (1847), o Banco Commercial do Maranhão (1846), o Banco Commercial do Pará (1847) e o Banco de Pernambuco (1851). Diversos bancos criados até o final da década de 1850, no Rio de Janeiro, em Porto Alegre, no Recife e na Bahia, tiveram direito de emissão de papel-moeda. As notas, de valor variável, prometiam: "O Banco X pagará ao portador desta a quantia de (tantos mil réis) em moeda legal", ou seja, qualquer moeda de aceitação forçada por lei.

Desses novos bancos, o maior e mais importante foi o Banco do Commercio e da Industria do Brasil (1851), do Barão de Mauá, com sede no Rio e filiais em São Paulo e no Rio Grande do Sul. Com este, a oferta de crédito, até então dominada por prestamistas, tomou o caráter de intermediação financeira moderna. O capital, de 10 mil contos de réis, era dividido em 20 mil ações de 500 mil réis. Foram também abertas pequenas casas bancárias com capitais de 300 a 1.500 contos.

Em julho de 1853, o governo imperial criou um novo Banco do Brasil, forçou a fusão com este do Banco do Commercio e da Industria do Brasil e do Banco Commercial do Rio de Janeiro e obrigou os proprietários dos bancos privados a cederem seus direitos de emissão e a subscreverem as ações do banco estatal. Após a subscrição, o Banco do Brasil foi aberto com o capital inicial de 30 mil contos e os antigos diretores dos dois bancos privados passaram a fazer parte da sua primeira diretoria. Nos anos de 1853 a 1856, surgiram dois novos grandes bancos privados no Rio de Janeiro: o Banco Rural e Hipotecário e a Casa Mauá Mac-Gregor, esta a maior casa bancária privada do Império e a única com agências na Europa e nos Estados Unidos.

O período de 1852 a 1857 foi marcado pela bolha especulativa originada da alta do café e da emissão de papel-moeda pelos novos bancos. Em 1851, o total de papel-moeda em circulação era de 48.197 contos de réis, dos quais apenas 1.313 contos (3%) emitidos por bancos privados. Em 1857, crescera para 95.217 contos, 51.540 (54%) dos quais correspondentes à emissão bancária.

Em 1857 o café entrou em crise, com quedas nas exportações e nas cotações internacionais. O governo Imperial afastou o ministro da Fazenda Souza Franco, partidário das emissões privadas, e em agosto de 1860 promulgou a chamada "Lei dos Entraves", com a qual restringiu a emissão de cédulas ao Banco do Brasil e suas filiais. Seguiu-se retração da liquidez, alta das taxas de juros e falência de casas bancárias, a começar pela importante Casa Souto, com passivo de 22 mil contos e pânico comercial. Quebraram casas com um passivo total de 110.500 contos e sua liquidação gerou perdas da ordem de £7,5 milhões (67 mil contos), equivalentes a dois terços dos meios de pagamento em 1864 (99.543 contos, 71% de emissão bancária). A crise devastou os bancos privados nacionais e deixou o mercado ao Banco do Brasil e bancos estrangeiros. Até o Barão de Mauá liquidou, em 1866, a Casa Mauá Mac-Gregor. Abriu um novo, Banco Mauá & Cia, que foi liquidado em 1875.

De 1865 a 1870, a guerra da Tríplice Aliança contra o Paraguai, movida principalmente pelo governo brasileiro, acarretou grandes emissões de papel inconversível para custear as despesas da guerra. Além das emissões de papel-moeda, pesetas de prata espanholas do reinado de José Napoleão foram contramarcadas com o valor de 400 réis e pedaços irregulares de diversas moedas de prata, principalmente peruanas e bolivianas, foram contramarcadas com valores de 100 e 200 réis. Essas moedas de emergência foram conhecidas como "**balastracas**". A base monetária ampliou-se para 191.806 contos em 1871, 21% dos quais de emissão bancária. Depois disso, permaneceu relativamente estável até o fim da monarquia. Em 1880, era de 215.678 contos (12% de emissão bancária) e em 1887, de 202.291 contos.

Em 1888, a abolição da escravatura e a demanda por trabalho assalariado aumentaram a demanda de moeda, deflagrando uma nova crise de liquidez. Na gestão do Visconde de Ouro Preto como ministro da Fazenda (julho a novembro de 1889) o governo autorizou a emissão de notas bancárias privadas lastreadas em ouro pelo Banco Nacional do Brasil, Banco do Comércio e o Banco de São Paulo, mas somente o primeiro chegou a exercer esse direito, graças à contratação de um empréstimo na Inglaterra e à alta dos preços do café. Essa tentativa de implantação do padrão-ouro foi suspensa, porém, com a queda da monarquia.

Séries de 1848-1889

Denominação	Valor em réis	Peso em gramas	Valor em ñ 1860
Papel-moeda			
500 mil-réis	500$000		100.000
200 mil-réis	200$000		40.000
100 mil-réis	100$000		20.000
50 mil-réis	50$000		10.000
20 mil-réis	20$000		4.000
10 mil-réis	10$000		2.000
5 mil-réis	5$000		1.000
2 mil-réis	2$000		400
1 mil-réis	1$000		200
500 réis	$500		100
Moedas de ouro 91,7%			
20 mil-réis	20$000	17,93	4.000
10 mil-réis	10$000	8,96	2.000
Moedas de prata 91,7%			
2 mil-réis	2$000	25,50	400
1 mil-réis	1$000	12,75	200
500 réis	$500	6,375	100
200 réis (até 1867)	$200	2,50	40
Balastracas de prata 90% (Guerra do Paraguai)			
400 réis	$400	5,40	80
200 réis	$200	2,70	40
100 réis	$100	1,35	20
Moedas de cuproníquel			
200 réis (a partir de 1871)	$200	15,0	40
100 réis	$100	10,0	20
50 réis	$050	7,0	10
Moedas de bronze			
40 réis	$040	12,0	8
20 réis	$020	7,0	4
10 réis	$010	3,5	2

A escravidão no Segundo Reinado

O tráfico de escravos, embora formalmente proibido pela Lei Feijó de 1831, continuou a ser realizado sem empecilhos até 1845, quando o Parlamento britânico aprovou a lei (*bill*) Aberdeen, com a qual autorizava sua esquadra a capturar navios negreiros e julgar seus tripulantes como piratas. De agosto de 1845 a maio de 1851 a marinha britânica abordou e apreendeu 368 embarcações brasileiras que faziam tráfico de escravos para o Brasil, muitas delas em águas territoriais do país.

A situação levou o governo imperial e o próprio Partido Conservador a voltar a proibir o que já estava proibido. Dada a impossibilidade de fazer frente à frota britânica, o ministro da Justiça Eusébio de Queirós insistiu na necessidade de o País assumir a decisão de pôr fim ao tráfico e combatê-lo de fato para preservar a imagem de soberania. Para isso, fez aprovar a lei com seu nome, a qual reiterou a lei Feijó com uma alteração importante: os envolvidos no tráfico cairiam nas mãos da Auditoria de Marinha e não de jurados locais, geralmente senhores de escravos ou seus aliados. Em 1854, a Lei Nabuco de Araújo reforçou a proibição ao prever punições a autoridades que encobrissem o contrabando de escravos.

A repressão ativa por parte da Marinha brasileira encerrou de fato o tráfico durante os anos 1850. O último desembarque conhecido no Brasil, interceptado ao chegar à fazenda errada, ocorreu em 1855 em Serinhaém, Pernambuco. O senhor local denunciou o contrabando, mas deixou a tripulação escapar e os escravos serem apropriados por seu filho, protegido pelo cônsul britânico local. Não foi o último nas Américas, pois em 1858 ainda chegou um navio negreiro à Geórgia, nos EUA.

Desembarque estimado de africanos no Brasil

Anos		desembarque
de	até	indivíduos
1781	1785	63.100
1786	1790	97.800
1791	1795	125.000
1796	1800	108.700
1801	1805	117.900
1806	1810	123.500
1811	1815	139.400
1816	1820	188.300
1821	1825	181.200
1826	1830	250.200
1831	1835	93.700
1836	1840	240.600
1841	1845	120.900
1846	1850	157.500
1851	1855	6.100

Fonte: *Brasil, 500 anos de povoamento*. Rio de Janeiro: IBGE, 2000.

Com a interrupção efetiva do tráfico internacional, os escravos só podiam ser comprados e vendidos internamente e novos escravos teriam necessariamente de ser "crioulos", ou seja, criados desde o nascimento no Brasil. No entanto, aqui não houve, como nos EUA, um esforço dos senhores para organizar sistematicamente a reprodução sustentada de escravos. Essa restrição da oferta aumentou o preço médio real, que havia girado em torno de 100.000 ñ desde meados do século XVIII e que a proibição teórica do tráfico em 1831 pouco havia afetado, para cerca de 200.000 ñ, nível no qual permaneceu até a Abolição. Essa elevação tornou o trabalho escravo menos atraente e estimulou os proprietários de novas fazendas de café, que nos anos 1850 começavam a ocupar o Oeste Paulista, Sul de Minas e Espírito Santo, a recorrer cada vez mais à mão-de-obra de imigrantes europeus e depois também japoneses. Na década de 1850 foram ocupadas as regiões de São Paulo, Campinas e Sorocaba, nos anos 1860, Ribeirão Preto e Sul de Minas e, nos anos 1880, Araraquara e São José do Rio Preto.

Os proprietários financiavam as passagens dos imigrantes, mas estas eram de valor bem menor que o de um escravo. A partir de 1850 passaram a ser pagas pelo governo, sempre que se destinassem aos cafezais. No caso dos colonos trazidos para as fábricas, principalmente portugueses, as passagens eram financiadas pelo empregador e pagas pelos trabalhadores com seu salário. A partir de Lisboa, custavam 80$000 (17.000 ñ) em 1859 e 125$000 (26.000 ñ) em 1862. Em 1863, colonos de uma fábrica de velas no Rio recebiam um salário de 10$000 mensais, ou 2.040 ñ, 68 ñ por dia. As gratificações mensais de escravos que trabalhavam nas mesmas fábricas, pagas por trabalharem nos domingos, eram em média de 1$800 (367 ñ, 84 ñ por domingo), valor que aumentou para 4$300 (718 ñ, 166 ñ por domingo) em 1874.

A escravidão, porém, continuou vital para as fazendas de café mais antigas, do litoral e do Vale do Paraíba, cuja fertilidade decaía devido ao esgotamento do solo. Não só sua produção não seria rentável sem a mão de obra dos escravos como estes representavam a maior parte da riqueza dos senhores, pois subiam de preço enquanto as terras se desvalorizavam. Os conservadores barões do café dessas regiões tornaram-se o último sustentáculo da escravidão e da monarquia, vista como barreira à modernização e à abolição da escravatura. Enquanto isso, os geralmente decadentes fazendeiros do Nordeste vendiam seus escravos ao Sudeste e se tornavam liberais e abolicionistas. Os novos fazendeiros do Oeste Paulista tornavam-se republicanos com a expectativa de que a queda da monarquia lhes desse o controle do governo local e uma influência no poder nacional proporcional à sua prosperidade, como de fato aconteceria. Dependiam menos da mão de obra escrava, mas eram ambivalentes em relação à abolição e esperavam ser indenizados.

Em 1871, apesar da resistência dos barões do café e de aliados como o escritor José de Alencar, foi aprovada por 65 votos a 45 a chamada Lei do Ventre Livre, que em tese libertava os filhos de escravos nascidos a partir dessa data. Na prática, foi outra lei "para inglês ver", pois até os 21 anos as crianças ficariam com os senhores de suas mães, que podiam usá-los como escravos. Esses senhores também poderiam entregá-los ao governo em troca de uma indenização de 600 mil-réis (130 mil ñ), mas, dos 400 mil supostamente beneficiados pela lei até 1885, apenas 118 tiveram esse destino. Além disso, muitos senhores registraram escravos nascidos após 1871 como se fossem mais velhos.

No início dos anos 1880, a campanha abolicionista liderada por Joaquim Nabuco e José do Patrocínio tomou impulso, pregando a abolição total sem indenização. Em 1885, Ceará e Amazonas libertaram seus escravos, e a chamada Lei dos Sexagenários libertou, também teoricamente, os escravos com mais de 60 anos. Na prática, os escravos de 60 a 65 anos deveriam prestar serviços por 3 anos aos seus senhores e só seriam libertos após os 65, idade à qual poucos chegavam. Em tese, essas leis extinguiriam a escravatura gradualmente até 1930. Na prática, a abolição veio bem antes, como resultado de desobediência civil em massa. Fugas, rebeliões e novos quilombos receberam apoio dos abolicionistas a partir de 1885, e o Exército recusou-se a perseguir escravos fugidos.

Em 1888, ante o colapso do sistema escravista, a Princesa Isabel, regente no lugar do pai em viagem na Europa, reconheceu o fato praticamente consumado ao demitir o primeiro-ministro conservador Barão de Cotegipe, nomear um abolicionista e fazer aprovar a Lei Áurea (com um só voto contrário, do Barão de Cotegipe). Isso deu à família imperial prestígio entre ex-escravos e abolicionistas, mas retirou-lhe o apoio dos ex-senhores e abriu caminho à proclamação da República em 1889.

Preços de escravos de origem africana no Brasil colonial e imperial

Ano	Valores em réis				mil-réis em ñ	Valores em ñ			
	mínimo	médio	máximo	aluguel (*)		mínimo	médio	máximo	aluguel (*)
1572		20$000			4.211		84.225		
1622		29$000			1.612		46.738		
1623		35$000			2.319		81.181		
1625		31$000			1.926		59.696		
1628		30$000			1.916		57.493		
1629		30$000			1.913		57.400		
1632		30$000			1.904		57.124		
1633		34$000			1.901		64.637		
1634		42$000			1.898		79.717		
1635		39$000			1.895		73.904		
1636		50$000			1.854		92.707		
1643		41$000			1.592		65.269		
1644		41$000			1.558		63.863		
1645		42$000			1.524		64.011		
1646		52$000			1.491		77.544		
1650		49$000			1.367		66.973		
1651		55$000			1.370		75.352		
1703		100$000			941		94.109		

1705		200$000			873		174.602		
1740		200$000			998		199.545		
1750		120$000			847		101.586		
1752		120$000		3$600	852		102.263		3.068
1826	150$000	281$000	400$000	6$800	458	68.717	128.729	183.245	3.115
1830	250$000	552$000	1:400$000	11$606	349	87.293	192.742	488.839	4.052
1835	150$000	289$000	600$000	9$630	384	57.552	110.883	230.207	3.695
1838	120$000	328$000	650$000	11$455	306	36.747	100.442	199.046	3.508
1842	160$000	423$000	1:200$000	12$079	331	52.923	139.914	396.920	3.995
1845		378$000			308		116.453		
1847	150$000	410$000	1:500$000	11$937	294	44.049	120.401	440.492	3.505
1850	150$000	428$000	1:200$000	12$004	307	45.995	131.239	367.961	3.681
1853		799$000			258		206.215		
1855		966$000			228		220.386		
1856		975$000			215		209.208		
1862		1:029$000			210		215.644		
1865		1:059$000			192		203.755		
1870		1:119$000		25$000	167		186.410		4.165
1875		1:181$000		20$000	167		197.528		3.345
1880		1:300$000	3:000$000	20$000	157		203.744	470.180	3.135

(*) aluguel mensal médio de um escravo de ganho. Tipicamente, o escravo ficava com menos de metade do valor

Fonte: Buescu, Mircea. *300 anos de inflação* e cálculos do autor.

Obs.: no fim da década de 1870, um escravo homem de 15 a 30 anos valia 2:500$000 ou 400 mil ñ e um escravo de ofício (marceneiro, ferreiro, barbeiro etc.) até três contos de réis ou 480 mil ñ.

O dinheiro na literatura do Brasil imperial

Memórias Póstumas de Brás Cubas, obra de 1881, começa pela morte do protagonista em 1869, quando possuía trezentos contos (51,4 milhões de ñ). Recorda então o passado, inclusive seu envolvimento com uma prostituta de 1822 a 1823.

> *... Marcela amou-me durante quinze meses e onze contos de réis; nada menos. Meu pai, logo que teve aragem dos onze contos* (5,5 milhões de ñ), *sobressaltou-se deveras; achou que o caso excedia as raias de um capricho juvenil.*

Em 1842, já senhor da herança, inclusive a casa paterna de 58 contos (19 milhões de ñ), Brás Cubas topa com uma moeda de ouro ao voltar de uma valsa com Virgília:

"É minha!" dizia eu ao chegar à porta de casa.

Mas aí, como se o destino ou o acaso, ou o que quer que fosse lembrasse de dar algum passo aos meus arroubos possessórios, luziu-me no chão uma cousa redonda e amarela. Abaixei-me; era uma moeda de ouro, uma meia dobra (moeda de 6$400 do primeiro reinado, mas com a desvalorização do mil-réis, valia então 16 mil-réis ou 5.300 ñ).

"É minha!" repeti eu a rir-me, e meti-a no bolso.

Em seguida, uma crise de consciência o faz enviar a moeda ao chefe de polícia, pedindo-lhe que procurasse o verdadeiro dono. Dias depois, porém, anda na praia, tropeça num embrulho e decide levá-lo para casa.

Era tarde; a curiosidade estava aguçada, como deve estar a do leitor; desfiz o embrulho, e vi... achei... contei... recontei nada menos de cinco contos de réis. Nada menos. Talvez uns dez mil-réis mais. Cinco contos (1,65 milhão de ñ) *em boas notas e moedas, tudo asseadinho e arranjadinho, um achado raro. Embrulhei-as de novo.*

Desta vez, não cogitou de devolver o dinheiro e o depositou no Banco do Brasil, o que não o impediu de aceitar os elogios do chefe de polícia, dos amigos, de Virgília e dos bancários, todos cientes da honradez demonstrada ao procurar devolver a meia dobra. Mais adiante, dá os cinco contos a D. Plácida em troca do seu silêncio ao alcovitar seus encontros com Virgília.

Mais adiante, encontra o velho amigo Quincas Borba em condições de miséria:

– Não; saí muito cedo de casa. Sabe onde moro? No terceiro degrau das escadas de S. Francisco, à esquerda de quem sobe; não precisa bater na porta. Casa fresca, extremamente fresca. Pois saí cedo, e ainda não comi...

Tirei a carteira, escolhi uma nota de cinco mil-réis (1.650 ñ), *– a menos limpa,– e dei-lha. Ele recebeu-ma com os olhos cintilantes de cobiça. Levantou a nota ao ar, e agitou-a entusiasmado.*

Dom Casmurro foi publicado em 1900, mas os principais acontecimentos se dão de 1857, quando José Dias sugere a D. Glória apressar a ida de Bentinho para o seminário, a 1872, quando Bentinho e Capitu separam-se. Ainda no final dos anos 1850, o colega Escobar soma os aluguéis mensais das pelo menos nove casas de D. Glória, que variam de 70$000 a 180$000 (15 mil a 38 mil ñ) e totalizam uma renda de 1:070$000 (229 mil ñ, 7,6 mil ñ por dia). Considerando um aluguel entre 4% e 5% do valor do imóvel por ano, qualquer dessas casas valia mais que a de Pádua, pai de Capitu, comprada com 10 contos de réis (2,1 milhões de ñ) ganhos com meio bilhete de loteria. O valor total do patrimônio da família estaria em torno de 300 contos (64 milhões de ñ), sem contar a casa da Mata-Cavalos e mais de vinte escravos ("todas as letras do alfabeto", comenta Escobar ao notar suas iniciais), parte deles alugados ou postos a ganho na rua, cujo preço médio girava na época em torno de um conto de réis (200 mil ñ). Bentinho herdaria uma fortuna em torno de 360 contos (77 milhões de ñ). O romance enfatiza serem valores dos anos 1850 e não 1890 ou 1900 ao demonstrar estar consciente da inflação:

> *Relê Álvares de Azevedo. Uma das suas poesias é destinada a contar (1851) que residia em Catumbi, e, para ver a namorada no Catete, alugara um cavalo por três mil-réis... Três mil-réis! tudo se perde na noite dos tempos!* (essa quantia valia perto de 870 ñ em 1851, mas apenas 140 ñ em 1899, quando o romance era completado).

Qualificação eleitoral no Império

No Brasil Imperial, as poucas pessoas consideradas aptas a exercer o voto não escolhiam diretamente os seus representantes. A partir da Constituição de 1824, os chamados cidadãos votantes eram divididos entre os eleitores de paróquia e os eleitores de província. Os eleitores de paróquia eram todos aqueles que comprovavam uma renda anual mínima de 100 mil réis para votar nos eleitores de província, que, por sua vez, deveriam comprovar uma renda anual mínima de 200 mil réis para votar nos candidatos a deputado e senador.

Deputados e senadores deveriam comprovar uma renda anual mínima ainda mais elevada do que os eleitores. Os candidatos a deputado deveriam ter renda mínima de 400 mil réis por ano e os candidatos ao Senado de 800 mil réis anuais.

Essas faixas foram alteradas pela Lei nº 387, de 19 de agosto de 1846. As faixas mínimas de rendas passaram a ser 200$000 para ser eleitor de primeiro grau; 400$000 para ser eleitor de segundo grau, candidatar-se a Juiz de Paz e candidatar-se a vereador; 800$000 para candidatar-se a deputado; e 1.600$000 para candidatar-se a senador.

Se a renda os qualificasse, podiam votar todos os homens casados brasileiros e estrangeiros naturalizados e oficiais militares maiores de 21 anos, servidores públicos, bacharéis formados e clérigos e todos os solteiros maiores de 25 anos com domicílio próprio que residissem na freguesia desde um mês antes da primeira reunião da sua junta de qualificação eleitoral.

Qualificação	1824			1846			1872		
	mil-réis/ ano	ñ/ano	ñ/dia	mil-réis/ ano	ñ/ano	ñ/dia	mil-réis/ ano	ñ/ano	ñ/dia
Eleitor de 1º grau ("votante")	100	47.520	132	200	60.159	167	200	33.378	93
Eleitor de 2º grau, Juiz de Paz ou Vereador	200	95.040	264	400	120.318	334	400	66.756	185
Deputado	400	190.080	528	800	240.636	668	800	133.512	371
Senador	800	380.161	1.056	1.600	481.273	1.337	1.600	267.023	742

O censo de 1872 demonstra quantas pessoas eram de fato excluídas do voto: para uma população recenseada de 9.930.478[26] (incluídos 1.510.806 escravos) e 1.335.467 domicílios de pessoas livres, havia 1.093.054 cidadãos qualificados como votantes, 20.016 dos quais eleitores de segundo grau, para 2.236.655 homens adultos livres com mais de 20 anos, uma exclusão de 51% (não considerados os 482.367 homens adultos escravos). Se considerada apenas a população masculina livre de casados e viúvos (acrescidos de 30% dos solteiros com mais de 25 anos de idade), eram excluídos 782 mil, ou cerca de 42%. A população com renda suficiente para se candidatar a eleitor de segundo grau é estimada em 203 mil, 9% dos homens adultos livres e 11% se considerados apenas casados, viúvos e parte dos solteiros.

A partir de 1875, a comprovação de renda foi objeto de regulamentação mais complexa e fiscalização mais severa sendo (Dec. 2.675) legalmente reconhecida a suficiência de renda para (a) os oficiais das forças armadas, (b) os contribuintes que pagaram impostos e taxas anuais acima de 6.000 réis; (c) os que pagaram o imposto

26 Os resultados não incluem 181.583 habitantes estimados para 32 paróquias nas quais não foi feito o recenseamento e que elevariam a população para 10.112.061.

pessoal de 1867, (d) os que recebiam mais de 200 mil-réis dos cofres públicos, (e) as pessoas com título universitário ou secundário, (f) os que exercem magistérios em escolas com mais de 10 alunos, (g) os clérigos, (h) os fidalgos e criados da casa imperial (exceto os de galão branco), (i) os negociantes matriculados, corretores e agentes; (j) os guarda-livros e caixeiros com renda anual superior a 200 mil-réis; (k) os arrendatários de terras que pagam mais de 200 mil-réis anuais pela locação da terra; (l) os que possuem títulos de propriedade móvel cujo valor do aluguel excedesse os 200 mil-réis por ano; (m) os proprietários e administradores de fazendas rurais e fábricas.

Em 1881, a Lei Saraiva extinguiu as eleições indiretas e unificou em 200 mil-réis (então equivalentes a 30.900 ñ, 86 ñ por dia) a exigência de renda, fundindo as categorias de votantes e eleitores. Com a República, em 1889, foi dispensada a comprovação de renda para o exercício do voto, mas se negou o sufrágio aos mendigos e analfabetos.

Custos dos títulos nobiliárquicos

Os candidatos não poderiam apresentar em sua árvore genealógica nenhum dos impedimentos: bastardia, crime de lesa majestade, ofício mecânico ou sangue infecto. Eram supostamente escolhidos por um atos prestados e ascendência familiar, mas a maioria dos galardoados tinha de pagar uma vultosa quantia pela honraria.

O agraciado tinha os seguintes custos:

Item	Valor	
	mil-réis	ñ
Cartas, alvarás e mercês (preços de 1879)		
Duque ou Duquesa	2.450	389.173
Marquês ou Marquesa	2.020	320.869
Conde ou Condessa, Visconde ou Viscondessa, Barão ou Baronesa, com grandeza	1.575	250.182
Visconde ou Viscondessa, sem grandeza	1.025	162.817
Barão ou Baronesa, sem grandeza	750	119.134
Honras de grandeza	975	154.875
Conselho ou título de Conselheiro	375	59.567
Tratamento de Excelência	720	114.369
Tratamento de Senhoria	345	54.802
Fidalgo, Cavalheiro, ou Moço Fidalgo com exercício	490	77.835

Fidalgo Escudeiro, ou Moço Fidalgo	325	51.625
Cavaleiro Fidalgo ou Escudeiro Fidalgo	190	30.181
Brasão d'Armas	170	27.004
Mordomo-mor (*)	1.300	206.500
Capelão-mor, Estribeiro-mor, Camareiro-mor e qualquer outro Oficial-mor da Casa Imperial (*)	980	155.669
Mordomo (*)	205	32.563
Gentil-homem, Dama de Palácio e Veador (*)	750	119.134
Moço da Imperial Câmara da Guarda-roupa (*)	285	45.271
Moço da Imperial Câmara (*)	145	23.033
Açafata (*)	165	26.210
Oficial-menor (*)	185	29.386
Qualquer outra nomeação de ofício da Casa Imperial (*)	70	11.119
Grã-Cruz de qualquer ordem (**)	1.195	189.821
Grande Dignitário da Ordem da Rosa (**)	950	150.904
Dignitário da Ordem Imperial do Cruzeiro e da Rosa (**)	735	116.752
Comendador da Rosa (**)	520	82.600
Oficial do Cruzeiro e da Rosa (**)	405	64.333
Comendador das outras ordens (**)	330	52.419
Cavaleiro de qualquer ordem	195	30.975
Gastos adicionais (tabela de 2 de abril de 1860)		
Requerimento a S. M. o Imperador e passos a respeito	30	6.336
Pergaminho para álbum quatro folhas	32	6.759
Carta de Nobreza e Fidalguia em caracteres góticos dourados	130	27.457
Cópia das armas, para a Secretaria do Império	25	5.280
Dita — para o Arquivo do Rei de Armas	25	5.280
Composição de Armas Novas, conforme os preceitos da ciência heráldica	40	8.448
Encadernação de veludo	50	10.560
Escrevente da Carta de Nobreza	40	8.448
Despacho à Secretaria do Império	10	2.112
Emolumentos do Escrivão de Nobreza e Fidalguia	50	10.560
Ditos — do Rei de Armas	50	10.560
Novos Direitos, no Tesouro	20	4.224
Selo da Carta de Nobreza	70	14.785
Total dos extras	**572**	**120.811**

(*) Os referidos ofícios em caráter honorário pagavam metade do selo correspondente ao título da efetividade.

(**) Os agraciados com distinção pagam mais 25% do selo a graus anteriores não especialmente conferidos.

Preços e salários no Brasil Império

Preços no Brasil Império (parte I)

Produto	unidade antiga	réis				unidade moderna	ñ			
		1838	1850	1862	1870		1838	1850	1862	1870
Aço	quintal	14$794	18$700	14$182		kg	77	97	50	
Açúcar branco	arroba	3$087	2$858		5$141	kg	64	59		58
Açúcar cristalizado	libra				$175	kg				63
Açúcar mascavo	arroba	1$960	1$768	3$606	3$305	kg	41	37	51	37
Aguardente	pipa	82$100	57$913	91$675	140$000	l	52	37	40	49
Aguarrás	libra	$190	$211	$488		kg	126	140	222	
Alcatrão	barrica	15$533	9$567	20$125	17$629	barrica	4.757	2.934	4.218	2.937
Aletria	libra			$167	$306	kg			76	111
Alhos	réstia			$286	$456	réstia			60	76
Alpiste	libra				$231	kg				84
Alvaiade	quintal	18$200	18$222	24$000		kg	94	95	85	
Amendoim com casca	saca				4$858	kg				13
Aniagem	vara	$212	$225	$238	$256	m	59	63	45	39
Arroz	saca	10$800		12$149	15$420	kg	55		42	43
Azeite de amendoim	medida		1$280	2$040	2$751	l		147	161	172
Azeite doce	pipa		285$316	417$333	461$951	l		182	182	160
Azeite de nabo	medida			2$211		l			174	
Azeite de peixe	galão		1$250			l		84		
Azeitonas	ancoreta		1$200	1$007		ancoreta		368	211	
Bacalhau	quintal	12$712	9$565	15$167	25$100	kg	66	50	54	71
Banha	libra		$196	$316	$483	kg		130	144	175
Batata	arroba	$940	1$049	1$905	2$535	kg	20	22	27	29
Breu	barrica		4$988		9$628	barrica		1.529		1.604
Café de primeira	arroba	4$032	3$579	6$902	6$613	kg	84	74	98	75
Café torrado	libra		$297	$376	$324	kg		198	171	117
Calhamaço	jarda	$207	$212	$234	$237	m	69	71	54	43
Carne salgada	barril		24$300			barril		7.451		
Carne seca	arroba	2$526	2$308	2$339	3$975	kg	52	48	33	45
Carne verde	libra			$145	$167	kg			66	60
Carvão de pedra	tonelada	17$667	11$910	17$854	23$959	kg	6,8	4,6	4,7	5,0
Cera	libra	$735	$761	1$017	1$208	kg	488	506	463	437
Chá nacional	libra		1$210	1$467		kg		805	667	

Chá Hysson	libra	1$320	1$498	2$384	2$577	kg	877	997	1.084	932
Chouriço	libra		$400	$490	$735	kg		266	223	266
Couve	tonelada			20$000	32$000	kg			5,3	6,7
Couros	libra	$203	$172	$319	$366	kg	135	114	145	132
Chumbo-barra	quintal	12$330	12$280	16$375		kg	64	64	58	
Chumbo-lençol	quintal	14$100	14$000	17$700		kg	73	73	63	
Chumbo de munição	quintal	18$595	16$056	22$425		kg	97	83	80	
Cobre de caldeireiro	libra	$546	$580	$718		kg	363	386	327	
Cobre de forno de navio	libra	$530	$531	$610		kg	352	353	277	
Enxadas do Porto	unidade	$704	$804			unidade	216	247		
Ervilhas	libra			$140	$124	kg			64	45
Espingardas lazarinas	unidade	4$743				unidade	1.452			
Estanho	libra	$471	$520			kg	313	346		

Fonte: Buescu, Mircea. *300 anos de inflação* e cálculos do autor.

Produto	**unidade antiga**	**réis**				**unidade moderna**	**ñ**			
		1838	**1850**	**1862**	**1870**		**1838**	**1850**	**1862**	**1870**
Farelo	saca		3$386	3$700	3$662	kg		23	17	14
Farinha fina	saca	4$737	2$817	6$955	4$080	kg	32	19	32	15
Farinha grossa	saca	3$900	1$530	2$655		kg	27	10	12	
Feijão branco	saca			7$775	8$856	kg			27	25
Feijão preto	saca	7$476	5$317	7$230	8$424	kg	38	27	25	23
Figos	libra		$114	$174		kg		76	79	
Foice	dúzia	5$928	7$680		11$000	unidade	151	196		153
Fumo em folha	arroba			26$000	26$645	kg			370	301
Ferro	quintal	6$280	5$774	6$400		kg	33	30	23	
Folha de flandres	caixa	22$341	22$773	22$563		caixa	6.841	6.983	4.728	
Gelo	arroba			1$822		kg			26	
Goiabada	lata		1$000		1$367	lata		307		228
Lamparina	dúzia				1$233	unidade				17
Linguiça de Lisboa	libra				$647	kg				234
Linguiça de Minas	libra			$480	$515	kg			218	186
Lombo de Minas	libra			$300	$290	kg			136	105
Machado	unidade	$524	$650			unidade	160	199		
Manteiga	libra		$440	$867	1$149	kg		293	394	415
Marmelada	libra				$742	kg				268
Massas	caixa	5$119	4$246	5$333	8$076	caixa	1.568	1.302	1.118	1.345

Massa de tomate	libra			$474	$400	kg			216	145
Mate em folha	libra		$240	$260	$287	kg		160	118	104
Milho	saca	3$008	2$369	4$643	7$250	kg	15	12	16	20
Óleo de linhaça	libra	$196	$219	$272	$284	kg	130	146	124	103
Papel de embrulho	resma			$756	$950	resma			158	158
Pimenta	libra	$167	$186	$260	$477	kg	111	124	118	172
Pinho serrado	pé		$59	$78	$122	m		55	50	62
Polvilho	libra			$189	$177	kg			86	64
Presunto	libra		$303	$431	$610	kg		202	196	221
Papel almaço	resma	3$735	3$110			resma	1.144	954		
Papel florete	resma	1$923	2$376			resma	589	729		
Papel de máquina	resma		2$350			resma		721		
Papel de peso	resma		2$457			resma		753		
Pólvora fina	libra		$542			kg		361		
Queijo flamengo	unidade	1$015	1$076	2$103		unidade	311	330	441	
Queijo de Minas	unidade			$800	$968	unidade			168	161
Queijo do reino	unidade		1$046	1$873	2$752	unidade		321	393	458
Rapé de Lisboa	libra	3$165	2$990			kg	2.103	1.990		
Sabão	libra	$110	$75	$93	$92	kg	73	50	42	33
Sal	alqueire	$599	$659	$655	$643	kg	4,0	4,4	3,0	2,3
Salitre	arroba	5$811	5$822	7$609	7$250	kg	121	121	108	82
Sebo coado	arroba		4$043	5$606	7$690	kg		84	80	87
Sebo socado	arroba			4$805	6$414	kg			68	72
Tabaco	arroba	4$700	6$700	8$500		kg	98	139	121	
Taboada de pinho	dúzia	20$737	14$233	26$375		unidade	529	364	461	
Tapioca	saca	7$400	7$500	8$591		kg	50	51	40	
Toucinho de Minas	libra			$252	$319	kg			115	115
Vela	libra		$658	$647	$592	kg		438	294	214
Vinagre português	pipa	55$381	67$322	116$364	129$408	l	35	43	51	45
Vela de sebo	caixa	7$262				caixa	2.224			
Vela de espermacete	libra	$716		$875		kg	476		398	
Vidro	caixa			9$500		caixa			1.991	

Fonte: Buescu, Mircea. 300 anos de inflação e cálculos do autor.

Salários no Império, 1870/1871

Ocupação	mil-réis/ ano	ñ/ano	ñ/dia
Cabo de alfândega, RJ	730	121.608	338
Carpinteiro, RJ	480	79.961	222
Costureira, RJ	420	69.966	194
Contínuo, RJ	1.200	199.903	555
Guarda de alfândega, RJ	696	115.944	322
Operário de alfândega, RJ	420	69.966	194
Sargento, RJ	786	130.937	364
Soldado, RJ	432	71.965	200
Ama de leite, carregador, carvoeiro, cocheiro, copeiro, cozinheiro, jardineiro, lavadeira, lavrador , RJ	420	69.966	194
	220	36.649	102
Colonos modestos, SP	300	49.976	139
	220	36.649	102

Salários diários

Ocupação	Réis			ñ		
	1858	1866	1888	1858	1866	1888
Mestre pedreiro	3$300	3$000	4$000	702	561	672
Pedreiro	1$700	2$600		362	486	
Servente de pedreiro	1$200	1$280	2$000	255	239	336

Aluguéis

Segundo J. F. Von Weech, um quarto modesto no Rio de Janeiro alugava-se em 1827 por 10$000 (4.280 ñ). Em 1882, segundo Christopher Columbus Andrews, o alojamento do trabalhador no Rio de Janeiro, numa estalagem composta de um quarto, uma sala, de 3 metros quadrados cada peça, e uma cozinha bem menor, custava de aluguel de 14$060 a 22$496 por mês (2.137 a 3.419 ñ). O aluguel de um quarto de cortiço para casal variava de 9$842 a 12$654 réis por mês (1.496 a 1.923 ñ). No cortiço havia uma cozinha comum para todos os moradores. O aluguel de quarto de cortiço de solteiro variava de 7$030 a 8$436 por mês (1.069 a 1.282 ñ).

Câmbio e valor real do mil-réis do final do período colonial ao fim do Império (I)

Ano	mil-réis em ñ	libra/réis (valor nominal)	libra/réis (cotação média corrente)	dólar/libra (cotação média corrente)	dólar/réis (cotação média corrente)
1800	579	3$555	3$555	4,55	$781
1801	573	3$555	3$555	4,38	$812
1802	567	3$555	3$555	4,49	$792
1803	561	3$555	3$555	4,54	$783
1804	555	3$555	3$555	4,55	$781
1805	559	3$555	3$555	4,35	$817
1806	563	3$555	3$555	4,43	$802
1807	567	3$555	3$555	4,42	$804
1808	571	3$555	3$430	4,63	$741
1809	565	3$555	3$330	4,57	$729
1810	560	3$555	3$290	4,30	$765
1811	554	3$555	3$360	3,82	$880
1812	549	3$555	3$240	3,62	$895
1813	544	3$555	3$090	3,75	$824
1814	539	3$555	2$730	4,24	$644
1815	533	3$555	3$230	4,90	$659
1816	528	3$555	4$160	5,22	$797
1817	523	3$555	3$840	4,60	$835
1818	518	3$555	3$360	4,50	$747
1819	513	3$555	3$640	4,51	$807
1820	508	3$555	4$190	4,52	$927
1821	524	3$555	4$710	4,82	$977
1822	532	3$555	4$898	4,98	$984
1823	503	3$555	4$729	4,80	$985
1824	475	3$555	4$974	4,87	1$021
1825	488	3$555	4$627	4,83	$958
1826	458	3$555	4$987	4,92	1$014
1827	428	3$555	6$809	4,94	1$378
1828	400	3$555	7$726	4,93	1$567
1829	374	3$555	9$746	4,86	2$005
1830	349	3$555	10$521	4,76	2$210

1831	356	3$555	9$600	4,86	1$975
1832	363	3$555	6$295	4,86	1$295
1833	370	5$555	6$421	4,79	1$341
1834	376	5$555	6$275	4,64	1$352
1835	384	5$555	6$115	4,85	1$261
1836	356	5$555	6$244	4,82	1$295
1837	330	5$555	8$118	5,10	1$592
1838	306	5$555	8$552	4,89	1$749
1839	312	5$555	7$589	4,99	1$521
1840	318	5$555	7$742	5,00	1$548
1841	324	5$555	7$918	4,99	1$587
1842	331	5$555	8$951	4,80	1$865
1843	323	5$555	9$298	4,79	1$941
1844	316	5$555	9$529	4,86	1$961
1845	308	5$555	9$435	4,87	1$937
1846	301	8$888	8$910	4,82	1$849
1847	294	8$888	8$571	4,79	1$789
1848	298	8$888	9$600	4,87	1$971
1849	302	8$888	9$275	4,81	1$928

Câmbio e valor real do mil-réis do final do período colonial ao fim do Império (II)

Ano	mil-réis em ñ	libra/réis (valor nominal)	libra/réis (cotação média corrente)	dólar/libra (cotação média corrente)	dólar/réis (cotação média corrente)
1850	307	8$888	8$348	4,87	1$714
1851	290	8$888	8$240	4,91	1$678
1852	273	8$888	8$747	4,90	1$785
1853	258	8$888	8$421	4,89	1$722
1854	243	8$888	8$688	4,88	1$780
1855	228	8$888	8$707	4,89	1$781
1856	215	8$888	8$707	4,91	1$773
1857	214	8$888	9$014	4,89	1$843
1858	213	8$888	9$389	4,86	1$932
1859	212	8$888	9$376	4,90	1$913
1860	211	8$888	9$298	4,85	1$917

1861	210	8$888	9$389	4,77	1$968
1862	210	8$888	9$121	5,56	1$640
1863	204	8$888	8$807	7,08	1$244
1864	198	8$888	8$972	10,00	$897
1865	192	8$888	9$600	7,69	1$248
1866	187	8$888	9$897	6,88	1$439
1867	182	8$888	10$696	6,75	1$585
1868	176	8$888	14$118	6,83	2$067
1869	171	8$888	12$757	6,48	1$969
1870	167	8$888	10$878	5,59	1$946
1871	167	8$888	9$987	5,46	1$829
1872	167	8$888	9$500	5,45	1$743
1873	167	8$888	9$198	5,55	1$657
1874	167	8$888	9$309	5,42	1$718
1875	167	8$888	8$817	5,59	1$577
1876	165	8$888	9$470	5,42	1$747
1877	163	8$888	9$771	5,08	1$923
1878	161	8$888	10$463	4,89	2$140
1879	159	8$888	11$228	4,85	2$315
1880	157	8$888	10$862	4,84	2$244
1881	154	8$888	10$956	4,83	2$268
1882	152	8$888	11$344	4,87	2$329
1883	150	8$888	11$130	4,85	2$295
1884	153	8$888	11$601	4,85	2$392
1885	156	8$888	12$908	4,86	2$656
1886	160	8$888	12$843	4,86	2$643
1887	161	8$888	10$696	4,85	2$205
1888	168	8$888	9$505	4,87	1$952
1889	166	8$888	9$078	4,87	1$864

O mil-réis na República Velha (1889-1930)

A República proclamada por Deodoro da Fonseca em novembro de 1889 herdou uma crise de liquidez devida às restrições da monarquia à emissão de papel-moeda, associadas à tentativa de implantação do padrão-ouro. Seu primeiro ministro da Fazenda, Rui Barbosa, como porta-voz dos interesses industriais, abandonou essa política e promoveu a expansão monetária pela criação de bancos emissores nas regiões Norte (do Amazonas à Bahia), Centro (atuais Sudeste, Paraná e Santa Catarina) e Sul (atuais Rio Grande do Sul e Centro-Oeste). De um total de emissão de 450 mil contos de réis, mais que o dobro da base monetária no fim do Império, a região do Centro recebeu o dobro da região Sul e foi contemplada com 200 mil. O papel-moeda emitido alcançaria 289 mil contos em setembro de 1890 e 535 mil em junho de 1891. Durante sua gestão, o Barão de Cotegipe tentou mobilizar o Congresso para cobrar do governo republicano indenizações para os senhores de escravos prejudicados pela Abolição. Em resposta, Rui Barbosa ordenou a destruição de todos os documentos sobre transações com escravos, de modo a inviabilizar a indenização, mas também as futuras pesquisas históricas sobre o assunto.

O banco escolhido como emissor no Rio de Janeiro foi o Banco dos Estados Unidos do Brasil, que, em 1890, fundiu-se com o Banco Nacional presidido pelo conselheiro Francisco de Paula Mayrink. Isso deu origem ao Banco da República dos Estados Unidos do Brasil, que, ao colocar suas cédulas em circulação, chegou a ser maior que o Banco do Brasil. O crédito ficou mais barato, mas a maior parte dele (com exceções, como algumas novas empresas têxteis em São Paulo), originou uma forte inflação e uma imensa bolha especulativa. Esta começou pelas ações de bancos, valorizadas pelo crescimento dos empréstimos, e depois envolveu ações de outros setores, principalmente seguros e transportes. A bolha foi apelidada "encilhamento", que é, literalmente, o ato de colocar arreios em um cavalo. A ideia era se aproveitar, a qualquer custo, de oportunidades "únicas" de enriquecimento, porque "cavalo encilhado não passa duas vezes".

A nova lei bancária, de inspiração liberal, permitia aos agentes agirem sem vigilância ou punição. Estimulou empresas já existentes a lançar novas subscrições e forçar seus sócios a acompanhá-los para não perder seus direitos, assim como a criação de centenas de novas sociedades para vender ações sem qualquer garantia além da esperança de um futuro empreendimento.

O colapso da bolha começou com uma moratória dos títulos da dívida argentina e a primeira crise do banco britânico Baring Brothers, a partir de setembro de 1890. Em janeiro de 1891, no auge da bolha, Rui Barbosa deixou o cargo para dirigir companhias criadas durante o encilhamento, das quais era sócio junto ao conselheiro Mayrink. Deixou a seu sucessor uma bolha prestes a explodir, numa das piores crises econômicas da história brasileira. Suas repercussões dominariam a economia por 15 anos e resultariam em severas restrições à autonomia das bolsas e ao papel do mercado de ações no financiamento do capitalismo brasileiro, que duraram até as reformas de 1965 e 1966.

Na tentativa de moderar a bolha, o novo ministro, Alencar Araripe, impôs uma taxa de 3% sobre a venda de ações. Isso resultou em uma greve dos corretores, uma queda de 40% das cotações, uma quebra de confiança e pânico no mercado de títulos. Temendo novas medidas, os investidores passaram a vender os papéis de que eram proprietários, mas apenas uns poucos obtiveram compradores. Em julho, ao resistir a mais uma concessão potencialmente fraudulenta do governo Deodoro – o Porto das Torres –, Araripe foi substituído pelo Barão de Lucena, cujos esforços para tocar o porto, ampliar ainda mais o crédito e ajudar a periclitante Companhia Geral de Estradas de Ferro com recursos do Tesouro agravaram a crise política.

Em agosto de 1891, o senador Amaro Cavalcanti apresentou um projeto de reforma do sistema monetário, pelo qual o padrão monetário seria o real e o menor valor divisionário seria o vintém. As moedas a serem cunhadas seriam a **libra brasileira**, valendo 10$000; a meia libra, valendo 5$000; e a dobla, valendo 20$000, todas em ouro 90% e pesando respectivamente 8,064 g, 4,032 g e 16,128 g. Haveria ainda moedas de prata nos valores de 500, 1$000 e 2$000, assim como moedas de níquel de 100 e 200 réis e moedas de bronze de 20 e de 40 réis. Submetido à discussão, o projeto foi aprovado com alterações no nome das três moedas básicas que, por proposta do senador Ramiro Barcelos, passariam a ser denominadas **cruzeiro**, meio cruzeiro e duplo cruzeiro. A "libra brasileira" ou cruzeiro seria equivalente em ouro a 0,9912 libra esterlina, o que supunha que o câmbio oficial desta passaria de 8$888 a 10$089. Entretanto, a crise política impediu que o projeto fosse encaminhado.

Em 3 de novembro, Deodoro fechou o Congresso, que ameaçava votar seu impeachment, mas vinte dias depois um golpe militar liderado pela Armada pôs no lugar seu vice, o marechal Floriano Peixoto. Continuou a se agravar a crise do encilhamento. Em janeiro de 1892, faliu a Companhia Geral de Estradas de Ferro, cujo socorro fora revogado pelo novo governo. O desastre deixou um prejuízo de 314 mil contos aos acionistas. Em março, treze generais lhe enviaram uma Carta-Manifesto, exigindo do marechal Floriano o cumprimento da Constituição, que previa novas eleições se a presidência ficasse vaga. O marechal declarou estado de sítio, prendeu os contestadores e governou até 1894 como um ditador militar, período durante o qual reprimiu com violência uma revolta da Armada e a rebelião federalista nos estados do Sul. Em dezembro de 1892, seu governo interveio no sistema bancário através da fusão do Banco do Brasil com o semifalido Banco da República dos Estados Unidos do Brasil. Isso originou o Banco da República do Brasil, com capital de 190 mil contos lastreado por emissões do Tesouro, que passou a monopolizar a emissão de notas bancárias. Estas vinham com a expressão "Na tesouraria se pagará ao portador em moeda de ouro ou à vista a quantia de (tantos mil réis) nos termos da lei nº 183-C de 23 de setembro de 1893". A lei, na verdade, só garantia a conversibilidade no caso de o câmbio retornar à paridade teórica de 27 *pence* por mil-réis, de modo que a possibilidade de pagamento em ouro era puramente teórica.

Floriano foi sucedido por Prudente de Morais (p. 1894-1898), ao qual coube consolidar o domínio da oligarquia cafeeira de São Paulo e Minas Gerais, que permaneceria no poder até 1930. Derrotou a revolta federalista, esmagou Canudos e enfrentou rebeliões militares, com gastos que agravaram a inflação herdada do encilhamento e que, combinados com a crise do café decorrente da crise financeira dos EUA de 1893 (de 4,09 a saca para £ 1,48 em 1899), deixaram a República sem condições de pagar a dívida externa. A crise também forçou a estatização do Banco da República do Brasil em 1896 e o fim do seu direito de emissão. As notas voltaram a ser emitidas apenas pelo Tesouro Nacional, que recolheu as cédulas de bancos privados ainda em circulação.

Campos Sales (p. 1898-1902) teve de renegociar a dívida externa antes mesmo de tomar posse. Obteve do Banco Rothschild um empréstimo de emergência de 10 milhões de libras. Deu como garantia as rendas alfandegárias, da Estrada de Ferro Central do Brasil e do serviço de abastecimento de água do Rio de Janeiro e prometeu retirar de circulação o equivalente a esses 10 milhões em moeda brasileira à taxa de câmbio do dia. Os bancos credores organizariam um comitê para organizar a moratória da dívida consolidada até o empréstimo de emergência ser pago. O Brasil se comprometeria a não recorrer a novos saques enquanto durasse a moratória e a aumentar impostos para equilibrar o orçamento. A retirada de 330 mil contos de circulação, juntamente com as demais medidas de austeridade, provocou uma deflação que abalou o comércio e o crédito, prejudicou os produtores de café e borracha e provocou mais falências em massa. O próprio Banco da República, pela restrição da emissão de moeda, teve de suspender pagamentos, criando pânico na praça. Para enfrentar a oposição a essas medidas impopulares, Campos Sales criou uma "Comissão de Reconhecimento de Poderes" a fim de vetar a posse de inimigos políticos dos governadores dos estados e formalizar a hegemonia nacional da oligarquia e a local do coronelismo.

O governo seguinte, de Rodrigues Alves (p. 1902-1906), reorganizou o Banco da República do Brasil como Banco do Brasil, com presidente nomeado pelo Presidente da República e um terço das ações nas mãos do Tesouro. Além disso, iniciou uma nova tentativa de implantação do padrão ouro como parte do Convênio de Taubaté, firmado entre o governo federal e os dos estados produtores, São Paulo, Minas Gerais e Rio de Janeiro, para recuperar os preços do café e garantir a renda dos fazendeiros. O convênio de fevereiro de 1906 restringia a exportação de café inferior e a expansão das lavouras, promovia a propaganda no exterior e o consumo interno e estabelecia preços mínimos para a compra do excedente pelos estados, financiadas por emissões de papel-moeda lastreadas em empréstimos externos. O governo federal criaria uma caixa de conversão (*currency board*) para estabilizar o câmbio e a renda dos cafeicultores em moeda doméstica.

Deflagrou-se um debate. De um lado, setores "ortodoxos" ou deflacionistas, principalmente importadores e classe média urbana, queriam retornar ao câmbio de 1846 (libra a 9$000) e eram apoiados pelo ministro da Fazenda Leopoldo Bulhões, que temia reverter a deflação de Campos Sales. Do outro, setores expansionistas, exportadores agrícolas e produtores de manufaturados competitivos queriam desvalorizar o câmbio para 12 *pence* por mil-réis, ou uma libra a 20$000. Eram liderados pelo relator do projeto, David Campista. Eleito presidente, Afonso Pena (p. 1906-1909) o escolheu como ministro da Fazenda, e em dezembro de 1906 implantou a Caixa de Conversão a um câmbio realista, com a libra a 15$000 e um limite inicial de 320 mil contos, atingido em 1910, já com seu vice Nilo Peçanha (p. 1909-1910) no governo. A conversibilidade era restrita às notas da Caixa de Conversão, nas quais se escrevia "A Caixa de Conversão pagará ao portador, à vista, no Rio de Janeiro, a importância deste bilhete em ouro amoedado ao câmbio de quinze dinheiros [*pence*] por mil réis, valor recebido, nos termos da lei nº 1575, de 6 de dezembro de 1906". Ao contrário da promessa das notas do Banco da República, esta foi real durante algum tempo.

O sistema foi mantido pelo sucessor Hermes da Fonseca (p. 1910-1914), mas entrou em colapso com a queda nas exportações e a corrida aos depósitos deflagrada pelo início da Primeira Guerra Mundial, cujos gastos também obrigaram os europeus em guerra a suspender o padrão ouro, mantido apenas nos EUA e na Suíça. No governo de Venceslau Brás (p. 1914-1918), o Tesouro emitiu 350 mil contos, dos quais o Banco do Brasil recebeu 50 mil, a fim de evitar um desastre financeiro e oferecer crédito para a agricultura, comércio e indústria, que teve um surto de desenvolvimento graças à substituição de importações exigida pela interrupção do comércio internacional. Assim como nas potências europeias, a guerra teve efeitos inflacionários, fez crescer a dívida pública e tornou praticamente impossível a restauração do padrão ouro nos termos anteriores, forçando a reformulação do sistema financeiro nos governos de Epitácio Pessoa (p. 1919-1922), Artur Bernardes (p. 1922-1926) e Washington Luís (p. 1926-1929).

Em 1920 o Banco do Brasil foi autorizado a redescontar títulos de outros bancos e assumiu, na prática, as funções de um banco central, além de financiar a política de valorização do café. Em 1923, a tentativa de estabilizar o câmbio e preparar o retorno ao padrão ouro levou o governo a centralizar suas transações internacionais no Banco do Brasil e nele depositar os fundos do Tesouro, tornando-se seu acionista majoritário. Com isso, o banco deixou de buscar lucro para executar uma política de governo. A intenção era vender um terço das ações aos europeus, mas a relutância destes fez o banco permanecer inteiramente brasileiro.

Em dezembro de 1926, foi criada uma Caixa de Estabilização, com os mesmos objetivos da Caixa de Conversão de 1906, mas uma paridade cambial adequada à nova realidade, próxima de 6 *pence* por mil-réis, ou libra a 40$000. A Caixa emitiria papel-moeda com 100% de lastro em ouro, enquanto as emissões do Banco do Brasil e do Tesouro Nacional eram suspensas, mas permaneciam em circulação as notas não conversíveis já emitidas. A inscrição das novas notas era "A Caixa de Estabilização pagará ao portador, à vista, no Rio de Janeiro, em ouro conforme a lei nº 5.108 de 18 de dezembro de 1926, a quantia de (tantos mil-réis) valor recebido em ouro". O decreto de Washington Luís previa a cunhagem de novas moedas de ouro 90%, 200 miligramas por mil-réis (40$680 por libra esterlina) e estabeleceu a designação de cruzeiro para a nova moeda nacional equivalente ao mil-réis e sua divisão em centésimos, mas essas medidas não chegaram a ser postas em prática.

A nova política, implantada pelo ministro da Fazenda Getúlio Vargas, atraiu recursos externos e expandiu a base monetária, mas os recursos adicionais foram cada vez mais usados para subsidiar a produção cafeeira. Incentivadas pelos preços mínimos garantidos pelas compras do governo, as safras se tornaram cada vez maiores e mais excessivas em relação à demanda. Em 1929, os gastos com compras de sacas de café atingiram 10% do PIB e circulavam 2.543.000 contos em notas não conversíveis e 848 mil em notas conversíveis. Entretanto, com a crise mundial deflagrada pelo colapso das bolsas dos EUA, as reservas metálicas se esgotaram em poucos meses, e a Caixa de Estabilização só serviu para facilitar a fuga de capitais trocados por um câmbio não mais realista e assim permitir uma contração súbita da base monetária. Por acreditar erradamente que a crise era temporária, o presidente Washington Luís não impediu a fuga de capitais nem socorreu os latifundiários paulistas.

O aprofundamento da crise acabou por levar à revolução de 1930. Em 20 de outubro, como medida de emergência, o governo decretou o monopólio do câmbio pelo Banco do Brasil, mas era tarde demais. Uma junta militar assumiu o poder em 24 de outubro e em 3 de novembro entregou o poder a Getúlio Vargas, então governador do Rio Grande do Sul e candidato derrotado por Júlio Prestes na eleição presidencial de 1930 (fraudulenta, como todas da República Velha).

O dinheiro na literatura da República Velha

De Lima Barreto em "O Caso do Mendigo", crônica de maio de 1911

Os jornais anunciaram, entre indignados e jocosos, que um mendigo, preso pela polícia, possuía em seu poder valores que montavam à respeitável quantia de seis contos e pouco (360.000 ñ).

...

Devia ser assim o tal cego, antes de o ser. Cegando, foi esmolar. No primeiro dia, com a falta de prática, o rendimento não foi grande; mas foi o suficiente para pagar um caldo no primeiro frege que encontrou, e uma esteira na mais sórdida das hospedarias da Rua da Misericórdia. Esse primeiro dia teve outros iguais e seguidos; e o homem se habituou a comer com duzentos réis (12 ñ) *e a dormir com quatrocentos* (24 ñ)*; temos, pois, o orçamento do mendigo feito: seiscentos réis (casa e comida) e, talvez, cem réis* (6 ñ) *de café; são, portanto, setecentos réis* (42 ñ) *por dia.*

De Monteiro Lobato em "A Conquista do Azoto", artigo publicado em 1919

Não obstante, o arroz está a 800 réis (34 ñ) *o quilo e o trabalhador da roça ganha 1.600 réis* (68 ñ) *por dia de doze horas, a seco – e tem mulher e filharada em casa. Eis por que a descoberta de Bottomley assume para nós importância de vulto.*

De Monteiro Lobato em "O Brás", crônica publicada em 1920

Em seguida, toca para o cinema! O Brás abarrota os de sessão corrida. O Brás chora nos lances lacrimogêneos da Bertini, e ri nas comédias a gás hilariante da L-Ko mais do que autorizam os mil e cem de entrada (44 ñ).

De Mário de Andrade, em Macunaíma, romance de 1928

Quando chegaram em São Paulo, ensacou um pouco do tesouro pra comerem e barganhando o resto na Bolsa apurou perto de oitenta contos de réis (2.000.000 ñ). *Maanape era feiticeiro. Oitenta contos não valia muito mas o herói refletiu bem e falou prós manos:*

— Paciência. A gente se arruma com isso mesmo, quem quer cavalo sem tacha anda de a-pé.. . Com esses cobres é que Macunaíma viveu.

...

Macunaíma passeava passeava e encontrou uma cunhatã com uma urupema carregadinha de rosas. A moçica fez ele parar e botou uma flor na lapela dele, falando:

— Custa milréis (25 ñ).

De Mário de Andrade, em *O Turista Aprendiz*, crônica de janeiro de 1929:

No geral, foram oito horas de trabalho. Nunca menos e bastantes vezes mais. Comparando com o sul a vida geral nordestina é barata mas pro operário não me parece que seja não. Se o trabalhador pode sempre alcançar com os biscates aí por uns dez mil-réis diários (250 ñ), *o salário oscila de 3 para 6 mil-réis* (75 a 150 ñ), *me informaram. É pouco se a gente lembra que o quilo de carne verde inferior custa dois mil-réis* (50 ñ) *na cidade.*

Séries de 1889-1912

Denominação	Valor em réis	Peso em gramas	Valor em ñ 1906
Papel-moeda			
Um conto de réis (*)	1:000$000		60.000
500 mil-réis (*)	500$000		30.000
200 mil-réis (*)	200$000		12.000
100 mil-réis (*)	100$000		6.000
50 mil-réis (*)	50$000		3.000
20 mil-réis (*)	20$000		1.200
10 mil-réis (*)	10$000		600
5 mil-réis	5$000		300
2 mil-réis	2$000		120
1 mil-réis	1$000		60
500 réis	$500		30
Moedas de ouro 91,7%			
20 mil-réis (**)	34$000	17,93	2.040
10 mil-réis (**)	17$000	8,96	1.020
Moedas de prata 91,7% (1889-1900)			
4 mil-réis(***)	4$000	51,00	240
2 mil-réis	2$000	25,50	120
1 mil-réis	1$000	12,75	60
500 réis	$500	6,375	30
400 réis (***)	$400	5,10	24

Moedas de prata 90% (1906-1913)			
2 mil-réis	2$000	20,0	120
1 mil-réis	1$000	10,0	60
500 réis	$500	5,0	30
Moedas de cuproníquel			
200 réis	$200	15,0	12
100 réis	$100	10,0	6
Moedas de bronze			
40 réis	$040	12,0	2,4
20 réis	$020	7,0	1,2

(*) de 1906 a 1914, emitidas também na forma de certificados de ouro da Caixa de Conversão

(**) as moedas de ouro foram cunhadas até 1922, mas, após 1891, foram usadas somente para pagamentos no exterior. Os valores em réis indicados correspondem a seu valor de câmbio em 1906 (com a libra a 15$220).

(***) apenas como moedas comemorativas do 4º centenário do Descobrimento, em 1900

Séries de 1924-1934

Denominação	Valor em réis	Peso em gramas	Valor em ñ 1926
Papel-moeda			
Um conto de réis (*)	1:000$000		25.000
500 mil-réis (*)	500$000		12.500
200 mil-réis (*)	200$000		5.000
100 mil-réis (*)	100$000		2.500
50 mil-réis (*)	50$000		1.250
20 mil-réis (*)	20$000		500
10 mil-réis (*)	10$000		240
5 mil-réis	5$000		125
2 mil-réis	2$000		50
1 mil-réis	1$000		25
500 réis	$500		12,5
Moedas de prata 50%			
2 mil-réis	5$000	8,0	50
Moedas de bronze-alumínio			
1 mil-réis	1$000	8,0	25
500 réis	$500	4,0	12,5

Moedas de cuproníquel			
400 réis	$400	12,0	10
200 réis	$200	8,0	5
100 réis	$100	5,0	2,5
50 réis	$050	3,0	1,25
20 réis	$020	2,0	0,5

(*) de 1926 a 1930, emitidas também na forma de certificados de ouro

Câmbio e valor real do mil-réis na República Velha

Ano	mil-réis em ñ	libra/réis (valor nominal)	libra/réis (cotação média corrente)	dólar/libra (cotação média corrente)	dólar/réis (cotação média corrente)
1889	166	8$888	9$078	4,87	1$864
1890	130	8$888	10$637	4,86	2$189
1891	108	8$888	16$101	4,86	3$313
1892	77	8$888	19$948	4,87	4$096
1893	68	8$888	20$701	4,86	4$259
1894	65	8$888	23$777	4,85	4$902
1895	70	8$888	24$151	4,86	4$969
1896	53	8$888	20$483	4,87	4$206
1897	46	8$888	31$093	4,86	6$398
1898	46	8$888	33$391	4,85	6$885
1899	47	8$888	32$269	4,86	6$640
1900	53	8$888	25$263	4,87	5$187
1901	61	8$888	21$099	4,87	4$332
1902	66	8$888	20$052	4,87	4$117
1903	67	8$888	20$000	4,86	4$115
1904	64	8$888	19$642	4,87	4$033
1905	70	8$888	15$103	4,87	3$101
1906	62	8$888	14$826	4,85	3$057
1907	62	15$000	15$770	4,86	3$245
1908	61	15$000	15$835	4,87	3$252
1909	64	15$000	15$835	4,87	3$252
1910	70	15$000	14$783	4,86	3$042
1911	60	15$000	14$898	4,86	3$065
1912	58	15$000	16$220	4,87	3$331
1913	58	15$000	14$898	4,87	3$059
1914	61	15$000	16$220	4,93	3$290

1915	59	15$000	19$104	4,76	4$014
1916	56	15$000	19$896	4,77	4$171
1917	50	15$000	18$709	4,76	3$930
1918	57	15$000	18$462	4,77	3$870
1919	43	15$000	16$516	4,43	3$728
1920	39	15$000	16$463	3,66	4$498
1921	38	15$000	28$710	3,85	7$457
1922	35	15$000	33$175	4,43	7$489
1923	32	15$000	44$265	4,57	9$686
1924	27	15$000	40$000	4,42	9$050
1925	26	15$000	33$985	4,83	7$036
1926	25	15$000	33$319	4,86	6$856
1927	24	40$680	40$635	4,86	8$361
1928	25	40$680	40$315	4,87	8$278
1929	25	40$680	40$581	4,86	8$350
1930	27	40$680	43$992	4,86	9$052

O mil-réis após a revolução de 1930 (1930-1942)

Um dos primeiros atos de Getúlio Vargas, em 22 de novembro, foi suspender a centralização cambial, extinguir a Caixa de Estabilização e determinar a transferência do remanescente de suas reservas em ouro para Londres para fins de pagamento da dívida externa, transferindo suas demais funções ao Banco do Brasil. A continuação das dificuldades no mercado cambial levou à adoção de medidas mais severas em 1931. O governo recebeu um novo empréstimo de 18 milhões de libras, suspendeu os pagamentos da maior parte dos empréstimos anteriores e em setembro retomou o controle de câmbio, mais uma vez centralizado no Banco do Brasil. Condicionou-se as exportações à venda das divisas ao Banco do Brasil, que atenderia às necessidades do mercado à taxa oficial, com prioridade para a dívida externa e importações essenciais. Em 1932, apesar da hesitação inicial dos militares em apoiá-lo, Vargas enfrentou e derrotou a rebelião de São Paulo ("Revolução Constitucionalista"), que foi essencialmente uma tentativa de restaurar a República Velha.

Em 1933, Getúlio Vargas manifestou a intenção de pôr em vigor a substituição do mil-réis pelo cruzeiro prevista pela lei de 1926. O diretor da Casa da Moeda apresentou um anteprojeto pelo qual seriam cunhadas moedas de 10, 20 e 50 **cruzeiros** em ouro 90% (200 miligramas por cruzeiro); de 2 e 5 cruzeiros em prata; ½ e 1 cruzeiro em bronze de alumínio; 10, 20 e 30 **centésimos** em cobre; e seriam emitidas notas de 10, 20, 50, 100, 200, 500 e 1.000 cruzeiros. O projeto chegou a ser discutido na Câmara dos Deputados, mas foi para a gaveta. Entretanto, nesse mesmo ano, agravou-se a crise do café e a crise da balança de pagamentos e surgiu um mercado de câmbio paralelo, com cotações muito superiores à oficial, inviabilizando a estabilização nos termos anteriores à crise.

O câmbio passou a flutuar em torno de 60 mil-réis por libra, conforme reconheceu lei de 1934 que fixou a remuneração com base nessa taxa dos funcionários brasileiros no exterior. Acordos especiais foram feitos para liquidar atrasos em transações internacionais, situação que se prolongou até 1939. Ainda em 1934, uma Assembleia Constituinte redigiu uma Constituição mais democrática, que entraria em vigor em julho e previa o voto secreto, o ensino primário obrigatório e o voto feminino. No mesmo ano, houve uma flexibilização cambial. De 1935 a 1937, 65% das transações voltaram a ser praticadas no mercado livre, com venda compulsória ao Banco do Brasil e à taxa oficial de 35% das cambiais de exportações, valor destinado apenas a pagar a dívida externa e liquidar atrasados comerciais.

Em setembro de 1937, um imaginário "Plano Cohen" para uma revolução comunista, forjado por integralistas, foi usado por Vargas e seus militares como pretexto para cancelar as eleições presidenciais previstas para 1938, fechar o Congresso, outorgar uma nova Constituição inspirada na Polônia autoritária da época e implantar um "Estado Novo" semifascista e centralizador, que recorreu amplamente a censura, tortura, deportações e assassinatos para eliminar ou intimidar opositores. No mês seguinte, o ministro da Fazenda Souza Costa pediu novo projeto de melhoria do meio circulante. A Casa da Moeda apresentou um projeto que propunha a criação das seguintes moedas: em ouro, 100 cruzeiros[27]; em níquel puro, 1, 2 e 5 cruzeiros; em cuproníquel, 10, 20 e 50 centésimos. Mais uma vez, a ideia ficou na gaveta.

Em dezembro de 1937, o saldo da balança comercial voltou a cair e o câmbio foi novamente centralizado no Banco do Brasil, com prioridade para as importações essenciais. Foram suspensos por dois anos os pagamentos da dívida externa, e instituído um imposto de

27 Com a paridade oficial de 35 dólares por onça (31,103 g) de ouro puro, ou 0,889 gramas por dólar e um câmbio de 13 mil-réis por dólar, o cruzeiro deveria equivaler a cerca de 76 miligramas de ouro 90%.

3% sobre todas as transações cambiais. O câmbio livre foi restaurado em abril de 1939, mas passaram a existir três taxas cambiais: livre, oficial (operada apenas pelo Banco do Brasil, que recebia 30% das exportações a essa taxa) e livre especial (turistas). O pagamento da dívida externa foi parcialmente retomado e o imposto sobre transações cambiais aumentado para 5%, sistema que durou até 1946.

Em agosto de 1939, a II Guerra Mundial tornou quase inviáveis as operações em moeda britânica. O governo passou a fixar para os pagamentos de funcionários no exterior a taxa de 13 mil-réis por dólar. Com os obstáculos ao comércio com a Europa, as exportações passaram a se dirigir principalmente aos EUA, e a moeda brasileira passou a ser vinculada ao dólar.

Em maio de 1940, Getúlio Vargas implantou por decreto o salário mínimo, cuja vigência se iniciou em julho do mesmo ano. Os valores eram distintos para cada região e discriminados em tabelas específicas totalizando 14 Salários Mínimos diferentes, sendo o maior o do Distrito Federal (atual município do Rio de Janeiro) no valor de 240 mil-réis (4.270 ñ) e o menor (interior da maioria dos estados do Nordeste) de 90 mil-réis (1.600 ñ). Na capital de São Paulo, era de 220 mil-réis (3.900 ñ).

Em 1941, dada a necessidade do Reino Unido de estabilizar seu câmbio com os EUA, fornecedor de alimentos e matérias-primas vitais para a guerra e a sobrevivência, a própria libra se vinculou ao dólar à razão de 4,03 dólares por libra.

Em 7 de dezembro de 1941, o ataque japonês a Pearl Harbor envolveu na guerra os EUA, que imediatamente pressionaram os países latino-americanos a romper relações com o Eixo e se unir aos Aliados. Enquanto países mais fracos apoiaram Washington mais ou menos automaticamente e a Argentina manteve uma neutralidade simpática aos nazistas quase até o fim da guerra, o Brasil de Vargas negociou vantagens econômicas em troca do apoio, inclusive um financiamento de US$ 100 milhões para a implantação do projeto siderúrgico brasileiro, decisivos para a criação da Companhia Siderúrgica Nacional e da Companhia Vale do Rio Doce, em troca do compromisso de fornecer minérios estratégicos e borracha. Em função desses acordos e do afundamento de navios brasileiros por submarinos alemães, Vargas declarou guerra ao Eixo em agosto de 1942. O fornecimento dessas matérias-primas para os EUA permitiu ao Brasil acumular divisas como nunca desde a era de ouro do café.

O dinheiro na literatura da era Vargas

Em *Clarissa*, de Érico Veríssimo (1933):

- Que bom se eu tivesse duzentos réis (6 ñ) *pra comprar um picolé ...*

(...)

Ia montado no burrico peludo, no mesmo burrico de olhos mansos que o levava a passear pelo campo. (O diretor do circo o tinha alugado de papai por cinco mil-réis [140 ñ] *por dia.)*

(...)

Pois a mulher do Samuel da prestação levou quase um ano pra me pagar um vestidinho de cinquenta mil-réis... (1.400 ñ)

(...)

Para maçã, quatrocentos réis (11 ñ) *é pouco. Compro morangos ou bananas? Morangos ou bananas?*

O homem ruivo pergunta:

- Que desejam?

D. Zina cutuca a sobrinha.

- Vamos, resolve, menina.

Morangos ou bananas? Mentalmente Clarissa sente o gosto de ambos. Os morangos, levemente ácidos, tenros, dissolvendo-se na boca. Com açúcar ficam mais saborosos. Sim, é preferível comprar morangos. E as bananas? Descascadas, ficam branquinhas, moles, pastosas, doces. Quatrocentos réis dariam quase uma dúzia de bananas. Uma dúzia. Doze. Uma para tia Zina, naturalmente, O resto pra mim... Não, levaria duas para o Tonico. Se o Tio Couto também ganhasse ficaria ela com... - doze menos quatro: oito - oito bananas. Era melhor comprar bananas. Mas outra solução lhe ocorre:

- Quero duzentos réis de bananas e duzentos réis de morangos - diz. - Só duzentos réis de morangos? - pergunta o homem do balcão, estranhando.

- Só.

Em 1937, quando Monteiro Lobato publicou *O Poço do Visconde*, estimou o preço do barril de petróleo em 30$000 (600 ñ), mas Dona Benta vendeu seu petróleo a $120 o litro ou 19$200 o barril (384 ñ) para ajudar o País, o que, com sua produção de 2.500 barris por dia, lhe dava uma renda de 48 contos por dia (960 mil ñ). A gasolina era vendida nas bombas a $200 o litro (4 ñ) e o óleo combustível a $100 (2 ñ). Esses valores foram convertidos em cruzeiros e centavos nas edições posteriores a 1942, sem ser ajustados para as novas realidades do mercado.

Séries de 1936-1938

Denominação	Valor em réis	Peso em gramas	Valor em ñ 1937
Papel-moeda			
Um conto de réis	1:000$000		20.000
500 mil-réis	500$000		10.000
200 mil-réis	200$000		4.000
100 mil-réis	100$000		2.000
50 mil-réis	50$000		1.000
20 mil-réis	20$000		400
10 mil-réis	10$000		200
5 mil-réis	5$000		100
2 mil-réis	2$000		40
1 mil-réis	1$000		20
500 réis	$500		10
Moedas de prata 60%			
5 mil-réis	5$000	10,0	100
Moedas de bronze-alumínio			
2 mil-réis	2$000	9,0	50
1 mil-réis	1$000	7,0	20
500 réis	$500	5,0	10
Moedas de cuproníquel			
400 réis	$400	10,0	8
300 réis	$300	8,0	6
200 réis	$200	6,0	4
100 réis	$100	4,5	2

Poder aquisitivo e câmbio do mil-réis e do cruzeiro, 1929-1946

Ano	Poder aquisitivo	Câmbio			
	mil-réis em ñ (fim do ano)	libra esterlina/mil-réis		dólar/mil-réis	
		livre	oficial	livre	Oficial
1929	24,71	41$010	n/d	8$480	n/d
1930	27,22	n/d	44$330	n/d	9$240
1931	28,16	n/d	62$950	n/d	14$270
1932	28,16	n/d	48$530	n/d	14$130
1933	28,16	n/d	53$150	n/d	12$700
1934	26,22	73$420	59$700	14$690	12$080
1935	24,91	85$110	57$910	17$400	11$900
1936	21,73	86$230	58$410	17$230	11$770
1937	20,16	78$790	56$860	16$030	11$400

1938	19,38	86$390	57$600	17$620	n/d
1939	19,05	85$750	71$070	19$220	16$645
1940	17,48	79$990	61$290	19$790	16$633
1941	15,75	79$506	67$370	19$720	16$599
Ano	**cruzeiro em ñ (fim do ano)**	**libra esterlina/cruzeiro**		**dólar/cruzeiro**	
		oficial	**livre**	**oficial**	
1942	13,62	79,21	67,44	19,63	16,58
1943	11,42	79,21	67,02	19,63	16,59
1944	8,24	79,01	67,34	19,58	16,56
1945	7,76	78,64	67,59	19,50	16,55
1946	5,96	75,50	66,54	18,72	16,50

O cruzeiro de Getúlio Vargas e da República Nova (1942-1967)

Com o Decreto-Lei nº 4.791, de 5 de outubro de 1942, com o mil-réis aparentemente estabilizado numa relação próxima de 20$000 por dólar, o cruzeiro cogitado desde 1926 foi implantado com o mesmo valor do antigo mil-réis e a denominação de centavo para a fração centesimal. A quantia de mil cruzeiros, equivalente a um milhão de réis, continuou a se chamar informalmente "conto". A circulação das moedas de prata e níquel foi suspensa, mas as cédulas de mil-réis foram retiradas gradualmente e algumas continuaram a circular até setembro de 1955.

Em maio de 1943, os valores do salário mínimo, já em cruzeiros, foram reajustados pela primeira vez. Também foi promulgada a Consolidação das Leis do Trabalho.

Vargas se comprometera a enviar tropas à Europa em encontro com Franklin D. Roosevelt em janeiro de 1943, e estas entraram em combate a partir de setembro de 1944. Em julho, o Brasil participara da Conferência de Bretton Woods, que resultou na criação do FMI e do Banco Mundial. Por exigência dessas instituições, foi criada em fevereiro de 1945 a Superintendência da Moeda e do Crédito (SUMOC), que absorveu algumas funções antes exercidas pelo Banco do Brasil, inclusive o Tesouro Nacional e a Caixa de Amortização, com objetivo de exercer as principais funções de um Banco Central e preparar a sua criação (o que, entretanto, só aconteceria em 1965).

Enquanto isso, a aliança com os EUA encorajava a oposição liberal ao Estado Novo e a Vargas, que, em maio de 1945, enquanto acabava a II Guerra Mundial na Europa, cedeu à pressão para realização de eleições presidenciais e de uma nova Constituinte. Vargas pretendia permanecer até as eleições, mas foi deposto por um golpe militar em outubro. Entretanto, não foi exilado nem teve os direitos políticos cassados em troca do apoio à candidatura presidencial do general Eurico Gaspar Dutra, um dos golpistas, pelo PSD, contra outro golpista, o brigadeiro Eduardo Gomes, candidato da UDN. O primeiro, vitorioso, foi empossado em janeiro de 1946.

Em agosto de 1946, com a adesão do Brasil às normas do Fundo Monetário Internacional (FMI), a paridade do cruzeiro foi fixada em Cr$ 18,72 por dólar. Dada a paridade de 35 dólares por onça (31,103g) de ouro puro, o cruzeiro correspondia a 47,471 miligramas de ouro. Combinada com uma inflação elevada, a paridade rígida favoreceu as importações de bens de consumo e prejudicou os exportadores agrícolas e a indústria nacional, antes privilegiada pela escassez de divisas. Essa taxa se manteve oficialmente de agosto de 1946 (quando o poder aquisitivo do cruzeiro era cerca de 6,7 ñ) a janeiro de 1953 (quando era de 3,4 ñ).

Com o câmbio fixo e as importações liberadas, os US$ 708 milhões em divisas estrangeiras acumuladas no período da guerra foram consumidos em um ano e meio de importação de bens de consumo supérfluos e outras mercadorias que poderiam ter sido produzidas localmente se a cotação fosse menos favorável aos importadores.

Ao fim do mandato de Dutra, Getúlio Vargas foi democraticamente eleito presidente e tomou posse em janeiro de 1951. Seu governo tomou medidas de caráter desenvolvimentista e nacionalista, inclusive a criação do IBC, do BNDE (BNDES a partir de 1982) e do Banco do Nordeste em 1952, restrição às remessas de lucros das transnacionais também em 1952 e a criação da Petrobrás em 1953. Ao criarem as bases do desenvolvimento brasileiro pelas décadas seguintes, essas providências também implicaram a expansão do Estado e o aumento dos gastos públicos. Como não era politicamente viável aumentar os impostos – que nessa época incidiam, na prática, sobre apenas um quarto da população que participava regularmente do mercado interno –, foi preciso recorrer à emissão de papel-moeda e ao imposto inflacionário, o que implicou a aceleração da inflação a um ritmo muito superior ao dos EUA e inviabilizou o câmbio fixo. Em janeiro de 1953, o câmbio oficial do dólar a R$ 18,72 foi abandonado e, em outubro, a SUMOC reintroduziu o regime de taxas múltiplas de câmbio para tentar reequilibrar a balança comercial.

Essa política gerou oposição dos setores liberais e americanófilos, dos quais, em fevereiro de 1954 e após um aumento de 100% no defasado salário mínimo, veio a primeira ameaça explícita de golpe de Estado na forma de um "Manifesto dos Coronéis". Em agosto do mesmo ano, foi planejado e cometido por membros da guarda pessoal de Vargas um atentado malsucedido contra o jornalista e político de oposição Carlos Lacerda. Isso levou a um "Manifesto dos Generais" que exigiu a renúncia do presidente. Este, em vez disso, cometeu suicídio, criando uma comoção popular que se voltou contra o governo de Café Filho, vice liberal de Vargas, e facilitou a eleição do varguista Juscelino Kubitschek em 1955. Foi derrotada em novembro desse ano a tentativa de Carlos Luz (presidente da Câmara, que assumiu a presidência por doença de Café Filho) de impedir sua posse e a revolta militar de Jacareacanga, que se deu logo após o novo presidente assumir o governo.

Kubitschek lançou um Plano Nacional de Desenvolvimento, também chamado Plano de Metas, que, com o lema "Cinquenta anos em cinco", incluiu energia, transportes, alimentação, indústria de base, educação e a construção de Brasília. Foi uma retomada da política de Vargas com maior participação do capital transnacional, principalmente na indústria automobilística, naval e siderúrgica. O Plano promoveu um ciclo de crescimento econômico acelerado, mas também de endividamento externo (de US$ 87 milhões em 1955 para US$ 297 milhões em 1959) e aceleração da inflação. A oposição reagiu como fizera contra Getúlio e houve outra tentativa de golpe militar em Aragarças, 1959.

Em 1961, os liberais da UDN conseguiram chegar ao governo pelo voto ao apoiar a eleição do populista Jânio Quadros. Entretanto, conseguiram apenas sete meses de um governo idiossincrático, que combinou cortes de gastos públicos e moralismo com política externa independente e tentativas de regulamentação econômica. Em agosto, ao enfrentar resistência à revogação de uma concessão de jazidas de ferro à estadunidense Hanna, renunciou com a expectativa de que o povo e os militares não aceitariam a posse do vice varguista João Goulart e lhe permitiriam retornar com poderes ditatoriais. Entretanto, improvisou-se um acordo pelo qual foi instituído um governo parlamentarista, com Goulart como presidente e Tancredo Neves como primeiro-ministro.

Durante o governo Quadros, a tradicional inscrição "No Tesouro Nacional se pagará ao portador desta a quantia de (tantos cruzeiros), Valor Recebido" nas cédulas de cruzeiros foi substituída por um mero "Tesouro Nacional, (tantos cruzeiros), Valor Legal". Isto visou apenas acabar com o mal-entendido que levava muitos a supor que as notas poderiam ser resgatadas em ouro ou dólares no Tesouro Nacional e não implicou nenhuma mudança legal ou real no processo de emissão de moeda, mas originou a lenda (na qual alguns colecionadores ainda acreditam) segundo a qual as cédulas anteriores tiveram um lastro em ouro, quando na verdade sempre foram fiduciárias, com exceção das emissões da Caixa de Conversão (1906-14) e da Caixa de Estabilização (1926-30).

A partir de 1961, a inflação, que havia permanecido nos anos anteriores (salvo 1959) em torno do patamar relativamente tolerável de 20% anuais, acelerou-se para algo da ordem de 50%. As moedas praticamente saíram de circulação, visto que o metal contido era caro demais para o que valiam, e foram emitidas cédulas de um a cinco cruzeiros para substituí-las, bem com cédulas de cinco mil.

Em janeiro de 1963, um plebiscito decidiu o retorno ao presidencialismo e deu plenos poderes a João Goulart, que tinha a intenção de implantar um Plano Trienal de reformas de base, agrária, educacional, fiscal, urbana e bancária, de caráter social e nacionalista, além da estatização de setores estratégicos. A resistência às reformas, combinada com a insatisfação pela inflação acelerada, levou ao golpe militar de 31 de março de 1964.

A ditadura militar que se seguiu foi inicialmente liderada pelo marechal Humberto de Alencar Castello Branco com a promessa de eleições diretas em 1965 e posse do presidente eleito em 1966. Em vez disso, políticos foram presos ou exilados, as eleições canceladas, os partidos existentes abolidos, o mandato de Castello Branco prorrogado até 1967. Uma Constituição ditatorial substituiu a de 1946. Em outubro de 1966, políticos que inicialmente haviam apoiado o golpe militar com a expectativa de disputar eleições em 1965, de Carlos Lacerda a Juscelino Kubitschek, lançaram um manifesto por eleições diretas e buscaram o apoio de João Goulart.

O controle da inflação foi uma das prioridades do novo regime. Em setembro foi criado o primeiro indexador oficial, a **Obrigação Reajustável do Tesouro Nacional** (**ORTN**), que ofereceu ao mercado financeiro e aos empreiteiros uma segunda moeda que efetivamente mantinha seu valor real, ao passo que o salário pago aos trabalhadores – fosse em cruzeiro velho, fosse em cruzeiro novo – continuava a ser corroído pela inflação, que em 1965 exigiria a emissão de notas de 10 mil cruzeiros.

O Brasil passou, na prática, a conviver com um padrão monetário duplo, situação que perdurou, com breves interrupções, até o final de 2000, quando o último indexador oficial, a UFIR, foi abolido. Essa solução mostrou-se sob muitos aspectos um mal menor em relação à de outros países latino-americanos de inflação elevada, como a Argentina, onde não houve indexador oficial e o dólar assumiu esse papel na prática. Enquanto funcionou adequadamente, a existência de um indexador oficial evitou (até certo ponto) que as flutuações do câmbio fossem automaticamente repassadas para os preços, que o sistema financeiro caísse em total descrédito e que as poupanças se dirigissem totalmente para contas no exterior ou para dólares "debaixo do colchão". Ao contrário do que aconteceu na Argentina, a era da superinflação no Brasil foi de grande prosperidade para o setor bancário: os bancos chegaram a obter ganhos superiores a 20% mensais com a diferença entre a correção monetária de suas aplicações e a ausência de correção das contas correntes. Isso exigiu uma enorme agilidade, de forma que a informatização dos bancos brasileiros foi extremamente precoce em relação a de outros países periféricos e mesmo centrais.

Em dezembro de 1964 foi criado o Banco Central do Brasil, em substituição à SUMOC, que passou a conduzir políticas de estabilização baseadas em controles de preços, equilíbrio das finanças governamentais e redução dos salários reais que em alguns anos fizeram os índices de inflação recuar de volta a patamares da ordem de 20% anuais.

Mês	Unidade monetária	Valor em ñ	Valor do dólar nos EUA (ñ)	Câmbio comercial	Valor do dólar no Brasil (ñ)
jan/39	1$000	19,446	133,396	19,10	371,411
fev/39	1$000	19,643	134,355	19,10	375,181
mar/39	1$000	19,248	134,355	19,10	367,641
abr/39	1$000	18,864	135,329	19,10	360,300
mai/39	1$000	18,864	135,329	19,10	360,300
jun/39	1$000	18,864	135,329	19,10	360,300
jul/39	1$000	19,051	135,329	19,10	363,872
ago/39	1$000	18,864	135,329	19,10	360,300
set/39	1$000	19,051	132,450	19,10	363,872
out/39	1$000	18,864	133,396	19,10	360,300
nov/39	1$000	18,864	133,396	19,10	360,300
dez/39	1$000	19,051	133,396	19,10	363,872
jan/40	1$000	18,147	134,355	19,79	359,132
fev/40	1$000	18,324	133,396	19,79	362,627
mar/40	1$000	17,981	133,396	19,79	355,843
abr/40	1$000	17,981	133,396	19,79	355,843
mai/40	1$000	17,981	133,396	19,79	355,843
jun/40	1$000	17,804	132,450	19,79	352,348
jul/40	1$000	17,981	133,396	19,79	355,843
ago/40	1$000	17,804	133,396	19,79	352,348
set/40	1$000	17,804	133,396	19,79	352,348
out/40	1$000	17,649	133,396	19,79	349,265
nov/40	1$000	17,171	133,396	19,79	339,808
dez/40	1$000	17,482	132,450	19,79	345,976
jan/41	1$000	17,015	132,450	19,72	335,534
fev/41	1$000	16,288	132,450	19,72	321,195
mar/41	1$000	16,859	131,517	19,72	332,461
abr/41	1$000	16,714	130,597	19,72	329,593
mai/41	1$000	16,018	129,690	19,72	315,869
jun/41	1$000	15,623	127,043	19,72	308,085
jul/41	1$000	15,883	127,043	19,72	313,206
ago/41	1$000	15,748	125,338	19,72	310,543
set/41	1$000	15,623	123,678	19,72	308,085
out/41	1$000	15,748	122,061	19,72	310,543
nov/41	1$000	15,498	121,269	19,72	305,627
dez/41	1$000	15,748	120,486	19,72	310,543

Inflação: 8,97% em 1940; 11,02% em 1941

Mês	Unidade monetária	Valor em ñ	Valor do dólar nos EUA (ñ)	Câmbio comercial	Valor do dólar no Brasil (ñ)
jan/42	1$000	15,883	118,952	19,63	311,776
fev/42	1$000	15,748	118,199	19,63	309,126
mar/42	1$000	15,748	116,721	19,63	309,126
abr/42	1$000	15,124	115,996	19,63	296,891
mai/42	1$000	14,771	114,573	19,63	289,958
jun/42	1$000	14,335	114,573	19,63	281,394
jul/42	1$000	13,909	113,874	19,63	273,034
ago/42	1$000	13,712	113,184	19,63	269,160
set/42	1$000	13,421	113,184	19,63	263,450
out/42	1$000	13,618	111,829	19,63	267,324
nov/42	Cr$ (*)	13,514	111,163	19,63	265,285
dez/42	Cr$	13,618	110,505	19,63	267,324
jan/43	Cr$	13,327	110,505	19,63	261,615
fev/43	Cr$	13,151	110,505	19,63	258,148
mar/43	Cr$	13,151	108,578	19,63	258,148
abr/43	Cr$	12,798	107,330	19,63	251,216
mai/43	Cr$	12,704	106,717	19,63	249,380
jun/43	Cr$	12,798	106,717	19,63	251,216
jul/43	Cr$	12,382	107,330	19,63	243,059
ago/43	Cr$	12,382	107,950	19,63	243,059
set/43	Cr$	12,143	107,330	19,63	238,369
out/43	Cr$	11,624	107,330	19,63	228,174
nov/43	Cr$	11,624	107,330	19,63	228,174
dez/43	Cr$	11,416	107,330	19,63	224,096
jan/44	Cr$	10,305	107,330	19,58	201,762
fev/44	Cr$	10,169	107,330	19,58	199,118
mar/44	Cr$	9,858	107,330	19,58	193,016
abr/44	Cr$	9,806	106,717	19,58	192,000
mai/44	Cr$	9,567	106,717	19,58	187,322
jun/44	Cr$	9,432	106,110	19,58	184,678
jul/44	Cr$	9,463	105,511	19,58	185,288
ago/44	Cr$	9,422	105,511	19,58	184,474
set/44	Cr$	9,401	105,511	19,58	184,067
out/44	Cr$	8,902	105,511	19,58	174,305
nov/44	Cr$	8,591	105,511	19,58	168,203
dez/44	Cr$	8,237	104,918	19,58	161,288

(*) lançamento oficial do cruzeiro, com o valor de 1$000 (um mil-réis)

Inflação: 15,64% em 1942; 19,29% em 1943; 38,59% em 1944

Mês	Unidade monetária	Valor em ñ	Valor do dólar nos EUA (ñ)	Câmbio comercial	Valor do dólar no Brasil (ñ)
jan/45	Cr$	8,154	104,918	19,50	159,008
fev/45	Cr$	8,217	104,918	19,50	160,224
mar/45	Cr$	8,040	104,918	19,50	156,780
abr/45	Cr$	8,123	104,918	19,50	158,401
mai/45	Cr$	8,123	104,332	19,50	158,401
jun/45	Cr$	8,206	103,179	19,50	160,021
jul/45	Cr$	8,144	103,179	19,50	158,806
ago/45	Cr$	8,040	103,179	19,50	156,780
set/45	Cr$	8,061	103,179	19,50	157,185
out/45	Cr$	7,874	103,179	19,50	153,539
nov/45	Cr$	7,822	103,179	19,50	152,526
dez/45	Cr$	7,760	102,612	19,50	151,311
jan/46	Cr$	7,562	102,612	19,41	146,782
fev/46	Cr$	7,541	103,179	19,41	146,379
mar/46	Cr$	7,562	102,051	19,41	146,782
abr/46	Cr$	7,479	101,497	19,41	145,169
mai/46	Cr$	7,396	100,948	19,41	143,556
jun/46	Cr$	7,261	99,868	19,41	140,935
jul/46	Cr$	7,157	94,320	19,41	138,919
ago/46	Cr$	6,742	92,452	18,72	126,202
set/46	Cr$	6,482	91,546	18,72	121,341
out/46	Cr$	6,253	89,786	18,72	117,063
nov/46	Cr$	6,087	87,678	18,72	113,951
dez/46	Cr$	5,962	86,862	18,72	111,618
jan/47	Cr$	5,640	86,862	18,72	105,590
fev/47	Cr$	5,557	86,862	18,72	104,034
mar/47	Cr$	5,474	85,276	18,72	102,478
abr/47	Cr$	5,464	85,276	18,72	102,284
mai/47	Cr$	5,537	85,276	18,72	103,645
jun/47	Cr$	5,661	84,888	18,72	105,979
jul/47	Cr$	5,890	84,123	18,72	110,257
ago/47	Cr$	5,911	83,002	18,72	110,645
set/47	Cr$	5,796	81,197	18,72	108,506
out/47	Cr$	5,744	81,197	18,72	107,534
nov/47	Cr$	5,713	80,846	18,72	106,951
dez/47	Cr$	5,630	79,809	18,72	105,395

Inflação: 6,16% em 1945; 30,14% em 1946; 5,90% em 1947

Mês	Unidade monetária	Valor em ñ	Valor do dólar nos EUA (ñ)	Câmbio comercial	Valor do dólar no Brasil (ñ)
jan/48	Cr$	5,547	78,799	18,72	103,840
fev/48	Cr$	5,422	79,470	18,72	101,506
mar/48	Cr$	5,225	79,809	18,72	97,811
abr/48	Cr$	5,308	78,468	18,72	99,367
mai/48	Cr$	5,370	78,140	18,72	100,534
jun/48	Cr$	5,391	77,491	18,72	100,923
jul/48	Cr$	5,537	76,538	18,72	103,645
ago/48	Cr$	5,599	76,226	18,72	104,812
set/48	Cr$	5,661	76,226	18,72	105,979
out/48	Cr$	5,682	76,538	18,72	106,367
nov/48	Cr$	5,620	77,171	18,72	105,201
dez/48	Cr$	5,443	77,491	18,72	101,895
jan/49	Cr$	5,422	77,814	18,72	101,506
fev/49	Cr$	5,287	78,468	18,72	98,978
mar/49	Cr$	5,318	78,468	18,72	99,561
abr/49	Cr$	5,318	78,140	18,72	99,561
mai/49	Cr$	5,287	78,468	18,72	98,978
jun/49	Cr$	5,225	78,140	18,72	97,811
jul/49	Cr$	5,225	78,799	18,72	97,811
ago/49	Cr$	5,267	78,468	18,72	98,589
set/49	Cr$	5,287	78,140	18,72	98,978
out/49	Cr$	5,235	78,799	18,72	98,006
nov/49	Cr$	5,090	78,468	18,72	95,283
dez/49	Cr$	5,142	79,133	18,72	96,256
jan/50	Cr$	4,945	79,470	18,72	92,561
fev/50	Cr$	4,872	79,470	18,72	91,200
mar/50	Cr$	4,976	79,133	18,72	93,144
abr/50	Cr$	4,872	79,133	18,72	91,200
mai/50	Cr$	4,851	78,799	18,72	90,811
jun/50	Cr$	4,820	78,468	18,72	90,228
jul/50	Cr$	4,809	77,491	18,72	90,033
ago/50	Cr$	4,809	76,853	18,72	90,033
set/50	Cr$	4,758	76,538	18,72	89,061
out/50	Cr$	4,716	75,916	18,72	88,283
nov/50	Cr$	4,664	75,609	18,72	87,311
dez/50	Cr$	4,622	74,702	18,72	86,533

Inflação: 3,44% em 1948; 5,86% em 1949; 11,24% em 1950

Mês	Unidade monetária	Valor em ñ	Valor do dólar nos EUA (ñ)	Câmbio comercial	Valor do dólar no Brasil (ñ)
jan/51	Cr$	4,467	73,525	18,72	83,616
fev/51	Cr$	4,425	72,667	18,72	82,838
mar/51	Cr$	4,238	72,385	18,72	79,338
abr/51	Cr$	4,197	72,385	18,72	78,560
mai/51	Cr$	4,186	72,106	18,72	78,366
jun/51	Cr$	4,165	72,106	18,72	77,977
jul/51	Cr$	4,352	72,106	18,72	81,477
ago/51	Cr$	4,373	72,106	18,72	81,866
set/51	Cr$	4,352	71,553	18,72	81,477
out/51	Cr$	4,300	71,280	18,72	80,505
nov/51	Cr$	4,290	70,740	18,72	80,310
dez/51	Cr$	4,176	70,473	18,72	78,171
jan/52	Cr$	4,041	70,473	18,72	75,643
fev/52	Cr$	3,802	71,009	18,72	71,171
mar/52	Cr$	3,740	71,009	18,72	70,004
abr/52	Cr$	3,719	70,740	18,72	69,615
mai/52	Cr$	3,688	70,740	18,72	69,032
jun/52	Cr$	3,656	70,473	18,72	68,449
jul/52	Cr$	3,615	69,945	18,72	67,671
ago/52	Cr$	3,615	69,945	18,72	67,671
set/52	Cr$	3,573	69,945	18,72	66,893
out/52	Cr$	3,563	69,945	18,72	66,698
nov/52	Cr$	3,490	69,945	18,72	65,337
dez/52	Cr$	3,459	69,945	18,72	64,754
jan/53	Cr$	3,386	70,208	18,72	63,393
fev/53	Cr$	3,407	70,473	40	136,285
mar/53	Cr$	3,324	70,208	43	142,933
abr/53	Cr$	3,262	70,208	45	146,777
mai/53	Cr$	3,231	69,945	44	142,144
jun/53	Cr$	3,231	69,684	48	155,066
jul/53	Cr$	3,241	69,684	43	139,360
ago/53	Cr$	3,241	69,425	40	129,637
set/53	Cr$	3,137	69,425	39	122,345
out/53	Cr$	3,054	69,168	43	131,320
nov/53	Cr$	2,992	69,425	50	149,582
dez/53	Cr$	2,960	69,425	56	165,786

Inflação: 10,70% em 1951; 20,72% em 1952; 16,84% em 1953

Mês	Unidade monetária	Valor em ñ	Valor do dólar nos EUA (ñ)	Câmbio comercial	Valor do dólar no Brasil (ñ)
jan/54	Cr$	2,909	69,425	55	159,969
fev/54	Cr$	2,846	69,425	58	165,080
mar/54	Cr$	2,794	69,425	59	164,862
abr/54	Cr$	2,722	69,684	54	146,964
mai/54	Cr$	2,670	69,425	56	149,498
jun/54	Cr$	2,649	69,425	57	150,984
jul/54	Cr$	2,618	69,425	60	157,061
ago/54	Cr$	2,576	69,425	64	164,872
set/54	Cr$	2,524	69,684	63	159,024
out/54	Cr$	2,441	69,684	64	156,230
nov/54	Cr$	2,379	69,684	72	171,271
dez/54	Cr$	2,348	69,945	76	178,418
jan/55	Cr$	2,316	69,945	75	173,733
fev/55	Cr$	2,275	69,945	77	175,166
mar/55	Cr$	2,213	69,945	82	181,430
abr/55	Cr$	2,202	69,945	81	178,376
mai/55	Cr$	2,150	69,945	81	174,169
jun/55	Cr$	2,140	69,945	79	169,048
jul/55	Cr$	2,119	69,684	76	161,049
ago/55	Cr$	2,109	69,684	74	156,043
set/55	Cr$	2,054	69,425	69	141,700
out/55	Cr$	2,003	69,425	69	138,188
nov/55	Cr$	1,980	69,425	67	132,652
dez/55	Cr$	1,968	69,684	68	133,855
jan/56	Cr$	1,906	69,684	73	139,147
fev/56	Cr$	1,832	69,684	71	130,099
mar/56	Cr$	1,843	69,684	73	134,522
abr/56	Cr$	1,854	69,425	77	142,772
mai/56	Cr$	1,817	69,168	85	154,427
jun/56	Cr$	1,773	68,660	85	150,719
jul/56	Cr$	1,768	68,158	81	143,206
ago/56	Cr$	1,725	68,408	76	131,129
set/56	Cr$	1,673	68,158	71	118,814
out/56	Cr$	1,663	67,911	68	113,088
nov/56	Cr$	1,624	67,911	68	110,404
dez/56	Cr$	1,617	67,664	66	106,745

Inflação: 26,11% em 1954; 19,26% em 1955; 21,71% em 1956

Mês	Unidade monetária	Valor em ñ	Valor do dólar nos EUA (ñ)	Câmbio comercial	Valor do dólar no Brasil (ñ)
jan/57	Cr$	1,553	67,664	66	102,495
fev/57	Cr$	1,558	67,420	66	102,837
mar/57	Cr$	1,551	67,178	66	102,357
abr/57	Cr$	1,521	66,937	68	103,411
mai/57	Cr$	1,525	66,698	72	109,793
jun/57	Cr$	1,542	66,460	74	114,073
jul/57	Cr$	1,533	65,991	73	111,924
ago/57	Cr$	1,513	65,991	77	116,538
set/57	Cr$	1,486	65,991	81	120,404
out/57	Cr$	1,470	65,991	84	123,467
nov/57	Cr$	1,453	65,758	91	132,244
dez/57	Cr$	1,438	65,758	90	129,388
jan/58	Cr$	1,408	65,299	95	133,714
fev/58	Cr$	1,391	65,299	99	137,699
mar/58	Cr$	1,364	64,845	106	144,573
abr/58	Cr$	1,344	64,621	118	158,610
mai/58	Cr$	1,336	64,621	132	176,332
jun/58	Cr$	1,339	64,621	134	179,421
jul/58	Cr$	1,325	64,398	135	178,937
ago/58	Cr$	1,318	64,621	142	187,183
set/58	Cr$	1,298	64,621	161	209,051
out/58	Cr$	1,261	64,621	149	187,897
nov/58	Cr$	1,226	64,398	141	172,829
dez/58	Cr$	1,216	64,621	138	167,862
jan/59	Cr$	1,167	64,398	147	171,480
fev/59	Cr$	1,067	64,621	143	152,553
mar/59	Cr$	1,048	64,621	141	147,783
abr/59	Cr$	1,019	64,398	138	140,625
mai/59	Cr$	1,000	64,398	135	135,044
jun/59	Cr$	0,984	64,177	138	135,751
jul/59	Cr$	0,957	63,957	151	144,461
ago/59	Cr$	0,9089	63,957	154	139,973
set/59	Cr$	0,8809	63,739	161	141,820
out/59	Cr$	0,8507	63,522	176	149,731
nov/59	Cr$	0,8092	63,522	192	155,365
dez/59	Cr$	0,7998	63,522	203	162,369

Inflação: 12,50% em 1957; 18,19% em 1957; 52,08% em 1959

Mês	Unidade monetária	Valor em ñ	Valor do dólar nos EUA (ñ)	Câmbio comercial	Valor do dólar no Brasil (ñ)
jan/60	Cr$	0,7936	63,739	189	149,993
fev/60	Cr$	0,7874	63,522	187	147,240
mar/60	Cr$	0,7770	63,522	189	146,852
abr/60	Cr$	0,7562	63,306	190	143,681
mai/60	Cr$	0,7562	63,306	187	141,413
jun/60	Cr$	0,7531	63,093	186	140,077
jul/60	Cr$	0,7406	63,093	186	137,758
ago/60	Cr$	0,7354	63,093	187	137,528
set/60	Cr$	0,7095	63,093	189	134,091
out/60	Cr$	0,6835	62,669	191	130,549
nov/60	Cr$	0,6648	62,669	192	127,643
dez/60	Cr$	0,6461	62,669	203	131,160
jan/61	Cr$	0,6326	62,669	219	138,541
fev/61	Cr$	0,6264	62,669	226	141,560
mar/61	Cr$	0,6149	62,669	250	153,737
abr/61	Cr$	0,5890	62,669	284	167,270
mai/61	Cr$	0,5817	62,669	271	157,642
jun/61	Cr$	0,5755	62,669	261	150,199
jul/61	Cr$	0,5661	62,251	262	148,325
ago/61	Cr$	0,5412	62,459	270	146,122
set/61	Cr$	0,5173	62,251	295	152,604
out/61	Cr$	0,4934	62,251	310	152,958
nov/61	Cr$	0,4664	62,251	311	145,052
dez/61	Cr$	0,4519	62,251	311	140,529
jan/62	Cr$	0,4373	62,251	318	139,067
fev/62	Cr$	0,4290	62,044	318	136,425
mar/62	Cr$	0,4186	62,044	318	133,121
abr/62	Cr$	0,4103	61,839	318	130,479
mai/62	Cr$	0,3947	61,839	332	131,050
jun/62	Cr$	0,3812	61,839	360	137,241
jul/62	Cr$	0,3615	61,635	367	132,666
ago/62	Cr$	0,3511	61,635	420	147,462
set/62	Cr$	0,3469	61,432	476	165,146
out/62	Cr$	0,3324	61,432	475	157,892
nov/62	Cr$	0,3147	61,432	475	149,504
dez/62	Cr$	0,2909	61,432	475	138,155

Inflação: 23,79% em 1960; 42,99% em 1961; 55,36% em 1962

Mês	Unidade monetária	Valor em ñ	Valor do dólar nos EUA (ñ)	Câmbio comercial	Valor do dólar no Brasil (ñ)
jan/63	Cr$	0,2888	61,432	475	137,168
fev/63	Cr$	0,2753	61,432	475	130,754
mar/63	Cr$	0,2514	61,231	475	119,406
abr/63	Cr$	0,2420	61,231	539	130,455
mai/63	Cr$	0,2316	61,231	620	143,619
jun/63	Cr$	0,2233	61,031	620	138,467
jul/63	Cr$	0,2088	60,832	620	129,450
ago/63	Cr$	0,2010	60,832	620	124,620
set/63	Cr$	0,1927	60,832	620	119,468
out/63	Cr$	0,1813	60,634	620	112,384
nov/63	Cr$	0,1707	60,634	620	105,814
dez/63	Cr$	0,1611	60,438	620	99,889

Inflação: 80,53% em 1963

Moedas e notas, séries de 1943-1955

Denominação	Valor em Cr$	Peso em gramas	Valor em ñ 1943
Papel-moeda			
1.000 cruzeiros ("Cabral")	1.000,00		12.000
500 cruzeiros	500,00		6.000
200 cruzeiros	200,00		2.400
100 cruzeiros	100,00		1.200
50 cruzeiros	50,00		600
20 cruzeiros	20,00		240
10 cruzeiros	10,00		120
5 cruzeiros	5,00		60
2 cruzeiros	2,00		24
1 cruzeiro	1,00		12
Moedas de bronze-alumínio			
5 cruzeiros	5,00	9	60
2 cruzeiros	2,00	8	24
1 cruzeiro	1,00	7	12
50 centavos	0,50	5	6
20 centavos	0,20	4	2,4
10 centavos	0,10	3	1,2

Obs.: notas de mil-réis continuaram a circular até 1955

Moedas e notas, séries de 1957-1961

Denominação	Valor em Cr$	Peso em gramas	Valor em ñ 1959
Papel-moeda			
1.000 cruzeiros ("Cabral")	1.000,00		1.000
500 cruzeiros	500,00		500
200 cruzeiros	200,00		200
100 cruzeiros	100,00		100
50 cruzeiros	50,00		50
20 cruzeiros	20,00		20
10 cruzeiros	10,00		10
5 cruzeiros	5,00		5
2 cruzeiros	2,00		2
1 cruzeiro	1,00		1
Moedas de alumínio			
2 cruzeiros	2,00	2,7	2
1 cruzeiro	1,00	2,4	1
50 centavos	0,50	1,7	0,5
20 centavos	0,20	1,4	0,2
10 centavos	0,10	1,1	0,1

Moedas e notas, séries de 1965/1966

Denominação	Valor em Cr$	Peso em gramas	Valor em ñ 1966
Papel-moeda			
10.000 cruzeiros	10.000		500
5.000 cruzeiros	5.000		250
1.000 cruzeiros ("Cabral")	1.000		50
500 cruzeiros	500		25
200 cruzeiros	200		10
100 cruzeiros	100		5
50 cruzeiros	50		2,5
20 cruzeiros	20		1
10 cruzeiros	10		0,5
5 cruzeiros	5		0,25
Moedas de cuproníquel			
50 cruzeiros	50	3,30	2,5
Moedas de alumínio			
20 cruzeiros	20	2,45	1,0
10 cruzeiros	10	2,15	0,5

Obs: moedas de centavos foram retiradas de circulação em dez/1964, notas e moedas de 1 a 5 cruzeiros foram retiradas em fev/1967 e as notas de 10 cruzeiros ou mais foram retiradas entre 1972 (10 a 100 cruzeiros) e 1975 (10 mil cruzeiros)

O cruzeiro novo de Humberto Castello Branco e Octávio Gouveia de Bulhões (1967)

Em novembro de 1965, Castello Branco determinou por decreto uma reforma monetária puramente contábil: mil cruzeiros velhos (ou um conto) passariam a fazer um **cruzeiro novo**. O modelo parece ter sido a reforma efetuada em 1960 na França, onde cem francos velhos tornaram-se um franco novo, em parte por comodidade contábil, em parte por uma questão de orgulho nacional. A nova moeda, com símbolo **NCr$**, entrou oficialmente em vigor em 13 de fevereiro de 1967.

As moedas e cédulas de 1, 2 e 5 cruzeiros perderiam o valor em 90 dias. As cédulas de 10 cruzeiros a 10 mil cruzeiros passaram a ser emitidas com carimbos nos valores de 1 centavo a 10 cruzeiros novos. Inicialmente previu-se que as cédulas sem carimbo começariam a perder valor em agosto.

Em 15 de março de 1967, Castello Branco foi sucedido pelo marechal Artur da Costa e Silva. De 1967 a 1968, a resistência à ditadura se articulou em vários setores. O próprio Carlos Lacerda, um dos articuladores do golpe entre os civis, criticava publicamente o governo até ser proibido de falar na tevê. A Frente Ampla que organizara com Goulart e Kubitschek foi posta fora da lei em abril de 1968, quando também começaram a crescer movimentos guerrilheiros armados, manifestações de rua e críticas ao governo por políticos eleitos. Em dezembro de 1968, pelo AI-5, a ditadura abandonou as pretensões de funcionamento normal das instituições, fechou o Congresso, recrudesceu a censura e cassou os direitos políticos de Carlos Lacerda e outros críticos do regime até então respeitados.

Em agosto de 1969, Costa e Silva sofreu um AVC e seu vice civil foi impedido de assumir. Foi imposto um novo ditador, o general Emílio Garrastazu Médici, que governou até março de 1974. A ditadura tornava-se cada vez mais rígida e a repressão mais impiedosa, com amplo uso de tortura e centenas de execuções extrajudiciais, mas a inflação continuou a se reduzir gradualmente e o crescimento econômico voltou a se acelerar com a promoção de investimentos estatais e transnacionais, articulados no Plano Nacional de Desenvolvimento de 1972-1974.

Em 14 de maio de 1970, o cruzeiro novo passou a chamar-se apenas **cruzeiro**. Foram emitidas moedas e cédulas com base na nova denominação, mas as cédulas carimbadas com valores em cruzeiros novos continuaram a circular até 1975.

A partir de 1973, a crise no balanço de pagamentos provocada pela súbita elevação do preço do petróleo fez a ditadura militar perder o controle da inflação e da balança de pagamentos e impor o racionamento dos combustíveis. Durante algum tempo, tentou maquiar-se os índices oficiais de inflação, obrigando a FGV a calculá-los com base em preços tabelados pelo governo e não nos preços efetivamente praticados no mercado. A aceleração da inflação tornou impossível manter esse disfarce por mais que alguns meses, abalou a confiança nos mecanismos oficiais de correção monetária e promoveu a multiplicação e uso crescente de índices calculados por instituições independentes. A reposição das perdas salariais resultantes dessa fraude patrocinada pelo ministro da Fazenda Antonio Delfim Netto tornou-se, a partir de 1977, a bandeira do movimento sindical do ABC liderada por Luís Inácio da Silva, o Lula.

Apesar da deterioração do quadro econômico, o general Ernesto Geisel, escolhido por seus pares para suceder a Médici, quis continuar com o chamado II Plano Nacional de Desenvolvimento, de 1975, o ciclo de desenvolvimento com base em substituição de importações e uma orientação mais nacionalista, inclusive na política externa, mas continuou a baseá-lo em endividamento externo. Conteve os excessos da repressão após as mortes do jornalista Wladimir Herzog, em 1975, e do metalúrgico Manuel Fiel Filho, em 1976 e enfrentou a rebelião da linha dura com a demissão de Sylvio Frota em 1977, mas voltou a cassar políticos de oposição e adiou mais uma vez as pretensões de redemocratização.

A abertura só pôde progredir com seu sucessor João Figueiredo, que governou de março de 1979 a março de 1985. Entretanto, também lhe coube lidar com as consequências do segundo choque do petróleo, resultante da revolução iraniana de janeiro de 1979, com o ressurgimento do movimento sindical a partir das greves no ABC lideradas por Lula e do choque dos juros externos provocados pelo choque de Paul Volcker, que a partir de março de 1980 aumentou brutalmente o juro básico do Fed de 10,25% para 20% e com isso tornou insustentável a política econômica da endividada ditadura brasileira. A impossibilidade de continuar rolando a dívida pública com o seu valor real levou o governo a limitar a taxa de reajuste da própria ORTN a um índice bem inferior ao da inflação real. A deterioração da economia corroeu a base de apoio da ditadura militar entre empresários e a classe média e não deixou ao governo Figueiredo outra alternativa a não ser continuar a preparar a transição para um governo civil em condições que garantissem a impunidade dos militares. O pacto foi consumado com a eleição indireta de Tancredo Neves em 1984. Entretanto, ele adoeceu inesperadamente, faleceu sem tomar posse e o governo foi conduzido por seu vice, José Sarney.

Evolução da moeda brasileira, 1964-1985

Mês	Unidade monetária	Valor em ñ	Valor do dólar nos EUA (ñ)	Câmbio comercial	Valor do dólar no Brasil (ñ)	Indexador Oficial	Valor na unidade monetária	Valor em ñ
jan/64	Cr$	0,1496	60,438	620,00	92,741			
fev/64	Cr$	0,1381	60,438	712,00	98,293			
mar/64	Cr$	0,1301	60,438	1.244,00	161,786			
abr/64	Cr$	0,1234	60,438	1.220,00	150,554			
mai/64	Cr$	0,1189	60,438	1.205,00	143,320			
jun/64	Cr$	0,1132	60,243	1.206,00	136,549			
jul/64	Cr$	0,1068	60,049	1.207,00	128,889			
ago/64	Cr$	0,1045	60,243	1.292,00	135,013			
set/64	Cr$	0,1010	60,049	1.621,00	163,668			
out/64	Cr$	0,0976	60,049	1.614,00	157,597	ORTN	10.000,00	976,44
nov/64	Cr$	0,09287	59,857	1.611,00	149,606	ORTN	10.000,00	928,65
dez/64	Cr$ (*)	0,08632	59,857	1.673	144,415	ORTN	10.000	863,21
jan/65	Cr$	0,08258	59,857	1.852	152,941	ORTN	11.300	933,17
fev/65	Cr$	0,07822	59,857	1.851	144,783	ORTN	11.300	883,87
mar/65	Cr$	0,07251	59,666	1.848	133,990	ORTN	11.300	819,31
abr/65	Cr$	0,06980	59,476	1.844	128,720	ORTN	13.400	935,38
mai/65	Cr$	0,06783	59,476	1.842	124,945	ORTN	13.400	908,94
jun/65	Cr$	0,06679	59,099	1.843	123,098	ORTN	13.400	895,02
jul/65	Cr$	0,06492	59,099	1.844	119,717	ORTN	15.200	986,82
ago/65	Cr$	0,06430	59,099	1.844	118,568	ORTN	15.200	977,35
set/65	Cr$	0,06201	59,099	1.848	114,602	ORTN	15.700	973,62
out/65	Cr$	0,06108	58,913	1.849	112,935	ORTN	15.900	971,16
nov/65	Cr$	0,06046	58,913	2.013	121,698	ORTN	16.050	970,32
dez/65	Cr$	0,05942	58,728	2.217	131,728	ORTN	16.300	968,50
jan/66	Cr$	0,05651	58,728	2.216	125,223	ORTN	16.600	938,04
fev/66	Cr$	0,05433	58,361	2.217	120,443	ORTN	17.050	926,28
mar/66	Cr$	0,05225	58,179	2.216	115,785	ORTN	17.300	903,92
abr/66	Cr$	0,04986	57,819	2.217	110,541	ORTN	17.600	877,55
mai/66	Cr$	0,04882	57,819	2.215	108,140	ORTN	18.280	892,46
jun/66	Cr$	0,04789	57,640	2.217	106,165	ORTN	19.090	914,16
jul/66	Cr$	0,04612	57,463	2.217	102,250	ORTN	19.870	916,42
ago/66	Cr$	0,04498	57,111	2.217	99,717	ORTN	20.430	918,91
set/66	Cr$	0,04394	57,111	2.217	97,414	ORTN	21.010	923,17
out/66	Cr$	0,04321	56,764	2.216	95,759	ORTN	21.610	933,82
nov/66	Cr$	0,04259	56,764	2.216	94,378	ORTN	22.180	944,63
dez/66	Cr$	0,04207	56,764	2.215	93,185	ORTN	22.690	954,56

(*) abolição oficial do centavo

Inflação: 86,64% em 1964; 45,28% em 1965; 41,23% em 1966

Mês	Unidade monetária	Valor em ñ	Valor do dólar nos EUA (ñ)	Câmbio comercial	Valor do dólar no Brasil (ñ)	Indexador Oficial	Valor na unidade monetária	Valor em ñ
jan/67	Cr$	0,04030	56,764	2.216	89,313	ORTN	23.230	936,26
fev/67	NCr$ (*)	39,701	56,764	2,598	103,144	ORTN	23,78	944,10
mar/67	NCr$	38,683	56,592	2,713	104,948	ORTN	24,28	939,23
abr/67	NCr$	37,614	56,421	2,711	101,970	ORTN	24,64	926,80
mai/67	NCr$	36,450	56,251	2,713	98,889	ORTN	25,01	911,62
jun/67	NCr$	36,294	56,082	2,711	98,394	ORTN	25,46	924,05
jul/67	NCr$	35,474	55,914	2,712	96,205	ORTN	26,18	928,70
ago/67	NCr$	35,172	55,747	2,712	95,388	ORTN	26,84	944,03
set/67	NCr$	34,715	55,582	2,714	94,218	ORTN	27,25	945,99
out/67	NCr$	34,352	55,417	2,715	93,265	ORTN	27,38	940,55
nov/67	NCr$	33,936	55,253	2,715	92,137	ORTN	27,57	935,62
dez/67	NCr$	33,801	55,090	2,715	91,770	ORTN	27,96	945,08
jan/68	NCr$	32,960	54,767	3,216	105,999	ORTN	28,48	938,70
fev/68	NCr$	32,451	54,606	3,212	104,232	ORTN	28,98	940,43
mar/68	NCr$	31,963	54,447	3,206	102,472	ORTN	29,40	939,70
abr/68	NCr$	31,184	54,289	3,212	100,162	ORTN	29,83	930,21
mai/68	NCr$	30,612	54,132	3,218	98,510	ORTN	30,39	930,31
jun/68	NCr$	29,605	53,820	3,220	95,327	ORTN	31,20	923,67
jul/68	NCr$	29,220	53,511	3,220	94,089	ORTN	32,09	937,68
ago/68	NCr$	28,784	53,358	3,312	95,333	ORTN	32,81	944,40
set/68	NCr$	28,452	53,206	3,660	104,133	ORTN	33,41	950,57
out/68	NCr$	27,870	52,905	3,700	103,119	ORTN	33,88	944,23
nov/68	NCr$	27,621	52,755	3,736	103,191	ORTN	34,39	949,87
dez/68	NCr$	27,247	52,607	3,812	103,864	ORTN	34,95	952,27
jan/69	NCr$	26,655	52,459	3,830	102,087	ORTN	35,62	949,44
fev/69	NCr$	26,291	52,166	3,922	103,113	ORTN	36,27	953,58
mar/69	NCr$	25,813	51,732	3,959	102,194	ORTN	36,91	952,77
abr/69	NCr$	25,429	51,447	3,995	101,588	ORTN	37,43	951,80
mai/69	NCr$	25,138	51,306	4,016	100,954	ORTN	38,01	955,50
jun/69	NCr$	24,671	51,026	4,047	99,842	ORTN	38,48	949,32
jul/69	NCr$	24,130	50,748	4,082	98,500	ORTN	39,00	941,09
ago/69	NCr$	23,756	50,474	4,096	97,306	ORTN	39,27	932,92
set/69	NCr$	23,237	50,338	4,144	96,294	ORTN	39,56	919,26
out/69	NCr$	22,676	50,068	4,203	95,308	ORTN	39,92	905,23
nov/69	NCr$	22,167	49,801	4,251	94,233	ORTN	40,57	899,32
dez/69	NCr$	21,939	49,537	4,309	94,534	ORTN	41,42	908,70

(*) lançamento oficial do cruzeiro novo, com o valor de 1.000 cruzeiros antigos

Inflação: 24,46% em 1967; 24,06% em 1968; 24,20% em 1969

Mês	Unidade monetária	Valor em ñ	Valor do dólar nos EUA (ñ)	Câmbio comercial	Valor do dólar no Brasil (ñ)	Indexador Oficial	Valor na unidade monetária	Valor em ñ
jan/70	NCr$	21,783	49,406	4,350	94,755	ORTN	42,35	922,50
fev/70	NCr$	21,430	49,146	4,395	94,183	ORTN	43,30	927,90
mar/70	NCr$	21,014	48,888	4,412	92,714	ORTN	44,17	928,19
abr/70	NCr$	20,869	48,508	4,489	93,680	ORTN	44,67	932,20
mai/70	Cr$ (*)	20,578	48,382	4,518	92,971	ORTN	45,08	927,65
jun/70	Cr$	20,142	48,132	4,560	91,846	ORTN	45,50	916,44
jul/70	Cr$	19,799	47,886	4,603	91,134	ORTN	46,20	914,70
ago/70	Cr$	19,238	47,886	4,650	89,456	ORTN	46,61	896,68
set/70	Cr$	18,802	47,641	4,675	87,897	ORTN	47,05	884,61
out/70	Cr$	18,428	47,399	4,720	86,978	ORTN	47,61	877,34
nov/70	Cr$	18,220	47,160	4,823	87,874	ORTN	48,51	883,85
dez/70	Cr$	18,137	46,923	4,874	88,399	ORTN	49,54	898,50
jan/71	Cr$	17,877	46,923	4,950	88,492	ORTN	50,51	902,97
fev/71	Cr$	17,638	46,805	5,000	88,191	ORTN	51,44	907,31
mar/71	Cr$	17,306	46,688	5,058	87,532	ORTN	52,12	901,98
abr/71	Cr$	17,171	46,572	5,110	87,742	ORTN	52,64	903,87
mai/71	Cr$	16,901	46,341	5,195	87,799	ORTN	53,25	899,96
jun/71	Cr$	16,599	45,998	5,255	87,230	ORTN	54,01	896,53
jul/71	Cr$	16,288	45,885	5,285	86,081	ORTN	55,08	897,13
ago/71	Cr$	16,090	45,773	5,388	86,695	ORTN	56,18	903,96
set/71	Cr$	15,851	45,773	5,473	86,755	ORTN	57,36	909,24
out/71	Cr$	15,633	45,661	5,505	86,062	ORTN	58,61	916,27
nov/71	Cr$	15,488	45,661	5,597	86,686	ORTN	59,79	926,02
dez/71	Cr$	15,363	45,439	5,635	86,572	ORTN	60,77	933,63
jan/72	Cr$	15,104	45,439	5,651	85,350	ORTN	61,52	929,17
fev/72	Cr$	14,834	45,219	5,785	85,812	ORTN	62,26	923,53
mar/72	Cr$	14,636	45,110	5,813	85,080	ORTN	63,09	923,39
abr/72	Cr$	14,511	45,001	5,845	84,820	ORTN	63,81	925,98
mai/72	Cr$	14,408	44,893	5,902	85,034	ORTN	64,66	931,60
jun/72	Cr$	14,221	44,785	5,915	84,115	ORTN	65,75	935,01
jul/72	Cr$	14,034	44,571	5,943	83,402	ORTN	66,93	939,27
ago/72	Cr$	13,836	44,465	5,965	82,533	ORTN	67,89	939,35
set/72	Cr$	13,691	44,360	6,019	82,405	ORTN	68,46	937,28
out/72	Cr$	13,577	44,150	6,060	82,274	ORTN	68,95	936,11
nov/72	Cr$	13,525	44,046	6,120	82,771	ORTN	69,61	941,45
dez/72	Cr$	13,473	43,942	6,190	83,396	ORTN	70,07	944,03

(*) o cruzeiro novo volta oficialmente a se chamar apenas "cruzeiro"

Inflação: 20,96% em 1970; 18,05% em 1971; 14,03% em 1972

Mês	Unidade monetária	Valor em ñ	Valor do dólar nos EUA (ñ)	Câmbio comercial	Valor do dólar no Brasil (ñ)	Indexador Oficial	Valor na unidade monetária	Valor em ñ
jan/73	Cr$	13,307	43,839	6,215	82,700	ORTN	70,87	943,03
fev/73	Cr$	13,140	43,532	6,108	80,261	ORTN	71,57	940,45
mar/73	Cr$	12,974	43,130	6,030	78,234	ORTN	72,32	938,29
abr/73	Cr$	12,808	42,833	6,048	77,462	ORTN	73,19	937,41
mai/73	Cr$	12,714	42,541	6,100	77,558	ORTN	74,03	941,25
jun/73	Cr$	12,621	42,252	6,100	76,988	ORTN	74,97	946,19
jul/73	Cr$	12,517	42,157	6,123	76,642	ORTN	75,80	948,79
ago/73	Cr$	12,403	41,409	6,130	76,029	ORTN	76,48	948,57
set/73	Cr$	12,289	41,317	6,141	75,464	ORTN	77,12	947,69
out/73	Cr$	12,122	40,955	6,160	74,674	ORTN	77,87	943,97
nov/73	Cr$	11,977	40,687	6,160	73,778	ORTN	78,40	938,99
dez/73	Cr$	11,852	40,423	6,194	73,413	ORTN	79,07	937,16
jan/74	Cr$	11,416	40,076	6,225	71,064	ORTN	80,62	920,36
fev/74	Cr$	11,136	39,567	6,372	70,955	ORTN	81,47	907,21
mar/74	Cr$	10,658	39,070	6,455	68,795	ORTN	82,69	881,28
abr/74	Cr$	10,221	38,907	6,510	66,541	ORTN	83,73	855,84
mai/74	Cr$	9,982	38,427	6,555	65,435	ORTN	85,10	849,51
jun/74	Cr$	9,816	38,113	6,695	65,720	ORTN	86,91	853,13
jul/74	Cr$	9,629	37,804	6,867	66,124	ORTN	89,80	864,71
ago/74	Cr$	9,473	37,351	6,959	65,926	ORTN	93,75	888,14
set/74	Cr$	9,307	36,908	7,067	65,775	ORTN	98,22	914,16
out/74	Cr$	9,172	36,547	7,146	65,545	ORTN	101,90	934,65
nov/74	Cr$	9,037	36,263	7,267	65,673	ORTN	104,10	940,77
dez/74	Cr$	8,850	35,983	7,361	65,147	ORTN	105,41	932,90
jan/75	Cr$	8,601	35,845	7,456	64,129	ORTN	106,76	918,24
fev/75	Cr$	8,445	35,572	7,577	63,989	ORTN	108,38	915,28
mar/75	Cr$	8,289	35,437	7,662	63,513	ORTN	110,18	913,32
abr/75	Cr$	8,123	35,303	7,803	63,385	ORTN	112,25	911,82
mai/75	Cr$	7,957	35,104	7,923	63,043	ORTN	114,49	910,99
jun/75	Cr$	7,780	34,842	7,989	62,157	ORTN	117,13	911,31
jul/75	Cr$	7,604	34,456	8,117	61,719	ORTN	119,27	906,90
ago/75	Cr$	7,344	34,393	8,288	60,867	ORTN	121,31	890,91
set/75	Cr$	7,188	34,204	8,404	60,410	ORTN	123,20	885,59
out/75	Cr$	7,053	34,017	8,553	60,326	ORTN	125,70	886,59
nov/75	Cr$	6,897	33,771	8,763	60,442	ORTN	128,43	885,83
dez/75	Cr$	6,752	33,649	8,985	60,666	ORTN	130,93	884,03

Inflação: 13,67% em 1973; 33,92% em 1974; 31,08% em 1975

Mês	Unidade monetária	Valor em ñ	Valor do dólar nos EUA (ñ)	Câmbio comercial	Valor do dólar no Brasil (ñ)	Indexador Oficial	Valor na unidade monetária	Valor em ñ
jan/76	Cr$	6,482	33,589	9,137	59,225	ORTN	133,34	864,29
fev/76	Cr$	6,160	33,468	9,323	57,428	ORTN	135,90	837,12
mar/76	Cr$	5,973	33,409	9,598	57,328	ORTN	138,94	829,87
abr/76	Cr$	5,765	33,289	10,13	58,401	ORTN	142,24	820,03
mai/76	Cr$	5,568	33,054	10,42	58,016	ORTN	145,83	811,95
jun/76	Cr$	5,422	32,879	10,67	57,856	ORTN	150,17	814,27
jul/76	Cr$	5,298	32,706	10,84	57,427	ORTN	154,60	819,02
ago/76	Cr$	5,152	32,536	11,05	56,932	ORTN	158,55	816,89
set/76	Cr$	5,007	32,423	11,31	56,627	ORTN	162,97	815,96
out/76	Cr$	4,872	32,255	11,55	56,269	ORTN	168,33	820,07
nov/76	Cr$	4,789	32,199	11,88	56,890	ORTN	174,40	835,15
dez/76	Cr$	4,654	32,088	12,16	56,588	ORTN	179,68	836,17
jan/77	Cr$	4,436	31,924	12,46	55,266	ORTN	183,65	814,58
fev/77	Cr$	4,300	31,600	12,70	54,616	ORTN	186,83	803,46
mar/77	Cr$	4,124	31,387	13,00	53,610	ORTN	190,51	785,64
abr/77	Cr$	3,989	31,126	13,35	53,251	ORTN	194,83	777,15
mai/77	Cr$	3,854	30,971	13,70	52,797	ORTN	200,45	772,49
jun/77	Cr$	3,760	30,767	14,05	52,832	ORTN	206,90	778,01
jul/77	Cr$	3,667	30,615	14,42	52,876	ORTN	213,80	783,97
ago/77	Cr$	3,604	30,515	14,69	52,950	ORTN	219,51	791,22
set/77	Cr$	3,521	30,416	14,93	52,574	ORTN	224,01	788,83
out/77	Cr$	3,428	30,317	15,14	51,899	ORTN	227,15	778,65
nov/77	Cr$	3,334	30,170	15,42	51,417	ORTN	230,30	767,92
dez/77	Cr$	3,251	30,073	15,87	51,598	ORTN	233,74	759,96
jan/78	Cr$	3,189	29,881	16,11	51,375	ORTN	238,32	760,00
fev/78	Cr$	3,075	29,691	16,36	50,303	ORTN	243,35	748,24
mar/78	Cr$	2,992	29,456	16,69	49,930	ORTN	248,99	744,89
abr/78	Cr$	2,929	29,226	17,00	49,798	ORTN	255,41	748,17
mai/78	Cr$	2,836	28,954	17,42	49,400	ORTN	262,87	745,45
jun/78	Cr$	2,722	28,643	17,80	48,444	ORTN	270,88	737,21
jul/78	Cr$	2,628	28,425	18,12	47,621	ORTN	279,04	733,34
ago/78	Cr$	2,566	28,296	18,60	47,723	ORTN	287,58	737,86
set/78	Cr$	2,514	28,083	19,05	47,888	ORTN	295,57	743,00
out/78	Cr$	2,451	27,832	19,34	47,412	ORTN	303,99	745,22
nov/78	Cr$	2,400	27,708	19,83	47,583	ORTN	310,49	745,03
dez/78	Cr$	2,358	27,586	20,52	48,386	ORTN	318,44	750,88

Inflação: 45,09% em 1976; 43,13% em 1977; 37,89% em 1978

Mês	Unidade monetária	Valor em ñ	Valor do dólar nos EUA (ñ)	Câmbio comercial	Valor do dólar no Brasil (ñ)	Indexador Oficial	Valor na unidade monetária	Valor em ñ
jan/79	Cr$	2,254	27,343	21,23	47,855	ORTN	326,82	736,69
fev/79	Cr$	2,159	27,027	21,94	47,358	ORTN	334,20	721,39
mar/79	Cr$	2,065	26,756	22,65	46,774	ORTN	341,97	706,19
abr/79	Cr$	1,989	26,452	23,41	46,568	ORTN	350,51	697,24
mai/79	Cr$	1,945	26,119	24,59	47,817	ORTN	363,64	707,12
jun/79	Cr$	1,884	25,830	25,66	48,351	ORTN	377,54	711,40
jul/79	Cr$	1,787	25,548	26,12	46,668	ORTN	390,10	696,98
ago/79	Cr$	1,688	25,305	26,99	45,559	ORTN	400,71	676,39
set/79	Cr$	1,601	25,034	28,79	46,085	ORTN	412,24	659,89
out/79	Cr$	1,542	24,834	30,16	46,492	ORTN	428,80	661,00
nov/79	Cr$	1,454	24,605	31,55	45,882	ORTN	448,47	652,19
dez/79	Cr$	1,339	24,349	40,27	53,920	ORTN	468,71	627,59
jan/80	Cr$	1,280	24,004	43,64	55,848	ORTN	487,83	624,30
fev/80	Cr$	1,234	23,670	44,86	55,359	ORTN	508,33	627,30
mar/80	Cr$	1,178	23,315	46,51	54,787	ORTN	527,14	620,95
abr/80	Cr$	1,126	23,056	48,32	54,409	ORTN	546,64	615,53
mai/80	Cr$	1,070	22,831	49,79	53,271	ORTN	566,86	606,50
jun/80	Cr$	1,022	22,582	51,36	52,497	ORTN	586,13	599,11
jul/80	Cr$	0,960	22,582	52,85	50,726	ORTN	604,89	580,58
ago/80	Cr$	0,9068	22,419	54,64	49,550	ORTN	624,25	566,09
set/80	Cr$	0,8684	22,233	56,61	49,160	ORTN	644,23	559,45
out/80	Cr$	0,8248	22,023	58,78	48,480	ORTN	663,56	547,29
nov/80	Cr$	0,7780	21,843	61,32	47,709	ORTN	684,79	532,79
dez/80	Cr$	0,7188	21,640	63,87	45,911	ORTN	706,7	507,99
jan/81	Cr$	0,6638	21,466	67,52	44,818	ORTN	738,5	490,19
fev/81	Cr$	0,6191	21,246	70,51	43,653	ORTN	775,43	480,07
mar/81	Cr$	0,5848	21,102	74,37	43,493	ORTN	825,83	482,96
abr/81	Cr$	0,5495	20,960	78,96	43,389	ORTN	877,86	482,39
mai/81	Cr$	0,5215	20,797	84,04	43,823	ORTN	930,53	485,23
jun/81	Cr$	0,4955	20,613	88,67	43,935	ORTN	986,36	488,73
jul/81	Cr$	0,4612	20,388	93,96	43,335	ORTN	1.045,54	482,21
ago/81	Cr$	0,4280	20,233	99,92	42,763	ORTN	1.108,27	474,31
set/81	Cr$	0,4072	20,038	105,28	42,869	ORTN	1.172,55	477,46
out/81	Cr$	0,3927	19,995	111,47	43,769	ORTN	1.239,39	486,65
nov/81	Cr$	0,3760	19,931	117,96	44,357	ORTN	1.310,04	492,62
dez/81	Cr$	0,3584	19,867	124,83	44,736	ORTN	1.382,09	495,30

Inflação: 76,11% em 1979; 86,27% em 1980; 100,58% em 1981

Mês	Unidade monetária	Valor em ñ	Valor do dólar nos EUA (ñ)	Câmbio comercial	Valor do dólar no Brasil (ñ)	Indexador Oficial	Valor na unidade monetária	Valor em ñ
jan/82	Cr$	0,3345	19,804	131,21	43,887	ORTN	1.453,96	486,32
fev/82	Cr$	0,3137	19,741	137,48	43,128	ORTN	1.526,66	478,92
mar/82	Cr$	0,2971	19,762	144,92	43,054	ORTN	1.602,99	476,23
abr/82	Cr$	0,2815	19,679	152,23	42,853	ORTN	1.683,14	473,81
mai/82	Cr$	0,2618	19,494	159,98	41,878	ORTN	1.775,71	464,82
jun/82	Cr$	0,2451	19,253	168,34	41,268	ORTN	1.873,37	459,25
jul/82	Cr$	0,2285	19,154	177,75	40,621	ORTN	1.976,41	451,66
ago/82	Cr$	0,2181	19,115	189,11	41,252	ORTN	2.094,99	457,00
set/82	Cr$	0,2088	19,076	202,09	42,195	ORTN	2.241,64	468,03
out/82	Cr$	0,2004	19,018	215,69	43,219	ORTN	2.398,55	480,61
nov/82	Cr$	0,1913	19,057	229,96	44,000	ORTN	2.566,45	491,06
dez/82	Cr$	0,1775	19,135	245,43	43,570	ORTN	2.733,27	485,22
jan/83	Cr$	0,1630	19,095	263,20	42,897	ORTN	2.910,93	474,43
fev/83	Cr$	0,1527	19,076	315,54	48,182	ORTN	3.085,59	471,16
mar/83	Cr$	0,1398	19,076	400,57	56,007	ORTN	3.292,32	460,32
abr/83	Cr$	0,1292	18,941	435,24	56,243	ORTN	3.588,63	463,73
mai/83	Cr$	0,1209	18,826	474,62	57,387	ORTN	3.911,61	472,96
jun/83	Cr$	0,1088	18,769	517,77	56,312	ORTN	4.224,54	459,45
jul/83	Cr$	0,0967	18,694	570,35	55,158	ORTN	4.554,05	440,42
ago/83	Cr$	0,08933	18,638	643,34	57,472	ORTN	4.963,91	443,44
set/83	Cr$	0,08133	18,546	701,36	57,045	ORTN	5.385,84	438,06
out/83	Cr$	0,07417	18,490	785,29	58,243	ORTN	5.897,49	437,40
nov/83	Cr$	0,06949	18,454	871,04	60,531	ORTN	6.469,55	449,59
dez/83	Cr$	0,06388	18,436	946,11	60,441	ORTN	7.012,99	448,02
jan/84	Cr$	0,05817	18,327	1.021,02	59,393	ORTN	7.545,98	438,95
fev/84	Cr$	0,05267	18,238	1.130,75	59,551	ORTN	8.285,49	436,36
mar/84	Cr$	0,04799	18,202	1.270,20	60,958	ORTN	9.304,61	446,54
abr/84	Cr$	0,04425	18,114	1.387,79	61,411	ORTN	10.235,07	452,91
mai/84	Cr$	0,04051	18,061	1.510,71	61,201	ORTN	11.145,99	451,54
jun/84	Cr$	0,03688	18,009	1.644,75	60,652	ORTN	12.137,98	447,60
jul/84	Cr$	0,03334	17,940	1.815,99	60,553	ORTN	13.254,67	441,97
ago/84	Cr$ (*)	0,03033	17,871	1.994	60,482	ORTN	14.620	443,45
set/84	Cr$	0,02753	17,786	2.204	60,670	ORTN	16.170	445,11
out/84	Cr$	0,02483	17,735	2.454	60,924	ORTN	17.867	443,57
nov/84	Cr$	0,02285	17,735	2.734	62,479	ORTN	20.119	459,77
dez/84	Cr$	0,02067	17,735	3.009	62,200	ORTN	22.110	457,04

(*) abolição oficial do centavo

Inflação: 101,87% em 1982; 177,89% em 1983;: 209,05% em 1984

Moedas e notas, séries de 1970

Denominação	Valor em Cr$	Peso em gramas	Valor em ñ 1970
Papel-moeda			
100 cruzeiros	100,00		2.000
50 cruzeiros	50,00		1.000
10 cruzeiros	10,00		200
5 cruzeiros	5,00		100
1 cruzeiro	1,00		20
Moedas de níquel			
50 centavos	0,50	8,74	10
Moedas de cuproníquel			
20 centavos	0,20	7,86	4
10 centavos	0,10	5,52	2
Moedas de aço inox			
5 centavos	0,05	2,67	1
2 centavos	0,02	2,21	0,4
1 centavo	0,01	1,77	0,2

Obs.: em 1972 foram lançadas moedas de 1 cruzeiro de níquel (10,08 gramas) e notas de 500 cruzeiros, além de moedas comemorativas de prata de 10 cruzeiros (11,3 gramas) e 20 cruzeiros (19 gramas) e de ouro de 300 cruzeiros (16,65 gramas)

Moedas e notas, séries de 1981

Denominação	Valor em Cr$	Peso em gramas	Valor em ñ 1981
Papel-moeda			
5.000 cruzeiros	5.000,00		2.500
1.000 cruzeiros ("Barão")	1.000,00		500
500 cruzeiros	500,00		250
200 cruzeiros	200,00		100
100 cruzeiros	100,00		50
Moedas de aço inox			
50 cruzeiros	50,00	7,34	25
20 cruzeiros	20,00	6,33	10
10 cruzeiros	10,00	5,35	5
5 cruzeiros	5,00	4,50	2,5
1 cruzeiro	1,00	3,23	0,5
1 centavo (*)	0,01	1,58	0,005

Obs: as notas de 1, 5, 10 e 50 cruzeiros da série anterior foram retiradas em 1984. Esta série, conhecida como das "cartas de baralho", circulou até 1989. A figura do Barão de Rio Branco deu o nome popular de "Barão" para o valor de 1.000 cruzeiros

(*) cunhada pela última vez em 1983, quando seu poder aquisitivo era de 0,002 ñ (!)

O cruzado de José Sarney e Dílson Funaro (1986)

O ressurgimento do movimento sindical a partir de 1979 e o enfraquecimento do regime militar, que acabou por entregar o poder a civis em 1985, estenderam gradualmente a prática do reajuste mensal aos próprios salários, apesar de isso não se mostrar suficiente para preservar seu valor real. A inflação galopante ameaçou transformar-se numa hiperinflação incontrolável e levar à queda do recém-instalado governo de José Sarney, frágil desde a origem.

Para deter a inflação, foi então implantado em 27 de fevereiro de 1986 o Plano Cruzado, concebido por João Sayad, Edmar Bacha, André Lara Resende e Pérsio Arida seguindo o modelo do Plano Austral argentino e de um plano de estabilização israelense, ambos de 1985. Preços e salários foram congelados (os salários com um reajuste de 8%), em princípio por um ano, em uma nova moeda, o cruzado, à razão de 1 cruzado por 1.000 cruzeiros. Criou-se também um "gatilho" salarial, pelo qual todos os salários seriam reajustados quando a inflação acumulada (medida pelo recém-criado IPC do IBGE) superasse 20%.

Curiosamente, os economistas que prepararam a implantação do Plano não tinham consciência de que **cruzado** já havia sido o nome de uma moeda brasileira e portuguesa: para eles, era apenas o codinome de "**cru**zeiro estabili**zado**". Foi o Presidente Sarney que se lembrou da existência dessa conexão histórica e tornou esse nome oficial, com o símbolo **Cz$**.

A ORTN passou a se chamar simplesmente **OTN** porque deixou, por algum tempo, de ser reajustável. O cruzeiro continuou existindo para fins de pagamento de dívidas em cruzeiros anteriores à reforma monetária e se desvalorizava diariamente em relação ao cruzado segundo uma taxa de inflação presumida de 0,45% ao dia (cerca de 14,6% ao mês, dependendo do número de dias), publicada no que foi chamado, como na Argentina, na forma de uma *tablita* (tabelinha). Assim, o cruzado valia Cr$ 1.000 cruzeiros em 3 de março de 1986, Cr$ 1.004,50 em 4 de março, Cr$ 1.009,02 em 5 de março e assim por diante, até chegar a Cr$ 5.080,17 em 28 de fevereiro de 1987. Quem devesse uma prestação de Cr$ 100.000 em 3 de março pagaria Cz$ 100 cruzados nesse dia, mas se ela fosse devida em 5 de março pagaria 100.000/1.009,02 ou Cz$ 99,10 e em 28 de fevereiro de 1987 100.000/5.080,17 ou Cz$ 19,68.

Um problema do cruzado foi não ter adaptado devidamente o plano para as condições brasileiras. Enquanto na Argentina a inflação era explosiva e praticamente todas as vendas eram à vista, no Brasil, a inflação era alta, mas relativamente previsível. Vendas a prazo continuavam comuns. Produtos que eram vendidos comumente em prazos de 30 a 180 dias foram congelados com preços que embutiam uma inflação da ordem de 14,6% mensais, portanto com uma vantagem injusta em relação aos demais. Além disso, não se levou em conta a sazonalidade dos preços, criando problemas de oferta na entressafra.

A população foi convocada para ajudar na fiscalização dos preços, o que nos primeiros meses do plano fez com grande entusiasmo. Para Sarney, porém, o cruzado nunca foi muito mais do que uma estratégia para capitalizar o apoio popular e tentar vencer as eleições de 1986 para a Assembleia Constituinte. Em vez de tentar diminuir o déficit público, seja por aumento de impostos, seja por corte de despesas, o governo voltou a fazer gastos financiados por emissões inflacionárias para apoiar os candidatos de sua base de apoio parlamentar. Além disso, a combinação de câmbio artificialmente estabilizado com o aumento do poder de compra da população causou um sério desequilíbrio da balança comercial.

Assim que as urnas foram fechadas, Sarney abandonou o único sustentáculo do plano, os esforços para fiscalizar os preços congelados, e a inflação disparou. Seis dias após a eleição de 1986, 21 de novembro, o Plano Cruzado II liberou os preços e aumentou os impostos de cigarros e bebidas. Bebidas imediatamente subiram 100%; automóveis, 80%; combustíveis 60%. Em 20 de janeiro de 1987, com o agravamento da crise no balanço de pagamentos, foi decretada moratória da dívida externa.

O ministro Dílson Funaro foi substituído por Luís Carlos Bresser Pereira em 29 de abril de 1987, com a inflação já acima de 20% ao mês. Logo depois, foi implantado o chamado plano Bresser (junho de 1987): preços, aluguéis e salários foram novamente congelados por dois meses e extinto o "gatilho" salarial. Para reduzir o déficit público, foram aumentados os impostos, abolido o subsídio ao trigo e canceladas grandes obras já planejadas, incluindo a Ferrovia Norte-Sul, um novo pólo petroquímico no Rio de Janeiro e um trem-bala entre Rio e São Paulo. As negociações com o FMI foram retomadas e a moratória suspensa. Essas medidas impopulares talvez prolongassem a vida do Cruzado I se adotadas mais cedo, mas o governo já estava sem recursos e desacreditado. A inflação logo voltou a acelerar.

Moedas e notas, séries de 1986

Denominação	Valor em Cz$	Peso em gramas	Valor em ñ 1986
Papel-moeda			
500 cruzados	500,00		2.000
200 cruzados	200,00		800
100 cruzados	100,00		400
50 cruzados	50,00		200
10 cruzados	10,00		40
Moedas de aço inox			
5 cruzados	5,00	5,21	20
1 cruzado	1,00	4,38	4
50 centavos	0,50	3,65	2
20 centavos	0,20	2,55	0,8
10 centavos	0,10	2,05	0,4
5 centavos	0,05	1,81	0,2
1 centavo	0,01	1,60	0,04

Obs.: foram depois impressas notas de Cz$ 1.000,00 (set/1987), Cz$ 5.000 (set/1988) e Cz$ 10.000 (nov/1988). Todas foram retiradas de circulação até dez/1990

Mês	Unidade monetária	Valor em ñ	Valor do dólar nos EUA (ñ)	Câmbio comercial	Valor do dólar no Brasil (ñ)	Indexador Oficial	Valor na unidade monetária	Valor em ñ
jan/85	Cr$	0,01828	17,702	3.364	61,501	ORTN	24.432	446,67
fev/85	Cr$	0,01631	17,618	3.764	61,385	ORTN	27.511	448,66
mar/85	Cr$	0,01474	17,552	4.160	61,318	ORTN	30.317	446,87
abr/85	Cr$	0,01382	17,470	4.718	65,182	ORTN	34.167	472,03
mai/85	Cr$	0,01287	17,405	5.236	67,389	ORTN	38.208	491,75
jun/85	Cr$	0,01163	17,356	5.742	66,803	ORTN	42.032	489,01
jul/85	Cr$	0,01035	17,324	6.220	64,352	ORTN	45.902	474,90
ago/85	Cr$	0,00917	17,292	6.711	61,555	ORTN	49.397	453,08
set/85	Cr$	0,00840	17,244	7.462	62,707	ORTN	53.437	449,06
out/85	Cr$	0,00775	17,181	8.186	63,435	ORTN	58.300	451,78
nov/85	Cr$	0,00688	17,133	8.928	61,394	ORTN	63.547	436,99
dez/85	Cr$	0,00594	17,086	9.912	58,894	ORTN	70.614	419,57
jan/86	Cr$	0,00513	17,040	11.310	58,037	ORTN	80.048	410,76
jan/86	Cr$	0,00513	17,040	11.310	58,037	ORTN	80.048	410,76
fev/86	Cr$	0,00456	17,086	13.029	59,414	ORTN	93.039	424,27
mar/86	Cz$ (*)	4,228	17,165	13,84	58,512	OTN	106,40	449,83

abr/86	Cz$	4,186	17,196	13,84	57,937	OTN	106,40	445,41
mai/86	Cz$	4,145	17,149	13,84	57,362	OTN	106,40	440,99
jun/86	Cz$	4,124	17,055	13,84	57,074	OTN	106,40	438,78
jul/86	Cz$	4,103	17,055	13,84	56,787	OTN	106,40	436,57
ago/86	Cz$	4,062	17,024	13,84	56,212	OTN	106,40	432,15
set/86	Cz$	4,030	16,947	13,84	55,781	OTN	106,40	428,83
out/86	Cz$	3,989	16,931	13,97	55,724	OTN	106,40	424,41
nov/86	Cz$	3,906	16,916	14,11	55,110	OTN	106,40	415,57
dez/86	Cz$	3,636	16,901	14,55	52,899	OTN	106,40	386,83
jan/87	Cz$	3,179	16,794	15,70	49,904	OTN	106,40	338,20
fev/87	Cz$	2,773	16,734	18,14	50,311	OTN	106,40	295,10
mar/87	Cz$	2,441	16,660	21,01	51,287	OTN	181,61	443,33
abr/87	Cz$	2,012	16,571	23,71	47,706	OTN	207,97	418,45
mai/87	Cz$	1,608	16,512	30,78	49,494	OTN	251,56	404,51
jun/87	Cz$	1,265	16,454	39,44	49,900	OTN	310,53	392,89
jul/87	Cz$	1,161	16,411	44,93	52,179	OTN	363,49	422,13
ago/87	Cz$	1,092	16,325	47,13	51,454	OTN	377,67	412,32
set/87	Cz$	1,000	16,239	49,87	49,886	OTN	401,69	401,82
out/87	Cz$	0,9048	16,197	53,41	48,323	OTN	424,51	384,08
nov/87	Cz$	0,7936	16,183	59,29	47,053	OTN	463,48	367,82
dez/87	Cz$	0,6825	16,183	67,48	46,053	OTN	522,99	356,92

(*) lançamento oficial do cruzado, com valor de 1.000 cruzeiros e conversão da ORTN em OTN, teoricamente não reajustável

Inflação: 256,28% em 1985; 63,43% em 1986; 432,72% em 1987

O cruzado novo de José Sarney e Maílson da Nóbrega (1989)

Em 6 de janeiro de 1988 o ministro Bresser saiu, e no seu lugar entrou Maílson da Nóbrega. Este, no início, tentou praticar uma gestão "arroz com feijão", sem planos mirabolantes, mas a inflação crescente continuava a exigir medidas mais drásticas. Em janeiro de 1989, Maílson da Nóbrega apresentou o plano Verão I: extinguiu a OTN e a correção monetária, mas deixou no seu lugar o **Bônus do Tesouro Nacional – BTN**, que logo passou a ser corrigido. Fez novo congelamento de preços e outra reforma contábil, criando um **cruzado novo** (outro nome inconscientemente resgatado da história) com valor de 1.000 cruzados antigos, com a intenção de ancorá-lo permanentemente ao dólar. Maílson propôs privatizar diversas estatais, cortar gastos públicos e exonerar funcionários contratados nos últimos cinco anos, mas isso não chegou a ser implementado. A taxa de câmbio inicial, de exatamente um dólar por cruzado novo, já em abril não mais podia ser sustentada. Veio o chamado plano Verão II (maio de 1989), que teve como principal conseqüência expurgar em 16,65% a correção monetária, inclusive de poupanças, salários e FGTS. Apesar disso, em dezembro de 1989 ultrapassou os 50% ao mês que caracterizam a hiperinflação propriamente dita.

Mês	Unidade monetária	Valor em ñ	Valor do dólar nos EUA (ñ)	Câmbio comercial	Valor do dólar no Brasil (ñ)	Indexador Oficial	Valor na unidade monetária	Valor em ñ
jan/88	Cz$	0,5630	16,141	77,65	43,718	OTN	596,94	336,08
fev/88	Cz$	0,4778	16,099	90,84	43,406	OTN	695,5	332,33
mar/88	Cz$	0,4020	16,030	107,14	43,070	OTN	820,42	329,81
abr/88	Cz$	0,3355	15,948	125,69	42,171	OTN	951,77	319,34
mai/88	Cz$	0,2836	15,894	150,64	42,719	OTN	1.135,27	321,94
jun/88	Cz$	0,2348	15,827	178,3	41,858	OTN	1.337,12	313,90
jul/88	Cz$	0,1947	15,760	215,83	42,014	OTN	1.598,26	311,12
ago/88	Cz$	0,1599	15,694	267,4	42,748	OTN	1.982,48	316,93
set/88	Cz$	0,1278	15,589	326,23	41,682	OTN	2.392,06	305,63
out/88	Cz$	0,1010	15,537	411,68	41,566	OTN	2.966,39	299,51
nov/88	Cz$	0,0790	15,524	526,13	41,590	OTN	3.774,73	298,39
dez/88	Cz$	0,06170	15,498	671,03	41,404	OTN	4.790,89	295,61
jan/89	Cz$	0,04436	15,421	902,99	40,052	OTN	6.170,19	273,68
fev/89	NCz$ (*)	39,213	15,358	1,00	39,213	BTN	1,00	39,213
mar/89	NCz$	37,053	15,270	1,00	37,053	BTN	1,04	38,535
abr/89	NCz$	35,172	15,171	1,01	35,524	BTN	1,10	38,690
mai/89	NCz$	31,038	15,085	1,10	34,142	BTN	1,18	36,625
jun/89	NCz$	24,255	15,049	1,34	32,502	BTN	1,30	31,532
jul/89	NCz$	18,126	15,012	1,91	34,621	BTN	1,62	29,365
ago/89	NCz$	13,587	14,988	2,48	33,696	BTN	2,08	28,261
set/89	NCz$	10,138	14,940	3,27	33,152	BTN	2,70	27,373
out/89	NCz$	7,313	14,869	4,49	32,835	BTN	3,66	26,765
nov/89	NCz$	5,028	14,834	6,25	31,423	BTN	5,04	25,339
dez/89	NCz$	3,314	14,810	9,26	30,684	BTN	7,13	23,626

(*) lançamento oficial do cruzado novo, com valor de 1.000 cruzados antigos e substituição da ORTN pela BTN

Inflação: 1.006,06% em 1988; 1.762,07% em 1989

Moedas e notas, séries de 1989

Denominação	Valor em NCz$	Peso em gramas	Valor em ñ jun/1989
Papel-moeda			
200 cruzados novos	200,00		4.800
100 cruzados novos	100,00		2.400
50 cruzados novos	50,00		1.200
10 cruzados novos	10,00		240
Moedas de aço inox			
50 centavos	0,50	2,83	12
10 centavos	0,10	2,54	2,4
5 centavos	0,05	2,26	1,2
1 centavo	0,01	2,01	0,24

Obs.: Foram depois impressas cédulas de NCz$ 200 (nov/1989) e NCz$ 500 (fev/1990)
Notas de Cz$ continuaram a circular, com valor dividido por mil em NCz$, até dez/1990

O segundo cruzeiro, de Fernando Collor e Zélia Cardoso de Mello (1990)

Em março de 1990, mês da posse de Fernando Collor, a inflação atingiu seu recorde na história brasileira: 84,32% ao mês (segundo o IPC-FGV). Ao tomar posse no dia 15, Collor pôs em prática a mesma exata medida que durante a campanha eleitoral, para assustar a classe média, acusava Lula de pretender adotar: implantou um plano de estabilização que tinha como base um enxugamento drástico do dinheiro em circulação através do confisco (oficialmente, "bloqueio") de todos os depósitos bancários e poupanças (incluindo FGTS) acima de 50 mil cruzados novos, que valiam 56,7 mil ñ no início de março, mas 30,7 mil ñ no final do mês[28].

O nome da moeda brasileira voltou a ser **cruzeiro**, valendo nominalmente o mesmo que o cruzado novo. A finalidade não era cortar zeros, mas diferenciá-lo do dinheiro confiscado e implantar uma

28 No livro *Zélia, uma paixão*, escrito por Fernando Sabino com base em seus depoimentos, conta-se como se chegou a esse valor: no dia da posse, numa festa em sua homenagem, e após reuniões com um grupo de auxiliares chegar a um consenso — se 20 mil, 50 mil ou 70 mil —, Zélia escreveu num papel os números e algum tempo depois, ainda na festa, optou espontaneamente por 50 mil.

nova *tablita* e de novo descontar as dívidas existentes em cruzados novos segundo uma taxa de inflação presumida.

Como não houve correção monetária referente à primeira quinzena de março das quantias confiscadas (que deveria ter sido de pelo menos 44,8%) tudo se passou como se a conversão das poupanças fosse de 1,448 para 1, sem contar sua retenção por prazo indefinido. Historicamente, a operação pareceu uma adaptação das reformas monetárias de junho de 1948 na Alemanha Ocidental e julho de 1990 na Alemanha Oriental, onde salários, contratos e poupanças até um determinado valor limite foram convertidos numa nova moeda à base de 1 para 1, mas as poupanças acima desse pequeno valor (incluindo, no caso alemão, as poupanças em papel-moeda) sofreram uma forte desvalorização.

Porém, enquanto na Alemanha o confisco foi aberto e claramente irreversível, no Brasil, tentou-se camuflar seu caráter: as poupanças confiscadas foram tratadas como um empréstimo compulsório por prazo não claramente definido e governo e bancos simplesmente escamotearam a inflação de março. Com o pretexto de que o indexador havia sido abandonado, creditaram às poupanças confiscadas um rendimento de apenas 2% a 4% referente a esse mês. Pouco depois, várias entidades começaram a entrar na Justiça pleiteando a restituição dos valores não creditados. A embrulhada jurídica armado por Collor só foi desatada em 2005, com a liberação dos trabalhadores sindicalizados dos valores expurgados do FGTS dos bancários nos planos Verão (42,72%) e Collor (44,8%).

O confisco mostrou-se inútil. As quantias retidas de pessoas jurídicas logo tiveram de ser liberadas para possibilitar o funcionamento da economia e, antes que as de pessoas físicas fossem por sua vez gradualmente devolvidas, a própria necessidade de emissão do governo já estava novamente inflacionando a economia. Embora tivesse dito, em março de 1990, que seu primeiro plano era a "única bala" em seu "revólver", Collor voltou à carga em janeiro de 1991, com um Plano Collor II cuja principal consequência foi a abolição da BTN e, portanto, da correção monetária das dívidas públicas. Entretanto, para fins de correção de impostos, multas e tarifas públicas a BTN continuou a existir na forma de **Unidade Fiscal de Referência** (**UFIR**) e informalmente também nos contratos privados, através da aplicação da **Taxa de Referência** (**TR**). Essa taxa foi criada para remunerar as cadernetas de poupança e como referência para o mercado financeiro, não como indexador de inflação, mas passou a ser usada como se o fosse.

Mês	Unidade monetária	Valor em ñ	Valor do dólar nos EUA (ñ)	Câmbio comercial	Valor do dólar no Brasil (ñ)	Indexador Oficial	Valor na unidade monetária	Valor em ñ
jan/90	NCz$	1,938	14,659	14,31	27,737	BTN	10,95	21,225
fev/90	NCz$	1,134	14,590	23,66	26,838	BTN	17,1	19,397
mar/90	Cr$ (*)	0,6149	14,511	37,7	23,183	BTN	29,54	18,166
abr/90	Cr$	0,5329	14,488	47,89	25,520	BTN	41,73	22,237
mai/90	Cr$	0,4841	14,455	52,23	25,283	BTN	41,73	20,200
jun/90	Cr$	0,4280	14,377	57,11	24,441	BTN	43,98	18,822
jul/90	Cr$	0,3729	14,322	66,52	24,806	BTN	48,21	17,978
ago/90	Cr$	0,3324	14,191	71,76	23,853	BTN	53,41	17,754
set/90	Cr$	0,2929	14,073	75,54	22,128	BTN	59,06	17,300
out/90	Cr$	0,2607	13,989	95,16	24,811	BTN	66,65	17,378
nov/90	Cr$	0,2254	13,958	123,13	27,755	BTN	75,78	17,082
dez/90	Cr$	0,1894	13,958	154,59	29,274	BTN	88,39	16,738
jan/91	Cr$ (**)	0,1552	13,875	193,19	29,981	BTN/ UFIR	105,53	16,377
fev/91	Cr$	0,1288	13,854	221,75	28,563	UFIR	126,86	16,340
mar/91	Cr$	0,1212	13,834	230,08	27,891	UFIR	152,49	18,485
abr/91	Cr$	0,1132	13,813	252,18	28,553	UFIR	170,47	19,301
mai/91	Cr$	0,1065	13,772	272,98	29,065	UFIR	179,01	19,060
jun/91	Cr$	0,0950	13,732	297,85	28,310	UFIR	190,97	18,151
jul/91	Cr$	0,08341	13,712	328,90	27,434	UFIR	211,65	17,654
ago/91	Cr$	0,07157	13,672	371,28	26,573	UFIR	237,34	16,987
set/91	Cr$	0,06129	13,612	428,95	26,289	UFIR	274,41	16,818
out/91	Cr$	0,04945	13,592	583,83	28,867	UFIR	317,27	15,687
nov/91	Cr$	0,03947	13,553	740,36	29,224	UFIR	384,15	15,164
dez/91	Cr$	0,03199	13,543	957,85	30,645	UFIR	485,87	15,545
jan/92	Cr$	0,02514	13,523	1.197,35	30,099	UFIR	597,07	15,009
fev/92	Cr$	0,02011	13,474	1.478,65	29,736	UFIR	749,89	15,081
mar/92	Cr$	0,01678	13,407	1.814,51	30,440	UFIR	945,61	15,864
abr/92	Cr$	0,01409	13,387	2.196,78	30,943	UFIR	1.154,00	16,255
mai/92	Cr$	0,01141	13,368	2.628,62	29,981	UFIR	1.382,85	15,772
jun/92	Cr$	0,009266	13,321	3.149,58	29,183	UFIR	1.706,93	15,816
jul/92	Cr$	0,007770	13,292	3.829,10	29,752	UFIR	2.104,21	16,350
ago/92	Cr$	0,006222	13,254	4.671,98	29,070	UFIR	2.546,30	15,844
set/92	Cr$	0,004945	13,217	5.771,43	28,537	UFIR	3.135,24	15,502
out/92	Cr$	0,003875	13,170	7.214,90	27,955	UFIR	3.866,64	14,982
nov/92	Cr$	0,003158	13,152	9.046,68	28,568	UFIR	4.852,26	15,323
dez/92	Cr$	0,002535	13,161	11.150,70	28,262	UFIR	6.001,69	15,212

(*) substituição do cruzado novo pelo cruzeiro, de igual valor

(**) abolição da BTN na correção da dívida pública, substituída pela UFIR para correção de impostos, multas e tarifas

Inflação: 1.649,86% em 1990; 491,88% em 1991; 1.162,30% em 1992

Moedas e notas, séries de 1990

Denominação	Valor em Cr$	Peso em gramas	Valor em ñ dez/1990
Papel-moeda			
5.000 cruzeiros	5.000,00		1.000
1.000 cruzeiros	1.000,00		200
500 cruzeiros	500,00		100
200 cruzeiros	200,00		40
100 cruzeiros	100,00		20
50 cruzeiros	50,00		10
Moedas de aço inox			
50 cruzeiros	50,00	4,78	10
10 cruzeiros	10,00	4,36	2
5 cruzeiros	5,00	3,97	1
1 cruzeiro	1,00	3,61	0,2

Obs.: Foram depois impressas cédulas de Cr$ 10.000 (abr/1991), Cr$ 50.000 (dez/1991), Cr$ 100.000 (jul/1992) e Cr$ 500.000 (jan/1993). Esta última foi a de maior valor nominal a circular no Brasil, mas seu poder aquisitivo no mês de lançamento era de apenas 1.000 ñ. Em 1993, foram impressas também notas de Cr$ 1 milhão e Cr$ 5 milhões, que não chegaram a circular por causa do lançamento do cruzeiro real.

Notas de Cz$ continuaram a circular até dez/1990, com valor dividido por mil em Cr$, bem como notas de NCz$, com o mesmo valor em Cr$, até jul/1994

O cruzeiro real de Itamar Franco e Fernando Henrique Cardoso (1993)

Fernando Collor foi afastado por meio de um impeachment em 2 de outubro de 1992 e renunciou em 29 de dezembro. Seu vice-presidente e sucessor, Itamar Franco, por medida provisória de 28 de julho de 1993, criou o **cruzeiro real** (**CR$**) com valor de 1.000 cruzeiros, operação meramente contábil. Escreveu a colunista Cristiana Lobo do mesmo jornal, em 30 de julho, que o nome foi sugerido pela Casa da Moeda, e pesou o fato de a nova moeda poder ser simbolizada por CR, as mesmas letras do cruzeiro, mas isso criou confusão ao serem descontados cheques pré-datados em cruzeiros nos meses seguintes.

Mês	Unidade monetária	Valor em ñ	Valor do dólar nos EUA (ñ)	Câmbio comercial	Valor do dólar no Brasil (ñ)	Indexador Oficial	Valor na unidade monetária	Valor em ñ
jan/93	Cr$	0,001953	13,096	14.059,10	27,456	UFIR	7.415,33	14,481
fev/93	Cr$	0,001523	13,051	17.868,40	27,210	UFIR	9.595,13	14,612
mar/93	Cr$	0,001227	13,005	22.469,15	27,565	UFIR	12.161	14,919
abr/93	Cr$	0,000941	12,969	28.726,50	27,035	UFIR	15.311	14,409
mai/93	Cr$	0,0007282	12,951	37.039,75	26,971	UFIR	19.489	14,191
jun/93	Cr$	0,0005464	12,933	48.105,75	26,284	UFIR	25.097	13,713
jul/93	Cr$	0,0004207	12,933	62.771,50	26,408	UFIR	32.742	13,774
ago/93	CR$ (*)	0,31049	12,897	82,74	25,690	UFIR	42,79	13,286
set/93	CR$	0,22967	12,871	111,19	25,537	UFIR	56,48	12,972
out/93	CR$	0,16953	12,818	151,22	25,636	UFIR	75,90	12,867
nov/93	CR$	0,12340	12,809	205,80	25,397	UFIR	102,59	12,660
dez/93	CR$	0,08954	12,809	279,37	25,015	UFIR	137,37	12,300

(*) lançamento oficial do cruzeiro real, com valor de 1.000 cruzeiros

Inflação: 2.730,63% em 1993

Moedas e notas, séries de 1990

Denominação	Valor em Cr$	Peso em gramas	Valor em ñ dez/1990
Papel-moeda			
5.000 cruzeiros reais	5.000,00		1.000
1.000 cruzeiros reais	1.000,00		200
Moedas de aço inox			
100 cruzeiros reais	100,00	4,27	10
50 cruzeiros reais	50,00	3,92	2
10 cruzeiros reais	10,00	3,59	1
5 cruzeiros reais	5,00	3,27	0,2

Obs.: Foram depois impressas cédulas de Cr$ 10.000 (abr/1991) e Cr$ 50.000 (dez/1991).

Notas de NCz$ e Cr$ continuaram a circular até set/1994, com valor dividido por mil em CR$

O real de Itamar Franco e Fernando Henrique Cardoso (1994)

Em 7 de dezembro de 1993, o ministro da Fazenda, Fernando Henrique Cardoso, anunciou as linhas gerais de um novo plano econômico. Em vez de se criar de surpresa uma nova moeda acompanhada de uma *tablita* para desvalorizar as dívidas antigas, seria introduzido um novo indexador reajustado diariamente, inicialmente referido como Unidade de Referência ou UR, dias depois revisado para **Unidade Real de Valor** ou **URV**, no qual seriam convertidos preços, salários e tarifas públicas. Em um segundo momento, essa moeda contábil seria transformada em uma nova moeda corrente, que a equipe econômica inicialmente chamava de "dólar brasileiro". Inicialmente foi chamado pelos jornais de "Plano FHC2" (o FHC1 fora o corte de despesas e privatizações anunciado na posse do ministro em maio de 1993), mas o economista Francisco Lopes fez saber que era baseado em uma proposta sua de 1988 chamada "Plano Real" e esse nome veio a ser oficialmente adotado.

Em entrevista de FHC a Sonia Racy de *O Estado de S. Paulo* de 27 de dezembro de 1993, a jornalista lhe perguntou:

> **Estado** – *Se a URV realmente se transformar em moeda, como vai se chamar?*
>
> **Cardoso** – *Escolhe.*
>
> **Estado** – ***Real****?*
>
> **Cardoso** – *É um bom nome.*
>
> **Estado** – *Vamos voltar aos réis?*
>
> **Cardoso** – *Antigamente era um real e mil réis. Voltam os réis, se for real. Sabe quem inventou o cruzeiro real? Foi uma carta dos Sindicatos dos Moedeiros sugerindo cruzeiro real.*

Entretanto, a intenção era dar a entender que a moeda passaria a ter "valor real" e, a rigor, os nomes do real antigo e o do atual são duas palavras etimologicamente diferentes. O nome do primeiro, por ter seu valor garantido pela monarquia portuguesa, vem do latim *regalis* (relativo ao rei), tinha como plural réis e era cognato de "realeza". Já o segundo vem do latim *realis* (coisa material) e é cognato de "realidade", por representar a promessa de um valor mais constante em termos reais. Apesar de FHC, o plural que pegou foi "reais".

O Plano Real foi implantado por medida provisória em 28 de abril de 1994 que ditou para a URV, ao iniciar sua vigência em 1º de março de 1994, o valor de CR$ 647,50, quase igual ao dólar (CR$ 647,3030 para venda nesse mesmo dia).

Ao contrário dos indexadores anteriores, a URV foi criada como moeda (de conta) de curso legal desde seu primeiro dia, apesar de o cruzeiro real continuar a ser usado como seu meio de pagamento. Seria corrigida diariamente com base na projeção pelo Banco Central da média aritmética de três índices de inflação, IPC-FIPE, IPCA do IBGE e IGPM-FGV. Além disso, foi calculada retroativamente, com base nos mesmos índices para cada dia desde 1º de janeiro de 1993. Salários de servidores e salário mínimo seriam convertidos pela média dividindo-se o valor nominal, vigente nos meses de novembro e dezembro de 1993 e janeiro e fevereiro de 1994, pelo valor em cruzeiros reais do equivalente em URVs do último dia desses meses (independentemente da data do pagamento, normalmente nos primeiros dias do mês seguinte) e extraindo-se a média aritmética desses valores, a menos que o equivalente em URVs de fevereiro de 1994 fosse superior, prevalecendo neste caso o valor maior.

Os sindicatos, considerando que o valor real do salário deveria ser medido pelo primeiro e não pelo último dia do mês trabalhado, queixaram-se de uma perda de 27,93%. Na prática, a perda de poder aquisitivo foi menor, mas existiu. Os índices nos quais se basearam os reajustes da URV foram calculados em grande parte tendo em vista padrões de consumo da classe média e preços no atacado, enquanto muitos produtos essenciais tiveram aumentos reais "preventivos". A cesta básica do PROCON subiu de uma média de 85,04 URVs nos meses de referência para 101,12 URVs em julho. Por esse critério, o salário mínimo, de 64,79 URVs ou reais, perdeu 16%. Entretanto, a maioria das categorias sindicais obteve reajustes de 5% a 30% nos meses seguintes (numa média de 21,7%, sugere um levantamento do DIEESE) e o crescimento do consumo indicou aumento real da renda média.

O cruzeiro real continuou circulando fisicamente e sofrendo elevada inflação até 30 de junho de 1994, quando deixou oficialmente de existir e o real foi lançado como uma nova moeda com o valor de uma URV, nesse dia cotada a CR$ 2.750. A cotação do dólar para venda na véspera fora CR$ 2.698,46 e nesse dia também atingiu exatamente CR$ 2.750 ou R$ 1,00.

Foi a maior substituição de dinheiro até então realizada no mundo, recorde só quebrado com a troca das moedas europeias pelo euro em janeiro de 2002. O Banco Central recolheu e incinerou 3,4 bilhões de cédulas de cruzeiro real e emitiu 1,5 bilhão de cédulas de real, no valor total de 27 bilhões de reais (535 bilhões de ñ) – 90% fabricadas na Casa da Moeda, do Rio de Janeiro, e 10% impressas em quatro outros países. Também foram distribuídos 900 milhões de moedas de aço inoxidável, com um peso total de 2 mil toneladas. A mudança custou aos cofres do governo 10 milhões de reais (198 milhões de ñ).

Essa promessa não foi inteiramente cumprida: em dezembro de 2000 o poder aquisitivo do real já havia se reduzido à metade do que era em agosto de 1994. Mesmo assim, e apesar do ceticismo inicial da oposição, o Plano Real mostrou-se muito mais eficaz e duradouro que os planos anteriores. Não porque sua concepção – que simplesmente inverteu a ordem dos fatores do Plano Cruzado – tenha sido tecnicamente muito superior à dos planos precedentes, mas porque sua articulação política, facilitada pela união de centristas e conservadores frente ao risco de vitória do PT e pelo esgotamento do movimento sindical frente ao desemprego, foi mais cuidadosa e bem preparada e permitiu que fossem efetuadas parte da necessária redução do déficit público, sem a qual as emissões inflacionárias teriam que continuar.

Na prática, essa redução do déficit público significou uma forte deterioração dos serviços públicos (principalmente nas áreas de Saúde e Educação). Além disso, seus efeitos foram em grande parte anulados pela necessidade de assumir as dívidas de vários bancos mal administrados que, após perder os ganhos que tinham com as elevadas taxas de inflação não repassadas para as contas correntes de seus clientes, logo foram à falência.

Como na Argentina, mas com menor rigidez, o sustentáculo do valor do Real passou a ser a fixação da taxa de câmbio com o dólar. Nos primeiros meses de vigência do plano, o retorno de dólares ao país e a entrada de investimentos estrangeiros havia alterado a paridade inicial em favor do real: o dólar chegou a ser cotado a apenas R$ 0,84, isto é, o real chegou a valer US$ 1,19, para felicidade de consumidores de importados e de viagens ao exterior.

Essa taxa de câmbio era irreal em relação à competitividade efetiva dos exportadores brasileiros e, combinada com a abertura do mercado brasileiro aos produtos importados, originou um déficit comercial brutal e crescente. Dependendo do fluxo de investimentos estrangeiros, essa situação poderia ter sido sustentada por mais tempo, mas a crise mexicana do final de 1994 – deflagrada precisamente pela incapacidade do governo mexicano de manter uma paridade irreal frente ao crescente ceticismo dos investidores – ameaçou interrompê-lo e desvalorizou gradualmente o real, de forma a evitar o agravamento do déficit comercial e inspirar mais confiança quanto à sustentação da estabilidade no longo prazo.

Porém, essas pequenas desvalorizações, mesmo combinadas com o fechamento do mercado brasileiro a certos produtos importados (principalmente automóveis), não se mostraram suficientes para restaurar o equilíbrio da balança comercial, e as pressões por uma desvalorização mais significativa foram aumentando à medida que se agravava a instabilidade internacional e outros países (Tailândia em 1997, Rússia em 1998) promoviam fortes desvalorizações. No início de 1999, Gustavo Franco, presidente do Banco Central e principal defensor da estabilidade cambial, foi afastado e substituído por Francisco Lopes. A intenção era promover uma desvalorização apenas ligeiramente mais rápida, mas, no ambiente de convulsão financeira daqueles dias, a "banda diagonal endógena" imaginada por Lopes revelou-se uma quimera. O real passou a flutuar livremente e desvalorizou-se em mais de 50% frente ao dólar.

Francisco Lopes foi rapidamente afastado e substituído por Armínio Fraga, ex-empregado do especulador internacional George Soros e um dos responsáveis pelo ataque especulativo de 1997 contra a moeda tailandesa, que rendeu para o patrão ganhos estimados em US$ 750 milhões. A única garantia da relativa estabilidade do real passou a ser a meta de inflação estabelecida pelo Banco Central.

Os efeitos do fim da estabilidade cambial sobre a inflação foram muito menores do que os imaginados pelos que defendiam sua continuação, como Gustavo Franco – e, até fins de 1998, pelo próprio Francisco Lopes. Por outro lado, os efeitos sobre a balança comercial também foram muito menores do que os defensores da desvalorização haviam imaginado.

No final de 2000, foi abolida a UFIR, último indexador oficial, mas o agravamento da crise argentina, o esfriamento da economia estadunidense depois de uma década de expansão (pelo estouro da bolha especulativa das "empresas ponto.com") e a redução do fluxo do investimento estrangeiro resultaram em aceleração das desvalorizações do real ante o dólar e em mais inflação, apesar do aumento dos juros. Combinado com o racionamento de energia elétrica de 2001-2002, resultado da combinação da seca com falta de investimento no setor parcialmente privatizado, isso minou a popularidade de FHC e levou à vitória de Lula na eleição de 2002. A iminência da vitória da esquerda acelerou ainda mais as desvalorizações, mas o mercado se acalmou após a posse do novo governo, que se comprometeu com uma política tradicional de combate à inflação combinada com políticas sociais, distribuição de renda e emancipação da economia da dívida e da supervisão do FMI.

O impacto da crise financeira de 2008 foi moderado no Brasil. Problema mais grave veio a ser a desaceleração do crescimento da economia chinesa nos anos 2010, pois esse país se tornara o maior cliente externo das exportações brasileiras e a deterioração do saldo comercial fez novamente cair a moeda brasileira ante o dólar. As medidas de desoneração das empresas pelas reduções de impostos, tarifas elétricas e juros do governo de Dilma Rousseff aumentaram o déficit público sem ter o efeito esperado sobre os investimentos privados e a queda do crescimento econômico acabou por levar a nova crise política e a um impeachment por falsos pretextos. A situação econômica continuou a se deteriorar nos governos de Michel Temer e Jair Bolsonaro, embora a inflação tenha sido baixa devido à fraqueza da demanda, resultado do crescimento do desemprego e, depois, da da deterioração da qualidade dos empregos, consequência do aumento da informalidade e retirada progressiva de benefícios previdenciários e trabalhistas.

Classes Econômicas no Brasil (anos 2000)

Em 2007, a Associação Brasileira de Empresas de Pesquisa (ABEP) adotou um novo Critério de Classificação Econômica Brasil, enfatizou sua função de estimar o poder de compra das pessoas e famílias urbanas, abandonou a anterior pretensão de classificar a população em termos de "classes sociais" e passou a falar de classes econômicas (urbanas). Nos termos da ABEP, a população urbana brasileira ficou assim classificada:

Classe	Renda familiar média					
	R$/mês (est. 2005)	ñ/mês	ñ/dia	R$/mês (PNAD 2013)	ñ/mês	ñ/dia
A1	9.733,47	65.411	2.180	20.272,56	90.531	3.018
A2	6.563,73	44.109	1.470			
B1	3.479,36	23.382	779	8.695,88	38.833	1.294
B2	2.012,67	13.526	451	4.427,36	19.771	659
C1	1.194,53	8.027	268	2.409,01	10.758	359
C2	726,26	4.881	163	1.446,24	6.458	215
D	484,97	3.259	109	639,78	2.857	95
E	276,70	1.859	62			
média	1.432,84	9.629	321	2.876,05	12.844	428

Distribuição em 2008

Classe	Total Brasil	Gde. FORT	Gde. REC	Gde. SALV	Gde. BH	Gde. RJ	Gde. SP	Gde. CUR	Gde. POA	DF
A1	0,6%	1,0%	0,3%	0,5%	0,6%	0,3%	0,6%	1,1%	0,2%	1,5%
A2	4,4%	3,5%	3,3%	2,5%	3,2%	3,5%	5,2%	5,3%	4,9%	8,8%
B1	9,1%	5,2%	5,8%	6,8%	7,7%	7,7%	10,6%	13,4%	11,3%	13,6%
B2	18,0%	10,1%	10,9%	9,4%	16,1%	17,5%	20,6%	25,3%	22,9%	20,4%
C1	24,5%	14,6%	19,7%	17,5%	24,4%	26,7%	26,9%	23,3%	27,1%	22,0%
C2	23,9%	27,9%	27,6%	31,5%	23,8%	26,30%	21,8%	19,4%	21,0%	17,5%
D	17,9%	30,7%	28,1%	28,4%	23,0%	17,0%	13,8%	10,7%	11,9%	15,4%
E	1,6%	7,0%	4,3%	3,4%	1,4%	0,9%	0,6%	1,6%	0,8%	1,0%

Transição da URV para o Real

Mês	Unidade monetária	Valor em ñ	Valor do dólar nos EUA (ñ)	Câmbio comercial	Valor do dólar no Brasil (ñ)	URV (início do mês)	URV (fim do mês)	URV (média)	Valor em ñ
jan/93	Cr$	0,001953	13,096	14.059,10	27,456	13.010	16.630	14.631,00	28,57
fev/93	Cr$	0,001523	13,051	17.868,40	27,210	16.630	21.010	19.002,00	28,94
mar/93	Cr$	0,001227	13,005	22.469,15	27,565	21.010	26.150	23.578,00	28,92
abr/93	Cr$	0,000941	12,969	28.726,50	27,035	26.490	33.470	29.652,00	27,91
mai/93	Cr$	0,0007282	12,951	37.039,75	26,971	33.880	43.240	38.393,00	27,96
jun/93	Cr$	0,0005464	12,933	48.105,75	26,284	43.780	56.120	49.760,00	27,19
jul/93	Cr$	0,0004207	12,933	62.771,50	26,408	56.810	74.300	64.846,00	27,28
ago/93	CR$ (*)	0,31049	12,897	82,74	25,690	74.300	97,12	85,43	26,52
set/93	CR$	0,22967	12,871	111,19	25,537	98,51	130,68	113,42	26,05
out/93	CR$	0,16953	12,818	151,22	25,636	132,65	178,97	154,03	26,11
nov/93	CR$	0,12340	12,809	205,80	25,397	178,97	238,32	207,59	25,62
dez/93	CR$	0,08954	12,809	279,37	25,015	241,65	327,90	282,09	25,26
jan/94	CR$	0,06233	12,774	382,42	23,835	333,17	458,16	392,73	24,48
fev/94	CR$	0,04404	12,730	550,69	24,254	466,66	637,64	553,88	24,39
mar/94	CR$	0,03116	12,687	768,1	23,936	647,50	931,05	776,33	24,19
abr/94	CR$	0,02150	12,670	1.109,68	23,861	931,05	1.323,92	1.104,04	23,74
mai/94	CR$	0,01496	12,661	1.585,43	23,715	1.323,92	1.875,82	1.588,02	23,75
jun/94	CR$	0,00991	12,619	2.297,35	22,766	1.908,68	2.750,00	2.278,55	22,58
jul/94	R$ (**)	20,567	12,584	0,9333	19,196				
ago/94	R$	20,110	12,534	0,8986	18,071				
set/94	R$	19,757	12,500	0,8652	17,094				
out/94	R$	19,248	12,492	0,8460	16,284				
nov/94	R$	18,770	12,475	0,8418	15,801				
dez/94	R$	18,594	12,475	0,8501	15,807				

(*) lançamento oficial do cruzeiro real, com valor de 1.000 cruzeiros

(**) lançamento oficial do real, como valor de uma URV ou 2.750 cruzeiros reais

Obs: os valores da URV de janeiro de 1993 a fevereiro de 1994 foram publicados em março de 1994 de forma retroativa, para cálculo da conversão de salários, tarifas, aluguéis e outros preços para fins de conversão em URVs e reais.

Inflação: 2.730,63% em 1993; 224,30% em cruzeiro real e 31,64% em URV/real em 1994

Mês	Unidade monetária	Valor em ñ	Valor do dólar nos EUA (ñ)	Câmbio comercial	Valor do dólar no Brasil (ñ)	Indexador Oficial	Valor na unidade monetária	Valor em ñ
jan/94	CR$	0,06233	12,774	382,42	23,835	UFIR	187,77	11,703
fev/94	CR$	0,04404	12,730	550,69	24,254	UFIR	261,32	11,509
mar/94	CR$	0,03116	12,687	768,1	23,936	UFIR	365,06	11,376
abr/94	CR$	0,02150	12,670	1.109,68	23,861	UFIR	524,34	11,275
mai/94	CR$	0,01496	12,661	1.585,43	23,715	UFIR	740,63	11,078
jun/94	CR$	0,00991	12,619	2.297,35	22,766	UFIR	1.068,06	10,584
jul/94	R$	20,567	12,584	0,9333	19,196	UFIR	0,562	11,559
ago/94	R$	20,110	12,534	0,8986	18,071	UFIR	0,591	11,885
set/94	R$	19,757	12,500	0,8652	17,094	UFIR	0,621	12,269
out/94	R$	19,248	12,492	0,8460	16,284	UFIR	0,631	12,146
nov/94	R$	18,770	12,475	0,8418	15,801	UFIR	0,643	12,069
dez/94	R$	18,594	12,475	0,8501	15,807	UFIR	0,662	12,309
jan/95	R$	18,241	12,425	0,8471	15,452	UFIR	0,677	12,349
fev/95	R$	17,950	12,376	0,8408	15,092	UFIR	0,677	12,152
mar/95	R$	17,576	12,335	0,8894	15,632	UFIR	0,677	11,899
abr/95	R$	17,056	12,295	0,9075	15,479	UFIR	0,706	12,042
mai/95	R$	16,620	12,270	0,8974	14,915	UFIR	0,706	11,734
jun/95	R$	15,675	12,246	0,9140	14,327	UFIR	0,706	11,066
jul/95	R$	15,353	12,246	0,9288	14,260	UFIR	0,756	11,607
ago/95	R$	15,218	12,214	0,9420	14,335	UFIR	0,756	11,505
set/95	R$	15,124	12,190	0,9528	14,410	UFIR	0,756	11,434
out/95	R$	15,031	12,151	0,9597	14,425	UFIR	0,795	11,950
nov/95	R$	14,782	12,158	0,9634	14,241	UFIR	0,795	11,751
dez/95	R$	14,543	12,166	0,9683	14,082	UFIR	0,795	11,561
jan/96	R$	14,117	12,095	0,9745	13,757	UFIR	0,829	11,703
fev/96	R$	13,940	12,056	0,9811	13,677	UFIR	0,829	11,556
mar/96	R$	13,878	11,994	0,9861	13,685	UFIR	0,829	11,505
abr/96	R$	13,722	11,948	0,9902	13,588	UFIR	0,829	11,376
mai/96	R$	13,452	11,926	0,9953	13,389	UFIR	0,829	11,152
jun/96	R$	13,192	11,918	1,0013	13,209	UFIR	0,829	10,936
jul/96	R$	13,099	11,895	1,0069	13,189	UFIR	0,885	11,592
ago/96	R$	13,099	11,872	1,0134	13,274	UFIR	0,885	11,592
set/96	R$	13,151	11,835	1,0193	13,405	UFIR	0,885	11,638
out/96	R$	13,140	11,797	1,0251	13,470	UFIR	0,885	11,629
nov/96	R$	13,109	11,775	1,0304	13,508	UFIR	0,885	11,602
dez/96	R$	13,047	11,775	1,0373	13,533	UFIR	0,885	11,546

Inflação: 1.224,30% em cruzeiro real e 31,64% em URV/real em 1994; 27,86% em 1995; 11,46% em 1996

Mês	Unidade monetária	Valor em ñ	Valor do dólar nos EUA (ñ)	Câmbio comercial	Valor do dólar no Brasil (ñ)	Indexador Oficial	Valor na unidade monetária	Valor em ñ
jan/97	R$	12,798	11,738	1,0429	13,347	UFIR	0,911	11,659
fev/97	R$	12,725	11,701	1,0493	13,352	UFIR	0,911	11,592
mar/97	R$	12,621	11,672	1,0567	13,337	UFIR	0,911	11,498
abr/97	R$	12,517	11,658	1,0609	13,279	UFIR	0,911	11,403
mai/97	R$	12,465	11,665	1,0683	13,316	UFIR	0,911	11,356
jun/97	R$	12,309	11,650	1,0746	13,228	UFIR	0,911	11,214
jul/97	R$	12,278	11,636	1,0807	13,269	UFIR	0,911	11,185
ago/97	R$	12,340	11,614	1,0879	13,425	UFIR	0,911	11,242
set/97	R$	12,340	11,585	1,0936	13,496	UFIR	0,911	11,242
out/97	R$	12,299	11,557	1,1001	13,530	UFIR	0,911	11,204
nov/97	R$	12,226	11,564	1,1073	13,538	UFIR	0,911	11,138
dez/97	R$	12,143	11,578	1,1136	13,523	UFIR	0,911	11,062
jan/98	R$	11,915	11,557	1,1199	13,343	UFIR	0,961	11,450
fev/98	R$	11,863	11,535	1,1271	13,370	UFIR	0,961	11,400
mar/98	R$	11,780	11,514	1,1337	13,354	UFIR	0,961	11,320
abr/98	R$	11,728	11,493	1,1412	13,384	UFIR	0,961	11,270
mai/98	R$	11,748	11,471	1,1481	13,488	UFIR	0,961	11,290
jun/98	R$	11,686	11,457	1,1546	13,493	UFIR	0,961	11,230
jul/98	R$	11,707	11,443	1,1615	13,597	UFIR	0,961	11,250
ago/98	R$	11,748	11,429	1,1717	13,766	UFIR	0,961	11,290
set/98	R$	11,790	11,415	1,1809	13,923	UFIR	0,961	11,330
out/98	R$	11,780	11,387	1,1884	13,999	UFIR	0,961	11,320
nov/98	R$	11,811	11,387	1,1937	14,098	UFIR	0,961	11,350
dez/98	R$	11,780	11,394	1,2054	14,199	UFIR	0,961	11,320
jan/99	R$	11,696	11,367	1,5019	17,567	UFIR	0,977	11,427
fev/99	R$	11,561	11,353	1,9137	22,125	UFIR	0,977	11,295
mar/99	R$	11,437	11,318	1,8968	21,693	UFIR	0,977	11,174
abr/99	R$	11,364	11,237	1,6941	19,252	UFIR	0,977	11,103
mai/99	R$	11,322	11,237	1,6835	19,061	UFIR	0,977	11,062
jun/99	R$	11,239	11,237	1,7654	19,842	UFIR	0,977	10,981
jul/99	R$	11,118	11,203	1,8003	20,016	UFIR	0,977	10,863
ago/99	R$	11,056	11,176	1,8807	20,794	UFIR	0,977	10,802
set/99	R$	11,022	11,123	1,8981	20,921	UFIR	0,977	10,769
out/99	R$	10,892	11,103	1,9695	21,453	UFIR	0,977	10,642
nov/99	R$	10,790	11,096	1,9299	20,824	UFIR	0,977	10,542
dez/99	R$	10,7257	11,0965	1,8428	19,765	UFIR	0,977	10,479

Inflação: 7,44% em 1997; 3,09% em 1998; 9,83% em 1999

Mês	Unidade monetária	Valor em ñ	Valor do dólar nos EUA (ñ)	Câmbio comercial	Valor do dólar no Brasil (ñ)	Indexador Oficial	Valor na unidade monetária	Valor em ñ
jan/00	R$	10,6596	11,0636	1,8037	19,227	UFIR	1,064	11,342
fev/00	R$	10,6457	10,9985	1,7753	18,899	UFIR	1,064	11,327
mar/00	R$	10,6223	10,9085	1,7420	18,504	UFIR	1,064	11,302
abr/00	R$	10,5779	10,9022	1,7682	18,704	UFIR	1,064	11,255
mai/00	R$	10,5769	10,8894	1,8279	19,333	UFIR	1,064	11,254
jun/00	R$	10,5525	10,8326	1,8083	19,082	UFIR	1,064	11,228
jul/00	R$	10,3853	10,8075	1,7978	18,671	UFIR	1,064	11,050
ago/00	R$	10,2510	10,8075	1,8092	18,546	UFIR	1,064	10,907
set/00	R$	10,2275	10,7515	1,8392	18,810	UFIR	1,064	10,882
out/00	R$	10,2132	10,7330	1,8796	19,197	UFIR	1,064	10,867
nov/00	R$	10,1807	10,7268	1,9480	19,832	UFIR	1,064	10,832
dez/00	R$	10,1210	10,7330	1,9633	19,871	UFIR	1,064	10,769
jan/01	R$	10,0636	10,6656	1,9545	19,669			
fev/01	R$	10,0175	10,6231	2,0019	20,054			
mar/01	R$	9,9796	10,5990	2,0890	20,847			
abr/01	R$	9,9221	10,5570	2,1925	21,754			
mai/01	R$	9,8815	10,5095	2,2972	22,700			
jun/01	R$	9,8304	10,4918	2,3758	23,355			
jul/01	R$	9,7014	10,5213	2,4660	23,924			
ago/01	R$	9,6340	10,5213	2,5106	24,187			
set/01	R$	9,6071	10,4741	2,6717	25,667			
out/01	R$	9,5280	10,5095	2,7402	26,109			
nov/01	R$	9,4608	10,5273	2,5431	24,060			
dez/01	R$	9,3997	10,5690	2,3627	22,209			
jan/02	R$	9,3510	10,5451	2,3779	22,236			
fev/02	R$	9,3175	10,5036	2,4196	22,545			
mar/02	R$	9,2619	10,4448	2,3466	21,734			
abr/02	R$	9,1884	10,3868	2,3204	21,321			
mai/02	R$	9,1692	10,3868	2,4804	22,743			
jun/02	R$	9,1309	10,3810	2,7140	24,781			
jul/02	R$	9,0235	10,3695	2,9346	26,480			
ago/02	R$	8,9652	10,3350	3,1101	27,883			
set/02	R$	8,9011	10,3179	3,3420	29,748			
out/02	R$	8,7860	10,3008	3,8059	33,439			
nov/02	R$	8,5284	10,3008	3,5764	30,501			
dez/02	R$	8,3530	10,3236	3,6259	30,287			

Inflação: 5,97% em 2000; 7,67% em 2001; 12,53% em 2002

Mês	Unidade monetária	Valor em ñ	Valor do dólar nos EUA (ñ)	Câmbio comercial	Valor do dólar no Brasil (ñ)
jan/03	R$	8,1692	10,2781	3,4384	28,089
fev/03	R$	8,0429	10,1996	3,5908	28,881
mar/03	R$	7,9452	10,1386	3,4469	27,386
abr/03	R$	7,8689	10,1607	3,1187	24,541
mai/03	R$	7,8211	10,1773	2,9557	23,117
jun/03	R$	7,8329	10,1662	2,8832	22,584
jul/03	R$	7,8173	10,1552	2,8798	22,512
ago/03	R$	7,7908	10,1167	3,0025	23,392
set/03	R$	7,7305	10,0839	2,9228	22,595
out/03	R$	7,7081	10,0948	2,8615	22,057
nov/03	R$	7,6820	10,1222	2,9138	22,384
dez/03	R$	7,6423	10,1331	2,9253	22,356
jan/04	R$	7,5846	10,0839	2,8518	21,630
fev/04	R$	7,5387	10,0297	2,9303	22,091
mar/04	R$	7,5034	9,9655	2,9055	21,801
abr/04	R$	7,4757	9,9337	2,9060	21,725
mai/04	R$	7,4378	9,8759	3,1004	23,060
jun/04	R$	7,3854	9,8447	3,1291	23,110
jul/04	R$	7,3188	9,8603	3,0368	22,226
ago/04	R$	7,2687	9,8551	3,0029	21,827
set/04	R$	7,2448	9,8343	2,8911	20,945
out/04	R$	7,2130	9,7828	2,8529	20,578
nov/04	R$	7,1636	9,7777	2,7860	19,958
dez/04	R$	7,1025	9,8137	2,7182	19,306
jan/05	R$	7,0616	9,7931	2,6930	19,017
fev/05	R$	7,0201	9,7369	2,5978	18,237
mar/05	R$	6,9776	9,6613	2,7047	18,872
abr/05	R$	6,9174	9,5968	2,5792	17,841
mai/05	R$	6,8837	9,6067	2,4528	16,884
jun/05	R$	6,8851	9,6017	2,4135	16,617
jul/05	R$	6,8679	9,5575	2,3735	16,301
ago/05	R$	6,8562	9,5089	2,3606	16,185
set/05	R$	6,8323	9,3941	2,2944	15,676
out/05	R$	6,7815	9,3752	2,2565	15,302
nov/05	R$	6,7444	9,4511	2,2108	14,910
dez/05	R$	6,7202	9,4895	2,2855	15,359

Inflação: 9,30% em 2003; 7,60% em 2004; 5,69% em 2005

Mês	Unidade monetária	Valor em ñ	Valor do dólar nos EUA (ñ)	Câmbio comercial	Valor do dólar no Brasil (ñ)
jan/06	R$	6,6808	9,4177	2,2739	15,191
fev/06	R$	6,6535	9,3988	2,1619	14,384
mar/06	R$	6,6250	9,3470	2,1520	14,257
abr/06	R$	6,6111	9,2682	2,1293	14,077
mai/06	R$	6,6045	9,2224	2,1781	14,385
jun/06	R$	6,6184	9,2042	2,2483	14,880
jul/06	R$	6,6059	9,1771	2,1893	14,462
ago/06	R$	6,6026	9,1591	2,1559	14,234
set/06	R$	6,5887	9,2042	2,1687	14,289
out/06	R$	6,5671	9,2544	2,1483	14,108
nov/06	R$	6,5468	9,2682	2,1579	14,127
dez/06	R$	6,5155	9,2544	2,1499	14,008
jan/07	R$	6,4869	9,2270	2,1385	13,872
fev/07	R$	6,4585	9,1771	2,0963	13,539
mar/07	R$	6,4347	9,0922	2,0887	13,440
abr/07	R$	6,4187	9,0350	2,0320	13,043
mai/07	R$	6,4008	8,9829	1,9816	12,684
jun/07	R$	6,3829	8,9613	1,9319	12,331
jul/07	R$	6,3676	8,9656	1,8828	11,989
ago/07	R$	6,3378	8,9829	1,9660	12,460
set/07	R$	6,3264	8,9570	1,8996	12,018
out/07	R$	6,3075	8,9399	1,8010	11,360
nov/07	R$	6,2836	8,8846	1,7699	11,121
dez/07	R$	6,2375	8,8930	1,7860	11,140
jan/08	R$	6,2040	8,8467	1,7743	11,008
fev/08	R$	6,1737	8,8216	1,7277	10,666
mar/08	R$	6,1442	8,7473	1,7076	10,492
abr/08	R$	6,1106	8,6943	1,6889	10,320
mai/08	R$	6,0627	8,6221	1,6605	10,067
jun/08	R$	6,0182	8,5354	1,6189	9,743
jul/08	R$	5,9864	8,4902	1,5914	9,527
ago/08	R$	5,9697	8,5242	1,6123	9,625
set/08	R$	5,9542	8,5360	1,7996	10,715
out/08	R$	5,9276	8,6231	2,1729	12,880
nov/08	R$	5,9063	8,7915	2,2663	13,385
dez/08	R$	5,8898	8,8834	2,3944	14,103

Inflação: 3,14% em 2006; 4,46% em 2007; 5,90% em 2008

Mês	Unidade monetária	Valor em ñ	Valor do dólar nos EUA (ñ)	Câmbio comercial	Valor do dólar no Brasil (ñ)
jan/09	R$	5,8617	8,8449	2,3074	13,525
fev/09	R$	5,8296	8,8011	2,3127	13,482
mar/09	R$	5,8180	8,7798	2,3138	13,462
abr/09	R$	5,7902	8,7579	2,2059	12,773
mai/09	R$	5,7631	8,7327	2,0609	11,877
jun/09	R$	5,7424	8,6583	1,9576	11,241
jul/09	R$	5,7287	8,6721	1,9328	11,072
ago/09	R$	5,7201	8,6527	1,8452	10,555
set/09	R$	5,7064	8,6473	1,8198	10,385
out/09	R$	5,6905	8,6389	1,7384	9,892
nov/09	R$	5,6672	8,6328	1,7262	9,783
dez/09	R$	5,6463	8,6481	1,7503	9,883
jan/10	R$	5,6043	8,6186	1,7798	9,975
fev/10	R$	5,5609	8,6165	1,8416	10,241
mar/10	R$	5,5322	8,5812	1,7858	9,879
abr/10	R$	5,5008	8,5663	1,7566	9,663
mai/10	R$	5,4773	8,5597	1,8132	9,931
jun/10	R$	5,4773	8,5681	1,8065	9,895
jul/10	R$	5,4767	8,5663	1,7696	9,692
ago/10	R$	5,4745	8,5544	1,7596	9,633
set/10	R$	5,4500	8,5495	1,7187	9,367
out/10	R$	5,4094	8,5388	1,6835	9,107
nov/10	R$	5,3649	8,5353	1,7133	9,192
dez/10	R$	5,3313	8,5206	1,6934	9,028
jan/11	R$	5,2874	8,4802	1,6749	8,856
fev/11	R$	5,2455	8,4386	1,6680	8,749
mar/11	R$	5,2044	8,3571	1,6591	8,635
abr/11	R$	5,1646	8,3036	1,5864	8,193
mai/11	R$	5,1404	8,2648	1,6135	8,294
jun/11	R$	5,1327	8,2736	1,5870	8,146
jul/11	R$	5,1245	8,2663	1,5639	8,014
ago/11	R$	5,1056	8,2436	1,5970	8,154
set/11	R$	5,0787	8,2311	1,7498	8,887
out/11	R$	5,0570	8,2481	1,7726	8,964
nov/11	R$	5,0308	8,2550	1,7905	9,008
dez/11	R$	5,0058	8,2755	1,8369	9,195

Inflação: 4,31% em 2009; 5,91% em 2010; 6,50% em 2011

Mês	Unidade monetária	Valor em ñ	Valor do dólar nos EUA (ñ)	Câmbio comercial	Valor do dólar no Brasil (ñ)
jan/12	R$	4,9779	8,2396	1,7897	8,909
fev/12	R$	4,9556	8,2031	1,7184	8,516
mar/12	R$	4,9452	8,1413	1,7953	8,878
abr/12	R$	4,9138	8,1167	1,8548	9,114
mai/12	R$	4,8962	8,1263	1,9860	9,724
jun/12	R$	4,8923	8,1382	2,0492	10,025
jul/12	R$	4,8713	8,1515	2,0287	9,882
ago/12	R$	4,8514	8,1064	2,0294	9,845
set/12	R$	4,8239	8,0704	2,0281	9,783
out/12	R$	4,7956	8,0735	2,0298	9,734
nov/12	R$	4,7670	8,1119	2,0678	9,857
dez/12	R$	4,7296	8,1338	2,0778	9,827
jan/13	R$	4,6893	8,1099	2,0310	9,524
fev/13	R$	4,6614	8,0440	1,9730	9,197
mar/13	R$	4,6395	8,0230	1,9830	9,200
abr/13	R$	4,6142	8,0314	2,0020	9,238
mai/13	R$	4,5972	8,0171	2,0350	9,355
jun/13	R$	4,5852	7,9979	2,1730	9,964
jul/13	R$	4,5839	7,9947	2,2520	10,323
ago/13	R$	4,5729	7,9851	2,3420	10,710
set/13	R$	4,5569	7,9759	2,2700	10,344
out/13	R$	4,5311	7,9964	2,1890	9,919
nov/13	R$	4,5068	8,0128	2,2970	10,352
dez/13	R$	4,4657	8,0135	2,3450	10,472
jan/14	R$	4,4413	7,9838	2,3820	10,579
fev/14	R$	4,4108	7,9544	2,3840	10,515
mar/14	R$	4,3706	7,9035	2,3260	10,166
abr/14	R$	4,3415	7,8775	2,2330	9,695
mai/14	R$	4,3217	7,8501	2,2210	9,598
jun/14	R$	4,3044	7,8355	2,2360	9,625
jul/14	R$	4,3040	7,8386	2,2250	9,576
ago/14	R$	4,2933	7,8517	2,2680	9,737
set/14	R$	4,2689	7,8458	2,3330	9,959
out/14	R$	4,2511	7,8655	2,4480	10,407
nov/14	R$	4,2295	7,9082	2,5380	10,735
dez/14	R$	4,1968	7,9533	2,6440	11,096

Inflação: 5,84% em 2012; 5,91% em 2013; 6,41% em 2014

Mês	Unidade monetária	Valor em ñ	Valor do dólar nos EUA (ñ)	Câmbio comercial	Valor do dólar no Brasil (ñ)
jan/15	R$	4,1454	7,9909	2,6380	10,936
fev/15	R$	4,0954	7,9564	2,8170	11,537
mar/15	R$	4,0421	7,9093	3,1400	12,692
abr/15	R$	4,0136	7,8933	3,0440	12,217
mai/15	R$	3,9841	7,8532	3,0640	12,207
jun/15	R$	3,9529	7,8258	3,1110	12,297
jul/15	R$	3,9285	7,8253	3,2240	12,665
ago/15	R$	3,9199	7,8364	3,5150	13,778
set/15	R$	3,8988	7,8486	3,8960	15,190
out/15	R$	3,8671	7,8521	3,8760	14,989
nov/15	R$	3,8285	7,8688	3,7780	14,464
dez/15	R$	3,7921	7,8957	3,8690	14,671
jan/16	R$	3,7445	7,8827	4,0540	15,180
fev/16	R$	3,7111	7,8762	3,9780	14,763
mar/16	R$	3,6952	7,8425	3,6940	13,650
abr/16	R$	3,6728	7,8054	3,5510	13,042
mai/16	R$	3,6444	7,7738	3,5490	12,934
jun/16	R$	3,6317	7,7975	3,4180	12,413
jul/16	R$	3,6129	7,8102	3,2780	11,843
ago/16	R$	3,5971	7,8030	3,2080	11,539
set/16	R$	3,5942	7,7843	3,2560	11,703
out/16	R$	3,5849	7,7746	3,1860	11,421
nov/16	R$	3,5784	7,7867	3,3390	11,948
dez/16	R$	3,5677	7,7842	3,3510	11,955
jan/17	R$	3,5542	7,7391	3,1970	11,363
fev/17	R$	3,5425	7,7148	3,1030	10,992
mar/17	R$	3,5337	7,7085	3,1270	11,050
abr/17	R$	3,5287	7,6857	3,1400	11,080
mai/17	R$	3,5178	7,6792	3,2090	11,289
jun/17	R$	3,5260	7,6722	3,2970	11,625
jul/17	R$	3,5175	7,6775	3,2050	11,274
ago/17	R$	3,5108	7,6546	3,1530	11,070
set/17	R$	3,5052	7,6143	3,1380	10,999
out/17	R$	3,4905	7,6191	3,1960	11,156
nov/17	R$	3,4808	7,6189	3,2570	11,337
dez/17	R$	3,4656	7,6234	3,2970	11,426

Inflação: 10,67% em 2015; 6,29% em 2016, 2,95% em 2017 (IPCA)

Mês	Unidade monetária	Valor em ñ	Valor do dólar nos EUA (ñ)	Câmbio comercial	Valor do dólar no Brasil (ñ)
jan/18	R$	3,4555	7,5821	3,2130	11,103
fev/18	R$	3,4445	7,5478	3,2430	11,171
mar/18	R$	3,4414	7,5308	3,2770	11,278
abr/18	R$	3,4339	7,5010	3,4090	11,706
mai/18	R$	3,4202	7,4699	3,6340	12,429
jun/18	R$	3,3776	7,4580	3,7830	12,778
jul/18	R$	3,3665	7,4575	3,8230	12,870
ago/18	R$	3,3695	7,4534	3,9330	13,252
set/18	R$	3,3534	7,4447	4,1080	13,776
out/18	R$	3,3384	7,4316	3,7610	12,556
nov/18	R$	3,3454	7,4566	3,7880	12,673
dez/18	R$	3,3404	7,4805	3,8840	12,974
jan/19	R$	3,3298	7,4663	3,7350	12,437
fev/19	R$	3,3155	7,4348	3,7180	12,327
mar/19	R$	3,2908	7,3931	3,8370	12,627
abr/19	R$	3,2722	7,3542	3,9000	12,762
mai/19	R$	3,2679	7,3386	4,0050	13,088
jun/19	R$	3,2676	7,3372	3,8630	12,623
jul/19	R$	3,2614	7,3249	3,7830	12,338
ago/19	R$	3,2578	7,3252	4,0270	13,119
set/19	R$	3,2591	7,3195	4,1250	13,444
out/19	R$	3,2559	7,3028	4,0860	13,304
nov/19	R$	3,2394	7,3067	4,1590	13,473
dez/19	R$	3,2024	7,3134	4,1090	13,159

Inflação: 3,75% em 2018, 4,31% em 2019 (IPCA)

Moedas e notas, séries de 1994

Denominação	Valor em R$	Peso em gramas	Valor em ñ ago/1994
Papel-moeda			
100 reais	100,00		2.000
50 reais	50,00		1.000
10 reais	10,00		200
5 reais	5,00		100
1 real	1,00		20
Moedas de aço inox			
1 real	1,00	4,27	20
50 centavos	0,50	3,92	10
25 centavos	0,20	4,78	5
10 centavos	0,10	3,59	2
5 centavos	0,05	3,27	1
1 centavo	0,01	2,96	0,2

Moedas e notas, séries de 1998-2002

Denominação	Valor em R$	Peso em gramas	Valor em ñ 2001
Papel-moeda			
100 reais	100,00		1.000
50 reais	50,00		500
20 reais (*)	20,00		200
10 reais	10,00		100
5 reais	5,00		50
2 reais	2,00		20
1 real	1,00		10
Moedas de cuproníquel e alpaca			
1 real	1,00	7,84	10
Moedas de cuproníquel			
50 centavos	0,50	9,25	5
Moedas de aço revestido de bronze			
25 centavos	0,20	7,60	2,5
10 centavos	0,10	4,83	1
Moedas de aço revestido de cobre			
5 centavos	0,05	4,06	0,5
1 centavo (**)	0,01	2,43	0,1

(*) circulou a partir de 2002

(**) cunhada pela última vez em 2004

Moedas e notas, séries de 2010

Denominação	Valor em R$	Peso em gramas	Valor em ñ 2015
Papel-moeda			
100 reais	100,00		400
50 reais	50,00		200
20 reais	20,00		80
10 reais	10,00		40
5 reais	5,00		20
2 reais	2,00		8
Moedas de aço inox e aço revestido de bronze			
1 real	1,00	7,00	4
Moedas de aço inox			
50 centavos	0,50	7,81	2
Moedas de aço revestido de bronze			
25 centavos	0,20	7,60	1
10 centavos	0,10	4,83	0,4
Moedas de aço revestido de cobre			
5 centavos	0,05	4,06	0,2

Salário mínimo em São Paulo, SP

As tabelas abaixo indicam o valor nominal do salário mínimo a cada ano na cidade de São Paulo. Vale observar que o salário mínimo foi regionalizado desde sua criação em 1940 até o início de 1984. O salário mínimo paulistano esteve sempre entre os mais elevados. Foi inicialmente inferior apenas ao da cidade do Rio de Janeiro (então capital da República), mas igualado a este a partir de 1962. O auge da diferença entre os salários mínimos mais altos e mais baixos deu-se entre 1954 e 1956, do segundo governo Vargas ao início do governo Kubitschek. Enquanto o salário mínimo real atingia seu máximo histórico nas capitais do Sudeste, o vigente no sertão do Nordeste mal chegava a um terço de seu valor.

Durante a ditadura militar, houve uma tendência à convergência dos salários mínimos regionais, com o achatamento dos pisos das grandes cidades, a elevação relativa nas regiões mais pobres e a redução gradual do número de regiões, até a unificação nacional em maio de 1984. Nesse período, a crise financeira do Estado resultante do efeito do choque de juros do Fed sobre o endividamento excessivo da ditadura começou a pressionar para baixo os reajustes do salário mínimo, pois a estes estavam vinculadas as aposentadorias, pensões, salários e vários gastos públicos. Embora houvesse a desvinculação de alguns desses itens pela Constituição de 1988, o valor real do salário mínimo continuou a cair até depois do plano Real de 1994. A recuperação iniciou-se alguns anos depois e tomou ritmo mais acelerado no governo Lula (p. 2003-2011).

Além disso, em julho de 2000, uma lei complementar autorizou os estados a criar pisos salariais estaduais por categoria, válidos para todos os trabalhadores que não tivessem piso salarial mais alto definido em lei federal, convenção ou acordo coletivo de trabalho. Cinco estados os adotaram: Paraná, Rio de Janeiro, Rio Grande do Sul, Santa Catarina e São Paulo, este a partir de agosto de 2007. O do Rio Grande do Sul tem sido o mais alto.

A periodicidade do reajuste do salário mínimo variou muito ao longo do tempo: em certos períodos, passou anos sem reajuste, enquanto em tempos de inflação elevada foi reajustado mensalmente. O cálculo do poder aquisitivo médio em ñ usado nas tabelas acima considera a média anual do poder aquisitivo em cada um dos doze meses, sendo este calculado com base no poder aquisitivo da unidade monetária no mesmo mês, ou seja, segundo o regime de competência.

Alguns economistas, especialmente ao justificar os critérios usados para converter os salários para a nova moeda por ocasião do Plano Real, argumentaram que se deveria usar o regime de caixa e considerar o poder aquisitivo da unidade monetária do mês seguinte, pois o salário seria pago de fato no dia 10 ou primeiro dia útil subsequente (ou no 5º dia útil a partir de 1990) e gasto ao longo dos 30 dias seguintes. Em períodos de inflação mensal elevada, isso resultaria em poderes aquisitivos sensivelmente mais baixos que os indicados nas tabelas. Entretanto, nos períodos de inflação galopante, foi frequente antecipar pagamentos (às vezes feitos quinzenalmente) e também gastos, de modo a se adquirir todas as compras do mês imediatamente após o pagamento. Na prática, o poder aquisitivo efetivo esteve entre os dois cálculos, mas não necessariamente no ponto médio.

Ano	Valor nominal (dezembro)	Valor médio anual em ñ
1940	220$000	3.868
1941	220$000	3.534
1942	Cr$ 220,00	3.179
1943	Cr$ 360,00	3.564
1944	Cr$ 360,00	3.395
1945	Cr$ 360,00	2.897
1946	Cr$ 360,00	2.505
1947	Cr$ 360,00	2.041
1948	Cr$ 360,00	1.974
1949	Cr$ 360,00	1.893
1950	Cr$ 360,00	1.731
1951	Cr$ 360,00	1.546
1952	Cr$ 1.190,00	4.359
1953	Cr$ 1.190,00	3.814
1954	Cr$ 2.300,00	4.256
1955	Cr$ 2.300,00	4.893
1956	Cr$ 3.700,00	5.012
1957	Cr$ 3.700,00	5.594
1958	Cr$ 3.700,00	4.880
1959	Cr$ 5.900,00	5.650
1960	Cr$ 9.440,00	4.715
1961	Cr$ 13.220,00	5.526
1962	Cr$ 13.220,00	4.923
1963	Cr$ 21.000,00	4.599
1964	Cr$ 21.000,00	4.355
1965	Cr$ 66.000,00	4.133
1966	Cr$ 84.000,00	3.615
1967	NCr$ 105,00	3.679
1968	NCr$ 129,60	3.360
1969	NCr$ 156,00	3.566
1970	Cr$ 187,20	3.498
1971	Cr$ 225,60	3.502
1972	Cr$ 268,80	3.592
1973	Cr$ 312,00	3.731
1974	Cr$ 415,20	3.733
1975	Cr$ 532,80	3.758
1976	Cr$ 768,00	3.691
1977	Cr$ 1.106,40	3.699
1978	Cr$ 1.560,00	3.785
1979	Cr$ 2.932,80	3.758
1980	Cr$ 5.788,80	3.854
1981	Cr$ 11.928,00	3.805
1982	Cr$ 23.568,00	3.830
1983	Cr$ 57.120,00	3.439
1984	Cr$ 166.560,00	3.137
1985	Cr$ 600.000,00	3.188
1986	Cz$ 804,00	3.192
1987	Cz$ 3.600,00	2.609
1988	Cz$ 40.425,00	2.463
1989	NCz$ 788,18	2.587

Ano	Valor nominal (dezembro)	Valor médio anual em ñ
1990	Cr$ 8.836,82	1.997
1991	Cr$ 63.000,00	2.136
1992	Cr$ 522.186,94	1.905
1993	CR$ 18.760,00	1.976
1994	R$ 70,00	1.423
1995	R$ 100,00	1.433
1996	R$ 112,00	1.446
1997	R$ 120,00	1.457
1998	R$ 130,00	1.492
1999	R$ 136,00	1.498
2000	R$ 151,00	1.520
2001	R$ 180,00	1.683
2002	R$ 200,00	1.753
2003	R$ 240,00	1.800
2004	R$ 260,00	1.863
2005	R$ 300,00	1.970
2006	R$ 350,00	2.227

	Salário mínimo nacional		Menor piso salarial em São Paulo	
Ano	Valor nominal (dezembro)	Valor médio anual em ñ	Valor nominal (dezembro)	Valor médio anual em ñ
2007	R$ 380,00	2.356	R$ 410,00	2.435
2008	R$ 415,00	2.466	R$ 450,00	2.636
2009	R$ 465,00	2.648	R$ 505,00	2.795
2010	R$ 510,00	2.791	R$ 560,00	2.995
2011	R$ 545,00	2.792	R$ 600,00	3.026
2012	R$ 622,00	3.028	R$ 690,00	3.285
2013	R$ 678,00	3.108	R$ 755,00	3.435
2014	R$ 724,00	3.121	R$ 810,00	3.492
2015	R$ 788,00	3.117	R$ 905,00	3.580
2016	R$ 880,00	3.200	R$ 1.000,00	3.548
2017	R$ 937,00	3.293	R$ 1.076,20	3.715
2018	R$ 954,00	3.235	R$ 1.108,38	3.758
2019	R$ 998,00	3.262	R$ 1.163,55	3.757

Bibliografia

ABEP: Critério de Classificação Econômica Brasil. Disponível em http://www.abep.org/criterio-brasil

ABREU, Marcelo de Paiva, LAGO, Luiz Aranha Correa do. A economia brasileira no Império, 1822-1889. *Textos para Discussão 584*. Departamento de Economia, PUC-Rio, 2010.

ASCHHEIM, Joseph, PARK, Y. S. *Artificial currency units: the formation of functional. Currency Areas. Essays in International Finance No. 114, April 1976*. Princeton University, New Jersey.

AUSZÜGE aus dem Tagebuch des Konrektors und Kantors August Heinrich von der Ohe aus den Jahren 1922/1923. Disponível em http://www.kollektives-gedaechtnis.de/texte/weimar/ohe/inflation1923.htm

BEYER, John C., SCHNEIDER, Stephen A. Forced labor under the Third Reich. Disponível em http://www.nathaninc.com/sites/default/files/Pub%20PDFs/Forced%20Labor%20Under%20the%20Third%20Reich%2C%20Part%20One.pdf

BODENHORN, Howard. *Antebellum Banking in the United States.* Disponível em http://eh.net/encyclopedia/antebellum-banking-in-the-united-states/

BORDO, Michael D., EICHENGREEN, Barry. *A Retrospective on the Bretton Woods System: lessons for international monetary reform.* University of Chicago Press, 2007.

BRITISH Wartime Food. Disponível em http://www.cooksinfo.com/british-wartime-food

BUESCU, Mircea. *Trezentos anos de inflação.* Rio de Janeiro: Apec, 1973.

CHANG, Sue. Here's all the money in the world, in one chart, 29/01/2016. Disponível em http://www.marketwatch.com/story/this-is-how-much-money-exists-in-the-entire-world-in-one-chart-2015-12-18

CIRCULATION of the Deutsche Mark : from currency reform to European monetary union. *Deutsche Bundesbank Monthly Report*, March 2002

CONFEDERATE inflation rates (1861 – 1865). Disponível em https://inflationdata.com/articles/confederate-inflation/

CORSO, Jairo. Quarto sistema monetário – o cruzeiro. *Colégio da Numismática.* Disponível em https://colecaosfm.wordpress.com/2015/06/01/quarto-sistema-monetario-o-cruzeiro/

DECIMAL Coinage, *The Assurance Magazine, and Journal of the Institute of Actuaries* Vol. 6, No. 2 (JANUARY, 1856), pp. 75-104. Cambridge University Press.

DECRETO Nº 7.540, de 15 de novembro de 1879. Disponível em http://www2.

camara.leg.br/legin/fed/decret/1824-1899/decreto-7540-15-novembro-1879--548813-publicacaooriginal-64025-pe.html

DOBBS, Richard et al. *An exorbitant privilege?* : Implications of reserve currencies for competitiveness - Discussion paper. McKinsey Global Institute, 2009.

DOTY, Richard G. English Merchant Tokens. Disponível em http://www.chicagocoinclub.org/projects/PiN/emt.html

EINAUDI, Luca. *Money and Politics: European Monetary Unification and the International Gold Standard (1865-1873)*. Oxford University Press, 2001

FELS, Rendigs. American business cycles, 1865-7. *The American Economic Review*, Vol. 41, No. 3, (Jun., 1951), pp. 325-349

FERGUSON, Adam. *When money dies: the nightmare of the Weimar collapse.* William Kimber — London, 1975.

FORTUNE, Peter. The Weimar hyperinflation: Germany after World War I. 2015 Disponível em http://docplayer.net/34473579-The-weimar-hyperinflation-germany-after-world-war-i-peter-fortune-ph-d.html

FRIEDBERG, Robert. *Paper money of The United States.* Chicago: Follet, 1962.

GEYER, Michael. Inflation konkret. Disponível em http://www.zeitreise-bb.de/arb_kr/a_kr_infl_kr1gr.htm

GRAEBER, David. *Debt : the first 5.000 years.* New York: Melville, 2010.

GRAHAM, Frank D. *Exchange, prices, and production in hyper-inflation:* Germany, 1920-1923. New York: Russell & Russell, 1930.

GROSS, Stephen. *Confidence and gold*: German war finance, 1914–1918. University of California, Berkeley. Central European History 42 (2009), 223–252.

HABER, Stephen H., KLEIN, Herbert S. As consequências econômicas da independência brasileira. *Novos Estudos CEBRAP nº 33*, p. 236-248, julho de 1992.

HADBA, Fernando. Caixas de Conversão. *Revista de Economia Política*, v. 14, nº1 (53), jan/mar 1994.

HARDACH, Gerd. Financial mobilisation in Germany, 1914–1918. *EABH Papers*, No. 14--08, Philipps–Universität Marburg, September 2014.

HERBERT, Alan. What is and isn't legal tender can be complex. Disponível em http://www.numismaster.com/ta/numis/Article.jsp?ArticleId=25389

HETZEL, Robert L. German Monetary History in the First Half of the Twentieth Century. *Economic Quarterly* Volume 88/1. Federal Reserve Bank of Richmond, Winter 2002.

HISTORICAL Dollar-to-Marks: Currency Conversion Page. Disponível em http://www.history.ucsb.edu/faculty/marcuse/projects/currency.htm'

HISTORICAL Statistics of the United States: 1789-1945, a Supplement to the Statistical Abstract of the United States. Bureau of the Census. Government Press, 1949

IRWIN, Douglas A. The French Gold Sink and the Great Deflation of 1929–32. *Cato Papers on Public Policy, Vol. 2.* Cato Institute, 2012.

JACKSON, Julian. The Politics of the Gold Standard in France, 1914-1939. Disponível em https://mronline.org/2010/07/17/the-politics-of-the-gold-standard-in-france-1914-1939/

JACKSON, Lee. *The Dictionary of Victorian London.* http://www.victorianlondon.org/

JAREMSKI, Matthew S. *Free banking: a reassessment using bank-level data.* Nashville, Vanderbilt University, August 2010

JOBST, Clemens Jobst, SCHEIBER, Thomas. *Austria-Hungary: from 1863 to 1914. South-Eastern European Monetary and Economic Statistics from the Nineteenth Century to World War II.* Disponível em http://www.bankofgreece.gr/Pages/en/Publications/Studies/SeemhnDataVolTables.aspx

JULIAN, R.W. Gold triumphed in 1850s silver shortage. February 3, 2010. Disponível em http://www.numismaticnews.net/article/gold_triumphed_in_1850s_silver_shortage

KNOX, John Jay. *United States notes: a history of the various issues of paper money by the government of the United States.* New York: Charles Soeibnee's Sons, 1894.

LCC Writing Team. Coins of the California gold rush. February 2017. Disponível em http://blog.littletoncoin.com/california-gold-rush/

LOBO, Eulalia Maria Lahmeyer. Evolução dos preços e do padrão de vida no Rio de Janeiro, 1820-1930 - resultados preliminares. *R. bras. Econ.*, Rio de Janeiro, 25 (4) :235/265, out./dez. 1971

MACKENZIE, A. D. *The Bank of England note: a history of its printing.* CUP Archive, 1953.

MARX, Karl. *O capital:* crítica da economia política. São Paulo: Abril Cultural, 1983.

MATTHEWS, Robert. *Robert Matthews Coin Authentication.* No. 2 July 2004. Disponível em http://www.coinauthentication.co.uk/newsletter2.html

MOENS, J. Dossier 'Union Monétaire Latine'. Disponível em http://www.numisbel.be/UML.htm

MOURA FILHO, Heitor Pinto de. Câmbio de longo prazo do mil-réis: uma abordagem empírica referente às taxas contra a libra esterlina e o dólar (1795-1913) . *Cadernos de História*, Belo Horizonte, v.11, n. 15, p. 9-34, 2º sem. 2010.

MÜLLER, Elisa. Moedas e bancos no Rio de Janeiro no século XIX. 2004. Disponível em http://www.ie.ufrj.br/eventos/seminarios/pesquisa/moedas_e_bancos_no_rio_de_janeiro_no_seculo_xix.pdf

OCCHINO, Filippo, OOSTERLINCK, Kim , WHITE, Eugene N. How much can a victor force the vanquished to pay? : France under the nazi boot". *The Journal of Economic History*, v. 68, n. 1, March 2008.

OFFICER, Lawrence H. Gold standard. Disponível em https://eh.net/encyclopedia/gold-standard/

OLMSTEAD, Alan L., RHODE, Paul W. *The 'New History of Capitalism' and Slavery*. December 2015

PRIOR, Ed. How much gold is there in the world?, 01/04/2013. Disponível em http://www.bbc.com/news/magazine-21969100

RANSOM, Roger L. The Economics of the Civil War. Disponível em https://eh.net/encyclopedia/the-economics-of-the-civil-war/

REDISH, Angela. *Bimetallism: An Economic and Historical Analysis*. Cambridge University Press, 2000.

REIS, Eustáquio. Estratos político-eleitorais do Brasil em 1874. 16/08/2012. Disponível em http://diamantina.cedeplar.ufmg.br/2012/trabalho/historia/estratos-politico-eleitorais-do-brasil-em-1874

REPERTÓRIO Estatístico do Brasil: Quadros Retrospectivos nº1 . *Separata do Anuário Estatístico do Brasil* – Ano V – 1939/1940). IBGE: Rio de Janeiro, 1941.

REPORT from the Select Committee on Decimal Coinage; together with the proceedings of the Committee. Disponível em Londres: House of Commons, 1 August 1853.

RICHARD, Richard D. *The Early History of Banking in England*. Routledge, 2012

ROYAL Commission on Decimal Coinage: report of His Majesty's Commissioners appointed to consider whether it is advisable to make any changes in the denominations of the currency and money of account with a view to placing them on a decimal basis. Londres: House of Commons, 1920.

SAMUELSON, Robert. Andrew Jackson hated paper money as is". April 27, 2016. Disponível em http://www.realclearmarkets.com/articles/2016/04/27/andrew_jackson_hated_paper_money_as_is_102137.html

SCHWARCZ, Lilia Moritz. *As Barbas do imperador*: D. Pedro II, um monarca nos trópicos. São Paulo: Companhia das Letras, 1998.

SOUTH Carolina slavery : buying and selling human beings. Disponível em http://www.sciway.net/afam/slavery/flesh.html

SPAULDING, William C. The First and second banks of the United States. Disponível em http://thismatter.com/money/banking/history/bank-of-the-united-states.htm

STAROBIN, Robert S. The Economics of industrial slavery in the Old South" in *Business History Review*, Vol. XLIV, No. 2 (Summer, 1970).

STUDENSKI, Paul, KROOSS, Herman Edward. *Financial History of the United States.* Washington: Beard Books, 2003.

THE ASTONISHING antebellum money system. Disponível em http://theaporetic.com/?p=2013

THE BANK of England and earlier proposals for a decimal coinage. Disponível em http://www.bankofengland.co.uk/archive/Documents/historicpubs/qb/1970/qb70q4454458.pdf

THE CLASSICAL gold standard era was a myth". Disponível em http://socialdemocracy21stcentury.blogspot.com.br/2013/03/the-classical-gold--standard-era-was-myth.html

THE GOLD standard in Austria. *The Quarterly Journal of Economics*, Vol. 7, No. 2 (Jan., 1893), pp. 225-254, Oxford University Press.

THE UNITS of account as a factor of integration. *Information – Economy and Finance* 87/75. Commission of the European Communities. Information Directorate-Generale, Brussels.

WEBB, Stephen B. The supply of money and Reichsbank Financing of Government and Corporate Debt in Germany, 1919-1923. *The Journal of Economic History*, vol. 44. Nº D. 2. The Tasks of Economic History. Cambridge University Press, jun. 1984.

WORSTALL, Tim. *The Story of Henry Ford's $5 a day wages: It's not what you think*. Mar 4, 2012. Disponível em https://www.forbes.com/sites/timworstall/2012/03/04/the-story-of-henry-fords-5-a-day-wages-its-not-what-you-think/#2f6e2fb2766d

Moedas não convencionais

Moedas alternativas

São moedas criadas por empresas, particulares e organizações não governamentais. Em geral circulam dentro de um âmbito restrito, tal como uma empresa, região ou rede social ou se destinam a um tipo especial de transação. Alguns exemplos interessantes:

Hora de Ithaca é uma moeda usada em Ithaca, cidade de 100 mil habitantes no interior do estado de Nova York. Foi criada por Paul Glover em 1991, inspirado em uma moeda privada com o mesmo nome criada por Robert Owen, industrial e utopista britânico do século XIX, para seus operários comprarem produtos em suas lojas. Idealmente, deveria servir para criar uma rede econômica cooperativa, independente do capitalismo concorrencial. O pagamento de qualquer transação seria negociável, mas em princípio a unidade representaria uma hora de trabalho ou US$ 10 (135 ñ), aproximadamente o salário horário médio da região em 1991.

Foram impressas notas de 1/10,⅛, ¼, ½, 1 e 2 horas e a emissão era administrada por um conselho administrativo eleito. O sistema chegou a ser aceito por cerca de 500 empresas , foi visto como uma maneira de estimular a economia local (pois as notas só eram aceitas na região) e imitado por várias comunidades dos Estados Unidos, mas começou a cair em desuso em Ithaca depois que Glover deixou a cidade em 2011 e de modo geral perdeu atrativos ante o uso crescente de cartões de crédito e débito.

BerkShare é uma moeda criada para o condado de Berkshire (130 mil habitantes), no estado de Massachusetts. Foi criada em 2006 para estimular a economia local e implementar as propostas econômicas do Schumacher Center for a New Economics. Estas se baseiam nas ideias do economista E. F. Schumacher, autor de *Small is Beautiful*, e enfatizam descentralização, comunitarismo e tecnologias adequadas a pequenas escalas de produção. É comprado por moradores em certas agências bancárias, na forma de cédulas de 1 a 50 BerkShares, ao preço de 95 cents por unidade e é aceito por algumas centenas de negócios da região como se fosse dólar, com 5% de desconto nos preços.

Eko é uma moeda criada pelo fundo de desenvolvimento Ekopia da ecovila Findhorn, uma comunidade ambientalista da Escócia com 450 membros, que é aceita por outras ecovilas do Reino Unido filiadas ao mesmo movimento. Emitida em notas de 1, 5, 10 e 20 ekos, é de valor igual à libra britânica e tem prazo de validade de cinco anos. É usada pelo fundo Ekopia para doações e empréstimos a juros baixos para projetos de interesse da comunidade.

Ven é uma moeda digital criada pela rede social Hub Culture, com sede em Hong Kong e cerca de 30 mil membros, que a usam entre si para pagar produtos e serviços. Foi lançada em 2007 como aplicativo do Facebook. Inicialmente com valor atrelado ao dólar (um dólar = 10 vens), passou depois a ser baseada numa cesta de moedas, mercadorias e créditos de carbono. Em janeiro de 2014, quando começou a ser negociada no mercado de câmbio, havia 50 milhões de vens em circulação. A cotação tem-se mantido estável em torno de US$ 0,10 (0,8 ñ).

Fureai kippu ("tíquete de relação de cuidado") é uma moeda criada no Japão pela Fundação de Bem-Estar Sawayaka para recompensar serviços prestados a idosos, incapacitados e doentes da comunidade, na base de um tíquete por hora de trabalho. Quem a recebe pode transferi-la para parentes idosos que morem longe para que obtenham os mesmos cuidados ou guardá-la para suas futuras necessidades.

Moedas religiosas

São usadas como referência por determinadas comunidades religiosas no cálculo de valores devidos no cumprimento de certos mandamentos e pagamento de multas por descumprimento da lei religiosa. Em certos casos, foram cunhadas ou emitidas em forma física e o uso de outras moedas foi considerado impuro ou pecaminoso.

Islã sunita

A *sharia* ou jurisprudência islâmica fixou em dinares e dirrãs, moedas criadas em 689 pelo califa Abd al-Malik (r. 685-705) e usadas por seus sucessores, os valores adequados de dotes, multas e indenizações legais, bem como o valor do *nisab* (limite de isenção do *zakat*, contribuição religiosa anual obrigatória) e da *jizya* (imposto pago por não muçulmanos em Estados islâmicos). Há, porém, divergências entre as escolas de jurisprudência islâmica sobre algumas dessas quantias. Por exemplo, a escola Hanafi ensina que o dote dado pelo noivo à noiva deve ser de pelo menos 10 dirrãs, a Maliki de 3 dirrãs (o mesmo valor mínimo pelo qual um ladrão deve ser punido pela amputação da mão) e as outras escolas dizem ser válida qualquer quantia aceita pelas partes.

Há um *zakat* especial devido na noite do último dia do Ramadã, o *zakat al-Fitr* (purificação do fim do jejum), de uma *sa'* de cevada ou tâmaras secas, ou o equivalente em dinheiro, para que os pobres também festejem o fim do jejum. Uma *sa'* era na Medina de Maomé o equivalente a 4,2 litros (2,2 quilos de tâmaras ou 2,6 de cevada) e mais tarde isso foi considerado equivalente a dois *mudds* de trigo (2,1 litros ou 1,6 quilo). Hoje se entende o *zakat al-Fitr* como uma porção de qualquer alimento comum na região num volume equivalente a quatro vezes um *mudd*, entendido como o conteúdo de duas mãos ou uma medida padrão aproximadamente equivalente a isso usada em Medina no tempo de Maomé, o que diferentes autoridades muçulmanas definem como 2,512 a 3,15 litros (ou 2 a 2,5 quilos), mais frequentemente 3 litros. Na França de 2009, o equivalente em dinheiro foi especificado como 5 euros (50 ñ) pelas autoridades islâmicas locais.

Nos dias de hoje, os muçulmanos praticantes continuam a considerar que as demais contribuições religiosas devem ser calculadas e pagas conforme as cotações atuais do ouro e da prata contidos nas moedas cunhadas pelos califados na Idade Média, apesar de também haver divergências sobre o peso exato.

Para a escola Maliki, o dinar tem 4,25 gramas de ouro (22 quilates) e o dirrã 3,207 gramas de prata pura; na Hanbali, 4,8 gramas de ouro puro e 2,52 de prata pura, respectivamente; para a Shafi'i, 4,235 gramas de ouro e 2,9645 de prata; na Jafari, 4,25 gramas de ouro e 2,225 de prata; para a Hanafi, 4,85 gramas de ouro e 3,205 gramas de prata.

Algumas correntes fundamentalistas vão além e consideram ser o papel-moeda (ou qualquer moeda de valor fiduciário) contrário à lei islâmica. É pecaminoso usá-lo para pagar obrigações religiosas, uma vez que todas as moedas modernas são baseadas em dívida pública e, portanto, no pagamento de juros, proibidos pela *sharia*. Assim, fazem cunhar dinares e dirrãs para assegurar o cumprimento rigoroso da lei, também com variações nos pesos exatos.

O movimento Murabitun, fundado em 1972, cunha dinares de 4,25 gramas de ouro 22 quilates (3,896 de ouro puro) e dirrãs de 2,975 gramas de prata pura. Os sultanatos malaios de Kelantan e Perak produzem dinares desse mesmo peso e dirrãs de 3 gramas. A Islamic Mint Nusantara, da Indonésia, promove dinares de 4,44 gramas de ouro puro (1/7 de onça troy, 14% mais ouro que o dinar murabitun e o mesmo que o *solidus* romano) e dirrãs de 3,11 gramas.

Estado Islâmico

Em 13 de novembro de 2014, o Estado Islâmico, ou ISIS, organização jihadista que se apoderou de partes da Síria e Iraque, anunciou um plano de cunhar moedas islâmicas para romper com o sistema financeiro ocidental. Essas moedas seriam de 1 e 5 dinares de ouro, 1, 5 e 10 dirrãs de prata e 10 e 20 *fils* de cobre e seu valor relativo seria determinado pelos preços dos metais. O dinar teria 4,3 gramas de ouro de 21 quilates (87,5%), o dirrã 3 gramas de prata a 90% e a moeda de 10 *fils*, 10 gramas de cobre. Pelas cotações dos metais nesse mês, o dinar teria o valor de US$ 140 (1.025 ñ, segundo poder aquisitivo nos Estados Unidos), o dirrã US$ 1,35 (10 ñ) e a moeda de 10 fils, US$ 0,07 (0,5 ñ).

Em junho de 2015, fotos de moedas de ouro efetivamente cunhadas e da nova série foram publicadas em redes sociais por militantes ou simpatizantes da organização, com características um pouco diferentes das inicialmente anunciadas. Entretanto, poucos meses depois, o início da intervenção russa a favor do governo sírio mudou o rumo da guerra, pôs o Estado Islâmico na defensiva e engavetou os planos de uma moeda própria. Em 2017, ante o ataque conjunto do exército sírio respaldado pelos russos e dos curdos e iraquianos apoiados pelos Estados Unidos, as cidades e os territórios ocupados pelos jihadistas foram retomados e seus planos definitivamente inviabilizados.

Denominação	Valor em US$	gramas	valor em ñ, 2015 (segundo o custo de vida dos EUA)
Moedas de ouro			
5 dinares	694	21,25	5.431
1 dinar	139	4,25	1.088
Moedas de prata			
10 dirrãs	9	20	70
5 dirrãs	4,5	10	35
1 dirrã	0,9	2	7
Moedas de cobre			
20 fils	0,13	20	1
10 fils	0,065	10	0,5

Islã xiita

O Islã xiita iraniano usa um *mithqal* ou *mesghal* comum de 4,6083 gramas, dividido em 24 *nokhods* de 0,192 gramas e um *shar'ei mithqal* de 3,456 gramas e 18 *nokhods*. Por exemplo, um marido que tem intercurso sexual com a esposa nos dois primeiros dias da menstruação deve doar o equivalente a 18 *nokhods* de ouro aos pobres; no terceiro ou quarto dia, o equivalente a 9 *nokhods* e nos dois últimos dias, 4½ *nokhods*. Se a cotação do ouro variar entre a data do coito e a do pagamento, deve-se usar a do pagamento. Relações anais, vale notar, são isentas. Nessa corrente do Islã, o *zakat* é devido apenas em relação a gado, prata, ouro, tâmaras, passas, trigo e cevada, mas há outro tributo religioso, o *khums* ("quinto"), correspondente a 20% de todos os lucros e ganhos que ultrapassem o necessário para viver, bem como da descoberta de tesouros, da mineração, da venda de terras a infiéis e de pilhagens de guerra. O limite de isenção, assim como o do *zakat*, é 15 *mithqals* comuns de ouro ou 105 de prata, o que pressupõe um dinar de 3,456 gramas de ouro e um dirrã de 2,419 gramas de prata.

Religião Baha'i

Na religião Baha'i, derivada do Islã e de origem iraniana, a base para cálculo de multas e dotes é um *mithqal* de 3,642 gramas de ouro ou prata puros, dividido em 19 *nakhuds* de 0,192 gramas. Por exemplo, cada adúltero e adúltera deve pagar 9 *mithqals* à "Casa da Justiça" local, dobrados se reincidirem. Um noivo deve pagar à noiva um dote de pelo menos 19 *mithqals* de ouro se vive na cidade, ou 19 de prata se vive numa aldeia; o dote máximo é 95 *mithqals* de ouro. Como se nota, o número 19 é especialmente importante para essa religião, que teve 19 apóstolos e um calendário com 19 meses de 19 dias e ciclos de 19 e 361 (19x19) anos.

Moedas esperantistas

Spesmilo

Como extensão do projeto pacifista e cosmopolita da língua internacional Esperanto, criada por Ludwik Zamenhof em 1887, seu seguidor René de Saussure (matemático e irmão do linguista Ferdinand de Saussure) propôs a criação de uma moeda internacional chamada *speso,* termo derivado do francês *espèce* ("espécie" ou "dinheiro") ou, segundo outros, do italiano *spesa* e do alemão *Spesen* ("despesa").

Na prática, a unidade seria o múltiplo *spesmilo* ("mil spesos"), equivalente a 0,8 grama de ouro de 22 quilates, ou 0,733 grama de ouro puro. Outros múltiplos eram o *spesdeko* (10 *spesoj*), o *spescento* (100 *spesoj*) e o *spesdekmilo* (10.000 *spesoj*). A preços da época, um *speso* tinha poder aquisitivo de 0,12 ñ e um *spesmilo*, de 120 ñ.

O *spesmilo* foi lançado em 1907 pelo banco Chekbanko Esperantista ("Banco de Cheques Esperantista"), com sede em Londres, que em 1914 chegou a ter 730 contas em *spesmiloj* de 320 cidades e 43 países e operar com alguns outros bancos britânicos e suíços. Era usado como unidade de conta equivalente a 2 shillings ou marcos, 2,5 francos ou pesetas, meio dólar , um rublo ou 4 marcos finlandeses. O projeto foi, porém, inviabilizado pela I Guerra Mundial e o banco liquidado após a morte de seu fundador, H.F. Höveler, em 1918.

Em 1912, foram cunhadas moedas comemorativas dos 25 anos do Esperanto em caráter privado, em prata de 11 quilates. A de 1 *spesmilo* tinha 28 mm e 11 gramas e a de 2 *spesmiloj*, 36 mm e 22 gramas. Uma moeda de ouro de 10 *spesmiloj* foi cogitada, mas não cunhada.

Stelo

Uma segunda tentativa de criar uma moeda esperantista foi concebida por um grupo de esperantistas da Holanda em 1942, durante a II Guerra Mundial, e divulgada em abril de 1945, após a libertação de seu país do nazismo. Logo em seguida, a moeda *stelo* ("estrela", símbolo do Esperanto), começou a ser emitida na forma de cupons com validade de cinco anos, usados para assinar publicações esperantistas e pagar inscrições em suas associações e eventos.

Em 1946, uma convenção de esperantistas em Haia criou um comitê encarregado de consolidar a moeda, cujo poder aquisitivo seria estável e equivalente ao necessário para comprar um filão de pão, 0,25 *guilder* ou florim (10 ñ) na Holanda da época. Entretanto, os acordos de Bretton Woods e as leis nacionais da época não viabilizavam os passos necessários para emitir a nova moeda e estabelecer um banco e um sistema de pagamentos para usá-la. Foi usada até os anos 1960 na contabilidade e operações bancárias da *Universala Ligo* esperantista, com sede na Holanda , agentes em vários países e cerca de 15 mil filiados nos anos 1950, mas, apesar da intenção de estabilizar seu valor, foi tratada na prática como uma fração do florim holandês e acompanhou sua inflação e variação cambial. Em 1959 (quando o *stelo* valia 6 ñ) e 1965 (5 ñ) foram feitas cunhagens privadas de moedas de 1 *stelo* (bronze), 5 *steloj* (cobre), 10 *steloj* (cuproníquel) e 25 *steloj* (prata), para colecionadores.

Em 1977, uma nova direção da *Universala Ligo* tentou ressuscitar o projeto de uma verdadeira moeda de valor com poder aquisitivo estável no tempo e idêntico em cada país. Pretendeu-se redefinir o *stelo* como 1/1.000 da despesa mensal de uma família média em cada país. Para a Holanda, foi fixado como meio *guilder* de 1° de janeiro de 1977 (5 ñ), mas não se conseguiu estabelecer sua equivalência em outros países, nem o funcionamento da moeda na prática. Tentativas de resolver os problemas continuaram até 1992; mas então faleceu Lawrence Lee, impulsionador da iniciativa, e em 1993 a organização foi dissolvida.

Moedas virtuais

Moedas virtuais são usadas por personagens de jogos online e redes sociais ao adquirir ou vender bens e serviços existentes dentro de seu mundo virtual.

Além de adquirir moedas virtuais segundo as regras internas da rede ou jogo, os usuários podem comprar e vender moedas virtuais entre si por dinheiro real ou mesmo usá-las para adquirir bens e serviços reais, criando um mercado de câmbio e dando-lhes algum valor real. Enquanto muitos jogos e redes desencorajam ou proíbem essa prática, outros o aceitam e oficializam.

A mais conhecida das moedas virtuais a ser amplamente negociada é o *Linden dollar*, unidade monetária para adquirir e vender imóveis, bens e serviços virtuais dentro do jogo online *Second Life* da Linden Lab, lançado em 2003. Manter uma conta Premium, que custa US$ 9,95 mensais ou US$ 72 anuais, dá direito a um estipêndio virtual de L$300 por semana, mais L$700 a cada 45 dias (média de 1,77 mil por mês ou 21,2 mil por ano). Além disso, os usuários podem ganhar *Linden dollars* prestando serviços ou fazendo comércio dentro do jogo ou comprando-os com moeda real. A cotação tem flutuado entre 240 e 290 L$ por dólar estadunidense (cerca de 0,03 ñ por unidade) desde 2008. A economia virtual do *Second Life* chegou ao apogeu em 2009, quando movimentou US$ 567 milhões. Caiu depois de adotar regras mais rígidas para jogos de azar e hoje equivale a US$ 300 milhões anuais.

Facebook Credit foi uma moeda virtual usada para comprar itens em jogos e aplicativos da rede Facebook, lançada em 2009. Podia ser adquirida por 15 diferentes moedas reais, a um preço equivalente a 10 por dólar (cerca de 0,8 ñ por unidade). Em 2012, porém, a rede desistiu de usá-la, passando a vender os mesmos itens por moedas nacionais.

A *Q coin* é a moeda virtual usada pelo sistema chinês de mensagem instantâneas Tencent QQ para comprar itens para seus avatares e blogs, obtida em troca de pontos obtidos no uso do sistema ou por dinheiro. Na China, surgiram lojas online e sites de games que aceitavam Q coins por certas mercadorias, prática vista pelo governo com desconfiança pelo risco de inflar indevidamente o meio circulante e abrir brechas para um mercado ilegal. Em junho de 2009, Pequim proibiu a transferência de moedas virtuais entre usuários e sua compra para bens reais, além de exigir registro das quantias transferidas a usuários pelas operadoras.

Criptomoedas

Uma criptomoeda é realmente uma moeda? Seus usuários insistem que sim, mas economistas e governos discordam. Em geral, as autoridades fiscais as consideram um valor mobiliário, análogo a uma ação ou título de dívida e não a uma moeda, para taxar ganhos e perdas com sua compra e venda. Juízes dos Estados Unidos têm dado vereditos contraditórios sobre o assunto e sobre se sua compra e venda pode ser considerada lavagem de dinheiro.

Economistas apontam que não possui valor intrínseco como o ouro, nem é uma moeda fiduciária, pois nenhuma lei ou autoridade a garante. Isso a condena a uma volatilidade incompatível com seu uso como reserva de valor. Dinheiro, em última análise, nada mais é do que obrigações e direitos, ativos e passivos, créditos e débitos, promessas respaldadas por leis. Criptomoedas, enquanto forem concebidas para fugir de regulamentos e ser independentes do Estado e da lei, seriam por isso mesmo incapazes de desempenhar o papel de verdadeira moeda. Representam uma promessa pela qual ninguém é responsável e cujo valor não pode ser administrado e estabilizado. A promessa de um meio de pagamento sem mediador confiável, meta declarada das criptomoedas, é inconsistente.

A ideologia por trás da maioria das criptomoedas é a do libertarianismo, dentro do espectro que vai do "Estado mínimo" ao anarcocapitalismo puro e simples. A ideia é que um algoritmo computacional supostamente inalterável e inviolável é mais confiável que um governo para respaldar uma moeda, por garantir a não falsificação e a limitação da produção. O fato de as moedas convencionais de hoje serem baseadas em crédito e potencialmente inflacionárias foi visto como uma deficiência e a tendência inerentemente deflacionária como uma virtude nos artigos originais de "Satoshi Nakamoto", pseudônimo do criador da *Bitcoin*, primeira das criptomoedas.

É uma singular combinação de tecnologia de ponta com uma concepção antiquada de moeda, fundada nas crenças relativas ao padrão-ouro do século XIX. A ampliação continuada da base monetária por governos era então o que se considerava "inflação", independentemente do seu impacto real sobre os preços e um mal em si. Que essa concepção tenha sido tão pouco questionada é um sintoma de que os especialistas em tecnologia são tão alheios ao debate econômico moderno quanto os economistas em relação à informática.

Nenhuma economia capitalista do pós-guerra tem como objetivo uma inflação zero. Pelo contrário, essa é uma séria ameaça associada à estagnação e ao desemprego, como se viu no Japão desde 1992 e ameaça se repetir na Europa. Inflação zero, ou pior, negativa, incentiva o entesouramento e o rentismo e desestimula investir nos riscos da produção e do comércio.

E na realidade, os governos respondem diretamente apenas por uma pequena fração do meio circulante. Nos Estados Unidos, por exemplo, existe pouco menos de um trilhão de dólares na forma de moedas, cédulas ou depósitos no Fed, enquanto a massa monetária é da ordem de quinze trilhões e o total das dívidas públicas e privadas (potencialmente dinheiro, com maior ou menor liquidez) é de 60 trilhões. Bem mais de 90% da massa monetária é criada pelos bancos privados, ao emprestar e reciclar os depósitos recebidos. Os bancos centrais apenas procuram regular a quantidade de dinheiro e velocidade de circulação por meio da manipulação da taxa de juros, da imposição de depósitos obrigatórios em suas contas e da compra e venda de títulos de dívida.

Em teoria, uma criptomoeda, caso se aproximasse de ser uma moeda única, seria uma garantia não só de inflação zero, como de deflação ilimitada, pois atrelaria uma massa monetária rigidamente fixa ou em contração a uma economia em expansão continuada, ao menos enquanto o capitalismo pudesse existir. Mas nessa situação a criptomoeda seria expulsa da circulação pela Lei de Gresham, atestada desde o Império Romano e geralmente formulada como "A moeda 'ruim' tende a expulsar do mercado a moeda 'boa'". Se existe uma moeda mais sujeita à desvalorização, será usada nas transações comerciais, enquanto aquela "imune à inflação" sai de circulação para ser entesourada. Uma moeda ideal não deveria ser engessada em quantidade ou valor e sim ser racionalmente ajustável às necessidades da economia por uma gestão inteligente e, quando necessário, criativa[29].

Alguns concorrentes da Bitcoin não impuseram um teto final para a emissão, mas isso não as isenta desse problema. Nesses casos, o crescimento do volume é pré-programado para uma progressão aritmética rígida e não para atender às necessidades da economia,

---

29 Fala-se em empresas autônomas descentralizadas (*Decentralised Autonomous Corporations*, DAC), sem diretores, que seguiriam um modelo de negócios pré-programado, administrado por *block chains* que registrariam as contas financeiras e os votos dos acionistas. O problema é o mesmo: até quando um modelo pré-programado poderia dar conta das mudanças do ambiente?

que pode crescer mais ou menos rapidamente. Além disso, o desaparecimento de moedas, devido à perda de chaves criptografadas (como aconteceu a um usuário da Bitcoin, por exemplo, ao descartar inadvertidamente seu disco rígido), morte do proprietário sem transmissão de chaves ou destruição intencional (envio para um endereço sem chave associada), estimadas em até 1% da base monetária por ano, eventualmente equilibrariam as emissões e levariam a um montante estável ou decrescente.

Mesmo assim, o fato de "moedas" sem lastro nem garantia terem chegado a representar um valor de centenas de bilhões de dólares é no mínimo intrigante do ponto de vista da teoria monetária ortodoxa, aceita pela grande maioria dos economistas do século XIX e XX, que condenava ao colapso qualquer moeda não devidamente lastreada por metal precioso e mesmo da heterodoxa, para a qual o fundamental é a validação de um governo.

Mas é sustentável? Uma moeda cujo valor repousa na expectativa de que outro agente privado a aceite por valor igual àquele pelo qual foi adquirida não seria um esquema de pirâmide ou Ponzi, destinada a desmoronar quando faltarem interessados? Para especialistas como Jorge Stolfi, cientista da computação da Unicamp ouvido pela *Securities and Exchange Commission* (Comissão de Valores Mobiliários) dos Estados Unidos, trata-se exatamente disso. Nem meio de pagamento, nem investimento propriamente dito: trata-se, como uma loteria, de uma aposta de soma negativa, onde não há mais dinheiro do que aquele posto pelos investidores e cujo custo é o da mineração. Custo que está longe de ser desprezível: no caso da Bitcoin, superam 253 kWh por transação e um consumo total de 3.000 MW, cerca de US$ 360 mil (2.700.000 ñ) por hora, o que também inspira preocupações ambientais.

Apesar das expectativas mais otimistas, o uso de criptomoedas para aquisição de serviços e mercadorias legítimas ou pagamento de impostos é pequeno, provavelmente da ordem de 1% e movido mais por convicções ideológicas do que por razões práticas. A maior parte das transações é especulativa, seguida pelo uso ilegal na compra de drogas e armas proibidas.

Mesmo se movimenta valores não desprezíveis e gera ganhos especulativos a curto prazo, o sucesso de uma moeda como tal depende de atender ao interesse quotidiano dos agentes econômicos como meio de troca, unidade de conta e reserva de valor. Isso exige um mínimo de estabilidade de poder aquisitivo, o que as criptomoedas mais importantes têm sido incapazes de proporcionar. Em épocas normais, a volatilidade das cotações da Bitcoin é comparável à do ouro ou à do petróleo e há dias de quedas ou altas de dois dígitos num só dia. Isso é aceitável para um ativo especulativo, mas catastrófico para algo que se pretenda uma moeda e, nesse aspecto, comparável a alguns dos piores casos de hiperinflação de moedas convencionais. Em um episódio de 21 junho de 2017, a cotação de sua maior concorrente, a Ether, despencou do valor de US$ 320 para cerca de US$ 0,10 em instantes por causa de uma ordem de venda de milhões de dólares a preço de mercado, ou seja, a qualquer preço que oferecessem até a ordem ser completada. Isso fez o preço cair instantaneamente 30%, o que desencadeou centenas de ordens automáticas de venda para prevenção de prejuízo, que fizeram o preço cair mais ainda. A cotação logo se recuperou, mas muitos sofreram perdas pesadas.

Outra questão é até que ponto os governos as tolerarão. Uma coisa é permitir pequenas transações anônimas com moedas virtuais, outra é aceitar pagamentos anônimos em larga escala, o que tornaria extremamente difícil cobrar impostos ou conter atividades criminosas. A ideia de que criptomoedas podem escapar do controle de governos por ser descentralizadas por muitos computadores diferentes é ingênua. Isso é mais flagrante no caso do Bitcoin, cuja enorme demanda de energia e capacidade de processamento promoveu a concentração da "mineração" em uns poucos equipamentos especializados, mas se aplica a qualquer alternativa. Governos podem inviabilizar a compra, venda, negociação ou conversão das criptomoedas em qualquer coisa útil, com os mesmos recursos com os quais monitoram as redes sociais e reprimem a pedofilia e o jogo ilegal – até fora de seu território, como quando, em 2011, os Estados Unidos reprimiram o pôquer online, fechando os portais de três empresas e abrindo processos, mesmo quando tinham sedes em paraísos fiscais como Antigua e Guernsey.

A China foi o primeiro país a tomar medidas duras, aparentemente não tanto para combater a evasão de regulamentos fiscais e cambiais – já fortemente controlada desde dezembro de 2013, quando foi proibida a operação com Bitcoin por instituições financeiras e provedores de pagamentos – quanto por recear que uma possível explosão da "bolha" das criptomoedas abalasse o equilíbrio delicado de suas empresas já bastante sobrecarregadas de dívidas. Até então, a atitude do governo era que "pessoas comuns podem participar livremente [na negociação de Bitcoin], desde que assumam a responsabilidade pelo risco". Os lançamentos de criptomoedas por oferta pública[30], muitos dos quais se mostraram puras fraudes, foram banidos no início de setembro de 2017, e as bolsas de Bitcoin fechadas no fim do mesmo mês. O país respondia então por 90% da especulação com Bitcoin e dois terços da "mineração".

A maior parte desse movimento parece ter-se mudado desde então para o Japão: em novembro de 2017, 55% das transações com Bitcoin eram feitas em ienes, 27% em dólares e 10% em *wons* sul-coreanos. Mesmo no Japão, o governo indicou que forçará as bolsas de Bitcoin a monitorar atividades criminosas e a coletar informações sobre depositantes. Ainda assim, seria possível a evasores fiscais buscar maneiras de adquirir Bitcoins anonimamente no exterior e lavar o dinheiro através de contas japonesas. Tal como a Suíça ante a moeda convencional, o país enfrentaria a pressão de outras nações por se portar como paraíso fiscal e, por outro lado, se o Bitcoin for despojado de seu semi-anonimato, perderia a maior parte do interesse.

Criptomoedas: evolução dos valores

Em janeiro de 2015, eram negociadas em bolsas 492 criptomoedas, quase todas criadas desde 2011 segundo o modelo da Bitcoin, inclusive a Potcoin, criada especialmente para comercializar maconha, e a Titcoin, para sites pornográficos. Seu valor agregado total era de 3,6 bilhões de dólares. Desse valor, 79% correspondia à Bitcoin e 14% à Ripple. Nenhuma das demais tinha um valor agregado de mais de US$ 50 milhões e a grande maioria estava bem abaixo de 500 mil. Entre as dez maiores estavam Litecoin com 1,4%, Paycoin 1,3%, Bitshares 0,7%, Stellar 0,4%, Dogecoin 0,4%, Nxt 0,3%, Peercoin 0,2% e NuShares 0,2%.

Pouco mais de dois anos depois, em abril de 2017, havia 707 moedas com um valor agregado total de 29,8 bilhões de dólares, dos quais 67% Bitcoin, 15% Ethereum, 4% Ripple, 2% Litecoin, 2% Dash e 1% Ethereum Classic. Várias delas tinham valor unitário de milionésimos ou mesmo bilionésimos de dólar. Um estudo desse mês pela Universidade

30 De janeiro a outubro de 2017, segundo https://www.coinschedule.com/stats.php, foram lançadas 203 novas criptomoedas, que arrecadaram US$ 3,26 bilhões (a maior foi a Filecoin, com US$ 257 milhões). Muitas delas se revelam rapidamente como pura fraude.

de Cambridge estimou existirem então entre 2,9 milhões e 5,8 milhões de usuários ativos de criptomoedas em todo o mundo.

Mais sete meses e havia 1.278 moedas, com valor agregado total de US$ 205,7 bilhões. O quadro abaixo mostra a posição em 9 de novembro de 2017:

Capitalização de mercado das criptomoedas, 9/11/2017

Rede	valor total (US$)	%	preço unitário (US$)	valor (ñ)	número de unidades existentes
Bitcoin	119.142.661.704	57,9%	7.145,93	54.380,53	16.672.800 BTC
Ethereum	30.615.058.878	14,9%	320,15	2.436,34	95.626.636 ETH
Bitcoin Cash	11.084.099.211	5,4%	660,79	5.028,61	16.774.063 BCH
Ripple	8.388.932.528	4,1%	0,22	1,66	38.531.538.922 XRP *
Litecoin	3.498.535.897	1,7%	65,09	495,33	53.751.932 LTC
Dash	2.526.503.222	1,2%	329,02	2.503,84	7.678.828 DASH
NEO	2.069.762.500	1,0%	31,84	242,30	65.000.000 NEO *
NEM	1.916.100.000	0,9%	0,21	1,62	8.999.999.999 XEM *
Monero	1.789.709.757	0,9%	116,74	888,39	15.331.258 XMR
IOTA	1.501.341.046	0,7%	0,54	4,11	2.779.530.283 MIOTA *
Ethereum Classic	1.368.337.413	0,7%	14,07	107,07	97.285.315 ETC
Qtum	872.833.295	0,4%	11,85	90,18	73.649.360 QTUM *
Cardano	858.543.828	0,4%	0,033	0,25	25.927.070.538 ADA *
OmiseGO	808.259.664	0,4%	7,92	60,27	102.042.552 OMG *
Lisk	737.551.696	0,4%	6,43	48,93	114.661.085 LSK *
Zcash	666.775.288	0,3%	257,95	1.963,00	2.584.881 ZEC
Stellar Lumens	645.033.055	0,3%	0,039	0,30	16.588.351.068 XLM *
BitConnect	585.839.346	0,3%	274,00	2.085,14	2.138.092 BCC
Tether	536.865.491	0,3%	1,01	7,69	534.061.667 USDT *
EOS	529.872.199	0,3%	1,15	8,75	462.386.840 EOS *
outras	15.559.501.351	7,6%			
total	205.702.117.369	100,0%			

* criptomoedas não mineráveis

Fonte: Cryptocurrency Market Capitalizations, https://coinmarketcap.com/

Bitcoin

Primeira das criptomoedas, a *Bitcoin* é um sistema de pagamento proposto num artigo de 2008 por um programador conhecido pelo pseudônimo de Satoshi Nakamoto[31] e divulgado como programa de código aberto em janeiro de 2009. Funciona como uma rede descentralizada (sem um administrador central), na qual cada nó possui uma cópia do mesmo livro-razão virtual (conhecido como *block chain*) e com base nele verificam todas as transações. Cada nó da rede funciona como um cartório com uma cópia do mesmo livro contábil, um bloco (*block*) é uma de suas "páginas" e uma transação em Bitcoin é um registro criptografado nesse livro (por isso "criptomoeda").

Cada novo bloco contém o registro das transações recentes, uma referência ao bloco anterior e a solução de um problema matemático na forma de um *nonce* (número de uso único) produzido por um algoritmo com regras determinadas. Novos blocos não podem ser integrados à rede sem essa solução. O primeiro nó a encontrá-la registra o bloco e recebe uma recompensa na forma de novas Bitcoins, além de taxas sobre as transações registradas.

Esse processo, apelidado "mineração", limita a emissão total a 21 milhões de unidades. O sistema ajusta seu grau de dificuldade a cada 2.016 blocos (cerca de 2 semanas) de modo que o tempo necessário para encontrar um novo *nonce* e criar um novo bloco seja cerca de dez minutos, por mais sofisticados e numerosos que sejam os computadores empenhados nessa tarefa (em 2014, eram necessários quintilhões de tentativas). O sucesso dava de início direito a 50 novas Bitcoins, em seguida registrados em um novo bloco de todas as cópias do livro-razão, número reduzido pela metade a cada 210 mil blocos (cerca de 4 anos) e a ser zerado em 2140.

Submúltiplos de Bitcoin podem ser transacionados até a fração mínima de 1/100.000.000, chamada *satoshi*. 100 *satoshis* são um microBitcoin ou *bit* e 1.000 bits, um miliBitcoin. Quando o dono quer fazer um pagamento, cede a propriedade de qualquer número de *satoshis* ao adicionar a chave pública do destinatário nas suas unidades, endossá-las digitalmente com sua própria chave privada e automaticamente comunicar a transação a outros nós na rede. Esta

---

31 Em maio de 2016, o cientista da computação australiano Craig Wright, nascido em 1970, afirmou ser a verdadeira identidade de Satoshi Nakamoto, mas a alegação é contestada na comunidade do Bitcoin.

valida as assinaturas criptográficas e as quantias envolvidas antes de aceitar a transação, a qual, em seguida, é registrada e adicionada à história da propriedade criptográfica de cada Bitcoin, desde o endereço Bitcoin do criador até aquele do dono atual. Isso previne o uso duplicado da mesma unidade e permite rastrear sua passagem por todos os endereços.

Para definir a ordem de prioridade do registro das transações, o sistema multiplica seu valor pela idade das frações de Bitcoin usadas e divide o resultado pelo tamanho da transação em bytes, que depende do número de diferentes Bitcoins cujas frações foram usadas. Em 2015, se o resultado fosse menor que 0,576, era preciso pagar 1/10.000 Bitcoin pela transação, mais 1/10.000 por kilobyte inteiro. O usuário pode pagar mais para que sua transferência seja registrada com prioridade (sem isso, pode eventualmente levar horas ou dias em vez de dez minutos). Portanto, o sistema não é adequado para transferências pequenas.

As chaves são criptografadas e anônimas e, se a chave privada for perdida, as Bitcoins a ela associadas se perdem para sempre. As chaves de Bitcoins e frações podem ser estocados em carteiras digitais contidas em aparelhos portáteis, em cartões com chips, ou em cédulas ou "moedas" (geralmente nos valores de 1 e 0,1 Bitcoin) com credenciais passíveis de leitura óptica. São as fotos destas últimas que costumam ser usadas na mídia para ilustrar o assunto.

A Bitcoin começou a ser emitida em janeiro de 2009, mas por um ano não passou de um brinquedo de hobbistas; as transações foram puramente experimentais. Em outubro, foi calculada, quase de brincadeira, uma equivalência de 1.309,03 Bitcoins por dólar, ou seja, 1 BTC = 0,0764 cent (0,0066 ñ), com base no custo da energia necessário para produzi-lo nessa época. A primeira transação real supostamente aconteceu em 22 de maio de 2010, quando 10 mil Bitcoins foram usadas para comprar duas pizzas no valor total de US$ 25.

Em julho de 2010, a Bitcoin começou a ser negociada de forma sistemática na bolsa Mt. Gox. Seu valor inicial de 0,8 cent subiu para 8 cents em alguns dias. Em fevereiro de 2011, atingiu a paridade com o dólar, mas depois de uma breve bolha em julho, que levou seu preço a US$ 31, seu valor voltou a cair a poucos dólares e o uso continuou restrito a aficionados até o início de 2013, quando se tornou uma febre. Cada Bitcoin passou a valer centenas de dólares, com um pico de 1.125 dólares em novembro (9.014 ñ), quando

70% das transações eram movimentadas pela bolsa Mt. Gox, baseada no Japão e lançada em julho de 2010. A cotação fechou 2013 em 730 dólares (5.850 ñ).

Em janeiro de 2014, 56% dos usuários de Bitcoin acreditavam que a moeda chegaria a 10 mil dólares ainda em 2014, e durante o ano houve analistas dispostos a prever que a Bitcoin valeria 100 mil dólares ou mesmo um milhão antes de 2020. O argumento em geral se baseava na substituição de uma parcela arbitrária das transações então realizadas por intermédio de moedas convencionais. Existia em todo o mundo, em 2010, o equivalente a 5,2 trilhões de dólares em moedas e cédulas (M0) e mais 50 trilhões em depósitos bancários à vista ou de curto prazo e títulos públicos de alta liquidez (M2). Logo, se os 21 milhões de Bitcoins previstos para o futuro distante substituíssem toda a circulação monetária convencional, cada um teria de valer 2,6 milhões de dólares – e só numa situação como essa uma fração tão minúscula como o *satoshi* poderia ter significado. Como se viu, era um raciocínio falacioso.

Em fevereiro, a Mt. Gox fechou sem aviso ao admitir ter perdido 850 mil Bitcoins. Cerca de 7% do "meio circulante" dessa moeda, no valor de mais de meio bilhão de dólares, haviam aparentemente sido surrupiados anos antes sem a instituição se dar conta. Como a criptomoeda e suas instituições não têm proteção de nenhum governo, os prejudicados não tiveram a quem recorrer quando da liquidação. Desfez-se o mito da segurança da Bitcoin, mas alegou-se que isso não comprometia o princípio da criptomoeda, assim como um assalto a banco não invalida as moedas tradicionais.

A corrida pela "mineração" levara operadores a concorrer com os computadores mais rápidos e potentes, de modo que o custo unitário de produção chegara a 600 dólares (4.700 ñ). Mas a cotação logo caiu a menos de 400 dólares e, depois de muito oscilar, entrou em trajetória de queda continuada, fechando2014 em 307 dólares (2.442 ñ). Em janeiro de 2015, depois do roubo de 5 milhões de dólares em Bitcoins da bolsa Bitstamp, a terceira do mundo, chegou a menos de 200 dólares, ponto no qual as primeiras bolsas e mineradoras de Bitcoin começaram a quebrar ou sair do mercado. Seguiu-se uma recuperação para perto de 450 dólares.

Mesmo se mais empresas passaram a aceitar a Bitcoin e novas aplicações tidas como legítimas foram anunciadas durante o ano (o número de negócios legais que o aceitam nos Estados Unidos subiu de 12 mil em novembro de 2013 para 38 mil em janeiro de 2015), seu valor em dólar caiu mais em 2014 que qualquer moeda nacional, inclusive a *hryvnia* da Ucrânia, país em profunda crise econômica e política. O uso para transações ilegais foi abalado pelo fechamento definitivo do mercado negro online *Silk Road* pela polícia dos Estados Unidos, em novembro de 2014, que também serviu para desmistificar o segredo das transações com a criptomoeda. Por sua natureza, o histórico de todas as transações com Bitcoins e similares é registrado com rigor na rede. Os endereços são anônimos, mas o cruzamento de informações pode identificar seus donos com a mesma segurança com que empresas e governos identificam os usuários e suas tendências e preferências. Foi o que aconteceu com Ross William Ulbricht, preso em outubro de 2013: suas carteiras foram identificadas, demonstrando o recebimento de pagamentos do *Silk Road*. Vale notar a alegação por sua defesa segundo a qual o site fora transferido para Mark Karpelès, presidente da bolsa Mt. Gox, que o teria usado para alavancar e controlar a cotação da Bitcoin.

Outro problema foi o surgimento dos *forks*, ou bifurcações, resultantes de dissensões na comunidade de usuários sobre detalhes nas atualizações do software. A primeira, de agosto de 2015, foi a Bitcoin XT, seguida em em janeiro de 2016 pela Bitcoin Unlimited e em fevereiro pela Bitcoin Classic. As três tiveram pouca aceitação em relação à Bitcoin original, chamada Bitcoin Core, mas contribuíram para criar dúvidas em relação à coesão do sistema a longo prazo.

A cotação da Bitcoin Core voltou a subir a partir de meados de 2015, seguiu nova curva ascendente e superou 1.200 dólares em fevereiro de 2017. Isso impediu que a redução pela metade da compensação aos "mineradores" pela emissão de novas Bitcoins, a partir de julho de 2016, se tornasse um problema grave para o sistema. A alta foi atribuída a especuladores chineses, que estariam usando a Bitcoin para contornar as restrições às compras de dólares e outros controles de capital impostos desde a crise das bolsas chinesas de julho de 2015. Estimou-se que a China representava então 93% das negociações globais de capitais.

Em 1º de agosto de 2017, uma dissensão na comunidade Bitcoin resultou na **Bitcoin Cash**, regida por um protocolo alternativo que aumenta a capacidade de transação para preservar o intuito original de uso em compras e vendas, enquanto a original, de protocolo mais lento e seguro, tende a tornar-se mero ativo especulativo. Esta variante teve mais sucesso que as dissensões anteriores e se tornou a terceira criptomoeda em importância.

No início de setembro, o governo da China, país que se estimava movimentar 90% da especulação em torno da Bitcoin, proibiu ofertas públicas de lançamentos de novas criptomoedas, por julgar que elas se prestam a fraudes; em 14 de setembro, os reguladores chineses decidiram pelo fechamento das bolsas de Bitcoin no país a partir do dia 30. A cotação da moeda caiu de um pico de US$ 5.013,91 no início do mês para menos de US$ 3.500. Recuperou-se, porém, nas semanas seguintes.

Em 23 de outubro, mais uma divisão na Bitcoin convencional criou a Bitcoin Gold, neste caso para torná-la mais fácil de "minerar" sem hardware especial. Em cada caso, após a divisão, os donos de Bitcoins receberam uma Bitcoin do novo tipo para cada Bitcoin que possuíssem, caso suas carteiras ou bolsas fossem compatíveis com a nova criação.

Embora ainda seja a mais bem-sucedida das criptomoedas, a Bitcoin tem problemas crescentes com as restrições do algoritmo e do sistema, capaz de processar poucas transações por segundo, enquanto qualquer grande cartão de crédito lida com dezenas de milhares. Em média, uma transação com Bitcoin leva cerca de 15 minutos, às vezes bem mais, e as taxas de conversão são altas: as máquinas ATM que convertem moedas nacionais em Bitcoins cobram 7%.

Além disso, a competição pela "mineração" de novas unidades restringiu essa atividade a grandes investidores com sistemas especializados e acesso a energia barata. Em 2017, os quatro maiores "mineradores" somavam 54% de todas as emissões, o que tecnicamente os capacita, se entrarem em acordo, a bloquear ou reverter transações, impor mudanças no protocolo e agir de forma mais arbitrária que uma autoridade monetária convencional. Os usuários não teriam escolha, a não ser abandonar o sistema. Isso anula a própria razão de ser da Bitcoin, cuja ideologia anarcocapitalista pressupunha uma rede descentralizada de milhares de "mineradores" independentes.

Em 10 de novembro de 2017, uma só transação com Bitcoin consumia 253 kWh, aproximadamente o consumo mensal de uma casa ou apartamento[32]. A *blockchain* da Bitcoin consumia 72 milhões de kWh por dia ou 3.000 MW, comparável à geração da usina

32 Em comparação, uma transação com cartão de crédito convencional consome apenas 0,01 kWh.

hidroelétrica de Ilha Solteira e mais do que a potência total das usinas nucleares de Angra dos Reis. Uma só transação custa US$ 30 (230 ñ) em energia, aos preços médios da eletricidade nos Estados Unidos (40% mais no Brasil e 60% a 240% mais na Europa), e o custo do sistema é de cerca de 2.700.000 ñ por hora. A Bitcoin é, entre outros problemas, insustentável do ponto de vista ambiental.

Receia-se que os problemas se agravem muito em 2020, devido à nova redução pela metade, a cada quatro anos, do prêmio em Bitcoins para os "mineradores", que até agora cobre a maior parte do custo das operações. A menos que o valor das transações e da Bitcoin subam muito, isso pode levá-los a aumentar as tarifas cobradas dos usuários por transação, tornar o sistema não competitivo (inclusive ante outras criptomoedas) e causar o seu colapso.

Ethereum (Ether) e Ethereum Classic (Classic Ether)

Ethereum é uma rede digital cuja unidade monetária é a *ether*, teoricamente subdividida em 1.000 *finneys*, 1.000.000 *szabos* e 1.000.000.000.000.000.000 (um quintilhão, 10^{18}) *weis* (entusiastas propuseram nomes para outros múltiplos e submúltiplos, mas não são de aceitação geral). Proposta pelo programador Vitalik Buterin em 2013 e lançada em julho de 2015, teve um rápido crescimento em 2016 e ao final do ano tornou-se a criptomoeda mais importante depois da Bitcoin. Não existe um limite final para as emissões, mas estas são limitadas a 18 milhões de *ethers* por ano.

As inovações em relação à Bitcoin incluem o uso de uma linguagem de programação que permite aos desenvolvedores, em princípio, inventar quaisquer instrumentos que desejem e incorporar programas executáveis ao *blockchain*, com ênfase em "contratos inteligentes" (*smart contracts*), executados automaticamente quando suas condições são satisfeitas por ambas as partes e informadas à rede. Processa transações muito mais rapidamente que a Bitcoin (segundos, em vez de minutos) e foi concebida para ser "minerada" por processadores não especializados, de modo a evitar o oligopólio da emissão por grandes investidores. A energia consumida por transação, 37 kWh em outubro de 2017, é bem menor que a da Bitcoin, mas ainda absurdamente alta.

A rede pode suportar novas moedas e seu poder de processamento foi concebido para aumentar ou diminuir com a demanda, sem exigir debates e negociações difíceis para sua expansão, como acontece com a Bitcoin. Entretanto, o sistema introduz atualizações e melhoramentos periódicos que igualmente podem causar dissensões entre os usuários.

Em julho de 2016, The DAO, uma organização baseada na rede Ethereum, criada para investir em projetos relacionados ao sistema e posta em funcionamento três meses antes apesar de advertências sobre sua vulnerabilidade legal e de segurança, teve 3,6 milhões de *ethers* (na época, US$ 50 milhões), um terço dos fundos totais, e mais de 4% dos *ethers* existentes, desviados por um hacker. A maioria dos usuários decidiu anular a manobra e restaurar os fundos para o contrato original com mais um *fork*, mas uma parte, que considerou o desvio antiético, mas válido, rejeitou a correção como contrária ao espírito do *blockchain*.

Isso resultou no cisma da comunidade em Ethereum e Ethereum Classic e da moeda em *ether* (modificada) e *classic ether* (que manteve as regras anteriores). Cada detentor de uma *ether* passou, em princípio, a possuir uma unidade de cada uma das moedas, mas houve perdas por falta de proteção contra novas manobras e incapacidade das bolsas de prevenir a retirada de unidades não divididas. A comunidade dissidente reserva-se o direito de adotar ou não novas atualizações da *ether* e pretende implantar um limite final às emissões, análogo ao da Bitcoin.

Em abril de 2017, o valor unitário da *ether* era US$ 48,57 e o valor agregado das 91 milhões de unidades era de US$ 4,4 bilhões. A *ether classic*, também com 91 milhões de unidades, tinha valor unitário de US$ 3,19 e agregado de US$ 290 milhões.

XRP (Ripple)

Existe um protocolo de pagamentos em moedas convencionais, conhecido como *Ripple*, desde 2004. Sua característica é funcionar como um serviço de rede social descentralizada de pagamentos baseada na honra e confiança entre as pessoas de redes sociais do mundo real. Para se fazer uma transferência entre dois usuários, o pagamento busca uma rota entre nós intermediários da rede que se conhecem e confiam entre si, sem passar por um banco ou administrador central. É a versão eletrônica da *hawala*, um sistema muçulmano tradicional frequentemente usado por imigrantes árabes que desejam enviar dinheiro às suas pátrias.

Em setembro de 2013, a empresa Ripple Labs lançou uma criptomoeda para uso com o Ripple chamada *XRP*, dividida em frações de 1/1.000.000 chamadas *drops*. Nesse caso, a empresa emitiu 100 bilhões de *XRP* de saída e nenhum mais pode ser criado. Vinte bilhões foram retidos pelos criadores e 25 bilhões pela empresa, que pôs o resto à venda. Cada usuário precisa manter um mínimo de 20 XRPs na conta e pagar uma taxa de 1/100.000 *XRP* a cada transação (valor não recolhido pela empresa, mas destruído). Ao contrário da Bitcoin, a *XRP* não visa a ser uma moeda alternativa de uso geral, mas satisfazer a necessidades práticas específicas, principalmente transferências internacionais.

O conceito foi criticado pelos ideólogos da criptomoeda por ter, na prática, uma administração central, que retém 45% (pelo menos) do volume, mas a *XRP* teve um valor relativamente estável em 2014 (ao contrário da pioneira Bitcoin), tornou-se por algum tempo a segunda criptomoeda em importância e surgiram outras igualmente "pré-mineradas", como Bitshares, Stellar, Nxt e NuShares. No final de 2014, o valor agregado era US$ 752 milhões e o unitário 0,0236 dólares. Em abril de 2017, esses números passaram a US$ 1,2 bilhão e 0,0318, respectivamente.

Litecoin

A *Litecoin*, lançada em outubro de 2011, foi até meados de 2014 a segunda criptomoeda em importância. Funciona de maneira análoga à Bitcoin, da qual procura ser uma concorrente direta, e divide-se igualmente em frações de 1/100.000.000, mas usa um algoritmo mais rápido e um limite máximo de 84 milhões de unidades. Teve seu auge no final de 2013, quando a rápida valorização da Bitcoin deflagrou uma "corrida" de especuladores por criptomoedas capazes de proporcionar os mesmos ganhos. O valor agregado chegou a mais de 900 milhões de dólares e o unitário a 38 dólares. Decaiu muito em 2014 e fechou o ano com um valor unitário de 2,64 dólares e agregado de 95 milhões. Assim como a Bitcoin e possivelmente pelos mesmos motivos, teve uma recuperação a partir de julho de 2015. Em abril de 2017, tinha um valor unitário de US$ 12,73 e agregado de US$ 646 milhões.

Dash

A *dash*, lançada em janeiro de 2014 com o nome de *XCoin* e rebatizada no mês seguinte como *darkcoin*, foi rebatizada com o nome menos provocativo de *dash* ("digital cash") em março de 2015. A principal particularidade em relação às concorrentes é a ênfase no segredo e privacidade das transações, o que a torna particularmente atraente para negócios ilegais. Um serviço chamado PrivateSend (originalmente DarkSend) embaralha unidades de mesma denominação em diferentes contas (*wallets*) de modo a tornar os fluxos teoricamente impossíveis de rastrear.

Como a Bitcoin, a *dash* tem um limite final para a emissão, de 19 milhões de unidades. Entretanto, um alegado bug no início da operação permitiu a emissão de 1,9 milhão de uma só vez. Apesar da suspeita de que isso foi feito para beneficiar o criador, a moeda não perdeu seus atrativos. Em abril de 2017, cada unidade valia US$ 71,31 e o valor agregado era de US$ 517 milhões.

Dogecoin

A *dogecoin*, lançada em 8 de dezembro de 2013, é semelhante à Bitcoin e à Litecoin, exceto por não ter um limite definitivo para o número de unidades. Foi lançado inicialmente um volume de 50 bilhões, mais 48 bilhões até 14 de dezembro de 2014 (em ritmo decrescente) e de então em diante seriam emitidos mais 5,2 bilhões anuais. No final de 2014, seu valor agregado era de US$ 17,5 milhões e o unitário de US$ 0,000178. Em abril de 2017, o valor agregado crescera para US$ 50 milhões e o unitário para $0,000465, e em 10 de novembro eram respectivamente de US$ 130 milhões e US$ 0,001170, estando em 49º lugar em importância.

Mazacoin

A *mazacoin*, lançada em 2014, é semelhante à *dogecoin* em não ter limite definitivo para o número de unidades, com a particularidade de ser administrada pela nação indígena Oglala Lakota, dos Estados Unidos, e ter o objetivo de ajudá-la a combater sua pobreza. Cerca de 50 milhões de unidades foram pré-mineradas (metade mantida como reserva nacional e metade como fundo tribal), com a previsão de emissão de 2,4 bilhões nos primeiros cinco anos e um milhão por ano nos anos seguintes. Em janeiro de 2015, sua cotação era de US$ 0,000436 e o valor agregado das 633 milhões de unidades já emitidas era de US$ 275 mil. Em abril de 2017, era cotada a US$ $0,000257 e o valor agregado de 1,1 bilhão de unidades era de US$ 281 mil. Em 10 de novembro, era cotada a US$ 0,000266, com valor agregado de US$ 356 mil, e estava em 675º lugar em importância.

Paycoin

A *Paycoin* foi lançada pela empresa GAW Miners em 16 de dezembro de 2014 com a promessa de confirmação mais rápida das operações, cartão de crédito, parcerias com empresas de comércio eletrônico desde o início e cotação mais estável, a ser sustentada acima de um piso de 20 dólares com um fundo de US$ 100 milhões para a emissão inicial de 12 milhões de unidades, 40% dos controladores e 60% de mineradores. Um modelo parcialmente administrado e intermediário, de certa forma, entre o da Bitcoin e o da Ripple.

Diferentemente da Bitcoin e similares, haveria dois níveis de "mineradores", com um nível superior de controladores dedicado a comprimir dados para tornar as operações mais rápidas. O direito a participar dessa tarefa, recompensada em unidades, seria leiloado periodicamente entre os mineradores. Além disso, a recompensa seria reduzida gradualmente e não em degraus periódicos de 50%, até se chegar ao número total de 1,2 bilhão em 15 anos.

Entretanto, as promessas foram quebradas desde o início. A cotação do Paycoin não chegou aos US$ 20, fechou 2014 em US$ 12 e em janeiro caiu para menos de US$ 4. A GAW alegou que a moeda era vítima de dumping e não interveio. A adesão de empresas de comércio eletrônico foi muito menor do que se dera a entender e a empresa adquiriu uma bolsa de criptomoedas, que se suspeita será usada para manipular preços. Em abril de 2017, o Paycoin ainda existia, com cotação de US$ 0,0076. Em 10 de novembro, valia US$ 0,014114, tinha valor agregado de US$ 167 mil e estava em 718º lugar na classificação das criptomoedas.

Bibliografia: Moedas não convencionais

BITCOIN Energy Consumption Index. **Digiconomist**. 2017. Disponível em https://digiconomist.net/bitcoin-energy-consumption. Acesso em 24/1/2020.

BITCOIN perde 86% de seu valor de pico e levanta dúvidas sobre sua viabilidade. **Folha de São Paulo**, 16/1/2015. Disponivel em http://www1.folha.uol.com.br/tec/2015/01/1575540-Bitcoin-perde-86-de-seu-valor-de-pico-e-levanta-duvidas-sobre-sua-viabilidade.shtml. Acesso em 24/1/2020.

BITCOIN. **Cryptocompare**. 2017. Disponível em https://www.cryptocompare.com/coins/btc/analysis/USD. Acesso em 24/1/2020.

CHORZEMPA, Martin Chorzempa. Why China Is Cracking Down on Cryptocurrencies and ICOs. **China Ecomomic Watch**. 15/9/2017. Disponível em https://piie.com/blogs/china-economic-watch/why-china-cracking-down-cryptocurrencies-and-icos. Acesso em 24/1/2020.

CRYPTOCURRENCY ICO Stats 2017. **Coinschedule**. 2017. Disponível em https://www.coinschedule.com/stats.php. Acesso em 24/1/2020.

IS the bitcoin bubble about to burst?, **The World Weekly**. 21/9/2017. Disponível em https://www.theworldweekly.com/reader/view/magazine/2017-09-21/is-the-bitcoin-bubble-about-to-burst/10289. Acesso em 24/1/2020.

JONES, Rhett. Como a criptomoeda Ethereum desvalorizou de US$ 320 para US$ 0,10 em minutos. **Gizmodo Brasil**. 26/6/2017 http://gizmodo.uol.com.br/criptomoeda-ethereum-queda/. Acesso em 24/1/2020.

O´BRIEN, Matt. Bitcoin revealed: a Ponzi scheme for redistributing wealth from one libertarian to another. **The Washington Post.** 14/01/2015. Disponível em http://www.washingtonpost.com/blogs/wonkblog/wp/2015/01/14/Bitcoin-is-revealed-a-ponzi-scheme-for-redistributing-wealth-from-one-libertarian-to-another/. Acesso em 24/1/2020.

STOLFI, Jorge. **Carta aos comissários da U.S. Securities and Exchange Commission (SEC):** escrita na qualidade de professor do Instituto de Computação da UNICAMP. 13 de julho de 2016. Disponível em https://www.sec.gov/comments/sr-batsbzx-2016-30/batsbzx201630-2.htm . Acesso em 24/1/2020.

STOLFI, Jorge. **Carta aos comissários da U.S. Securities and Exchange Commission (SEC)**: escrita na qualidade de professor do Instituto de Computação da UNICAMP. 31 de outubro de 2016. Disponível em https://www.sec.gov/comments/sr-batsbzx-2016-30/batsbzx201630-20.pdf .Acesso em 24/1/2020.

WHY bitcoin transactions are more expensive than you think. **ING: Economic and Financial Analysis**. Disponível em https://think.ing.com/. Acesso em 24/1/2020.

MOEDAS DA FICÇÃO CIENTÍFICA

A maioria das obras de ficção científica ambientadas em um futuro distante (inclusive *Space Opera*) usou *"crédito"* como nome da moeda de seus universos ficcionais. Universos de um futuro mais próximo (cyberpunk, por exemplo), preferem nomes como *"novo dólar"* (Philip K. Dick) ou *"novo yen"* (na trilogia *Sprawl* de William Gibson). Frequentemente a moeda do futuro é concebida como existindo apenas na forma de registros contábeis em computador, mas às vezes também na forma de cédulas ou moedas metálicas.

Quanto ao poder aquisitivo, pode-se afirmar que, independentemente do nome escolhido, os autores norte-americanos lhe atribuíram um poder aquisitivo semelhante ao do dólar dos Estados Unidos no período em que suas obras foram criadas, com raras exceções. Ou seja, 120 a 140 ñ nos anos 1930, 80 a 120 ñ nos anos 1940, 65 a 75 ñ nos 1950, 50 a 60 ñ nos 1960, 25 a 45 ñ nos 1970, 15 a 20 ñ nos 1980 e 11 a 14 ñ nos 1990. Autores japoneses geralmente dão a suas moedas ficcionais um poder aquisitivo semelhante ao do *yen* de seu tempo, como é o caso do "crédito" do anime e jogo F-Zero, *gil* de Final Fantasy, *potch* de Suikoden, *zenny* de Dragon Ball, *berry* de One Piece, *cenz* de Fullmetal Alchemist etc.

O mesmo pode-se dizer dos RPGs de mesa com temática de ficção científica. Como a maioria deles (ou pelo menos a maioria de seus núcleos de regras) foi concebida em meados dos anos 1980 e início dos 1990, pode-se atribuir um poder aquisitivo perto de 15 ñ nesses casos. Isto inclui o *"crédito"* de *GURPS Space*, o "*crédito da Federação*" de *Star Trek RPG*, o "*eurodollar*" de *Cyberpunk 2020*, o "*New Yuan*" de *Trinity* e o "*nuyen*" de *Shadowrun*. Uma exceção é o *GURPS Lensman*: embora publicado em 1994 e baseado no sistema

GURPS de 1986, procurou manter o espírito da série originalmente publicada por Edward "Doc" Smith de 1934 a 1948, de modo que o valor do "crédito" é nesse caso bem maior (cerca de 120 ñ, pelo menos). Outra é a série *Gurps Traveller*, publicada originalmente em 2006: nele a moeda é chamada *"solar"* e especifica-se que seu valor é igual ao de US$ 2,80 dos anos 2000, ou 30 ñ, mas esse RPG é reedição de um jogo publicado em 1977, quando o poder aquisitivo do dólar era 30 ñ.

Cálculos mais precisos são difíceis e arbitrários, porque, na ficção científica mais futurista, o dinheiro geralmente é usado para comprar produtos ou serviços sem correspondente exato no mundo que conhecemos.

Star Wars

Em *Star Wars IV, Uma Nova Esperança*, Luke Skywalker (com ajuda de um truque mental Jedi de Obi-Wan Kenobi) vende um velho *landspeeder* por dois mil créditos ou *creds* para pagar a Han Solo pela viagem a Alderaan. É razoável comparar o preço desse veículo voador com de um carro do século XX? Se for, a regra geral de paridade com o dólar se sustenta. O filme foi rodado em 1976, quando um Ford Pinto novo (um dos carros mais baratos nos Estados Unidos) custava US$ 2.895, e um Lotus Elite (carro esporte), US$ 15.406. O *Star Wars RPG* informa que um *landspeeder* X-34 (o modelo de Luke) custaria, se novo, 10.550 créditos. Portanto, é plausível admitir que o crédito de Star Wars tinha um valor comparável ao do dólar em 1976, ou cerca de 32 ñ.

O crédito de Star Wars é dividido em *decicreds* ou décimos, não centavos, como se afirma pela primeira vez na *graphic novel Sombras do Império,* de 1996. Isso sinaliza um valor modesto para a moeda, refletindo o valor do dólar nessa época (12 ñ).

A narrativa do *Star Tours*, um simulador de *Star Wars* na Disney World criado em 2011, informa que um *slider* (algo equivalente a um hambúrguer) servido no Dex's Diner, restaurante popular de Coruscant, capital do Império, custa 6,7 créditos. O preço médio de um Big Mac nos Estados Unidos de 2011 (quando o poder aquisitivo do dólar era 8,3 ñ) era de US$ 3,80 (31,5 ñ), enquanto restaurantes da Disney serviam hambúrgueres por 6 a 13 dólares. Portanto, a paridade aproximada com o dólar se manteve na prática, apesar de uma enciclopédia *online* sobre Star Wars assegurar que o valor do "crédito galáctico" se manteve estável ao longo de milênios.

Na Velha República, a moeda circulava principalmente na forma de *credit chips*, cartões codificados com valores fixos (mais semelhantes a moedas, portanto, do que a cartões de débito ou crédito) e *credit ingots*, que aparentemente eram o mesmo na forma de lingotes (barras) douradas ou prateadas, embora também se mencione moeda contábil transferida por cartões de débito. No período do Império aparentemente se preferiam moedas metálicas. Em certos períodos, existiram também moedas rivais (emitidas pela Aliança Rebelde, por exemplo) ou regionais. Entre os Hutts das últimas décadas da Velha República, por exemplo, circulava uma moeda de ouro chamada *peggats* que, segundo o *Star Wars RPG,* valia 40 créditos e era dividida em 4 *truguts* e 64 *wupiwupi, que são* moedas de aparência convencional.

A concepção de moeda em Star Wars é convencional para os padrões do fim do século XX, mesmo quando circula entre as mais estranhas espécies alienígenas. Uma economia de mercado predomina na Galáxia, variando de um capitalismo de Estado no núcleo do Império à virtual anarquia capitalista (ou governo por superempresas interestelares) nas regiões periféricas.

Star Trek

Jornada nas Estrelas apresentou ideias mais interessantes em relação à moeda e economia. Muitos episódios da série original, de 1966-1969, fazem alusões a compras vendas e comércio e "créditos" como moeda. No episódio *Errand of Mercy*, por exemplo, o capitão Kirk afirma que o treinamento de Spock custou (até a data) 122.200 "créditos da Federação" e em vários outros há personagens comprando e vendendo objetos por créditos (Uhura compra um *tribble* ou *pingo,* animalzinho fofo que rapidamente se torna uma praga por sua reprodução acelerada, por 10 créditos). Isto sugere uma economia de mercado, embora o fato de os créditos nunca aparecerem fisicamente sugira que eles só existem na forma digital.

Já vários filmes e episódios dos anos 1980 e 1990, principalmente na série *The Next Generation* (1987-1994 e filmes até 2002), afirmam com ênfase e consequências importantes para a trama que o dinheiro foi abolido, ao menos entre os humanos da Federação, desde o final do século XXII. No episódio *The Neutral Zone* (1988) um rico financista da Terra do século XX, conservado num satélite criogênico, é ressuscitado em 2364 e espera reaver com juros a fortuna que aplicou há quase 400 anos, mas para sua decepção descobre que a humanidade não usa mais dinheiro e suas contas não mais existem. Numa passagem do filme *Primeiro Contato* (1996), a nave retorna ao século XXI e o capitão Picard recebe a bordo uma mulher da Terra que, impressionada com o tamanho e tecnologia da Enterprise-E, pergunta quanto custou construí-la. O capitão responde: *"A economia do futuro é um pouco diferente. Veja, o dinheiro não existe no século XXIV... A aquisição da riqueza já não é a força motriz de nossas vidas. Trabalhamos para melhorar a nós mesmos e ao resto da humanidade"*. Tais passagens sugerem uma economia comunista no mais estrito sentido marxista do termo. Por outro lado, há menção a uso de créditos em relações interplanetárias e certos projetos da Federação e mesmo alusões a compras e vendas entre humanos, geralmente de importância periférica.

Enquanto a série original se conformava ao clichê do "crédito", presumivelmente com o poder aquisitivo do dólar de seu tempo (50 a 55 ñ), as novas séries tomaram como paradigma uma economia não monetária entre os humanos (e possivelmente outras espécies vistas como pacíficas e avançadas), mas alguns roteiristas ocasionalmente se "esqueceram" disso ao conceber detalhes das tramas ou da história dos personagens.

Nas novas séries, o uso de dinheiro é atribuído principalmente à espécie não humana dos Ferengi, descritos como capitalistas vorazes e impiedosos, e toma mais frequentemente a forma de "*latinum* pressionado em ouro" (*gold-pressed latinum*). *Latinum* é um metal líquido imaginário de aparência semelhante ao mercúrio, que ao contrário do ouro (de pouco valor nesse universo) não pode ser produzido em replicadores e é aceito também por outras civilizações. É comercializado na forma de peças retangulares de ouro que contêm uma minúscula quantidade de latinum no interior, como se viu no episódio *Who Mourns for Morn?* (1998), no qual um personagem regurgita num calicezinho uma quantidade de *latinum* equivalente à contida em 100 "tijolos" e que aparentemente é de uns poucos centímetros cúbicos – algo como uma colher de sobremesa, talvez menos.

Um uniforme de cadete custa 5 *lâminas* segundo o episódio *Facets* de DS9, e 2 mil toneladas de "cevada kohlanesa" são vendidas por 189 *barras* no episódio *Prophet Motive* da mesma série. Isso sugere um poder aquisitivo perto de 20.000 ñ para a barra, 1.000 ñ para a lâmina e 10 ñ para a tira, cujo valor, portanto, estaria próximo daquele do dólar de 1995, ano em que foram filmados ambos os episódios (cerca de 12 ñ).

O quadro abaixo resume as características do *latinum* tal como apresentado na série de TV. Supõe-se que o envoltório é de ouro maciço, a quantidade de latinum contida em 100 tijolos é de 9 centímetros cúbicos e a densidade do latinum igual à do mercúrio.

Peça	dimensões (mm)	massa total (g)	valor (tiras)	massa de latinum (mg)	poder aquisitivo (ñ)
Tira (slip)	44x13x6	69	1	0,03	10
Lâmina (strip)	57x25x6	178	100	3	1.000
Lingote (ingot)	89x44x13	970	n/d	n/d	n/d
Barra (bar)	114x64x13	1.780	2.000	60	20.000
Tijolo (brick)	254x101x25	10.384	40.000 (?)	1.200	400.000

Caso se suponha o valor do ouro desprezível nesse contexto, o *latinum* teria um valor aproximado de 333 mil ñ por grama, cerca de mil vezes o valor real por grama do ouro na Terra em 2010-2011.

Vale mencionar a relação entre os valores de créditos da Federação e outras moedas do universo de Star Trek segundo o RPG de 1998, em geral não consistentes com o que se observa nos episódios.

Moeda	Valor em créditos da Federação	Valor em ñ (*)
crédito da federação	1	10
t'chak romulano	170	1.700
lek cardassiano	170	1.700
tokbar gorn	400	4.000
chiv'vig nausicaano	18	180
lita bajorana	170	1.700
doleen tholiano	170	1.700
mitondrium breen	1.300	13.000
tijolo (brick) de latinum	4.000.000	40.000.000
barra (bar) de latinum	200.000	2.000.000
lâmina (strip) de latinum	10.000	100.000
tira (slip) de latinum	100	1.000
moedas ferengi (**)	variável (*)	variável (*)
darsek klingon	100	1.000
rial vulcano	0,01	0,1

(*) considerado o poder aquisitivo presumível no RPG de 1998

(**) Além do latinum, os ferengi possuem 49 moedas diferentes (*nondoran, bongan, komax* etc.), cujas cotações flutuam caoticamente tanto entre si como entre as moedas da Federação. Tipicamente, têm um poder aquisitivo em torno de 100 créditos, mas considerando a flutuação em relação ao latinum e às moedas da Federação, podem valer 10 a 2 mil créditos.

A Saga dos Príncipes-Demônios (Jack Vance)

Em *A Saga dos Príncipes-Demônios*, série de cinco romances de Jack Vance escrita de 1964 a 1981, a moeda usada é chamada *SVU*, *Standard Value Unit* (Unidade Padrão de Valor), com valor equivalente a "uma hora de trabalho não qualificado em condições normais", definição que parece se inspirar na teoria marxista do valor de troca. Na forma de cédulas com papel marcado por variações sutis de densidade para prevenir falsificações, o SVU é emitido pelos três maiores bancos da confederação dos mundos civilizados chamada *Oikumene* – Banco do Sol, Banco de Rigel e Banco de Vega– com uso de moedas para valores fracionários (o SVU é dividido em 100 *centums*) e transferências bancárias para grandes valores.

O SVU parece ter um poder aquisitivo próximo do dólar em 1964, cerca de 60 ñ – ou talvez mais próximo do salário mínimo federal dos Estados Unidos, que, nesse ano, era US$ 1,25 por hora (75 ñ). Três SVU é um preço alto para uma refeição simples, uma bola de tênis custa 50 *centums*, um mapa impresso em papel 25 *centums*, um drinque 75 *centums* e a diária de um quarto decente 5 SVU, por exemplo.

Outras obras de Jack Vance usam moedas de nomes diferentes, mas igualmente definidas como uma hora de trabalho não qualificado, considerado em certas passagens como "única mercadoria de valor inalterável": *SLU* (*Standard Labor-value Unit*, unidade padrão de valor-trabalho) em *Domains of Koryphon* (1972) e *Freitzke's Turn* (1974), *SVU* em *Dogtown* (1973), *Ozol* em *Wyst* (1974) e *Sol* em *Araminta Station* (1986).

The Shape of Things to Come (H. G. Wells)

O escritor britânico criou uma concepção peculiar de moeda no romance *The Shape of Things to Come* (1934): a moeda do futuro, chamada *air dollar* (A$), usada por uma associação de pilotos e técnicos de um Estado Mundial, é emitida na forma de notas de papel que representam "distância, peso, volume e velocidade". Ou seja, uma nota vale tantos quilos em tal espaço, por tantos quilômetros a tal velocidade. Um *air dollar* é definido como "um metro cúbico pesando 10 quilogramas e viajando 200 quilômetros à velocidade de 100 quilômetros por hora". Não há indicação de preços de produtos nessa moeda.

What Mad Universe (Frederic Brown)

No romance *What Mad Universe*, de 1949, é atribuído ao "crédito" o valor de 10 *cents* dos Estados Unidos em sua realidade contemporânea – cerca de 8 ñ, portanto.

Dread Empire's Fall (Walter Jon Williams)

Na série *Dread Empire's Fall* (2002-2008), a moeda é chamada *Zenith* e tem um poder aquisitivo comparável ao de uma libra esterlina do século XIX, ou perto de 1.000 ñ. 200 *Zeniths* é a renda anual de uma pessoa comum. Existe na forma de moeda metálica ou crédito bancário, mas não como cédulas.

Barsoom (Edgar Rice Burroughs)

Na série *Barsoom* (suposto nome nativo de Marte), escrita de 1912 a 1941, a moeda marciana é o *pi*, uma moeda de bronze, cujos múltiplos são o *teepi* ("dez pi") de prata e o *tanpi* ("cem pi") de ouro. Todas essas moedas são ovais. O valor do tanpi é explicitamente equiparado ao do dólar na coletânea *Llana de Gathol*, de contos escritos em 1941, portanto a cerca de 120 ñ.

Existe papel-moeda na forma de cheques emitidos pelo devedor, que devem ser pagos no prazo de seis meses. Em caso de descumprimento, o governo honra o cheque e o devedor é compelido a trabalho compulsório na agricultura ou serviço militar até pagar a dívida.

Viagens Interplanetárias (L. Sprague de Camp)

Na série *Viagens Interplanetárias* (1949-1992), o planeta Krishna, relativamente primitivo e parcialmente inspirado no Barsoom de Edgar Rice Burroughs, usa uma moeda de prata chamada *kard* (plural *karda*). 45 *karda* pagam o sustento de duas pessoas por algumas dezenas de dias. 4¼ *karda* pagam uma diária numa estalagem, com refeição e cuidado para a montaria, e 4½ "uma bebedeira de primeira classe". Isto sugere um poder aquisitivo em torno de 80 ñ, semelhante ao valor do dólar em 1949, quando a série começou a ser escrita. Mencionam-se também peças de ouro, mas não há indicação de seu valor.

No RPG *GURPS Planet Krishna*, atribui-se um valor de $20 (300 ñ) ao *kard* de prata e $400 (6.000 ñ) ao *kard* de ouro e se diz que o *kard* de prata vale 64 *arzou* (singular *arzo*) de latão.

Guerra sem Fim (Joe Haldeman)

Neste romance de ficção científica militar escrito de 1971 a 1974, o protagonista é enviado para uma batalha interestelar em 1997. Quando retorna, encontra a sociedade completamente transformada: passaram-se dois anos de seu ponto de vista, mas vinte anos na Terra, devido à dilatação relativística do tempo. Quando estava fora, em 2007, uma terrível crise alimentar matou bilhões e levou a ONU a assumir o governo do planeta e impor um racionamento severo, com limitação da quantidade de calorias a qual cada indivíduo tinha direito. Desde então, as *quilocalorias* (abreviadas k e chamadas coloquialmente de "calorias") tornaram-se a moeda circulante. Os US$ 32.000 de soldo a que o soldado espacial teria direito por seus dois anos de serviço militar (1,3 Mñ a valores de 1973) são convertidos em 3.000.000k e ele tem direito a uma pensão de 20.000k mensais, assim como todo desempregado (a maioria da população) que completou seus estudos. A mãe recebe a metade.

O aluguel de um automóvel custa 100k por quilômetro. Carne de boi moída com 1.500 quilocalorias reais (cerca de 700 gramas) custa 1.730k, enquanto a mesma quantidade de quilocalorias reais em carne de soja (provavelmente 1,1 kg) custa 80k. Uma alface custa 140k, uma garrafinha de azeite de oliva 175k. Um técnico de hospital que opera uma máquina de cromatografia ganha 12.000k por semana. Uma dose de Bourbon custa 120k e um copo d'água, 20k. Essas indicações não bastam para estimar o custo de vida e os produtos naturais citados tornaram-se artigos de luxo e não itens comuns, mas a intenção provável era um k próximo de 0,4 ñ, o poder aquisitivo de um *cent* dos Estados Unidos em 1972-1973, o que significaria que um quilo de carne moída custaria perto de 1.000 ñ e um quilo de carne de soja cerca de 30 ñ.

O Universo da Solidariedade Galáctica (Antonio Luiz M. C. Costa)

Na série de contos e noveletas *O Universo da Solidariedade Galáctica*, a unidade monetária é o *cômputo* (símbolo ©). Tem como múltiplos o quilocômputo (1.000 ©) ou k©, o megacômputo (1.000.000 ©) ou M©, o gigacômputo (1.000.000.000 ©) ou G© e o teracômputo (1.000.000.000.000 ©) ou T©. Um cômputo equivale a 1.000 ñ.

Normalmente, o cômputo existe apenas na forma de registros contábeis entre bancos de dados, que podem ser transferidos entre os diferentes mundos e sistemas estelares dentro da esfera de influência da Solidariedade Galáctica que compartilham o mesmo sistema cooperativista. Na prática, os cômputos servem principalmente às transações entre governos planetários ou sistêmicos e entre cooperativas ou a seu planejamento econômico. Os indivíduos, sejam humanos, alienígenas ou inteligências artificiais, raramente usam dinheiro na vida quotidiana. Cada cooperativa, às custas do seu orçamento coletivo, põe à disposição de seus membros serviços de educação e saúde, alimentação, moradia, vestuário, energia, água, ar, replicação, informação, telecomunicações e bancos de dados, produzidos nela mesma ou obtidos no comércio com outras cooperativas ou com o governo planetário.

Uma inteligência individual só movimenta dinheiro quando quer bens ou serviços escassos (viagens interestelares, por exemplo) ou em quantidade excepcional. Para essa finalidade, a maioria das cooperativas credita a cada integrante certa quantia em cômputos maior ou menor, fixa ou variável conforme o caráter mais individualista ou mais comunista de seus estatutos. Uma solução típica pode ser, por exemplo, creditar a cada adulto 800 © mensais, mais 25 © por hora dedicada a algo útil à cooperativa, o que resultaria em 32.000 © anuais para um adulto médio. Entre humanos da Terra, a renda per capita é da ordem de 80.000 © por ano e em média 120 © por hora de trabalho socialmente útil – 100 © a 250 ©, dependendo da sua natureza. Alguns preços comuns:

Item	preço (cômputos)	ñ
Hora de serviço prestado pessoalmente por humanos fora da cooperativa	120	120.000
Obra de arte original, como uma pintura ou escultura de qualidade	15.000	15.000.000
Teletransporte (passageiro, na Terra ou para estação geoestacionária)	2	2.000
Transporte de carga em tubos de vácuo subterrâneos (tonelada-km)	0,0002	0,2
Passagem de ida e volta da Terra à Lua	2	2.000
Passagem de ida e volta a outro planeta do Sistema Solar (mínimo)	10	10.000
Passagem de ida e volta a outro planeta do Sistema Solar (máximo)	80	80.000
Transporte de carga a outro planeta do Sistema Solar (por tonelada, mínimo)	0,5	500
Transporte de carga a outro planeta do Sistema Solar (por tonelada, mínimo)	2,5	2.500
Quilo de ouro ou platina	10	10.000
Quilo de nanomaterial simples	10	10.000
Quilo de diamante ou nanotubo de carbono	50	50.000
Quilo de prata	1	1.000
Estasificador 500 litros	100	100.000
Campo de força pessoal civil	100	100.000
Mochila antigravidade	200	200.000
Veículo antigravidade para 1 t de carga ou 5 passageiros	1.000	1.000.000
Veículo antigravidade para 40 t de carga ou 200 passageiros	100.000	100.000.000
Energia elétrica ou equivalente (GWh, na Terra)	0,02	20
Energia elétrica ou equivalente (GWh, no espaço)	0,01	10
Pendrive de 1.000 exabytes	0,03	30
Cópia de segurança de um humano	100	100.000
Robô não consciente para serviços gerais	100	100.000
Refeição de luxo	5	5.000
Diária de luxo	30	30.000
Nave interplanetária para 1.000 passageiros	6.000.000	6.000.000.000
Instalações completas de uma típica cooperativa urbana, por pessoa	450.000	450.000.000
Estação espacial residencial básica (por tonelada de massa)	5	5.000
Estação interestelar de baldeação de passageiros (por tonelada de massa)	600	600.000
Nave interestelar de transporte (por tonelada de massa)	10.000	10.000.000
Nave interestelar de combate (por tonelada de massa)	700.000	700.000.000
Nave interestelar de caça (por tonelada de massa)	3.000.000	3.000.000.000

O custo de passagens interplanetárias e interestelares depende da distância e dos campos gravitacionais envolvidos. Viagens entre um planeta e uma lua são feitas em minutos e custam um cômputo ou próximo disso, entre planetas de um mesmo sistema estelar são feitas em horas e custam alguns cômputos ou dezenas de cômputos. Viagens entre sistemas estelares são feitas em dias ou meses e custam centenas ou milhares de cômputos. Uma passagem interestelar custa em média 120 © por partida ou chegada de um sistema solar, mais 20 © por ano-luz numa nave veloz (30.000 vezes a velocidade da luz), com acomodações de luxo. Transporte interestelar de carga custa em média 2 © por tonelada em cada partida ou chegada de um sistema solar, mais 0,35 © por tonelada e por ano-luz.

Uma nave interestelar para 5 mil passageiros, com cerca de 10 milhões de toneladas, custa em torno de 100 bilhões de cômputos. Uma grande nave-mãe ou nave de batalha interestelar, de 50 milhões a 70 milhões de toneladas, custa 40 trilhões a 50 trilhões de cômputos. Uma fragata média, de 3,2 milhões de toneladas, custa 2,5 trilhões. Um caça estelar de 3 mil toneladas custa 10 bilhões. Uma estação geoestacionária para transbordo de carga e teletransporte para o solo de passageiros que chegam em naves interestelares, de 5 bilhões de toneladas, custa 3 trilhões. Redes inteligentes para naves interestelares e cooperativas têm um custo típico de 100.000 ©. Um robô espacial de seis mil toneladas, como o Ybarana de "Nosso estranho amor", custa 30.000.000 ©.

Nanomaterial é um material formado por nanorrobôs invisíveis a olho nu que podem se movimentar e reagrupar segundo a vontade de seu usuário e produzir diferentes formas e texturas. Uma casa ou apartamento típico tem centenas de quilos ou toneladas de nanomaterial para formar móveis, roupas, divisórias, tapetes, decoração e objetos de uso quotidiano. Assim, uma pessoa pode reformular sua morada ou transformá-la em um grande salão para festas ou eventos com um pensamento, em menos de um minuto.

A maior parte do transporte intraplanetário de carga é feito por meio de cápsulas disparadas em tubos de vácuo e aceleradas por campos gravitacionais, de modo que a aceleração não tem efeito sobre carga e eventuais passageiros. Embora gratuito para passageiros, o sistema é usado apenas em pequenas distâncias devido à rapidez e comodidade do teletransporte.

Veículos antigravitacionais são usados em regiões ou planetas selvagens, onde não há outras formas de transporte à mão. Mochilas antigravitacionais são, porém, tão populares quanto bicicletas em nosso mundo. Campos de força pessoais civis são usados para proteção contra chuva, poeira, projéteis de baixa energia e como segurança contra colisões em voo.

Estasificador é um dispositivo que detém totalmente o tempo em seu interior. Não só protege alimentos de deterioração por tempo indefinido, como os conserva na exata temperatura em que foram guardados, quentes ou gelados. Também pode conservar seres vivos em perfeita estase, sem dano para a saúde.

Um pendrive de mil exabytes pesa oito gramas e pode conter a cópia de segurança de um humano (inteligências artificiais podem exigir muito mais). A cópia custa 100 cômputos, mas o serviço é fornecido gratuitamente a quem põe a vida em risco a serviço da comunidade.

Bibliografia: Moedas da Ficção Científica

________, "Star Trek, Deep Space Nine, Metal Gold Pressed Latinum Set", http://www.amazon.com/Star-Trek-Deep-Space-Nine/dp/B005YSSKGY

RHOADS, PAul. Thinking about Vance. Extant 17, December 2006

FINANCIADORES QUE VALEM OURO

Agradecemos a todos os apoiadores fãs de numismática e entusiastas da História da Economia mundial. E queremos depositar um obrigado especial a Bruno Pellizzari e a Sociedade Numismática Brasileira (www.snb.org.br), cujo incentivo e colaboração na divulgação nos foi de grande valor para realizar mais este projeto.

Agenor Franchi Jr.
Alessio Esteves
Allan Patrick
Allana Dilene de Araújo de Miranda
André Marques Da Silva
André Mellini
Antonio Tadeu Ferreira Sobrinho
Arrizon Olinto de Souza Filho
Augusto Bello Zorzi
Breno dos Santos Magalhães
Bruno Belloc Nunes Schlatter
Bruno Branco Pontarolli
Bruno César Alves Cantuária
Bruno Pellizzari
Bruno Petri
Bruno Pinheiro Ivan
Carlos Eduardo Cordeiro Fini
Carlos Eduardo Rodrigues Biondo
Carlos Mario Guedes de Guedes
Carlos Santos Amorim Junior
Cecília Auxiliadora Bedeschi de Camargo
Celisa Carrara Bonamigo
Cilmara Bedaque
Diego Pereira Batista
DPL - Numismática
Edison Paulo Del Debbio
Edson Alves de Abreu
Edson Elnei Lehr
Eduardo Maciel Ribeiro
Eduardo Oliveira
Eduardo Yoshinori Ochi
Estação Q
Fabio Henrique Alves
Fabio Martins Ferreira
Fabio R. T. dos Santos
Fernando Molina
Fernando Roda
Filipe Frank
Francisco Cabral
Gabriel Mamoru Marques Shinohara
Gerson Lodi-Ribeiro
Gilberto Fernando Tenor
Gustavo Frade
Henrique J. M. C. Da Costa
Hilton Aparecido Magri Lucio
Honório Gomes
Idalmo Cardoso da Costa Filho
Igor Vaz Guimarães
Itané de Borba
J. M. Beraldo
Janito Vaqueiro Ferreira Filho
João Goulart de Souza Gomes
José Tertuliano Oliveira
Julio Yamawaki
Karina Alves
Leandro Ferreira da Silva
Leandro Volpini Bernardes
Leonardo Cordeiro Araujo da Fonseca
Leopoldo Luiz Balestrini
Luan Catellan
Luciana Liscano Rech
Luciano Borges Junqueira
Luis Alberto de Seixas Buttes
Luiz Santelli
Marcelo Rodrigo Pereira
Marco Antonio da Costa
Marco Poli de Araujo
Marcos Souza Ferreira
Marcos Yokota
Mario Henrique Oliveira Seabra
Mateus Vacelli Spina
Mauricio Nardini
Mauricio Oliveira Dupim
Monocelho_mann
Oswaldo Martins Rodrigues Junior
Otavio Duarte
Paulo Antonio Dos Santos
Paulo Cezar Mendes Nicolau
Penumbra Livros
Peterson Pampolha Ferreira
Rafael Lobato
Rafael Augusto de Mattos Ferreira
Rodrigo Calegario
Rodrigo Ortiz Vinholo
Rubens Marcio R. de Mesquita
Sady D. Assumpcao Torres Filho
Sociedade Numismática Brasileira
Tanise Gayer do Amaral
Thiago Tonoli Boldo
Willy Vukan
Yuri Ghenov

Coleção de não-ficção do mesmo autor:

História do Dinheiro v. I

História do Dinheiro v. II

História do Dinheiro v. III

Batalhas Espaciais

Títulos de Nobreza e Hierarquias

Armas Brancas

Este livro foi impresso em papel pólen soft na
Renovagraf em Março de 2020.